U0762060

A HISTORY OF THE MIDDLE AGES

·迈尔斯教授讲世界历史·

中世纪史

[美]菲利普·范·内斯·迈尔斯◎著　　王小忠◎译

天地出版社 | TIANDI PRESS

图书在版编目（CIP）数据

中世纪史 /（美）菲利普·范·内斯·迈尔斯著；王小忠译 . — 成都：天地出版社，2019.1
ISBN 978-7-5455-4017-8

Ⅰ . ①中… Ⅱ . ①菲… ②王… Ⅲ . ①世界史—中世纪史 Ⅳ . ①K13

中国版本图书馆 CIP 数据核字（2018）第 134539 号

中世纪史

ZHONGSHIJI SHI

出品人　杨　政
著　者　[美] 菲利普·范·内斯·迈尔斯
译　者　王小忠
责任编辑　杨永龙　欧阳秀娟
封面设计　柏拉图设计
内文排版　新视点
责任印制　葛红梅

出版发行　天地出版社
（成都市槐树街2号　邮政编码：610014）
网　址　http://www.tiandiph.com
http://www.天地出版社.com
电子邮箱　tiandicbs@vip.163.com
经　销　新华文轩出版传媒股份有限公司

印　刷　嘉业印刷（天津）有限公司
版　次　2019年1月第1版
印　次　2019年1月第1次印刷
成品尺寸　170mm×240mm　1/16
印　张　22
字　数　393千
定　价　68.00元
书　号　ISBN 978-7-5455-4017-8

咨询电话：（028）87734639（总编室）
购书热线：（010）67693207（市场部）

前言

这本《中世纪史》是对16年前面世的《中世纪及近代史》前半部分的修订再版。其后半部分经过增订后定名为《世界近代史》，并将很快与读者见面。

本书并未改变先前版本的总体观点，但重点稍有转变，行文也经过仔细斟酌，从而在书中能够体现出近些年来中世纪史领域的学术研究热点及丰硕成果。

历史事件选取和呈现的原则都沿用了《中世纪及近代史》著述时所采用的原则。纯粹的政治、朝代和军事事件一律服从于宗教、道德、思想和社会事件。本书通过对中世纪时期远大理想及文艺复兴运动的描述达到行文统一，尤其侧重神权至上与君权至上的理想，而因为文艺复兴本质上被认为是一场思想运动且是中世纪生活与奋斗的潜在目标，所以同近代史中的宗教改革和政治革命一样着墨颇多。

较之先前版本，本版各章末尾都新增了一个列有重要引文及其出处，以及英文版的二手资料或近代作品。

最后，我要对康奈尔大学古代和中世纪史教授乔治·林肯·布尔（George Lincoln Burr）给予的帮助表达诚挚的谢意。布尔教授胸怀广阔，将他自己所掌握的领域内知识和盘托出、倾心相助，而且不辞辛劳地耐心审校了全书。他对每章几乎都提出了宝贵的意见和建议，对本书的完善助益颇多，令全书光彩倍增。

菲利普·范·内斯·迈尔斯

于俄亥俄州学院山

前言

目录

总论：欧洲文明的主要因素

1.主题划分

前两部作品简要地勾勒出了人类从开始出现时的默默无闻到公元476年西罗马帝国灭亡之间的事件。本书将接着西罗马帝国灭亡的脉络一直讲述到近代之前。目标就是不断关注社会的状态与进步、制度的建立与衰亡、宗教与学识的地位，因此本书不是对外部环境的简单罗列，而是对欧洲人民真实生活的历史记录，因为这才是真正需要关注的对象。

从西罗马帝国覆灭到现在1400年的历史通常被划分为两个时期：从罗马衰亡到1492年哥伦布发现新大陆为中世纪时期（Middle Ages）；从发现新大陆直至现阶段为近代时期（Modern Age）。

中世纪时期又可以分为两个阶段：黑暗时代（Dark Ages）和复兴时代（Age of Revival）；而近代时期同样可以分为两个阶段：宗教改革时期（Era of the Protestant Reformation）和政治革命时期（Era of the Political Revolution）。四个时期的界限及主要特征将只做简要介绍，以便能够专注于漫漫历史长河中的标志性事件。

2.四大历史时期的主要特征

黑暗时代的时间跨度从罗马帝国灭亡开始至11世纪初叶。当时蛮族大量涌入欧洲，人们不自觉地将这一时期的文明程度和社会秩序与之前的历史时期以及之后的历史时期进行对比，顿觉古典文化走向没落、暗淡无光，故得此名。这一时期为民族、语言与制度的起源之一。在这一混乱时代，体现着中世纪理想的神圣罗马帝国和罗马教廷这两大制度逐渐成形。

复兴时代始于11世纪初叶至发现新大陆。这一时期内，文明取得了缓慢但平稳的进步，社会秩序逐渐战胜混乱状态，政府也变得更为规范。最后的一个世纪以古典艺术与学识的伟大复兴为标志，因此被称为文艺复兴时期（Renaissance），或者“新生时期”（New Birth）。这一时期通过改良、发现与发明，极大地激发了人们的思想，如同从昏睡中将人们唤醒一样。十字军东征（Crusades）或圣战（Holy Wars），是欧洲的基督教徒为了从伊斯兰教徒手里夺回位于巴勒斯坦（Palestine）的圣地而发起的战争，是复兴时代最为重要的事件。

宗教改革时期从16世纪开始到17世纪上半叶。本时期的主要事件是宗教改革这一伟大的宗教运动，以及天主教和新教之间的激烈斗争。此间的所有战争几乎都是宗教战争。最后一场大战是德意志三十年战争（Thirty Years' War in Germany），1648年签订了著名的《威斯特伐利亚和约》（Peace of Westphalia），标志着战争的结束。此后，派系与国家之间的纷争或战争不再是宗教之争，而是王朝之争或政治之争。

政治革命时期从《威斯特伐利亚和约》的签订到现阶段①。尽管这一时期事件众多，而且争端的本质不尽相同，但究其本源仍然是政府的专制和自由之间的冲突，最终民主思想取得了胜利。在此期间，除了土耳其和俄罗斯外，所有欧洲国家一人或几人的专权均被人民政府所取代。就其潜在影响而言，这是历史上最重要的革命之一。这一时期的核心事件是法国大革命（French Revolution）的局势动荡。

讲述的这些时期标志着文明进程的三个阶段：思想革命、宗教革命和政治革命，后来人们分别将它们称为文艺复兴、宗教改革和政治革命。现在，让我们回到罗马帝国的灭亡时期，开启此次的中世纪之旅。

3.罗马帝国的灭亡与世界历史的关系

西罗马帝国在5世纪的灭亡经常被认为是古代文明消亡的标志性事件。以旧世界（the Old World）的价值被摧毁为代表，人类不得不重新开始，奠定新文明的基石。其实并非如此，所有或几乎所有古代累积的有价值的东西都会逃过劫难，而且迟早会成为下一个时期的宝贵财富。这场浩劫仅仅为西部文明的舞台从南欧转移到北欧铺路，是将政治权力从一个民族移交给另一个民族，是将社会与思想优势逐渐从一个民族转移给另一个民族，这两个民族分别是罗马（Roman）和日耳曼（Teuton）②。

---

① 本书1885年首版，修订再版时间为1902年，政治革命时期约为1774年至1849年。——译者注

② Teuton本意为“条顿人”，是古代日耳曼人的一个分支，后来逐步同日耳曼其他民族融合，后世常以Teuton一词泛指日耳曼人及其后裔。——译者注

西罗马帝国灭亡这一事件并不能单纯被定性为灾难，因为席卷而来覆盖田地的并非携带无用冰碛的山洪，而是尼罗河水裹挟的肥沃沉积物。在所有蛮族泛滥的区域，一个新的社会阶层正在涌现，能够孕育优于世界各地任何文明的土壤正在滋生。

或者引用德雷珀（Draper）的比喻，将北方蛮族涌入奄奄一息的罗马帝国看作是为即将燃尽的火焰填充新的燃料，在短时间内火苗越来越小，似乎将要熄灭，但很快，新燃料被火苗引燃，一时间火焰骤起，熊熊燃烧。

4.中世纪时期与近代时期的关系

这里需要理解中世纪和近代之间的真正关系。前者是文明从中断和消亡中恢复的过程，而这一中断与消亡实属塞翁失马。这段时期就像万物待生的春天，希腊和罗马文明的种子被广泛地播撒到了古罗马帝国的版图上，基督教也在新种族的心灵与思想中生根发芽。

在这几个世纪里，带有近代时期特征的艺术、科学、文学和制度初现端倪，即将到来的形态也已预示；近代强国已经成型显现，欧洲未来的政治版图也已大致勾勒。总之，中世纪时期与近代时期的关系就好比人的青年时期与成年时期之间的关系。它的萌芽和成长期的真实特征令人了解到仔细研究本时期事件与环境的重要性，因其蕴藏着近代史的答案。

5.罗马传播的文明元素

这里必须关注，从5世纪的灾难中幸存下来的是什么，罗马传播给作为此后文明宝藏守护者的日耳曼人的是什么。然而，其丰富遗产中很大一部分通过继承而来，而另一部分则通过征战获得。

要思考北方日耳曼民族从古罗马那里继承了什么，就要分别讲述以下两个方面：（1）古希腊–罗马文明（Greco–Roman Civilization）；（2）基督教（Christianity）。

6.古希腊-罗马文明

“古希腊–罗马文明”一词包含了希腊和罗马通过在君士坦丁堡（Constantinople）建立的帝国传给中世纪及近代欧洲的整个艺术、科学、哲学、文学、法律、礼仪、习俗、思想、社交活动和各级政府模式，即除基督教以外的其他任何东西。这所有的一切承载着史学上所称的古典元素（Classical Element），汇聚成为新兴北方蛮族的宝贵礼物，后来成为其文明的象征。

从这些旧世界传给新世界的丰富遗产中，选择三点加以特别讲述：帝国理念、罗马法系和古典文学艺术。

第一点似雾里看花，却应看到，伟大的罗马帝国及其辉煌历史对中世纪甚至后来的历史都产生了深远的影响。它的历史和传统似乎是它对后人施下的魔法，人们不断努力意欲重建这一古老的普世帝国。正如人们在个人生活中努力实现基督教所秉承的理念一样，政府也在依照罗马模式塑造世界。查理大帝（Charles the Great）建立的广阔帝国和后来德意志君主建立的“神圣罗马帝国”均是古罗马帝国的复兴，其观念都被位于博斯普鲁斯海峡边的新罗马城（New Rome）[①]幸运地保留了下来。

有着令人钦佩的原则与实践理念的罗马法系，在执行之初即对蛮族粗陋的法律形式、惯例和实践产生了极大影响。正如他们采用犹太（Judaea）的道德律一样，他们也采用了罗马民法。罗马法系是《查士丁尼民法大全》（详见第65条）的基础，也为欧洲大部分地区的立法与法学奠定了基础，并对政治家和法学家产生了影响。特别是在中世纪时期，当所有欧洲地区长期处于混乱之中时，正是这套现成的法系极大地帮助了统治者恢复社会秩序，帮助法官公正判决。帕尔格雷夫（Palgrave）说：“没有一位欧洲律师不受益于罗马人编纂的法律条例。”

罗马帝国瓦解之后幸存下来的丰富的古典文学艺术注定要成为新文明最重要的组成部分。帝国的蛮族入侵者起初似乎的确对此漠不关心，导致希腊艺术家的杰作埋在了被占领的庄园和城市的垃圾之下；而古代圣贤和诗人的珍贵写本[②]，因其出自异教徒之手而被视为危及基督教信仰，往往遭到忽视而静静地躺在教堂和修道院的图书馆里。然而，希腊和罗马却是中世纪的先师。中世纪的建筑师是罗马古建筑师的学生；中世纪的哲学家从古希腊的大思想家那里获得了许多智慧；西部学者尤其对古希腊时期的文学宝藏钦佩不已，极大地推动了中世纪末期作为近代先驱的文艺复兴中的思想运动。了解越多，便越能发现，近代文明在极大程度上受益于先前的古希腊和古罗马文化。

---

① 新罗马（New Rome）是帝国东迁之后，君士坦丁大帝为新都城起的名字，也称拜占庭（Byzantium），又称君士坦丁堡（Constantinople），即现今的土耳其第一大城市伊斯坦布尔（Istanbul）。——译者注

② 写本指成书时按照手写形式流传的古籍，另外文中还会涉及稿本、抄本、刻本等。——译者注

7.基督教

罗马将基督教送给了北方蛮族，注定会对其未来产生深远影响。基督教塑造了蛮族所有历史事件的特点，影响了他们所有的观念和制度，激发了他们所有的文学，提升了他们的建筑、绘画和雕塑。基督教用修道院、教堂和学校覆盖了欧洲大陆；帮助废除了奴隶制和农奴制；鼓舞了十字军东征并大力提倡骑士精神；给中世纪史与近代史分别增加了神权至高无上与宗教改革的篇章。基督教引起许多战争，但也用神命和平与神命休战（详见第185条）为欧洲带来了福音。

总之，基督教为所有生命带来了颜色，为所有欧洲人建立了制度，历史很大程度上是这个宗教的命运与影响，而其源则起于朱迪亚行省（Semitic Judaea），由罗马传教士带给年轻的罗马–日耳曼世界。

8.日耳曼人

前面的部分讲述了一些古代世界通过罗马传给中世纪和近代的主要文明因素。在此需要关注，成为昔日财富所有者的日耳曼人，对世界宝库有何贡献，以及对不断累积的所有文明有何助益。

日耳曼人在这方面相当贫乏，而罗马人却恰恰相反。日耳曼人既没有艺术，又没有科学，也没有哲学，还没有文学；但却有一样胜过所有：他们拥有品德优良且身强体壮的男人①。正因如此，其自身的价值使之成为了未来的主宰。

如要分析获得如此高度赞扬的日耳曼民族，就需要特别关注其中至少四个突出的特质：获取文明的能力、对个人自由的热爱、对女性的尊重、个人的忠诚与奉献。

9.获取文明的能力

没有比拿日耳曼人与图兰人（Turanian）②中的奥斯曼人（Ottoman Turks）进行比较，更能说明其获取文明的能力的了。奥斯曼人是来自亚洲的征服者，他们与欧洲文明的接触已有几个世纪，但却完全无法从此种联系中获益，对欧洲国家优秀文化的影响完全视而不见。

幸运的是，日耳曼人开放而敏感的天性使其将自己所推翻的文明中好的东西据

---

① 然而他们也不是没有恶习，其中最主要的是酗酒和赌博。

② Turanian一词有争议，但常指欧洲人对中亚突厥语系的各民族的称呼，又译突雷尼人、都兰人等，其中包括统称为鞑靼人的蒙古人和突厥人。——译者注

为己有——很不幸，其实大多是不好的东西。正是日耳曼征服者的这一获取文化与文明的无限能力，挽救了西罗马帝国，使其未像东罗马帝国一样注定被奥斯曼大军蹂躏成蛮荒之地。

10.对个人自由的热爱

日耳曼人热爱个人自由，他们认为罗马人的围墙城市如同监狱，甚至不能忍受自己村庄里的房屋离得太近；这受到了古拉丁语作家的关注，塔西佗（Tacitus）写道："他们居住分散，独门独户，就像一眼泉水、一片草地或者一片树林碰巧邀请了他们似的。"8世纪以前，除了罗马人沿着莱茵河和多瑙河建造了几座城镇之外，德意志再没有其他城镇了。

同样的个人独立在德意志武士与首领之间的关系中再次出现。武士们追随自己选择的首领但却将其视为与自己同等地位的战友，首领的权力非常有限。塔西佗还写道："将军不是通过权威而是通过榜样的力量率领部下。"在自由民的集会（民众大会）中看到了相同的独立精神，会上所有与公共利益相关的事件都会被讨论，普遍的嗡嗡低语声表示反对，长枪与长矛的撞击声表示赞同。

日耳曼人这种情感在很大程度上取决于在其征服的帝国土地上建立起来的制度。然而，正是他们这种在罗马习俗和模式引领与影响下的性格特征，使其在所占领的国家之上建立了一种管理模式，允许成员享有极大限度的个人独立，这种模式被称为封建制度（Feudalism）。日耳曼人的这种性格特质也是代议制政府的胚芽；通过日耳曼武士在德意志森林下的集会，几乎可以窥见近代欧洲议会的源头。此外，根据一些历史学家所言，在日耳曼精神的特征中，个人主义的情感隐藏着新教（Protestantism）的种子，因为新教的主要教义之一就是个人拥有判断宗教和道德事项的权利。

11.对女性的尊重

北方蛮族以尊重女性而著称。塔西佗表示日耳曼人认为女人的天性中存在着某种神圣的东西。这种情怀维护着家庭的纯洁与神圣。他们认为家庭至高无上，这一点与罗马人形成了鲜明对比。古罗马帝国从古至今的研究者都承认罗马衰落主要是因为它的种种恶习，而此中最为臭名昭著的就是侮辱女人的人格，破坏家庭生活的圣洁。

蛮族为腐朽瓦解的帝国人民带来的情感，为欧洲文明贡献了极为重要的元素。

在基督教的强化下，这一情感有力地催生了骑士制度，而这一制度为中世纪的历史事件及近代文明中的远大理想增色不少（详见第159条）。

12.个人忠诚与奉献的美德

日耳曼人的另一个突出的特点就是个人的归属与忠诚。东哥特人最伟大的首领之一最好地诠释了这一美德，此人便是狄奥多里克——他被后来的一位诗人称为迪特里希·冯·贝安（Dietrich von Bern）。这位首领的7名士兵被他的敌人埃尔马纳里希（Ermenrich）俘虏。“迪特里希日夜悲痛，愿以死相救。营救不成，他用俘获的埃尔马纳里希的儿子和另外1800名俘虏与之交换。埃尔马纳里希威胁迪特里希，除非他放弃整个领地，否则就杀掉他的士兵。迪特里希的回答是：‘即便拥有整个世界的帝国，我也宁愿拱手相让，而不会抛弃我亲爱的忠勇之士。’他遵守诺言，放弃了自己的国土，同追随他的忠勇之士一起流亡异乡。”①

蛮族的个人忠诚这一美德形成了封建制度的力量性因素（详见第141条），在处于最佳状态的封建社会中，其成员之间的纽带便是这种人与人之间的相互依恋与忠诚。

13.欧洲历史上古典元素、基督教元素和日耳曼元素的相对重要性

上述三种伟大的历史因素哪一个对欧洲文明的发展产生了更为深远的影响，这一问题对历史系学生来说至关重要，因为如果有人给出了答案的话，那他就歪曲了历史的整体概念：例如，吉本（Gibbon）宣扬古典元素的同时贬低了基督教元素，认为这一宗教阻碍了欧洲人民的生活，而非前进的推动力。吉本的著作《罗马帝国衰亡史》（*The Decline and Fall of the Roman Empire*）中的败笔便是它对基督教实际历史地位的误解。

另一方面，一些教会历史学家将欧洲人民在基督降临之后所取得的所有进步都归功于基督教，这又贬低了其他历史因素。

又有一些人认为日耳曼元素是近代文明的主要力量，将世界的未来在很大程度上寄托于日耳曼和盎格鲁-撒克逊的进取、自由和开拓精神。

有一点可以肯定，不应偏信任何一派历史诠释者的独断之言。近代文明是一个极为复杂的产物，是所有上述历史元素和媒介，再加上许多其他的微小因素混合之

---

① Francke，*Social Forces in German Literature*（《德国文学中的社会力量》，佛朗柯著），p.29。

后，相互作用再反作用所产生的结果。文明不能没有古希腊和古罗马的文物宝藏；文明不能没有伟大希伯来先师的宗教教义和道德戒律；文明不能没有虔诚好学的日耳曼精神。如果将这些元素中的任何一个从近代文明中剔除，那它可能就面目全非了。

14.凯尔特人、斯拉夫人和其他民族

如果意识到罗马人与日耳曼人是古罗马衰落时期两个声名显赫又至关重要的民族，那么在中世纪史和大部分近代史中，进入人们视野的就是凯尔特人（Celts）、斯拉夫人（Slavs）、波斯人（Persians）、阿拉伯人（Arabians）和亚洲的图兰人或鞑靼部落（Tartar Tribes）。

在中世纪初期，凯尔特人先于日耳曼人进入欧洲大陆的西缘，并与后来进入的民族进行了激烈的斗争，在英格兰和爱尔兰的对抗注定一直延续至今。

斯拉夫人腹背受敌，后面有日耳曼部落不断打压，前面有凯尔特人奋力堵截。刚刚在近代之前脱离游牧阶段的这些民族，在中世纪的发展过程中所起的作用并不明显，但在近代时期却起到了比其他欧洲任何民族都更为重要的作用。

波斯人在其位于幼发拉底河畔的原有居住地，建立起了新波斯帝国（New Persian Empire）①，在7世纪萨拉森人（Saracens）崛起之前，这个国家的国王一直是君士坦丁堡皇帝最强大的对手。

阿拉伯人隐藏在他们的沙漠中，但是7世纪的时候，受到不可思议宗教热情的鼓舞，开始从半岛涌出，在不同的阶段内与东、西部②的基督教国家分庭抗礼，注定构成中世纪时期的重要部分。

鞑靼部落隐藏在中亚。他们出现在11世纪后期，大部分改信伊斯兰教；当闪语族的阿拉伯人的宗教热情逐渐消退之时，他们却狂热依旧，信徒们擎起了新月旗，奥斯曼人终于在15世纪将新月标志矗立于君士坦丁堡圣索菲亚大教堂（St.Sophia）的圆顶之上。

中世纪时期渐近尾声之时，东亚的一些偏远国家将逐渐进入人们的视野；随着近代的到来，我们也将一睹新大陆以及大西洋彼岸的陌生族群。

---

① 新波斯帝国（New Persian Empire）即萨珊王朝（Sasanian Empire，公元224—651），也称波斯第二帝国，是最后一个前伊斯兰时期的波斯帝国，疆域涵盖现今伊朗、阿富汗、伊拉克、叙利亚等国家和地区。——译者注

② 本书中涉及的东部、西部、南方、北方，除特殊说明外，均指欧洲的各部分。——译者注

01

第一阶段

黑暗时代

公元 476 年罗马帝国灭亡至
11 世纪

第一章　日耳曼人大迁徙

15.迁徙时期

上一章结尾已经提及了北方日耳曼民族迁徙运动的开端，这场迁徙被称为“日耳曼人大迁徙”（Great Migration）或“欧洲民族大迁徙”（Wandering of the Nations）。西部帝国的侵略者兼破坏者的故事可以追溯到公元376年。当时，日耳曼民族中的一支——哥特人成群结队地跨过多瑙河（Danube）涌入罗马各行省，直至100年后，蛮族[①]首领奥多亚塞（Odoacer）废黜最后一位西罗马皇帝为止。

那一年正是公元476年，西部帝国的领土几乎全部落入了蛮族之手。即便如此，迁徙却并未终止，在接下来的又一个100年中，日耳曼人继续迁入。来自德意志纵深处的新族群不断涌出，开疆拓土；已在罗马领土上建立的各个部落君主国，其边界则一直此消彼长，或是被新的不稳定政权所取代。

本章将紧接着罗马史继续讲述，从这些蛮族王国的建立，一直概述到8世纪末查理曼（Charlemagne）——即查理大帝建立的帝国，其赋予了西欧社会更为稳固的特性，并在某种意义上标志着新秩序的建立。

16.东哥特王国（493—553）

奥多亚塞废黜了罗慕路斯·奥古斯都（Romulus Augustulus）后，便马上借机将富有的意大利贵族的财产分给自己的拥护者。可他虚弱的政府只统治了17年，就

---

① 蛮族（Barbarian）为罗马帝国在其统治时期对周遭部落和民族的称呼，主要指北方的日耳曼人、威尔士和苏格兰的凯尔特人、东方的波斯人和帕提亚人、东南部的阿拉伯人等。——译者注

被东哥特人（Ostrogoths）领袖狄奥多里克（Theodoric）灭掉。

东哥特人来自多瑙河下游地区。那时，他们承担着守卫多瑙河边境的任务，名义上是东罗马帝国的盟友，但与其打交道实际上相当麻烦且代价巨大。狄奥多里克经常违背约定，东罗马帝国的皇帝不得已，只能不断用土地和金钱作为馈赠来换取他的友善。最后，色雷斯（Thrace）和马其顿（Macedonia）的大部分地区在其掳掠之下成为了蛮荒之地；狄奥多里克要求皇帝允许其远征意大利，许诺如果此战告捷，意大利便归入帝国版图。[①]

皇帝高兴地许可了这一请求。正如当年阿拉里克（Alaric）带领西哥特人翻过阿尔卑斯山，不仅仅是为了掠夺，而是为了永久占领意大利一样；整个东哥特民族扶老携幼——超过20万人——向意大利进发。与其说这是一次远征，还不如说是一次迁徙。所以，迁徙的队伍浩浩荡荡，牛羊成群，车马萧萧。据说牛羊车马的数量超过2万，资产可以抵得上一个游牧民族。

漫长而崎岖的征程从他们位于多瑙河的居住地到意大利北部平原，绵延700英里。虽有冬天的暴雪与严寒，以及不友好的格皮德人（Gepidae）和其他部落沿途的阻碍与骚扰，但是天才而勇敢的狄奥多里克用自己的无畏精神激励着部下，用未来唾手可得的丰富战利品鼓舞士气，从而克服了重重困难。在公元489年的春天，意大利的居民再次震惊于朱利安阿尔卑斯山（Julian Alps）出现了一支哥特军队。

奥多亚塞和他的部下们英勇地保卫国土，但是在抵抗了3年之后，意大利在这场与蛮族之间的战争中节节败退。公元493年，拉韦纳（Ravenna）被攻陷，战争结束。奥多亚塞被俘，在一场宴会上被狄奥多里克以骇人听闻的奸诈方式所杀。据说当这位不幸的人意识到自己已被出卖并成为无助的牺牲品时，曾大声呼喊："上帝何在？"

狄奥多里克夺取了整个意大利的统治权，并且兑现了他的诺言，将半岛上等土地的三分之一分给了自己的部下。他的统治持续了33年，其中的大部分时间都稳定繁荣，过上了安敦尼[②]时代（Era of the Antonines）之后几乎没有过过的幸福生活。国王证明了他的著名宣言："吾辈之目的，乃治国于主之庇护，子民若未早获恩

---

① 这是哥特人对此事的记述；拜占庭版本描写的是皇帝芝诺（Zeno）自己建议狄奥多里克入侵意大利。——Hodgkin，*Italy and her Invaders*（《意大利及其入侵者》，霍奇金著），vol.iii，pp.128-130.Oxford，1895。

② 安敦尼，罗马帝国皇帝（138—161）。吉本在《罗马帝国衰亡史》中写道："涅尔瓦、图拉真和哈德良加上两安敦尼并称五贤帝，五帝德才兼备，在其治下，罗马经历了80多年的黄金时期（98—180）。"——译者注

泽，人皆惜之。”

狄奥多里克的首席大臣兼顾问卡西奥多鲁斯（Cassiodorus），是一位生于罗马的政治家兼作家。他不断地努力促成征服者与被征服者结成联盟，从而在意大利建立一个由东哥特的王室统治下的强大且永久的罗马-哥特国家（Romano-Gothic State）。如果取得成功，意大利可能免于几百年抵抗东部皇帝（详见第62条）和德意志皇帝（详见第360条）吞并的苦难，而重整支离破碎的西方社会的将不是法兰克君主，而是东哥特国王。

通过不断地征服与谈判，狄奥多里克最后吞并了西部皇帝统治的最好的几个行省。意大利、西西里（Sicily）、南高卢（Southern Gaul）的一部分及亚得里亚海（Adriatic）的河口与多瑙河的源头之间的国家均臣服于哥特国王。由于狄奥多里克智慧而公正的声誉，所有邻近的日耳曼民族的争端都请其主持公道。然而，狄奥多里克没有坚持一直以来的人道与宽容，在其统治的最后几年卷入了宗教纷争，此中的残酷与迫害行为使其晚节不保。

两位当时的杰出学者，著名的波伊提乌（Boethius）和狄奥多里克令人尊敬的岳父西玛库斯（Symmachus）都蒙受了不白之冤，因莫须有的、至少未被证实的叛国罪而处死。在被处死之前遭关押的两个月里，波伊提乌写成了《哲学的慰藉》（*Philosophiae Consolatio/Consolation of Philosophy*）一书，该书在中世纪时期对特定阶层的人有着极大的吸引力。

狄奥多里克死于公元526年，据说被悔恨吞噬，尤其是自己不公正地处死了西玛库斯。像许多其他的伟大统治者和领袖一样，他的名声久盛不衰，巨大的陵墓仍屹立于现在的拉韦纳。

狄奥多里克用自己非凡能力建立的王国在其死后只延续了27年，便被东罗马皇帝查士丁尼的将军（详见第62条）所消灭，从蛮族统治下解放了的意大利于公元553年再次回到了帝国的怀抱。

17.西哥特王国（415—711）

奥多亚塞及其部下灭掉西部帝国时，西哥特人已经占据了南高卢和西班牙的大部分地区。尤里克（Euric，466—483）①在西哥特诸王中所享有的杰出声誉，与

① 本书人名后面括号中所注的年限，有的是生卒年限，有的是在位年限，比如此处尤里克生于公元440年，466年继位，全文无法一一注明。——译者注

狄奥多里克的陵墓

狄奥多里克在东哥特诸王中所享有的声誉不相上下。他不仅享誉欧洲，威名甚至远播亚洲国家。

虽然被法兰克国王赶到比利牛斯山脉以南，但西哥特人一直占据着西班牙，直到8世纪初萨拉森人跨过直布罗陀海峡（Straits of Gibraltar，详见第87条），摧毁了罗德里克（Roderic）统治下的王国，使其成为最后一位哥特国王，并于公元711年确立了《古兰经》（*Koran*）在半岛的权威地位。统治了近300年的西哥特王国就此灭亡。在此期间，西班牙的征服者西哥特人已经同古罗马居民融合，所以今天的西班牙人有着伊比利亚人（Iberian）、凯尔特人、日耳曼人及最后的入侵者非洲摩尔人（African Moor）的混合血统。

18.勃艮第王国（443—534）

5世纪中叶，哥特人的近亲勃艮第人（Burgundians）在罗马人的许可下，永久定居于现称萨伏依（Savoy）的土地上；最后，通过武力征服与和平谈判，占据了现在法兰西共和国的整个东南部地区，以及瑞士西部的大片地区。日耳曼定居者的部分古老领地现在仍然保留，被称为“勃艮第大区”（Burgundy）。勃艮第人的国家刚刚建立，就跟北方的法兰克人发生了冲突，不久便沦为克洛维（Clovis）及其子孙的附属国。

19.汪达尔王国（439—533）

罗马帝国衰亡前的约半个世纪，汪达尔人（Vandals）从其潘诺尼亚（Pannonia）的定居地启程，横穿高卢和西班牙，跨过直布罗陀海峡蜂拥而至，几年内便占领了所有的北非地区，并于公元439年定都迦太基城（Carthage），建立汪达尔王国（Kingdom of the Vandals）。

汪达尔人在罗马

汪达尔人比任何其他颠覆罗马帝国的日耳曼部落都更具破坏力，他们的名字已经成为所有语言中肆意破坏和暴力的代名词，所代表的恐怖传遍了地中海国家。其海盗船横扫海格力斯之柱（Pillars of Hercules）与尼罗河之间所有的水域。船上载着战马，每每抵达一处未加防御的海岸，他们便骑上战马，洗劫该国，将战利品装船，在警报响起之前旋即离去。甚至防御良好的城市也难逃“南欧维京人”（Vikings of the South）的魔掌①。

汪达尔人的海盗行为也没有因为其洗劫的旅程而感到满足。他们效仿迦太基人的雄心壮志与征服历程，并将迦太基人的古都定为自己王国的首都。除征服了北非

① 汪达尔国王盖塞里克（Geiseric）沿台伯河（Tiber）洗劫罗马以图获得丰厚的战利品令罗马不堪其扰。——*Rome: its Rise and Fall*（《罗马：兴与衰》），par.279。

所有的地区外，他们还占领了科西嘉岛（Corsica）、撒丁岛（Sardinia）和巴利阿里群岛（Balearic Isles）。

并且，他们不满足于用强大的武力削减敌人以达到政治奴役的目的，还要进行精神征服。他们属于基督教的阿里乌斯派（Arian Christians），疯狂地热衷于无情迫害作为亚他那修（Athanasius）追随者的正统派信徒。没有任何事件比这些半基督教徒的汪达尔人对非洲天主教徒的残酷迫害更玷污史册的了。

但是报应也随之而来。汪达尔人刚刚征服了撒丁岛，作战的将领又匆匆被派回非洲驻防。查士丁尼皇帝派大将贝利萨留（Belisarius）将蛮族赶出了非洲，并令其回到天主教会的怀抱。这次征战取得了成功，在被蛮族征服者凌霸了100多年后（详见第61条），迦太基和非洲的富有土地再次回到帝国的怀抱。

当时，许多汪达尔人编入了东部皇帝的军队，而另一些人则从事不同的行业，但其危险的本性留给了世人野蛮的印象。国内其余的汪达尔人逐渐被当地人同化，几代人之后，蛮族入侵者的外表、语言或习俗都无法在非洲海岸居民中找到踪迹：汪达尔人消失了，唯有名字独存。

20.墨洛温王朝时期的法兰克人（486—752）

在罗马帝国衰亡前约200年，法兰克人开始定居于莱茵河（Rhine）以西的地区，他们注定要给高卢起一个新的名字，并确立其在法兰西民族中的核心地位。那时他们仍是异教徒，似乎难以或根本无法企及塔西佗时期日耳曼部落所达到的文明程度。

克洛维

法兰克人有两个分支或部落群体，分别被称为里普利安人（Ripuarians）和萨利人（Salians）。萨利人是主要的民族，其祖先可以追溯到由勇士们投票选出的最强大的首领墨洛维（Merovech）。这个时期的几个国王中，克洛维凶险残忍、翻覆莫测，程度甚至远远超过了他背信弃义的家族。

罗马帝国灭亡后，克洛维就有了在罗马权力废墟之上建立一个王国的野心。他攻击了驻守高卢的罗马将领西亚格里乌斯（Syagrius），在苏瓦松战役（Soissons，486）中取得决定性的胜利。至此，尤利乌斯·恺撒于500多年前在高卢的蛮族部落上建立起来的罗马政权毁于一旦。几年后，克洛维占领了巴黎，这个以古老凯尔特部落的巴黎斯人（Parisii）命名的地方成为了他最喜爱的居住地。

克洛维短时间内就掌控了高卢的大部分地区，而其他日耳曼部落则再次沦为附庸。他的成功为其引来了四方朋友；天主教的主教们全力支持其政权，以期换取克洛维在他们与异教徒敌人的斗争中对他们的支持，克洛维并未令他们失望。

此外，君士坦丁堡的皇帝送给这位法兰克国王紫袍和其他罗马执政官的徽章，为他披上了所有君权的外衣。克洛维接受了这一切，并成为东罗马皇帝名义上的副手或总督，但实际上，他同许多独立的君主一样无拘无束、至高无上。此时，几乎所有西部日耳曼首领均承认君士坦丁堡的宗主权，蛮族国王得到了皇廷的正式认可；在取悦东罗马皇帝的同时，不但没有令其承担责任或遭到约束，反而强化了其在民众心中的权威，特别是那些前帝国的子民，他们对古罗马依然心存敬意，用几近迷信的目光看待得到皇廷认可的政权。

克洛维在其统治的最后几年用极残暴的罪行败坏了自己的名声。公元511年离世之后，按照古代日耳曼的继承法，大片领土分给了他的四个儿子。这样分配的自然后果很快显现，王国被不和与战争搞得四分五裂。在克洛维的有力统治之后，又经历了大约一个半世纪的纷争，此时的墨洛温家族（Merovingians）已经变得软弱无能，被称为“懒王”（Do-nothing Kings），而其他家族中雄心勃勃的人士通过与皇廷和政府的联系已经变得富有且极具影响力，人们怂恿他们掌权以捍卫帝国的尊严。

此时的法兰克君主政体由两个主要部分组成，即称为奥斯特拉西亚（Austrasia）的东部地区和称为纽斯特里亚（Neustria）的西部地区，大致代表着后来的德意志和法兰西。东部鉴于其地理位置，自然比西部日耳曼化得更为彻底；而罗马元素则仍是西部的主流。双方明显势不两立，每个地区的领导者都是被冠以“宫廷总管”（Mayor of the Palace）或“宫相”（Major Domus）的高官。长时间的争斗之后，东部地区的宫相占了上风，废掉了软弱的墨洛温国王，成为法兰克王国的新世系——加洛林王朝（Carolingian）。

令有抱负的奥斯特拉西亚家族获得王室身份，仍需丕平二世（Pippin II）、查理·马特（Charles Martel）和丕平三世（Pippin III）祖孙三代的才华、成就与雄心。尽管公元687年，丕平二世在与纽斯特里亚的泰斯垂战役（Testry）中大获全胜，确保了最后在国内真正行使王权的优势，但墨洛温国王依然是占据王位的影子国王。

丕平二世的儿子查理·马特，凭借自己的才华、能力与贡献，将家族的权威提到了新的高度。他的雄心壮志不久便遇到了千载良机。

此时，萨拉森人征服了东部、北非和西班牙，跨越了比利牛斯山，进入了阿基坦（Aquitaine）或称南高卢地区，威胁着要征服全欧洲（详见第六章）。所有人都盯着查理·马特，只有他的强大兵力可以抵御阿拉伯军队的野蛮进攻。

查理·马特调兵遣将，于公元732年在法兰西中部的图尔（Tours）或普瓦捷（Poitiers）大败入侵者，从而使欧洲免受伊斯兰教的束缚。查理一战成名，像他的父亲一样再次获得了声誉与权势，几乎成为法兰克王国实际上的国王了。但真正于公元752年自立为王，建立加洛林王朝的是其子丕平三世（详见第95条）。

至此，对法兰克人的日渐强盛需放下暂且不表，来讲述其他帝国入侵者的命运。

21.伦巴第王国（568—774）

意大利伦巴第王国（Kingdom of the Lombards）的建立同东哥特人的迁徙运动颇为相似。伦巴第人（Lombards/Longobardi）得此称呼可能是因为他们的长胡须或长战斧[①]。他们来自多瑙河的中游地区，一直为东罗马皇帝所雇佣，进行消灭格皮德人的战斗。其刚烈好战的性格令他们转而去征服意大利；该国刚刚被东罗马皇帝的大将们从东哥特人手中解放出来（详见第16条）。

就如东哥特人近一个世纪之前的那次进军一样，伦巴第人在国王阿尔博因（Alboin）的率领下，翻过阿尔卑斯山，潜入波河（Po）平原，此地因为哥特战争（详见第62条）带来的巨大破坏，导致荒无人烟。经过多年的征战，他们征服了半岛的大部分地区，建立了一个持续几近两个世纪的王朝。其无法征服的地区一般都是海岸城市，还有罗马和半岛南部。

在汪达尔人之后，伦巴第人是罗马行省迎来的最野蛮的部落，其征服均伴随着最骇人听闻的屠杀与暴行。阿尔博因和罗莎蒙德的故事就是一个例证。阿尔博因在战场上杀死了敌方的首领格皮德国王，之后便强占了他漂亮的女儿罗莎蒙德（Rosamund）为妻。在庆功宴上，他把年轻王后父亲的头骨做成了酒杯，并强迫

① 伦巴第人（Lombards/Longobardi）的名字源自其长胡须（long beards）或长战斧（long battle-axes），胡须论为多人持有，天主教修道士保罗（Paul the Deacon，720—799）著史之时亦有此表述；战斧论是因为古高地德语（Old High German）的词根“barta”意思就是“斧子”；近代理论认为此名源自其所崇拜的主神奥丁（Odin）的一个名字“Langbarðr”。——译者注

她用其饮酒。为了报复这一侮辱，罗莎蒙德策划谋杀了她的丈夫，然后嫁给了凶手。

然而，伦巴第人所信奉的新宗教不知不觉地对其产生了约束，在意大利接触到的文明潜移默化地对其产生了影响，使其任性的性格得以克制，凶悍的行为得以驯服。随着时间的流逝，他们成了高尚道德的代表以及艺术与学识的慷慨赞助人。

进入意大利之时，伦巴第人是基督教阿里乌斯派的信徒；但最终他们皈依了罗马教会的正教。教皇格里高利一世（Pope Gregory I）赐予伦巴第国王铁王冠——这顶王冠里熔入了一颗基督受难十字架上的铁钉。

公元774年，伦巴第王国被最著名的法兰克统治者查理大帝所灭。但是，入侵者的血脉已经与前帝国的臣民融合，因此，半岛的一部分至今仍被称为伦巴第。现今偶尔会看到金色头发和白色皮肤的人，他们便是当地居民与日耳曼民族的混血。

伦巴第人征服意大利的重要结果就是瓦解了罗马人建立的政治统一，将帝国分裂成为多个小国家。原因是伦巴第王国极端的封建君主制度使其逐步演变成为许多几乎独立的公国，加之未能成功占领罗马和半岛的海岸地区，进而推动了中世纪时期无法逾越的瓦解进程。半岛则挤满了独立的城市共和国和公国，时至今日，才从这一政治混乱中走出来，成为统一的意大利。

22.盎格鲁-撒克逊人征服不列颠

5世纪时，罗马正在与蛮族殊死搏斗，从不列颠撤回了军团以保护意大利。这样一来，该行省就暴露于皮克特人（Picts）[①]和苏格兰人（Scots）的攻击，以及盎格鲁–撒克逊（Anglo–Saxon）海盗的劫掠之下。加勒多尼亚（Caledonia）的皮克特人沿着北部的哈德良长城（Hadrian Wall）掠夺侵扰；爱尔兰的苏格兰人在西岸侵袭；撒克逊人则在东岸劫掠。

在此困境中，据说当地居民呼吁高卢的罗马统治者助其抗敌，这一恳求被称为“布立吞人的哀吟”（Groans of the Britons）。对当时的境况有如下描述：“蛮族把我们赶入大海；大海又把我们抛回到蛮族的剑上；我们要么死于利刃之下，要么死在波涛之中。”即使发出过这样的恳求也是徒劳，因为当时罗马军团正在与阿拉

① 皮克特人早些时候被称为加勒多尼亚人（Caledonians），是凯尔特-伊比利亚（Celto-Iberian）的混合种族。

里克和阿提拉（Attila）的可怕军队作战，着实分身乏术。

布立吞人被逼无奈出了下策。他们决心通过土地与金钱贿赂一部分敌人，化敌为友来对抗其余的敌人。日耳曼海盗被通过上述方法争取过来。两个半传奇色彩的朱特人（Jutish）首领亨吉斯特（Hengist）和霍萨（Horsa），于公元449年首先率军协防。泰晤士（Thames）河口的萨尼特岛（Isle of Thanet）用于给友军安营扎寨，就这样，皮克特人很快被赶回了北方的老巢。定居点的名声，丰饶的土壤，怡人的气候，导致许多殖民者的亲族慕名而来，一船一船，接踵而至。新移民是与原殖民者有着极近血缘关系的撒克逊人（Saxon）、盎格鲁人（Angles）和朱特人，他们来自日德兰半岛（Jutland）和易北河（Elbe）及威悉河（Weser）下游的沿线国家。

布立吞人对越来越多的船只和人口开始变得警觉起来，意识到他们犯了一个严重的错误，就是在自己的国家里给这些凶猛的战士以立足之地，但却为时已晚。此时，他们或者经过深思熟虑有意为之，或是因为新来人员数量众多，以至于无法再兑现曾经许诺的土地和食物，这样一来，新来的人只能自己想办法解决。他们袭击了布立吞人，一场激战之后，他们大获全胜，开始占领不列颠岛。首先，无论对于这一代开始征服不列颠岛的人，还是对于后来的三代人来说，都认为这次征服并不成功。侵略者每前进一步都受到抵抗，100多年过去以后，日耳曼人只占据了现今英格兰的东半部分①。没有任何罗马帝国的其他行省对蛮族的侵略进行过如此英勇的抵抗。痛苦的殊死搏斗之后，省内居民要么被消灭，要么沦为农奴，要么被集体赶到西部，直到6世纪末，争斗才逐渐变得不再野蛮无情。几乎每一处罗马文明的迹象都消失殆尽；罗马统治时期引入的基督教几乎被一扫而空，日耳曼人的英格兰再次回到尤利乌斯·恺撒600年前发现岛上部落时的信奉异教的状态。

异教徒祖先们将美丽小岛上信奉基督教的布立吞人驱逐出去，将其赶到威尔士的崇山峻岭之间或是令其涉水逃往其他岛屿，没有什么故事比这更悲惨的了。②这一艰苦斗争的时期，正是著名的亚瑟王时期。关于这位民族英雄的传奇故事大多都是传说，但这个人可能真实存在，而他的名字代表着一个或多个骁勇善战的凯尔

① 德拉姆战役（Battle of Deorham，577）是这场斗争的一个转折点，因为撒克逊人取得了胜利，控制了塞汶河（Severn）河谷，在康沃尔郡（Cornwall）的凯尔特人与其在威尔士及北方地区的亲族之间钉了一个楔子。

② 许多被逼无奈的布立吞人横渡英吉利海峡逃到邻近的法兰西海岸，将该省命名为布列塔尼（Brittany）。

特首领，他们长期奋勇抗击异教徒的入侵。

虽然不列颠的征服者属于三个日耳曼部落，即盎格鲁人、撒克逊人和朱特人，但他们在凯尔特人那里都是以撒克逊人的名字进入不列颠的，而他们聚集到一起形成一个新国家的时候又是以盎格鲁之名，这也是英格兰（Angle-land）名字的由来。

到6世纪末，入侵的军队已经在不列颠岛被征服的地区建立了八九个或者更多王国，进入了“七国时代”（Heptarchy）——这样称呼虽然稍显牵强，但已被普遍接受。七国中，诺森布里亚（Northumbria）、默西亚（Mercia）和韦塞克斯（Wessex）的三个王国较为兴盛，形成了中心，周边的小国都愿意追随其后。200年的时间里，这三个大王国之间冲突不断、争权夺利，这些国家的国王一个接一个地去强迫另一个或两个部分或完全地承认其最高君主地位。最后，韦塞克斯国王埃格伯特（Egbert，802—839）[①]以其雄才大略，使建立国家联盟的想法越来越深入人心；北欧海盗后裔在海岸所带来的恐惧，也使其他王国愿意臣服或成为其附属国，让同盟变成现实。尽管埃格伯特似乎从来没有真正获得英格兰国王这一头衔，但他才是真正的首位英格兰国王。[②]

23.帝国之外的日耳曼部落

前面讲述的是西部帝国范围内最重要的日耳曼部落，他们在被自己推翻的文明废墟之上，建立或帮助建立了意大利、西班牙、法兰西和英格兰这些近代的民族国家。在古罗马帝国的疆域之外，还有一些日耳曼民族的其他部落或氏族，注定要在欧洲历史上扮演重要的角色。

在莱茵河东部，居住着近代德意志人的祖先。尽管德意志森林和沼泽上大量的居住者涌入罗马各行省，但德意志在6世纪的时候似乎还和大迁徙开始之前一样拥挤。这些部落在生活方式上仍是野蛮人，大多数人仍信仰异教。

---

① 埃格伯特在查理大帝的宫廷度过了13年的流亡生涯，并见证了他在公元800年被加冕为皇帝（详见第98条）。在那里，他学会了征战和治国之术，这无疑都是受到查理大帝在欧洲大陆上所建伟业的启迪，埃格伯特希望在英格兰效仿查理大帝。

② 《盎格鲁-撒克逊编年史》（*Chronicle*）中给予他的称号是“不列颠共主”（Bretwalda），有时也以“不列颠的统治者”（Wielder of Britain）表达出来，另外也记载他是第8位也是最后一位拥此头衔的国王。

在西北欧的是斯堪的纳维亚人（Scandinavians），即近代丹麦人（Danes）、瑞典人（Swedes）和挪威人（Norwegians）的祖先。他们还没有接触过罗马的文明或宗教。9世纪之前鲜见其身影，直到他们以“北欧人”（Norsemen）即可怕的北欧海盗再次出现在人们的视野里（详见第八章）。

第二章　蛮族的皈依

24.导言

占领西部帝国的蛮族，其部落史上最重要的事件就是皈依基督教。他们将自己的原始信仰改变为新信仰，在某种程度上至少有两个原因：新信仰的卓越与老信仰的散漫。孟德斯鸠（Montesquieu）说："那些无家可归的人绝不会知道如何建造庙宇，那些没有庙宇的人很难忠于自己的信仰。"进入帝国之前，日耳曼人并没有固定的房屋和庙宇。塔西佗注意到，森林和树林是他们唯一的神殿。因为他们容易放弃旧的居住地去寻找新的居住地，所以他们也容易放弃旧的信仰而转信新的信仰。而且，他们几乎没有文字记载；一个民族的宗教没有形成传统，也没有书面文学，很容易弃旧从新，而那些被权威书籍记载的宗教会随着时间的推移加之神秘的或者被遗忘的缘起而变得神圣。

此处应该注意到基督教在战胜罗马帝国的颠覆者蛮族时的一些事件与特征——一场和平的胜利比多少场战争的胜利都更值得关注。

25.罗马帝国灭亡前基督教的发展

到4世纪末，基督教已经取得了第一次重大的胜利，在事实上战胜了异教和不可知论的罗马。早在公元313年，君士坦丁大帝（Constantine）就宣布其为帝国受欢迎的宗教。但是新信仰的传教士热情高涨，怎么能允许自己局限于罗马帝国境内呢？他们是普世王国的使者，不承认任何国家的边界。于是，他们穿越罗马统治的所有疆域，到爱尔兰和苏格兰，到德意志的森林中，到西徐亚（Scythia）的平原上传播新的教义。5世纪初，基督教的帝国已远比恺撒的帝国更为辽阔了。

蛮族进入帝国之前或刚刚进入帝国便皈依基督教的这一情况，使得帝国的臣民免受蛮族异教徒对被征服的敌人施加的极端暴行。阿拉里克未曾染指罗马基督教堂的宝藏，因为他自己也是基督教徒。出于同样的原因，汪达尔国王盖塞里克也对教皇利奥一世（Pope Leo the Great）的祈求作出让步，放了帝国都城居民一条生路[①]。意大利、西班牙和高卢的命运尚可，而不列颠则命运多舛，其主要原因至少是因为占领前者的蛮族部落在跨过帝国边境之前就已经皈依基督教，而进入不列颠的撒克逊人还是未驯服的异教徒。

26.哥特人、汪达尔人和其他部落的皈依

在帝国的掌控之外，首个皈依基督教的蛮族是哥特人。这些部落中最早的传教士很可能是他们在多瑙河的袭击中所俘虏的，其中最重要的一位便是乌尔菲拉（Ulfilas），他将《圣经》（*Scriptures*）翻译成了哥特语，只是省去了《列王纪》（*Books of the Kings*）[②]一书到四书，怕其中关于战争的记叙会点燃这些新皈依者强烈的好战激情。

发生在哥特人身上的情况也同样发生在了其他参与推翻罗马帝国的蛮族部落身上。罗马帝国灭亡时，哥特人和其他蛮族雇佣军正身处意大利；而横穿帝国的汪达尔人则身处非洲；苏维汇人（Suevi）跨过比利牛斯山进入了西班牙；勃艮第人定居在高卢东南部；所有这些民族都已经成为基督教的皈依者。然而，蛮族中的更大一部分却仍然秉持君士坦丁大帝统治时期，于公元325年召开的尼西亚宗教会议上所谴责的阿里乌斯派教义；因此，他们被天主教会视为异教徒，都必须改信正教教义，而这几乎逐渐完美地实现了。

其余包括法兰克人、盎格鲁–撒克逊人、斯堪的纳维亚人及德意志的主要部落在内的日尔曼部落均于天主教兴起之时改信该教。

27.法兰克人的皈依

当法兰克人进入帝国之时，就如盎格鲁人和撒克逊人刚刚登陆不列颠时一样，都是异教徒。基督教在他们中间发展缓慢，直到他们在一次战争中据说得到基督教徒信奉的上帝的帮助而获得胜利，法兰克国王及其子民便抛弃旧的信仰转而皈依基

---

① *Rome: its Rise and Fall*（《罗马：兴与衰》）pars.273 and 279。

② *I and II Samuel*（《撒母耳记》上、下）和*I and II Kings*（《列王纪》上、下）。“这是《圣经》首次被翻译成蛮族语言。”——霍奇金

督教。根据传说，法兰克人在国王克洛维的带领下同阿勒曼尼人（Alemanni）殊死战斗，最后身陷绝境。走投无路之时，克洛维想起他的高贵王后克洛蒂尔德（Clotilda）经常劝其信奉基督教，于是双膝跪地，求告基督教的上帝，并郑重起誓，如若上帝能够让他的军队取得胜利，他就会成为其忠诚的信徒，并用自己手中的剑护卫他的教义。结果，战局很快变得对法兰克人有利，于是克洛维遵守了自己的誓言，与他的3000勇士一同受洗皈依基督教。“哦，斯卡姆布里人，请低首下心，”虔诚的雷米吉乌斯大主教（Archbishop Remigius）对跪着的克洛维说，“崇拜你所热爱，热爱你所崇拜。”

克洛维受洗

克洛维带领法兰克人皈依基督教这个故事说明，蛮族人极为迷信，他们相信预兆与神灵，尤其是他们觉得如果自己的神并没有帮助自己完成所有他们想要做的事情时，他们有权利放弃自己的信仰，转信其他神明，这导致其皈依基督教。悲惨的瘟疫引起的恐惧导致保加利亚人（Bulgarians）皈依基督教来寻求庇护与救赎；同样，勃艮第人在面对强敌时，认为自己的神已被冒犯或无力帮助他们，于是转信基督教。因此，接受新的信仰往往是整个部落或民族的事情，而不是个人问题。

28.法兰克人皈依的重要性

历史学家米尔曼（Milman）说：“法兰克人的皈依对欧洲历史产生了重要而深远的影响。”原因是，当几乎所有其他的日耳曼部落都信奉阿里乌斯派教义时，法兰克人接受了正统的天主教信仰。这样一来，他们就得到了同为天主教徒的罗马教会的青睐以及罗马臣民的善意与支持。这令法兰克的统治者们受益匪浅：领土不断扩张，权力稳步增长，直到小小的法兰克公国成长为一个伟大的帝国，而其有限的王公权力变为几乎统治整个西部帝国的皇帝的权力。

29.奥古斯丁在英格兰传教

盎格鲁人和撒克逊人在登陆英格兰后大约一个半世纪才皈依基督教。被打到西面威尔士（Wales）山区的凯尔特人仍然保留着他们在罗马时代所接受的基督教信仰，但不大想帮助这些抢占了他们美好家园的野蛮人获得继承天国遗产的资格。英格兰人的祖先皈依基督教，主要归功于爱尔兰僧侣和罗马主教的传教热情。

公元596年，教皇格里高利一世派遣奥古斯丁（Augustine）携40名随从到英格兰传教。格里高利因以下事件对那片偏远地区的居民产生了兴趣：在登上教皇宝座的前几年，一天他路过罗马的奴隶市场，注意到一些英格兰俘虏。他们颀长的身材和白皙的外貌唤起了他的好奇之心。询问他们来自哪里，得知是盎格鲁人。“‘正好’，他说，‘既然他们有安琪儿般的面孔，就应成为天堂里天使的共有继承人。’他接着问道：‘来自哪个省？’回答说，那里的人管自己的省叫德伊勒。‘确应叫得一乐’，他说，‘不再愤怒，祈求基督的怜悯。国王是谁？’他们告诉他，国王的名字叫埃拉；他暗指此人之名说道：‘哈利路亚，赞美造物吾主，圣歌一定要飘扬在异土。’”①

这位虔诚的修道士希望马上亲自作为传教士去这片引起他兴趣的土地上向未开化之人传播教义，但是都城的重任使其未能成行。然而，在被选为教皇之后不久，奴隶市场之事又上心头，于是他向当时提到的盎格鲁派去特使奥古斯丁。

不列颠的部落接待特使的方式较之导致开始向其传教的故事的趣味性有过之而无不及。此时，肯特王国（Kent）的埃塞尔伯特（Aethelbert）正是岛上几个小王国的霸主。真是无巧不成书，他的王后伯莎（Bertha）是法兰克公主，而法兰克人已经接受了基督教，因此她也是基督教信徒，通过她的影响，埃塞尔伯特公开接见了奥古斯丁一行，倾听了这位僧侣的请求，并折服于他的雄辩之才，同其子民一道皈依了基督教。因此，英格兰人的祖先是在肯特王国的都城坎特伯雷

---

① 整个对话可以认为是某种文字游戏，即格里高利听到回答后，谐音联想到基督教的内容，其中，Angles（盎格鲁人）谐音 angels（安琪儿），Deiri（德伊勒）谐音De ira（得一乐），Aella（埃拉）谐音Alleluia（哈利路亚），因而得出结论，应去该地布道，传主之福音。另外应该注意的是，这段应该为拉丁语对话，且文字引自《英吉利教会史》（比德著），也为拉丁文著作。——译者注

（Canterbury）首次被称为基督徒的，从那天起，该市成为英格兰的宗教中心，而且作为基督教最著名的教堂之一的所在地，声名远扬。

肯特的国王和人民皈依基督教不久，诺森布里亚王国也作出了同样的选择。当基督的使者向诺森布里亚国王埃德温（Edwin）提出皈依基督教的请求时，他召集智者开会商讨，并抛出问题：他们自己的古老信仰是否应该更新。这时，一位年长的顾问在大会上起立发言："国王啊，人的一生就如一只被风暴驱赶的小鸟，逃离黑暗飞入住户敞开之门，门内篝火正盛，得以享受片刻的温暖与光明，旋即再次飞入寒冷与黑暗之中。从何处来，往何处去，无人能知。人生亦是如此。灵魂在其温暖的肉体内只停留片刻，然后很快离去，但对人生的苦乐却也未置一词。如果这些陌生人能解开这一谜团，那就让我们由衷地欢迎他们，并倾听他们带来的音讯吧。"①他的话极好地诠释了盎格鲁-撒克逊②精神的严肃与认真。

在特使的宣教与智者的深思熟虑之后，该国国王和人民放弃了对沃登（Woden）与托尔（Thor）③的崇拜，于公元627年受洗成为基督教徒。

30.凯尔特教会

在诺森布里亚王国，新信仰的光明前景很快便蒙上了阴影。埃德温国王在同默西亚异教国王的战斗中败下阵来，其王国又重回异教。但是，基督很快战胜了沃登，但这一次不是罗马传教士而是凯尔特传教士的功劳。

这里讲一下凯尔特教会。基督教在被撒克逊人慢慢赶到西边去的罗马凯尔特人那里仍占有一席之地。当时，英格兰正处于被从凯尔特勇士的手中夺走的特殊时期，凯尔特传教士却正在对爱尔兰进行精神征服。与侵略者的斗争进入白热化阶段的时候，一个名叫巴特利西乌斯（Patricius）的热情主教，早年曾被囚禁于爱尔兰，凭借自己的热情漂洋过海，作为基督教的传教士到爱尔兰岛传播教义，后来他以爱尔兰的守护神圣帕特里克（Saint Patrick）为人所熟知。由于他的辛苦努力，到大约5世纪末他去世之时，岛上的绝大多数人都成为了基督教徒。

---

① Bede's *Eccl. Hist.*（《英吉利教会史》，比德著），ii，13（Bohn）。

② 诺森布里亚定居着盎格鲁人，但从这一刻起，应该使用撒克逊或盎格鲁-撒克逊这一称呼来统称所有定居于不列颠的日耳曼人。

③ 沃登（Woden）即为上文提到的奥丁（Odin），是其在古英语中的表述，北欧神话的主神，为众神之王；托尔（Thor）是雷神，相传为奥丁之子。——译者注

没有任何种族接受过如此热情的福音（Gospel）。爱尔兰教会派出忠诚的传教士到皮克特（Pictish）高地、德意志森林、阿尔卑斯山脉和亚平宁山脉（Apennines）的荒野。“有一段时间，世界历史的进程似乎要改变了；似乎被罗马人和日耳曼人所征服的古老的凯尔特人反过来对征服者进行了精神征服。似乎是凯尔特基督教，而不是拉丁基督教塑造了西部教会的命运。”①

在凯尔特传教士建造的修道院②中，有一所由爱尔兰修道士圣科伦巴（Saint Columba）于公元563年在皮克特海岸不远处的爱奥那岛（Iona）上修建的最为著名。爱奥那岛成为基督教知识与传教热情的著名中心，在将近两个世纪里，一直发散着光芒，穿透着周遭异教的黑暗，因而，它被称为“圣人滋育地”（Nursery of Saints）和“西部神谕所”（Oracle of the West）也就非常恰当了。

爱奥那岛上的古迹

31.凯尔特人的诺森布里亚传教之行（635）

传教士们带着重新征服诺森布里亚的使命从修道院出发，此次传道受当时流亡于爱奥那岛并在修道院寻求庇护的奥斯瓦尔德国王（King Oswald）的邀请。

---

① Green's *The Making of England*（《英格兰的形成》，格林著），p.281，这些爱尔兰传教士不仅仅是基督教的代表。“他们是当时已知的任何科学知识的讲授者，是比欧洲大陆当时任何地方的文化都高级的文化保有人与传播者，绝对可以称为先驱，他们为西欧大陆的文化奠定了基石，其丰硕成果为包括当今德国在内的各个文明国家所共有共享。”——Zimmer，*The Irish Element in Mediaeval Culture*（《中世纪文化中的爱尔兰元素》，齐默尔著），p.130。

② 在德意志南部（今瑞士），爱尔兰修道士贾尔斯（Gallns）于公元613年修建了著名的圣加尔修道院（monastery of Saint Gall），后来成为中欧的学术圣地之一。

国王给了这些修道士诺森布里亚海岸的林迪斯法恩（Lindisfarne）岛上修道院的位置，在那里，北海的风浪会时刻提醒他们大西洋海岸那个被风暴侵袭的小岛。被奥斯瓦尔德的热情所感染，修道士们的努力获得了极大的成功，诺森布里亚很快就迎来了凯尔特教会的圣餐。

32.罗马教会与凯尔特教会分庭抗礼

从奥古斯丁登陆不列颠海岸、召集威尔士牧师宣布罗马教会教规的那一刻起，罗马教会和凯尔特教会之间的猜忌便与日俱增，后来逐渐升级成为激烈的对抗与冲突。罗马教会同凯尔特教会之间的关系断绝得太久，致使他们在某些典礼和仪式上都出现了不同，如过复活节的时间和削发的形式。①

33.惠特比宗教会议（664）

诺森布里亚国王奥斯威（Oswy）认为“因为他们都期望同一个天国，所以他们不应该在神圣的宗教仪式上有所不同”。为了解决这一纷争，他召集双方代表在著名的惠特比修道院（Monastery of Whitby）开会。

双方的贤能之士在国王面前争论的主要问题是：到底该在哪一天庆祝复活节。辩论热烈，言辞激烈。最后，罗马代表团团长威尔弗里德（Wilfrid）恰好引用耶稣对彼得说的话：“我要把天国的钥匙给你。”国王问凯尔特的传教士，这话是否真的是耶稣对门徒讲的，他们表示认可，于是奥斯威说：“他是看门人，……我凡事都要遵守他的旨意，免得我到了天国的门口，却无人来开门。”②

精明的奥斯威决定将不列颠群岛献给罗马管辖，因为不仅英格兰很快倒向了罗马，而且威尔士、爱尔兰和苏格兰的教堂与修道院也都适时遵照了罗马的准则和传统。“在主的帮助下”，虔诚的拉丁编年史作家写道，“修道士们依教规庆祝复活节并以正确的方式削发。”

34.罗马的胜利为英格兰带来好运

对英格兰来说，这一争端如此解决是非常幸运的，因为不列颠的皈依最重要的

---

① 罗马教会削发是头顶剃光，而凯尔特教会则只剃光前部。

② Bede's *Eccl. Hist.*（《英吉利教会史》，比德著），iii，25（Bohn）。

影响之一便是重建了因5世纪的灾难而断绝的与罗马文明之间的联系。正如格林讲到圣奥古斯丁使团时所言："修道士们吟唱庄严的祷文行进，在某种意义上是听到阿拉里克号角而撤退的罗马军团的回归……实际上，奥古斯丁的登陆恢复了被亨吉斯特登陆所毁掉的统一，新的英格兰被老的国家联合体所接纳。在征服者的刀剑面前逃走的文明、艺术、文学随着基督教的信仰而归来。"

如果是凯尔特一方而不是罗马一方在惠特比取得胜利，那现有的一切优势将不复存在。英格兰将被从欧洲大陆孤立出来，而且也不会作为衰亡帝国的遗产共有继承人享受其留给欧洲人民的美好生活。

罗马一方获胜的第二个价值就是通过宗教统一促进英格兰的政治统一。凯尔特教会与罗马教会形成鲜明对比，在国家的重组方面彻底无能为力，因它无法在几个盎格鲁–撒克逊国家之间打民族感情牌。另一方面，罗马教会通过行使中央权力、全国主教会议和一般立法，克服不同王国之间的孤立，并极力帮助他们团结一致，构建共同政治生活的框架。

35.盎格鲁-撒克逊人的异教和基督教文学

在文学方面，从盎格鲁–撒克逊时期开始，有两首著名的诗歌，很好地诠释了英格兰祖先的宗教变迁。其一便是《贝奥武夫》（*Beowulf*），成诗之时英格兰的祖先仍是异教徒，甚至可能还未离开欧洲大陆；另一首诗叫《诗释圣经》（*Paraphrase of the Scriptures*），是在皈依基督教后不久写成。

《贝奥武夫》是一部史诗，讲述了一位名叫贝奥武夫的斯堪的纳维亚英雄的英勇事迹。当时丹麦出现了一个叫作格伦德尔（Grendel）专吃熟睡之人的北方独眼巨人（Cyclops），赫罗斯加国王（King Hrothgar）及其子民深受其害，贝奥武夫将他们从苦难中解救出来。诗歌充满异教的本能，忠实地反映了它所诞生时代的艰辛与荒蛮。每一节都展现出对野蛮恐怖与残酷屠戮的蛮爱。诗中写道：

那怪物并无耐心，
说时迟，那时快，
早已抓起一位沉睡中的战士，
迫不及待，一把撕开
放进血盆大口，将骨锁咬得粉碎，
狼吞虎咽，血流如注，

刹那间整具尸首已入腹中，
连手带足！

在它吃另一名战士之前，贝奥武夫靠近了怪物。

国王的宫殿震动了，
好一场恐怖的“蜜酒”应酬！
全体城堡主人，丹麦勇士，都战栗了。
大厅在呻吟，守卫在咆哮。
奇迹：这一席酒宴
居然容得下这两位力士，华丽的建筑
居然站住了没有崩塌！①

这是吟游诗人在歌颂萨克森祖先②在大宴会厅里开怀畅饮的场景。显然他们是蛮族，粗野凶悍，但精神真诚而勇敢。

与异教徒的英雄史诗形成鲜明对比的是《诗释圣经》，为奥古斯丁英格兰传教之行的首个文学成果。该诗成诗于7世纪的某个时间，表明了祖先作为基督教的皈依者学习并试图欣赏希伯来人的伟大文学作品。根据传说，一位名叫凯德蒙（Caedmon）的盎格鲁修道士，被神奇地赋予了歌唱的天赋，能够富有魔力地欢快歌唱，比如神创造天地、人类的创造和堕落等所有《圣经》故事，在其族内无人能及。

《诗释圣经》令人想起了1000年后弥尔顿所著的《失乐园》（Milton’s *Paradise Lost*），二者在处理这一崇高主题时遵循了同一规则，因此，凯德蒙有时也被称为“撒克逊时期的弥尔顿”。他的诗歌以写本相传，5个世纪以来被英格兰各阶层人士阅读，并被赋予了与《圣经》同等尊贵的地位。因此，这位修道士诗人为基督教

① 这两段为诗歌原文，对应的译文出处：《贝奥武夫》，冯象译，三联书店，1992.6，p.39-40。另外，本书中有引自他人所译的文本，均有注明。——译者注

② 日耳曼人的一支，萨克森人和撒克逊人是对其的不同称呼。公元5世纪初，萨克森人北上渡海，在高卢海岸和不列颠海岸登陆入侵。史学界为了区分，把在不列颠定居的萨克森人，称为撒克逊人。——译者注

在英格兰人祖先的进步中作出了巨大贡献，正如尊者比德[①]所言：他的诗“唤醒了许多人轻视尘世，渴望天堂的意识”。

36.皈依对盎格鲁-撒克逊尚武精神的影响

英格兰皈依基督教主要是修道士的努力，之后才引入了修道院模式。修道院和修女院开始大量兴建。特伦奇（Trench）断言：“30多个国王和王后选择退位到修道院静修度过余生。”恐怕没有任何一个日耳曼部落像不列颠的盎格鲁人和撒克逊人那样，放弃自己与生俱来的武力，转而接受基督教，很大一部分人认为武力的运用不再受人待见，甚至完全被忽略。

战争年代，一国的独立与生命都取决于它的武力，尚武精神的衰落使得英格兰在未来几个世纪里遭受苦难。丹麦人（或称北欧人）在8、9世纪时带给不列颠的灾难（详见第八章），以及北方民族新鲜血液的注入，最终导致其早期民族活力和尚武精神的复苏。

37.德意志的皈依

德意志诸部落的皈依要归功于凯尔特、盎格鲁–撒克逊和法兰克的传教士们，以及查理大帝的武力。德意志的伟大传教士是萨克森人温弗里德（Winfrid），以圣波尼法爵（Saint Boniface）为人们所知，生于约公元688年。在紧张而忙碌的漫长岁月里，他建立学校和修道院，成立教会进行布道与洗礼，最后于公元753年殉道。正如米尔曼所言，萨克森人对英格兰的侵略回流到了欧洲大陆。

圣波尼法爵在德意志森林布道的热情、决心和特点可以从一件小事中见其一斑。当他发现他的追随者们仍不死心于旧有的迷信时，便决心证明他们所信神灵的无力，于是他砍伐了一棵园林中象征雷神（Thunderer）的珍贵大橡树。当地人屏住呼吸看着他对自己神的挑衅，期待着这位鲁莽之士被天庭的闪电一击毙命，但最后当树“扑通”一声倒地时，砍树的人却未受到半点伤害，从此，异教徒们便认可了基督教上帝的优越性。圣波尼法爵用这棵圣树建造了一座大教堂，从那以后，皈

---

① 尊者比德（Bede the Venerable，约673—735）是一位虔诚博学的诺森布里亚修道士，在其所有的著作中，有一本无价之宝名叫《英吉利教会史》（*Historia Ecclesiastica Gentis Anglorum/The Ecclesiastical History of the English Nation*）。该书的核心主题讲述了英格兰祖先如何皈依基督教。感激比德让人们得以领略早期英格兰的大部分风貌。

依便迅速展开。

萨克森人是未受圣波尼法爵布道影响的重要日耳曼部落之一，显然，该部落中只有一小部分人前去征服英格兰。这些凶猛顽固的异教徒最终因查理大帝的重重一击而进入基督教堂（详见第97条）。

德意志部落的皈依使得西欧日耳曼人免受其野蛮同胞的屠戮，并在中欧建立起了强大的屏障，抵御几个世纪以来一直极大地威胁着德意志东部边境的图兰异教和伊斯兰教的前进浪潮。

38.罗斯的皈依（988）

罗斯人（Russia）①的克洛维是弗拉基米尔大公（Vladimir the Great，卒于1015年），北欧留里克王朝（Rurik）的后裔（详见第111条）。据记载，这位统治者主动投入到基督教的怀抱。他想信奉几种宗教中的一种，便派出使节分别对伊斯兰教、犹太教、罗马基督教和希腊基督教的优点进行考察。使节们报告，他们青睐于君士坦丁堡的宗教，因为圣索菲亚大教堂里超凡脱俗的壮丽仪式，令他们印象异常深刻。

于是弗拉基米尔便将当时人们所信奉的主神的大木神像抛入第聂伯河（Dnieper），自己则与臣民一起受洗为基督教徒。弗拉基米尔的这一行动标志着罗斯基督教化正式开始。

斯拉夫部落信奉君士坦丁堡的宗教而不是罗马的宗教，这对罗斯的历史产生了深远的影响。首先，它阻挡了罗马基督教文明对罗斯的影响，因而使其整体文化远远落后于中世纪时期在罗马教廷（详见第34条）指导下的西欧国家。

其次，罗斯的这一选择使其不再受到西部天主教的支持，因而当其在12世纪遭受蛮族入侵之时并未获得盟友的支持，使国家发展滞后了几代人（详见第373条）。

39.基督教在北方的发展

基督教在北方发展缓慢，但经过9、10和11世纪，教会的传教士们渐渐地说服了所有斯堪的纳维亚人。

① 罗斯人建立的国家罗斯公国即为基辅罗斯（Kievan Rus'），被认为是三个现代东斯拉夫人国家——俄罗斯、乌克兰和白俄罗斯的前身。因中世纪时期还未建立近代的俄罗斯帝国，因此，本书中译文采用“罗斯”这一名称，其他国名的翻译也大都遵循这一原则。——译者注

冰岛（Iceland）引入新宗教的情况比较特殊。公元1000年，一些来自挪威的传教士来到冰岛帮助一个软弱的基督教组织在该地建立基督教。就在此时，岛上的一座火山喷发了；强烈反对新宗教的旧宗教信仰者声称火山喷发表明他们所信之神对试图革新宗教的愤怒。但是这一论点受到了一位老首领的质问："当我们自己踩到的这些岩浆本身就是炽热的急流之时，又是什么激起了他们的愤怒呢？"

奥丁神的信徒们无言以对。国民大会批准了一项法令，要求所有居民接受洗礼，进而异教徒的神像和庙宇都被捣毁，任何公开崇拜古代神祇的人都受到惩罚。

在几个世纪的异教历史上，斯堪的纳维亚民族对从北部半岛峡湾到南部各个海岸的袭扰从未间断，而皈依基督教的一个重要影响就是抑制了他们的这种海盗冒险。

到公元1000年，除了西北部波罗的海（Baltic）地区——那里的芬兰人（Finns）和拉普人（Lapps）信奉异教，现今俄罗斯的部分地区，伊比利亚半岛的大部分地区——那里的摩尔人信奉伊斯兰教以外，整个欧洲都皈依了基督教。

40.异教徒对基督教的反应

因此，帝国的征服者在接触基督教后反被征服。但必须承认，这很大程度上只是一种名义上的胜利，而不是实际上的胜利。教会不可能一下子影响这么多突然出现在其管辖范围内的异教徒。被称为基督徒后的很长一段时间里，蛮族一如从前的粗俗、残忍、顽固、迷信，不大懂得教义，很少表现出他们所信宗教的真正精神。正如教会所言："此种蛮族皈依的直接影响就是矮化并伤害了基督教；基督教抚育了他们，但却在抚育的过程中受苦受难。"

这种日耳曼蛮族对教会的消极反应无疑在很大程度上归因于中世纪大部分时期里欧洲可悲的道德状况。

41.结语

就日耳曼部落皈依基督教的总体影响而言，有以下几点：

首先，罗马的征服者及时皈依基督教（详见第25条），使得古老帝国的文明免于在其手里毁于一旦。按照他们的习俗，蛮族可能会洗劫城池、屠戮百姓，但是因为他们自己也是基督徒，因此在大教堂或修道院的门口他们会放下屠刀。

其次，蛮族皈依基督教对火热好战的欧洲民族产生了影响，培养出了他们更温和的美德，而且在社会秩序与个人纪律方面建立了权威。

再次，蛮族皈依基督教使其对罗马艺术和文化做好了接受的准备，并且有力地加速了拉丁人和日耳曼人融合为一个民族的进程（详见第四章）。

此外，在四海之内皆兄弟、每个人的心灵都价值无限、上帝眼里人人平等的教义引领下，基督教为新形成的种族建立了新的社会道德，成为奴隶和农奴解放中最强大的潜在力量之一。

最后，所有欧洲民族同信一个宗教把他们团结到一起形成了某种宗教兄弟情谊，尽管在信条和仪式方面有着细微差异，但在接下来的几个世纪里他们协同努力，有效抵御了东部庞大伊斯兰势力的西进威胁。中世纪时期，欧洲尤其是西欧人民如果没有被一个共同的信条团结在一起，亚洲的穆斯林很有可能会蔓延到欧洲大陆并使其成为亚洲的延伸。

第三章 隐修制度

42.隐修制度的定义及不同宗教中的禁欲理念

在3到6世纪之间，教会逐渐形成了一种隐修制度（Monasticism）①。这是非常值得注意的制度，对中世纪及后来的历史产生了异常深远的影响，因而应该熟悉其精神和宗旨。

“隐修制度”这一术语在广义上，指的是一种以达到提升灵魂为目的的自我否定的苦修和与世隔绝的生活。这样的定义表明该制度包含两大类修道者：（1）独居修道士（Hermits/Anchorites）——与世隔绝，在荒无人烟的地方独自生活的修道者；（2）住院修道士（Cenobites/Monks）——形成团体，过群体生活的修道者。

但东、西部之间的隐修制度有所不同。东部的修道者遁世主要是为了通过自我苦行、祈祷和冥想来达到自身的救赎；而西部的修道者虽然拥有同样的动机，但同时还考虑到他们所遁世界的需求，并且通过诸如祈祷、布道和传教等多种渠道，力图挽救他人和促进教会的整体利益。

禁欲的生活观念绝非基督教的独创。婆罗门教（Brahmanism）一直有苦行者和隐士；所有信仰佛教的地方（Buddhistic lands）也满是寺庙和僧侣；在基督时期，叙利亚（Syria）犹太人中的一部分宗教狂热分子艾赛尼派（Essenes）信徒，便过着孤独与清苦的生活。

---

① 隐修制度（Monasticism）源自“monachus”或“monk”一词（希腊语μοναχός，源自μονός，意为独自一人），本意指独自生活的人，但后来也被用来指群体生活中的人。

43.造就基督教隐修制度的信条和环境

隐修制度的萌芽由东部传入基督教，作为东部基督教教派的诺斯替（Gnostics）教徒宣扬二元论信条：物质世界是邪恶生物的创造与帝国，与精神世界相对立。这一学说认为拥有七情六欲的肉体是邪恶的，与内在的灵魂相对立，因此，精神必须征服并支配肉体。基督教禁欲主义制度便是由这些东部信条发展而来的。

许多因素导致了这种发展，尤其是标志着罗马帝国文明的社会与道德的堕落，或许古代社会的道德和精神生活从未有过如此低潮。教会也没能逃过道德危机，在某种可悲的程度上已经同世俗世界一样了。

这种情况导致了精神高尚之士的强烈抗议，并在心中渴望更高的理想和更艰苦的宗教生活。这样的人自然热情地接受禁欲生活，因其在各个方面都直接反对社会的主流观念与做法。面对肆无忌惮的放荡，修道士们强调禁欲生活的至高无上；面对贪得无厌，他们宣扬所有尘世的财产都一文不值，放弃这一切才是崇高的美德；相对于那些将身体泡入豪华的浴缸，喷上香水、涂上脂膏来护肤的人，他们不去顾及身体而去追求灵魂的圣洁；相对于富人的暴饮暴食，他们常食粗茶淡饭；相对于华服艳装，他们衣着简朴。禁欲主义理念与当时人们的日常生活和行为背道而驰，这是反击否认灵魂高于肉体的正统性、玷污美好事物、损毁生命尊严的现行社会制度。

当希腊-罗马世界的道德和社会情况对修道制度有利的时候，一些基督教教义也引经据典助其发展。因此使徒圣保罗（Apostle Saint Paul）说："没有娶妻子的人，挂念的是主的事；……但娶了妻子的人是为世上的事挂虑。"[①]基督自己也宣称："如果有人到我这里来，不恨自己的父母、妻子、儿女、兄弟、姊妹，甚至自己的性命，就不能做我的门徒。"[②]而且，他对有钱的年轻人说："如果你想要完全，就去变卖你所有的，分给穷人。"[③]

这些文字同其他类似的一样，从字面上看，很大程度上认定了遁世、苦行和节欲的禁欲主义理念，认为这才是最完美的生活和最可靠的救赎方式。

---

① I Cor.（《哥林多前书》），vii，32，33。

② Luke.（《路加福音》），xiv，26。

③ Matt.（《马太福音》），xix，21。

44.东部基督教徒的禁欲生活

大约在3世纪初，东部基督教徒对禁欲生活热情高涨，令其广泛传播。德基乌斯迫害（Decian Persecution，249—251）①导致数以千计的人奔向沙漠便是出于这一原因。生于约251年的著名埃及禁欲主义者圣安东尼（Saint Antony）率先垂范，极大地影响和推动了这一不可思议的热情，被称为"隐修之父"（Father of the Hermits）。著名的亚他那修记述了圣安东尼的传奇一生，他撼动了整个基督教世界，导致数千人效仿而逃往沙漠遁世。据估计，到4世纪结束前，埃及许多地区的沙漠人口相当于城市的人口。

所有的东部隐士中最著名的便是高柱修士圣西米恩（Saint Simeon Stylites，卒于459年），他在一根直径只有三英尺的柱子上生活了36年，并逐渐把柱子的高度提高到50多英尺。他的苦行为自己赢得了"尘世的星辰和世界的奇迹"（the Star of the Earth and the Wonder of the World）的称号。②

45.西部的隐修制度

4世纪时，禁欲的隐修方式受到了拥有温和气候的东部，特别是埃及的青睐，在某种程度上构成了修道院模式；也就是说，某位著名隐士吸引了一批门徒，他们的简陋小屋构成了修道院的核心（laura）。

隐修制度在东部建立不久便传入了欧洲，而且在极短的时间内传遍了所有基督教为主的西部国家。这里的主流生活与隐修模式格格不入，虽然有的欧洲教会也有几位著名隐士，但西部民族的风土人情及对活动的热爱不利于这种形式的迅速发展，可东、西部的修道院仍在不断兴建。选择遁世的人大多是因蛮族入侵带来的混乱与恐怖以及西部帝国的瓦解。这一运动不但影响了男性，而且还吸引了女性，因此拥有修道院类似教义的修女院也数量倍增。

46.圣本笃会规

为了为修道士的隐修与苦行引入某种规则，教规便被制定出来供其遵守。修道

---

① 德基乌斯（Decius，201—251），罗马总督，后被推举为帝国皇帝。起初对基督教的迫害只是零星发生，且多为局部行为，但传说公元 250年1月20日，德基乌斯斩首了拒绝叛教的罗马主教法比昂（Fabian），随后下令禁止全国信奉基督教，称为"德基乌斯迫害"。——译者注

② Tennyson's poem，"*Saint Simeon Stylites.*"（《高柱修士圣西米恩》，丁尼生的诗歌）。

士的“三绝誓言”包括绝财（Poverty）、绝色（Chastity）、绝意（Obedience）。圣帕科米乌（Saint Pachomius）是4世纪时埃及的苦行者，据称是首个为追随自己的修道士制定规则的人。

但最伟大的修道士教规制定者要属努西亚（Nursia）的圣本笃（Saint Benedict，480—543），著名的卡西诺山修道院（Monastery of Monte Cassino）的创始人，该修道院位于意大利的罗马与那不勒斯之间。其会规对于宗教世界来说就如同《查士丁尼民法大全》（详见第65条）对于欧洲的世俗社会一样举足轻重。会规中的很多规定都是最明智、最实际的，例如，一条将体力劳动作为神圣的义务，而另一条则要求修道士每天花一定的时间读圣贤经典。

接受圣本笃会规的修道士被称为本笃会修士（Benedictines）。这一会规变得极受欢迎，而且非常普遍，以至于据说查理大帝都不得不进行细致的调查，以确定是否有遵守其他会规的修道士。一度有约4万座修道院采用该会规。本笃会中出了24位教皇，主教和圣徒则不计其数。

47.修道制度改革；新修道会

隐修制度作为西方历史上一种积极强大的力量而存在，有着超过1000年的精彩历史。该历史体现出了一个重要事实，即，从未停止的修道院改革运动。几乎每一个修道院或修道会都建立在获得财富带来的游手好闲、自我放纵和纪律涣散之上。但在修道院中总有与此背道而驰的“余剩民”（Saving Remnant）①，正是这些人负起了改革的精神重任，而也正是这些彪炳修道士史册的改革运动造就了众多中世纪时期精神高尚的崇高人物。没有任何其他人类理想比革新堕落的修道会更需要能力、热情和英勇献身精神的了。

在这些最早、最值得注意的改革运动中的一次运动导致了公元910年在勃艮第建立了著名的克吕尼隐修院（Monastery of Cluny），其深远影响持续了两个多世纪（详见第175和183条）。

到了11世纪末，建立了卡尔特会修道院和西多会修道院（Carthusian and Cistercian Orders）；在13世纪，建立了方济各会和多明我会（Franciscans and Dominicans，详见第229条）。

---

① 余剩民，本意指不幸或大灾之后的幸存者，此处指极少数决心始终忠于上帝以获得救赎的信徒。——译者注

48.修道士为文明作出的贡献

教会中这一早期修道制度的建立，给正在从旧世界的废墟中重塑自我的新世界带来了巨大利益。修道士，特别是本笃会修士，成了农耕者，将国王和他人赠予的荒野沼泽通过悉心开垦转变成丰饶良田，从而挽救了欧洲一些最荒芜地区的不毛之地。一句话，修道士组成了将文明播向荒野的先锋队。普雷沃-帕拉多尔（Prévost-Paradol）说："一如既往，罗马殖民者离开首都为了使被征服者臣服，传播伟大共和国的礼与法，因此在这次欧洲的新征服中，修道院组建了有着整齐步伐的基督教军队，或教会传教士，通过清除森林、宣讲福音及文明世界的物质与道德界限，不断地向四面八方推进。"①

修道士也成了传教士，教会对蛮族取得的迅速而显著的胜利，很大程度上要归功于他们的热情与奉献。诸如圣科伦巴、圣克劳斯（Saint Callus）、圣波尼法爵这样有献身精神的使徒身上承担了许多中世纪时期教会的传奇使命。

修道士也成了教授者，修道院里宁静的空气既培养了虔诚也滋养了学识。在修道士的庇护下建立了学校，这些学校是中世纪早期学习的场所，也是欧洲几个世纪以来的最佳知识生活的中心。这些修道院学校在社会中占有的地位后来被大学所填补。

修道士抄写员

修道士也成了抄写员，用极大的艰辛和勤勉收集、誊写古代写本，从而令古典学术与文学得以保存并流传至今。几乎所有现有的希腊和拉丁经典都是通过修道士之手传下来的。

修道士也成了记录者，他们将自己时代的事件写成编年史，能学到中世纪早期的知识均得益于此。②因而，修道院中的缮写室或写字间在中世纪社会中的地位相当于近代的大印

---

① *Essai sur l' Histoire Universelle*（《通史散论》，普雷沃-帕拉多尔著），tome ii，p.64。

② 卡西奥多鲁斯（Cassiodorus，详见第16条）似乎是首个在修道院的日常生活中引进智力劳动的人。此举大大推动了文字工作。

刷厂。

修道士还成为了赈济者，帮助虔诚和富裕之人向贫穷与需助之人分发其捐赠的物品，各处的修道院都向疲惫、虚弱和沮丧之人敞开了他们的好客之门。总之，这些隐居处在中世纪时期成了旅馆、收容所和医院。成为修女的女性身上体现出了助人与慈善的精神，而第一所基督教医院的建立就应归功于“一位名叫法比奥拉（Fabiola）的罗马女士，她于4世纪时为了忏悔而在罗马建立了第一个公立医院，她手里播撒下慈善的种子传遍了整个世界，并将缓解人类最黑暗的痛苦，直到生命的尽头”。①

而且，秉承禁欲主义的修道士们对纠正那些伤了希腊和罗马民族元气的社会恶习起到了极大作用，并为充满年轻活力的北方民族继承古代遗产保驾护航。无疑是这种对希腊–罗马世界中腐朽社会道德的激烈反抗使得修道院教会为文明的进步作出了巨大贡献。

49.隐修制度的邪恶副产

在人类社会中，没有任何一种制度在实际运作中不会产生弊端，但必须与其为人类带来的益处分开来看。这些弊端产生的原因要么是制度本身存在的缺陷，要么是忽视了其原本的精神，要么是歪曲了其固有的原则。

对于隐修制度中几条根本原则和要求所产生的影响与倾向存在广泛分歧，例如有关独身、绝财以及遁世。但这种观点分歧并没有影响到中世纪社会，而曲解修道理念，或者忽略修道士层面的三绝誓言，漠视隐修会规才是真正的诱因。

修道士的绝财誓言在很大程度上不会影响他们作为团体或担任圣职而接受社会财富，可随财富而来的通常便是罪恶，包括懒惰，在住所和生活上的奢侈，以及对严厉会规的逃避。

一个更为邪恶的根源便是许多修道士对绝色誓言的公然无视。在某些时候，某些修道院里的状况猥琐龌龊，以至于本应是美好和健康的源泉，却成了堕落与肮脏的溪流。

---

① Lecky，*History of European Morals from Augustus to Charlemagne*（《从奥古斯都到查理曼大帝的欧洲伦理史》，勒基著），vol.ii，p.80；转引自Wishart，*A Short History of Monks and Monasteries*（《修道士与修道院简史》，魏沙特著），p.105。

尽管修道士队伍内部不断地努力改革，但几个世纪后，这些弊端却变本加厉、明目张胆，似乎无可救药，最终，加之一些其他原因，使得许多欧洲国家的修道院体制臭名远扬。反对者们很可能会将修道士从修道院中赶出来，将他们在几个世纪的虔诚、品德和社会秩序的慈善中聚敛的巨额财富还给世俗。

第四章　拉丁民族与日耳曼民族的融合

50.导言

了解了希伯来元素，即基督教的思想、信仰和观点如何成为拉丁人和日耳曼人的共同财产之后，还要注意到这两个民族在旧帝国的土地上交融着他们的血液、语言、法令、风俗和习惯，进而形成新的民族、新的语言以及新的制度。

新社会产生于帝国里拉丁化的居民与其蛮族征服者的民族融合，而衍生出的社会和政治制度展现着两种元素极为不同的配比，有时是拉丁元素占了上风，而有时是日耳曼元素占了主导。实际上，就像在封建制度（详见第139条）中的情况一样，往往很难判定到底是哪一个促成了另外一个。在许多制度中，人们会发现其成长精神来自古典文化，而其形式则来自蛮族的行为准则和习俗；而在其他的制度中，又能发现其精神来源于日耳曼而形式却是罗马的。

本章只讨论关于民族融合的几件事情、新罗曼诸语的形成以及蛮族法典同罗马法之间的关系，这样就足以展示古老帝国土地上、罗马崩溃的文明废墟里以及北方民族的新贡献中所孕育的结构特征的融合。

51.蛮族与罗马国土

日耳曼人在不同的定居地对待被征服的帝国居民的残酷程度也有所不同，具体情况取决于入侵的部落特征以及入侵环境。通常情况下，家畜、家具、钱财、教堂的珍宝等所有动产会立即成为蛮族的合法战利品，但他们也不会限制被征服地居民的自由，却要求献出原有的部分或全部奴隶作为他们的仆人。然而，如遇消极抵抗或顽强反抗，则整个城市或行省的人有时都会沦为奴隶或被灭口作为惩罚。

如果入侵者计划永久居留的话，他们就按照自己的人口要求占有部分土地。在恺撒大帝时期，日耳曼部落入侵高卢后便要求被征服的凯尔特人献给他们一半的土地；奥多亚塞要求获得意大利1/3的土地[①]；东哥特人是要求获得全国2/3的土地；西哥特人则把他们占领的土地全部据为己有；汪达尔人侵吞了北非最多、最好的土地；而撒克逊人剥夺了被征服的不列颠人的一切，事实上迫使他们成为农奴，或把他们完全赶出自己的土地。蛮族留给被征服者部分原有财产，通常是耕地，而他们原本是猎人或牧人，因此会将森林和牧场据为己有。然而，勃艮第人却占据了移居地2/3的耕地，森林和牧场则由其与当地居民共同使用。

52.罗曼民族

在一些地区，因为民族间的激烈对抗，一方被占的受伤感和另一方傲慢的优越感，导致蛮族入侵者和罗马人在很长一段时间里无法融合。但在大部分地区，蛮族入侵者同意大利、西班牙和法兰西的拉丁语居民很快经由通婚开始了自由的民族融合。

很难统计日耳曼人跟罗马人通婚的比例，当然，不同国家的比例也有所不同。然而，上述国家没有大到足以吸收拉丁化的蛮族人，相反，是蛮族人自己通过改变自身以适应新的环境，从而达到自我融合。因此，约4世纪末，意大利、西班牙和法兰西的一切，包括住宅、城市、服饰、习俗、语言、法律、士兵等，都有罗马帝国的影子。不久，蛮族入侵，巨变发生。有一段时间里举目所及，人们在街道和市场上互相推搡；在剧院和法院互相拥挤；在教堂，帝国的罗马居民和粗鲁的日耳曼征服者接踵而跪。但到9世纪时，这两种元素变得相当融合，又过了一两个世纪，罗马人和日耳曼人都消失了，出现的是意大利人、西班牙人和法兰西人，这些民族被称为罗曼民族（Romance Nations），因为他们本质上是罗马人（Roman）。[②]

---

① 在这种情况下，“毫无疑问，分配方法由入侵者的领导机构提出建议，一般情况下，为一名战士提供住所的房主需要将房屋分成三个房间，其中一间留给自己，战士有权从另外两间中选一间，剩下的一间仍归房主所有”。——霍奇金

② 因为蛮族征服不列颠的性质不同，因此英格兰并非罗曼诸国之一。不列颠东半部罗马化的凯尔特人大多被灭或被凶猛的日耳曼入侵者驱赶出去（详见第22条），因此直到建立了自己的语言和法令，这些入侵者仍都没有融合。因此，英格兰人和近代德意志人在举止、社交活动和语言上都有相似之处。如果不是有11世纪的诺曼征服（Norman Conquest）导致英格兰和诺曼底（Normandy）的语言与习俗有所融合的话，今天的英格兰人可能会更像德意志人（详见第163条）。

53.罗曼语族的形成

在被罗马征服的5个世纪里，西班牙和高卢的居民忘掉了自己芜杂的方言，开始说蹩脚的拉丁语；当然，这种语言的变化过程极为缓慢。在这个时期的中间，也就是约公元3世纪，对所有社会阶层的人来说，熟悉拉丁和凯尔特两种语言几乎是必备技能；但到了5世纪，几乎所有人的语言都被拉丁语取代了。

历史又在重演，当年高卢的凯尔特部落和西班牙的凯尔特-伊比利亚人的粗言土语给罗马人的雅致语言让位，此时日耳曼人的粗蛮语言也让步于罗马人的文雅语言。在进入帝国之后的两三个世纪里，哥特人、伦巴第人、勃艮第人和法兰克人在很大程度上都放弃了自己的语言，而使用被征服者的语言。征服者转而又成为了被征服者。“罗马拉丁化了被她征服的省份，最终又拉丁化了征服她的日耳曼征服者”。

但值得注意的是，罗马的外乡人使用的拉丁语并非首都使用的古典语言。在被粗鲁无知的民族接受之后，拉丁语必然遭受改变和贬抑。正是这种通俗拉丁语，在罗马和日耳曼的混血后代嘴里继续讹传。这些半蛮族在孩童时期和现今的学生一样，都不喜欢拉丁语的词形与词尾变化，因此，冗长烦琐的名词和动词词尾便被虚词和助动词所取代，而为了便于发音，长单词的音节则被砍掉变短。

由于文学和学术的衰落，导致这些变化比以往更快也更为严重；因为没有任何方式比将语言置于文学之中更能令其不朽的了。这可以使经历过如山洪磨圆鹅卵石一样的讹化语言在湍流冲刷之后，依旧岿然不动地保持着文字的原貌。

此外，由于缺乏共同的通俗文学，一个国家发生的变化与另一个国家的变化并不完全一致，因此，随着时间的流逝，不同的方言如雨后春笋般涌现。到9世纪左右，拉丁语实际上已经在口头上消失了，而其地位被与古拉丁语或多或少相似的诸如意大利语、西班牙语、葡萄牙语、法兰西语和普罗旺斯语所取代，因为都是罗马语的衍生，所以统称为罗曼语族（Romance Languages）。

54.语言杂乱的影响

此时可以清楚地认识到西欧从5世纪开始一直到11世纪为何难以拨开黑暗的阴霾。

随着当地居民使用的拉丁语开始变化，书面用语和口头用语出现分化。因此，除了学者之外，没人再能读懂书稿中蕴含的希腊人与罗马人的智慧。这样一来，语言的杂乱助长了时代的混乱与无序，灭掉了最后一束科学与哲理之光，让曾经一度被古典知识文化照亮的黑夜再次陷入了一片苍茫。待到新的语言形成并能够写出自己的文学作品（详见第277条）时，几个世纪已经悄然而去；与此同时，所有的学术也都束于修道院的高阁之上了。

55.蛮族与罗马的学识

蛮族的观念也随着日常用语和书面用语的分开而分开。他们目不识丁却引以为傲，认为识字会损伤大脑的原有活力，使人变得软弱可欺难以成为骁勇的战士。不幸的是，罗马原住民也认同这一观点。治学之人没有回报，成功的学识教授者不再得到社会的赞誉，二者自然而然地受到轻蔑与忽视。“几个世纪以来”，哈勒姆（Hallam）说，“用一句话来总结愚昧的程度，无论是什么级别的教友几乎都不知道如何签自己的名字”。罗马帝国灭亡之后500年里最著名的人物，法兰克国王查理大帝，竟然不会写字（详见第99条）。

56.蛮族法典

在进入罗马帝国之前，日耳曼部落并没有成文法。然而，当他们定居到各个行省之后，便开始效仿罗马人把自己的规章和习俗成文，因此便有了萨利克法典、里普利安法典、勃艮第法典、伦巴第法典及西哥特法典（the *Salian*，the *Ripuarian*，the *Burgundian*，the *Lombard*，and the *Visigothic code*）。

在一些国家，特别是西班牙和意大利，这项工作是在神职人员的监督下进行的，因此，在这些国家的日尔曼人法典是罗马法规同蛮族惯例的融合。但总的来说，这些大部分制定于6至9世纪之间的早期编纂法律，并没有因拉丁的影响而进行本质上的修改，但却是当时日耳曼民族的风俗、观念与社交活动的有价值、有意义的记录。

57.蛮族法典的属人特征

其实，蛮族法典在拉丁人和日耳曼人融合为一个民族之前，都一直是属人法而不是属地法；也就是说，一个国家的居民不受同一法律的制约，而是不同的社会阶层适用不同的法律。例如，拉丁人适用罗马法典中的私人法[①]，而日耳曼人适用他们从莱茵河和多瑙河一直伴随的部落规则和条例。所谓法律的属人性导致了许多奇怪的状况，一位编年史家对此有着生动的描绘：“那五个人会一起坐或一起走，

---

① 所有的人都服从同一公共法或政治法。

但没有一个人和其他人适用同样的法律，这是很常见的。”

甚至连日耳曼人自己也不知道近代的法律准则是法律面前人人平等，对作恶者的刑罚不是取决于他的犯罪性质，而是取决于他的或是受害者的阶层。因此，奴隶和农奴会因轻微犯罪而被殴打并处死，而自由民即便犯了谋杀罪也可以通过支付罚金来弥补罪行，罚金的数额则由受害者的阶层决定。在法兰克人中，抚恤金，或在谋杀的赔偿中被称为“买命钱”（Man-money）也因地位而异。如果是国王的封臣，“损害赔偿金”被定为600苏勒德斯（solidus）①；但如果是普通法兰克人，则只能获赔此额度的1/3。在撒克逊人中，国王大乡绅的一条命值1200先令，而乡下人却只值200先令。②

低贱阶层的人们在被攻击或被侮辱后的赔偿有时非常的滑稽可笑。因此，你可以看到江湖艺人和玩杂耍的人被侵害后，以攻击他们加害者的影子作为赔偿；受伤的人会雇佣一位保护者——一个估价特别低的人（详见第58条），当侵犯者从擦亮的盾牌上反射出一缕阳光照到他时，即被认定为给予了足够的赔偿。③

58.神裁法

在公共权力足够强大来承担惩治犯罪之前，原始民族中的每个人都是自身遭受不公后的复仇者。然而，这一切逐渐改变，社会承担起了惩恶扬善的责任。此时的日耳曼部落带来了这种转变，这不仅由上述的定罪定罚而证明，而且还有媒介来确定被告人有罪或无罪。但是，这些机构也暴露出了他们的司法管理是多么原始。最常见的方法被称为神裁法（Ordeals），即问题被提交给神来审判，其中最主要的是火裁法（Ordeal by Fire）、水裁法（Ordeal by Water）和决斗断讼法（Wager of Battle）④。

火裁法是在手里拿着一块烧红的铁，或蒙眼光脚走过一排不规则摆放的热犁头，如果此人安然无恙，则被无罪释放。另一种火裁法是穿过两个紧挨着的火堆，或者走过正在燃烧的木头；因此，有了“to haul over the coals”（申诉）这个短

---

① 1苏勒德斯金币约合本书成书年代的30到40法郎。

② Hallam's *Middle Ages*（《中世纪》，哈勒姆著）。

③ Lea's *Superstition and Force*（4th ed.，1892）（《迷信与暴力》，李著），p.188。

④ 决斗断讼法被一些作家视为一种独特的审判形式，但其实是对天国审判的上诉，它的审判方式跟火裁法和水裁法是同样的原理，因此在神裁法中也有一席之地。

语。11世纪的第一次十字军东征的战士就用这个方法审判了一名被指控欺诈的神职人员（详见第195条）；而且15世纪末意大利著名的萨沃纳罗拉（Savonarola），也同意让一位教友走过火焰以解决与改革者之间的争端，正当火裁准备实施的时候，不巧遇到了一场大雨，火被淋灭了，无法进行裁决。

水裁法有两种：热水裁和冷水裁。热水裁中，被告人将其手臂伸入开水中，如果三天后胳膊上无伤，则被认定无罪。说某人“in hot water”（惹上麻烦），即源于此。冷水裁中，嫌疑犯被扔进小溪或池塘：如果他浮起来，表明有罪；如果他沉下去，表明无罪。当时的人相信，水会拒绝有罪的人，却把无辜的人拥入怀中。直到最近一段时间，欧洲还有一种惯例，如果怀疑某人是女巫，便会把她扔到池塘里，看她们是沉下去还是浮上来，便是起源于此。[①]

决斗裁，或者决斗断讼法，只是一场司法决斗。这种形式的审判似乎是将私人决斗的权利引入到法理学中形成规则，或者通过法规对野蛮的为己复仇的原始权利进行限制。随着时间的推移，上帝会进行干预以维护正义的这种观念深入人心，因而，诉诸天国的判决原则上成了神裁法。

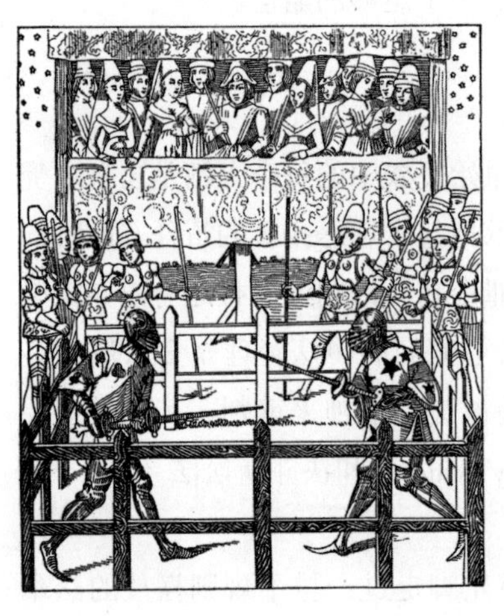

决斗断讼

造成这一形式常被启用的原因是一种叫作宣誓免责，或称宣誓断讼法[②]（Wager of Law）的滥用。就是允许一名被指控有罪的人通过发誓他是无辜的来表明自己无罪，只要他能得到足够数量的亲戚或邻居发誓保证他说的是真话，便可无罪。[③]同意证人人数取决于诉讼的严重程度或宣誓人的阶层。当时这一特权很容易被滥用，而留给受害人的唯一办法就是通过与作伪证者进行神圣的司法

① 但旧的神裁法与后来的审判有所不同，后者严格意义上讲不再是神裁法，因为这不再是让上帝作决定，而仅仅是测试比重的变化，因为迷信认为，女巫的肉体通过与邪灵的交流会像其一样失去重量，因此能够像幽灵一样在空中穿行。

② 宣誓断讼法不属于神裁法，因其缺乏神裁的必要元素，即没有诉诸天国的审判。

③ 随着时间的推移，这种宣誓的形式也在改变，因此，这些宣誓证人（compurgator）仅仅发誓说他们相信被告的誓言真实、清白即可。

决斗来挑战神的裁决。

这种形式的审判备受青睐，就连法官在某些情况下也诉诸此来维护法院的权威和尊严。对无视传唤的人，法官将以此种形式提出反对："我派人请你，你却不来；因为你蔑视法律，我只好以决斗解决这个问题。"宗教纠纷有时也会通过这种"好战原则"的方式解决。在11世纪，西班牙的两位骑士因谁的礼拜仪式应被采用而发生争端，结果还是通过决斗的方式确定。

神裁法经常由代理人来做，也就是说，一个人受雇佣或为了友谊而为另一个人而战；因此，有了"to go through fire and water to serve one"（赴汤蹈火）这一表达方式。尤其是在司法决斗中，替代的这种情况更为常见，因为女性和神职人员一般都禁止出现在竞技场。然而，也有一些情况即使是女性也采用决斗断讼法，在这种情况下，公平起见，男人会被置于一个齐腰深的坑里，左手绑在背后。

这些代理人被称为斗士（champion），像古罗马的角斗士一样，最后成为社会中的一个固定阶层。修道院和特许城镇/自治城镇以固定工资雇佣斗士来为自己可能遭遇的案件辩护。为了使斗士为其所代表的一方尽自己最大努力，规定斗士如果在决斗中败北，就会被绞死或砍去一只手或脚。①

在神裁法的实施过程中，经常发生欺诈和串谋；对于实施的人来说，想要不伤害那些确定无罪之人并不很难。毫无疑问，他们有时会采用如今骗子或者变戏法的手段或技巧，使自己在火裁法中不受伤，或者在其他神裁法中做一些在无知的人眼中同样神奇的事情。

---

① 除了上面提到的以外，还有许多其他形式的神裁法被不同的日耳曼部落所采用，其中一些显然是当地的习俗，而其他的似乎是由基督教的神职人员传入，因此，有了圣饼裁决法（Ordeal by Consecrated Bread），如果一口卡住了，那么此人被判有罪，从这种审判形式产生了"May this morsel be my last"（愿这是我的最后一份）这样的表达。棺椁裁决法（Ordeal of the Bier）则是由被控犯谋杀罪的人触摸死者的尸体；如果尸体微动或者血从伤口重新流出，此人则被判谋杀罪。

这样的神裁法在野蛮、迷信的民族中均有发现。印度人有很多古怪的方法：在一种神裁法中，被控有罪的人被迫游过一条满是鳄鱼的河，如果被鳄鱼咬住，那就是他有罪的确凿证据。希伯来人也有采用神裁法的例子。——*Numbers*（《民数记》）v，p.11-31；*Joshua*（《约书亚记》）vii，p.16-18。

大卫（David）与哥利亚（Goliath）的搏斗，就是对天国审判的一种申诉，具有司法决斗的基本要素。以利亚（Elijah）对巴力（Baal）先知的考验中也有神裁法的存在。——*I Kings*（《列王纪上》）xviii，p.17-40。

59.罗马法典的复兴

起初，蛮族法典同罗马法典在这些国家并存，后来罗马法典逐渐被取代，只有意大利和法兰西南部因拉丁人口众多，加之其他原因，蛮族法典逐渐给罗马法典让路。但是不久之后，一层更深的黑暗笼罩了欧洲，蛮族的这些成文法也被废弃。然而，这些早期的精神和法则激发并塑造了新的风俗和惯例，以适应社会不断变化的需求；也就是说，在中世纪时期的几百年里，日耳曼人的风俗习惯总体上比罗马人的法典更有影响力。

但蛮族准则与习俗较之罗马法系的优越地位注定不会长久，出色的罗马法系注定会显示出其优越性。因此，大约在11世纪末，罗马法典的研究有了很大的复兴，又过了一两个世纪，罗马法典几乎成为欧洲所有民族法律体系的基础或强大的修正因素。

所发生的事情可以参考日耳曼语在高卢、意大利和西班牙的命运便可明了。蛮族语言在这些国家维持了两到三个世纪之后，还是为更优秀的拉丁语让路，使其成为了新的罗曼语的基础。所以在法律领域，此时蛮族的准则和习俗尽管仍旧占有一席之地，似乎在某种程度上无处不在，但最终也同样会让位于更优秀的罗马帝国法律体系。罗马必须完成自己的使命，把法律留给各国。

帝国的法律原理与准则拖延了很长时间才被采纳，但最终却比拉丁语传播得更广、影响更大，从未放弃日耳曼语的德意志，最终也采用了罗马法系，将其作为自己法律体系的法理基础。甚至英格兰，虽然坚持自己的日耳曼习俗和准则，正如其沿用日耳曼语一样，也无法逃脱罗马法律体系的影响，主要是通过教会法院在一定程度上渗透、修订英格兰法律，就像拉丁语通过间接方式，最终修正和丰富了英语语言一样，赋予了它同样的基础和结构。“我们的法律”，培根爵士（Lord Bacon）说，“就如我们的语言一样，都是混血；语言越丰富，法律就越完善。”

在古典主义复兴的影响下，随着时间的流逝，人们逐渐走出蒙昧，加之教皇的坚持反对，各种神裁法都消失了，迅速被更符合推理和民法精神的审判模式所取代。

第五章　东罗马帝国

60.查士丁尼时代（527—565）

罗马帝国灭亡后的50年里，东罗马皇帝拼命地、却时有疑惑地抵御蛮族的洪流，忧惧于降临在西部帝国都城之上的可怕灾难同样会摧毁君士坦丁堡。如果蕴藏着千年希腊-罗马知识与文化的新罗马也会被风暴摧毁，那对文明事业造成的损失将不可估量。

查士丁尼

幸运的是，在公元527年，东罗马帝国一位能力非凡的君主即位，而命运赋予他一位具有罕见天才的大将——他注定要跻身于世界上屈指可数的伟大统帅之列。这位君主的名字叫查士丁尼（Justinian），大将的名字叫贝利萨留（Belisarius）。这个时期便用该君主的名字命名为“查士丁尼时代”。

首先简述一下查士丁尼战争——这场战争中的大部分指挥权都交给了他的著名将军贝利萨留；而其和平之举，要远比他的军队征战更值得赞美和钦佩。

61.收复非洲（533）

个人抱负与宗教动机共同促使查士丁尼尽力从蛮族手中夺回已被他们占领的西部帝国各行省。如若不能守卫英勇的执政官和历代罗马皇帝所创下的疆土，他觉得毫无颜面、羞愧难当。他渴望恢复古代帝国的荣誉并最大限度地开疆拓土。

除了自负和野心的自然驱使外，还有宗教信仰。占领西部各行省的蛮族大多数是阿里乌斯派信徒（详见第26条），而其教义被正统天主教认定为异教。不过，这并不妨碍这些半基督徒皈依的热忱，并对本教派的不足进行积极的改革，他们中的一些人，尤其是汪达尔人，成为对亚他那修教派（Athanasian Creed）信徒狂暴的迫害者。因而，正统派信徒强烈呼吁虔诚的皇帝将真正的西部天主教会从蛮族异教徒手中拯救出来。

非洲的局势急需查士丁尼介入。当时，一位狂热、偏执的阿里乌斯派信徒盖利默（Gelimer）刚刚篡夺了汪达尔王国的王位，于是查士丁尼派出一位特使规劝篡位者，要求其把王位还给合法的国王。盖利默用该民族特有的傲慢无礼回复皇帝的使者："盖利默国王希望指出，查士丁尼国王作为一位统治者，管好自己的事情就好了。"收到这样的回复，查士丁尼决定开战。但对汪达尔人名声的畏惧，导致皇帝的臣民们强烈反对这一长途奔袭的冒险之举。查士丁尼也一度动摇；但是，一位热忱的修道士宣称得到神示，这场战争是上帝的旨意，应该立即开战。这坚定了皇帝的决心。

这次远征交由色雷斯（Thracian）出生的将军指挥，此人正是贝利萨留。皇帝因其忠诚与才华认定他是一位值得信赖的人。波斯边境上的四年（528—531）战事已经证明他是一位难得的将才，尽管他只是一位26岁的年轻人。

战事的大致过程已然了解（详见第19条），战后贝利萨留带着许多汪达尔俘虏和大量战利品回到君士坦丁堡，据说其中还有一部分圣物，包括提图斯（Titus）在韦帕芗（Vespasian）统治时期当权时从耶路撒冷神庙（Temple at Jerusalem）带走，而后又在公元453年西部帝国瓦解之时被汪达尔首领盖塞里克（Geiseric）夺到迦太基去的七支烛台（Seven-branched Candlestick）。查士丁尼皇帝唯恐留下这一圣物会给自己的都城带来如罗马和迦太基一样的厄运，于是将其送还耶路撒冷，存于圣墓堂（Holy Sepulcher）。

62.收复意大利（535—553）

汪达尔人在非洲的势力被摧毁，意大利东哥特王国（详见第16条）的瓦解也紧随其后。公元535年，贝利萨留率军在西西里岛的海岸登陆，许多士兵都是按照征服者的标准应招入伍的汪达尔人，一役便将该岛从哥特人手中攻下。翌年，他越过西西里海峡，开始征服意大利半岛。

接下来最为艰苦卓绝的斗争是贝利萨留率领帝国军队防守罗马。公元537年，少数罗马驻军在此被哥特国王维蒂吉斯（Witiges）指挥的10万蛮族军队包围。

围困持续了整整一年，在此期间，哥特人一次又一次地对城市发动进攻，但都未获成功。估计有5万蛮族士兵倒在了都城的高墙之下，被围困者的损失也不相上下。城中的大部分人口死于饥饿、疾病和各种战事，而城市本身也遭受了无法弥补的破坏。历任恺撒和执政官们所修建的11个水道被蛮族完全破坏——只有3个幸免于难，此后一直荒废。许多建筑遗迹被全部或部分拆毁，其材料用于加固防御工事。庄严的哈德良陵墓（Mausoleum of Hadrian）成了一座堡垒，众多用于装饰的希腊和罗马艺术杰作被用作投射物掷于敌人头上。①

贝利萨留

围困期间，贝利萨留焦急地屡次派人前往君士坦丁堡请求皇帝的紧急支援。最终，少量援军被派来解围。哥特人看到城池久攻不下，感到无望，匆忙拔寨北撤，贝利萨留紧追不舍，最后把他们困于拉韦纳城内。公元540年，维蒂吉斯被迫投降，被俘虏到君士坦丁堡。

此时，意大利几乎全部被征服，但可能是嫉妒心驱使，皇帝召回了贝利萨留。不久之后，哥特人在一位能力出众的新首领托提拉（Totila；或Baduila，巴杜伊

① 著名的雕像被称为《喝醉的萨提尔》（*Barberini Faun*），现存于慕尼黑（Munich）的博物馆，是17世纪时从陵墓脚下的垃圾中挖出来的。可能这是守军用来击退哥特人进攻的宝贵投射物之一。——Hodgkin，*Italy and her Invaders*（《意大利及其入侵者》，霍奇金著），vol.iv，p.204。

拉）的带领下，于公元546年再次占领了罗马。他们先拆毁了城墙，再把所有人都逐出城外，然后弃城而去。一位编年史家写道："在40天或更长的时间里，罗马如此荒凉，没有任何生灵，无论是人还是兽。"

贝利萨留再次被派回收复以如此愚蠢的方式丢掉的城池，重修罗马的城墙并再次驻防。但疑心重重的皇帝不给这位将军人力和财力的支持，最后再次将其召回，于公元548年将意大利拱手让给了哥特人。

但教皇和意大利人的恳求最终感动了查士丁尼，他再一次试图将蛮族驱逐出去。这一次，帝国军队的领导权交给了老将纳尔西斯（Narses）——完成任务的过程表明他的军事能力仅次于贝利萨留。他很快占领了罗马，使得这座不幸的城市在查士丁尼统治时期第五次易手。公元553年，意大利终于被从蛮族手里夺了回来，再次成为罗马帝国的一部分。

哥特民族的残部在承诺永远不再回来后，被允许离开意大利。他们穿过阿尔卑斯山，"消失在北方的黑暗之中"①。

贝利萨留从未因其天赋、贡献与忠诚受到帝国统治者的奖赏。查士丁尼显然很妒忌他，以致听信每一句妒忌和怨恨贝利萨留的谗言，最后以未经证实和毫无根据的不忠指控②，限制了他的自由，并没收了他的财产。然而，不久这位老将便被解除监视；但君主的不公似乎摧毁了老战士的精神，贝利萨留在被释放的几个月后郁郁而终（565）③，忘恩负义的君主在此后不到一年的时间里也随他而去了。

63.建设者查士丁尼

查士丁尼是东部帝国的哈德良。他对建筑的喜好诱使其不仅花费巨资用于装饰都城，还用来修建教堂、医院、水渠，以及在帝国随处可见的纪念物。他最雄心勃勃的建筑事业便是重铸圣索菲亚教堂的辉煌，该教堂由君士坦丁大帝建造，但在他统治早期的一次暴乱中被焚毁。现在，这座建筑的主体依然矗立，但穹顶之上的

① 除将非洲、意大利从蛮族手中收复以外，查士丁尼还从西哥特人手中夺回了西班牙的东南部地区。

② 贝利萨留没有犯叛国罪，但他被控在各次战役中通过不法手段瓜分战利品而积累巨额财富似乎确有实据。

③ 传奇作家赋予贝利萨留生命结束之前的故事并无根据。吉本写道："他被挖去了眼睛，出于妒忌令其通过说'给贝利萨留将军一分钱吧！'以祈求吃食，这都是后期为了攒名望、甚至炒作而虚构的故事，用以佐证命运跌宕起伏的奇葩例证而已。"

十字架早已被穆斯林的新月取而代之。看到这座庄严的建筑，每一位参观者的心中都会不由地发出赞叹，这足以让这位帝国建造者引以为傲，据说他曾在献堂礼中大呼：“哦，所罗门，我已经超越了你！”

64.丝绸业的引入

尽管在这一时期有无数的重大事件，但丝绸业被欧洲引进并建立起来，尤为值得关注。

查士丁尼时代以前，西方市场的丝绸均从中国[1]进口——在那里，种桑养蚕从远古时代起一直是国家最重要的产业之一。这种珍贵的材料有时是通过海路，但更多时候是通过亚洲的丝绸之路被运到欧洲。这是一种极为名贵的奢侈品，据说精致面料的价值相当于同等重量的黄金。

中国十分珍视自己的这项产业，小心翼翼地守护着它，绝不允许蚕种被带出国境。然而百密一疏，还是被两个波斯修道士[2]钻了空子；他们将蚕卵藏在了中空的手杖里，成功地躲过了出境检查，最后安全地将这些“东方战利品”运抵君士坦丁堡。这一战利品远比帝国最成功的将军们征战所获更有价值。蚕卵被安全地孵化出来并迅速繁殖，此后不久，欧洲的丝绸业便成为其产业中的重要组成部分。

65.查士丁尼法典

查士丁尼的所有事业中，后世受益最大并令其跻身于为数不多的几位致力于为人民谋福祉的杰出国王之列的，便是他编纂出版了“罗马法系的主体”——《查士丁尼民法大全》（*Corpus Juris Civilis*）。这部作品汇集了古罗马人的全部法律知识，是罗马留给世界最宝贵的遗产。近代欧洲大多数先进国家的法律体系都是以此为基础的，而其他所有的法律体系也都或多或少受其影响（详见第59条）。这部法典的出版，让查士丁尼获得“文明立法者”（the Lawgiver of Civilization）的称号。

---

① 此时为中国南北朝时期。——译者注

② 据称极有可能是聂斯托利派（Nestorians）的传教士，该教派为基督教分支，传入中国后称景教。——译者注

66.雅典学校的关闭

正是在查士丁尼统治期间，他下诏关闭了雅典的修辞和哲学学校。此举令人匪夷所思，因为乍看起来这种行为似乎与罗马时代法学的保护者和传播者的形象反差甚大。

至少在某种程度上，他在宗教方面的考虑导致其关闭了雅典的学校。查士丁尼认为他们的学说和方法对基督教信仰不善，因为他们把理性放在了信仰之前；出于这一原因，或许再加上政治上的考量，他颁布法令永久关闭雅典学院（Attic Academy）和吕克昂学园（Lyceum）。

希腊思想史开始于公元前6世纪的“七贤”（Seven Sages）①，结束于公元后6世纪的“七流人”（Seven Exiles）。这七位师者分别是：第欧根尼（Diogenes）、赫米阿斯（Hermias）、辛普里丘（Simplicius）、攸拉利乌斯（Eulalius）、达马西乌斯（Damascius）、普里西安（Priscian）和伊西多（Isidore）。他们决心到波斯寻求因统治者禁止而无法在自己的国土上享有的思想自由。但在那个遥远的国度，流亡的哲学家们发现生活索然无味，因此，尽管他们已经和伟大的库思老国王（Chosroes）成为了好朋友，但还是很快回到了欧洲，在那里他们缄口生活，在默默无闻中死去，而希腊圣贤作为世界先师1200年的荣耀也随之而去。

67.查士丁尼统治时期的祸患

虽然查士丁尼统治时期在很多方面是繁荣昌盛的，但在一段时间内仍然给帝国带来了前所未有的灾难和痛苦。

所有灾难性事件中最严重的要数君士坦丁堡叛乱及其给生命和财产造成的损失。卷入骚乱事件的党派或派系脱胎于竞技场的战车赛。这些游戏对都城的百姓产生了奇怪而致命的吸引力，就如古罗马那些品质低劣的民众对角斗场面兴致盎然一样。人们分成两个主要派别：蓝党（Blues）和绿党（Greens）。这些派系把他们的敌对行为带到生活、政治和宗教的所有事务中，最终成为对社会和平与良好秩序的可怕威胁。他们常常在竞技场制造不合宜的纷乱，即使有皇帝在场也不收敛。

公元532年爆发了所谓的“尼卡暴动”（Nika Riot）。在这种情况下，绿党和

---

① 古希腊七贤，存争议，但一般认为包括：克莱俄布卢（Cleobulus of Lindos）、梭伦（Solon of Athens）、奇伦（Chilon of Sparta）、毕阿斯（Bias of Priene）、泰勒斯（Thales of Miletus）、庇塔库斯（Pittacus of Mytilene）、佩里安德（Periander of Corinth）。——译者注

蓝党联合起来反对政府，并恶意放火焚烧城市。5天的大火在都城中心肆虐，给新罗马城几乎造成了灾难性的后果，正如尼禄（Nero）统治时期的罗马大火对古罗马城造成的后果一样，宫殿、浴池、教堂、柱廊以及各种各样的建筑物都化为乌有。最后，查士丁尼诱使暴徒们聚集到竞技场，在那里，贝利萨留的士兵发动了攻击，杀掉了35000名暴徒。

暴动加剧了战争、瘟疫和饥荒带来的灾祸。在经历了这些凄惨的灾祸之后，人口的数量明显减少。地球上一些最美丽的地方，在此次人口减少之后，时至今日几乎仍然没有居民。在非洲，同汪达尔人的战争，以及宗教纠纷引发的骚乱，削减了该地区的人口；哥特战争持续了20年之久，使得意大利数百万人口命丧黄泉；波斯战争造成骇人听闻的士兵和城市居民的伤亡；而帝国外部包括图兰人、斯拉夫人和日耳曼人在内的蛮族不断入侵，在帝国几乎每一寸土地上都染上了鲜血。

大自然中的恶劣因素，再加上人类自身的破坏力与恶毒性，似乎要把人类逼入绝境。地震以空前的频率和烈度发生于帝国的各个城市与行省之内，把死亡和悲痛散布到各地。叙利亚海滨城市贝鲁特（Berytus/Beirut）与安条克（Antioch）被摧毁，安条克城中大量的人口因城市的覆没而死亡。

饥荒为可能产生于埃及的可怕瘟疫做好了准备，并于公元542年降临到帝国，直到50年后才完全停止。除了14世纪肆虐欧洲的所谓“黑死病”之外（详见317条），这场瘟疫或许是历史上最为可怕的灾祸了，据说它削减了帝国1/3的人口。

对于帝国臣民，特别是贫穷农民来说，其痛苦和悲惨的最后一个加码，是皇帝过度开支所必须征收的重税。这给帝国造成了极大的损耗。因此，查士丁尼表面辉煌的统治往往被拿来与路易十四（Louis XIV）做对比。

68.希拉克略统治时期（610—641）

查士丁尼死后半个世纪的拜占庭帝国史是无足轻重的。之后就到了希拉克略（Heraclius）统治时期，他的名字与世界历史的多个重大事件相关。

大约此时，波斯国王库思老二世夺取了帝国守护幼发拉底河（Euphratean）边疆的坚固城防，并占领了叙利亚、埃及（Egypt）和小亚细亚（Asia Minor）。人们熟知的真十字架（True Cross）被从耶路撒冷的教堂上卸下，作为凯旋的象征运回了波斯（Persia）。阿瓦尔人（Avars）将巴尔干（Balkan）各行省变为废墟，并大兵压境准备洗劫拜占庭，令帝国居民更觉困苦忧伤。

在四面受敌的情况下，希拉克略决定放弃君士坦丁堡，逃往迦太基，并将其作为帝国政府的所在地[1]。他装满了宫殿家具的船已经整装待发，这时，君士坦丁堡大主教劝阻了他。他激励沮丧的皇帝永远不要对帝国和教会的未来感到绝望，通过恳求与谆谆教导，引导他放弃那个孤注一掷的决定，且庄严宣誓，绝不会将皇庭从君士坦丁堡移到别处——因为它是按照上帝的意志建立起来的。

多年来，希拉克略一直与帝国的敌人英勇战斗。他的一次战役理当彪炳辉煌的军事功绩史册：为了迫使给罗马各行省施加痛苦的库思老撤军，希拉克略设计入侵波斯帝国——在第二次布匿战争（Second Punic War）中，罗马将军西庇阿（Scipio）入侵非洲，迫使迦太基人召汉尼拔（Hannibal）从意大利撤军，回防迦太基——为了同样达到围魏救赵的效果，公元623年，希拉克略挑选了5000人组成一支精兵部队，随他一起航行穿过黑海（Black Sea），抵达特拉比松港（Trebizond）。在从亚美尼亚（Armenia）勇猛顽强的山地居民中召募了一支小分队后，他便直插波斯的心脏。沿途攻城略地；为了报复异教徒对基督教堂的侮辱，拜火教的圣坛均被打翻，圣火也被扑灭。作为对亵渎耶路撒冷圣地的报复，琐罗亚斯德（Zoroaster）传说中的出生地巴里黑（Thebarmes）也成为一片废墟。

库思老担忧自己的王位不保，从他们胜利夺取的遥远省份紧急召回自己的军队，当他们到达时，对希拉克略英勇的小分队形成了完美包围。但是，此时的波斯军队同1000年前一样不堪一击，难以抵挡骁勇的西方军队，四散奔逃到城墙后面寻求掩护。在围攻并俘虏其中的一支军队后，希拉克略班师回朝。

希拉克略这次大胆的远征，虽然毫无疑问地把帝国从迫在眉睫的瓦解中拯救出来，并激发了举国臣民新的勇气，但绝没有为战争画上了休止符。波斯人立即进行了反击，他们穿插到罗马帝国的心脏地带，围攻君士坦丁堡。阿瓦尔人和斯拉夫人的游牧部落联军也加入助攻。但这次进攻以失败而告终，在遭受重大损失之后被迫放弃包围。

公元627年，在古亚述（Assyrian）帝国首都的废墟上打响了可怕的尼尼微战役（Battle of Nineveh），至此，两个敌对帝国之间旷日持久的斗争最终决出了胜

---

① 无疑，各种动机驱使希拉克略作出这样的决定，正如君士坦丁大帝当年把首都从台伯河迁到博斯普鲁斯海峡一样受许多因素的影响。罗马的帝国政府，在精神和立场上，本就与东部的当地居民之间互存敌意。实际上，它被当地臣民视为外国统治，而非本国政府。通过将政府所在地迁往完全的罗马城市迦太基，希拉克略大概希望能摆脱围绕在君士坦丁堡宫廷周围的希腊影响，并在忠诚的罗马人民的基础上巩固自己的政权。

负——波斯军队几乎全军覆没。

库思老逃进了苏锡安那（Susiana）山区，很快就遭遇了几乎所有不幸的东方君主都要遭遇的命运。他的一个儿子发动了叛乱，处死了18位可能会与其争夺王位的兄弟，并把年迈的库思老投入大牢。几天之后，悲伤或暴力结束了他的生命。随他而去的，还有波斯第二帝国（Second Persian Empire）的荣耀。

公元628年，新国王卡瓦德（Siroes/Kavadh）同希拉克略谈判达成和平协议，放弃其父征服的所有土地，释放落入波斯人手中的战俘，并送还被库思老掳走的“真十字架”。该条约的条款维持了两个敌对国家的原有边界。希拉克略以其雄才大略、过人胆识、坚决果断将帝国及教会从土崩瓦解的边缘挽救回来，在君士坦丁堡获得“新西庇阿”的美誉。

69.逼近的风暴

两强专注厮杀，未曾想是鹬蚌相争，一场风暴正从阿拉伯沙漠席卷而来，过后注定风卷残云，二者无一幸免。

尼尼微战役后数年间，萨拉森人开始了他们令人惊奇的征服生涯，在很短的时间内便改变了整个东方的面貌，并将新信仰的标志新月，立在了波斯的圣坛和帝国的教堂之上。伟大的库思老死后仅仅几年，阿拉伯征服者便推翻了波斯国王的统治；希拉克略也目睹了残酷的命运变迁——他从拜火教手中夺回的省份却落入穆罕默德的追随者之手。

但就罗马帝国而言，此乃因祸得福之事。表面看是损失，但实际上巩固了帝国的统治。萨拉森人的征服切除了帝国中希腊元素最少的行省，这样一来，让皇帝统治下的人口更加的同质化、更彻底的希腊化。罗马元素消失了，尽管政府仍然保留着世界征服者的帝国形象，但君士坦丁堡宫廷在语言、精神和生活方式上都更为希腊化。因此，与其继续称之为罗马帝国，许多作家从此之后称其为希腊帝国或拜占庭帝国（Greek or Byzantine Empire）。

70.东罗马帝国对欧洲文明的贡献①

东罗马帝国为欧洲作出了卓越贡献，因此理应在世界历史上占据重要的地位。

---

① Bury’s *History of the Later Roman Empire*（《晚期罗马帝国史》，伯利著），vol.ii，chap.xiv。

第一，作为军事前哨，为欧洲文明在东部前线抵御了千年的亚洲野蛮入侵。历史学家伯利（Bury）希望人们把希拉克略、利奥三世（Leo the Isaurian）以及其他的皇帝和勇士都看作“地米斯托克利（Themistocles）和西庇阿的继任者”。

第二，作为守护者，几百年来守护着古代文明的瑰宝，并成为新兴西部国家的法律、行政、文学、绘画、建筑和工艺的先师。[①]

第三，作为看管者，保持了帝国思想和原则的生命力，并在查理大帝时代把这一富有成果的思想和已经成型的原则还给了西部。没有东罗马帝国，绝不会有西部的罗马–德意志帝国（详见第98条）。

第四，作为传授者，教授了东欧斯拉夫民族宗教和文明。俄罗斯得以成为当今文明世界的组成部分，实际上得益于新罗马的熏陶。

① 此处主要指通过意大利城市，尤其是威尼斯（Venice）的连接，在几乎整个中世纪时期都与君士坦丁堡保持着密切的政治和商业联系。

第六章　穆罕默德与萨拉森人

71.阿拉伯人的起源及特征

此时，要在历史上扮演惊人角色的是阿拉伯人，他们是继希伯来人和腓尼基人（Phoenicians）之后最重要的闪米特人（Semitic race）。传说他们是亚伯拉罕（Abraham）之子以实玛利（Ishmael）的后裔。“萨拉森人”这一名字的起源存疑，但似乎来自两个阿拉伯语单词，意思是“沙漠之子”。他们分为明显的两类：城市居民和帐篷居民，后者又有一个恰如其分的专有名称“贝都因人”（Bedawin）[①]。这些游牧的阿拉伯人约占其人口的1/5，《圣经》中对他们的起源有着很好的描述，夏甲（Hagar）安慰她的儿子保证他将来会成为大国之父时说：“他将来为人，必像野驴。他的手要攻打人，人的手也要攻打他。”他们最珍视的美德是好客、慷慨及对亲属的忠诚。

尽管阿拉伯半岛的部分地区已多次被不同的侵略者征服过，但因有难以逾越的沙漠为屏障，阿拉伯人作为一个民族从未向任何一个外来的征服者低头。

72.穆罕默德之前阿拉伯半岛的宗教状况

在穆罕默德的改革之前，阿拉伯人的宗教是一种物神崇拜与偶像崇拜的混合体。至少在许多人的心目中，神的合一性，或确切地说是，至高神的观念相对模糊。圣城麦加（Mecca）是所有阿拉伯部落的宗教生活中心，有古老的、最受敬畏的、（内

---

① 贝都因人（Bedawin），英文中多使用“Bedouin”一词，源自阿拉伯语（badawī），意为“生活在沙漠中的人”，因其在沙漠中游牧，居于帐篷之中，因而帐篷居民便得此称呼。——译者注

外）供有三四百尊偶像的天房克尔白（Kaaba）①。此处还保存着一块据说是天使送给亚伯拉罕的神圣黑石。即使阿拉伯半岛最偏远的地区，也要到麦加天房朝圣。

尽管一种低下的多神教在阿拉伯部落盛行，但仍有很多其他信仰的追随者；比起几乎所有的其他国家，此时的阿拉伯半岛无疑是一个宗教自由的国度。因此，各国的宗教流亡者都逃到此地避难，发现这里正是他们踏破铁鞋无觅处的宽容之地，他们可以在半岛的不同地区自由地阐述自己的教义。波斯的拜火教圣坛、犹太教会堂和基督教教堂比肩而立。被罗马迫害并赶出巴勒斯坦的犹太人，在很多地区数量庞大；从他们那里，阿拉伯的教师们熟悉了一神论的教义；从定居在他们之中的众多的基督皈依者中，他们也学到了基督教教义。因叙利亚沙漠中基督教隐士过着异常简朴的生活，这令他们对这一信仰极为关注。鉴于穆罕默德给予人民的宗教形式已存在诸多先例，对于一些学者，如伊曼纽尔·多伊奇（Emanuel Deutsch）来说，其教义基本上是“适用于阿拉伯的犹太教”，而其他人则认为这是基督教的异端或改良形式。

此时的阿拉伯半岛发生了很多次宗教骚乱。就像基督出现时的朱迪亚一样，这片南方的土地现在亦是如此。这里有很多神的追寻者，他们已经不满于旧有的偶像崇拜，转而准备信奉一个更纯洁、更高尚的信仰。②

这就是7世纪初阿拉伯部落的宗教状况。就在这个时候，一位先知应运而生，在其教义的感召之下，所有偶像崇拜者都遵从了一个简单的信条，并被狂热的激情所点燃，令他们从大漠深处开启了征程，直至占领了罗马帝国和波斯帝国的绝大部分土地，并给世界上很大一部分人带来了新的宗教。

73.穆罕默德

阿拉伯人的伟大先知穆罕默德，在约公元570年出生于圣城麦加。他出身于著名的古莱什（Koreish）部落——克尔白圣地的守护者。据说他十二三岁的时候，在其叔叔的陪同下，到大马士革（Damascus）的集市和其他叙利亚城镇参观，因此年纪轻轻便了解了外面的世界。然而不管是否如此，有一点可以肯定，早年他是一个牧羊人与羊群的守夜人，因为在他之前，伟大的宗教先师摩西（Moses）和大卫

---

① 如此命名是因其形状为立方体。

② 改革者被称为哈尼夫（Hanyfs/Hanifs），即“清教徒”（Puritans）之意。

（David）都是如此。后来他又成了商人和赶驼人，受一位名叫赫蒂彻（Cadijah）的寡妇之托帮其管理资产。穆罕默德诚实、文雅、英俊、精明，赢得了赫蒂彻的尊重与芳心，于是她嫁给了他。

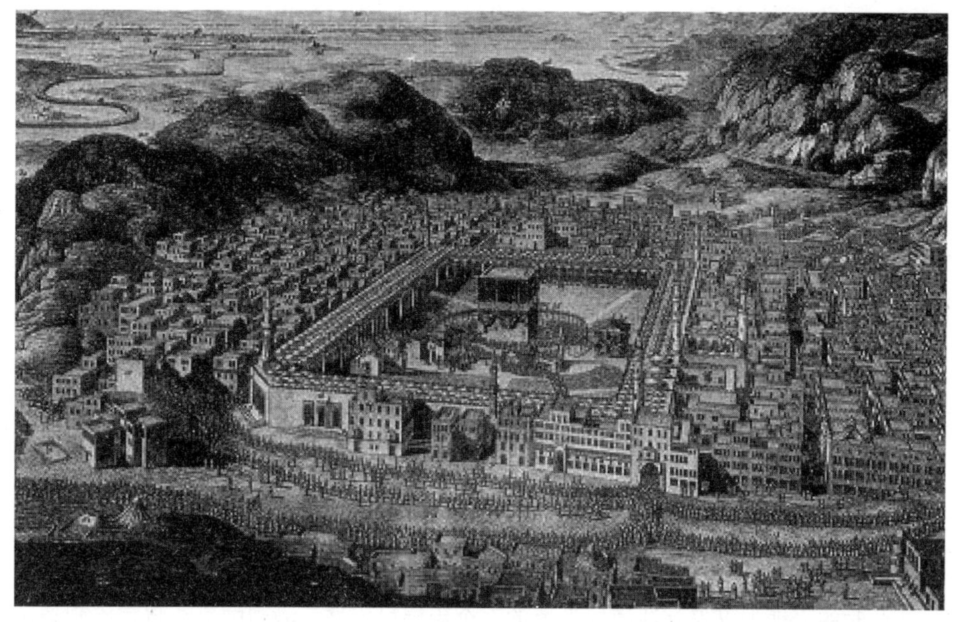

麦加

穆罕默德（的心灵）早就深深地被曾经吸引宗教人士敛心默祷的那些主题所打动。当专门用于谦卑与祈祷的斋戒月（Ramadan）到来之时，他习惯于远离家人和世界，来到距麦加几英里的希拉山（Mount Hira）山洞中，长时间地钻研宗教、苦思冥想。

联系到穆罕默德对这一独居之处的造访，便能发现他生平的秘密。他宣称在那里受到了神示——后来在别处也曾有过，天使吉卜利勒（Gabriel）出现在他面前并给了他启示，命令其转达给自己的同胞们。他要传布的新信仰的本源便是："安拉（Allah）之外别无他神，穆罕默德是安拉的使者。"

穆罕默德将这次显圣讲给妻子听，她并不怀疑天使来访的真实性，却不知道是善良的天使还是邪恶的天使。最后，她确信这些来访源自一位善良的天使，认可了丈夫的神圣使命，并成为他的第一个皈依者。

很长一段时间，穆罕默德努力通过劝导来获得追随者；然而他到处被怀疑，

3年后只有区区40个门徒；但他在亲戚中获得了两位坚定的朋友：艾布·伯克尔（Abu Bekr）和阿里（Ali）。不久，他又获得了第三位，欧麦尔（Omar）。这三位注定成为新信仰的杰出斗士。

74.逃亡麦地那（622）

最后，古莱什部落中强大的一方被穆罕默德的布道所激怒，他们担心作为克尔白部落偶像的守护者，允许自己的成员公开地宣扬这样的异端邪说将损害本部落在其他部落眼中的形象，因此开始迫害穆罕默德及其追随者。

公元615年，这些迫害导致许多新的皈依者逃往信奉基督教的阿比西尼亚王国（Abyssinia），然而，穆罕默德仍留在麦加。此时，有人阴谋取他的性命，于是，他决心逃往邻近的城市麦地那（Medina）[①]。他躲过了暗杀，在试图逃脱时，忠实的阿里穿上了他的袍子，坐在他的卧榻上，而艾布·伯克尔则引领先知在夜色的掩护下，逃到离麦加不远的一个山洞里；穆罕默德从这个临时的藏身之处继续逃往麦地那。

圣迁（Hegira），顾名思义为“逃亡”（flight），发生在公元622年。穆斯林认为这一事件在其宗教历史上极为重要，因而把这一年作为新伊斯兰历的元年。

75.穆罕默德在麦地那

此时的麦地那仅仅是沙漠绿洲上的一个氏族村落群。激烈的争斗将宗族割裂，大众处于真正的阿拉伯混乱之中。穆罕默德立即承担起了仲裁人与立法者的职责，制定了一套非凡的纲领或章程，将敌对的氏族团结成一个小的共同体，即阿拉伯帝国的核心。他的政府像古以色列（Israel）一样，是政教合一体制。此时的穆罕默德，不像在麦加的时候，只是一位先知，他现在也是立法者、法官和国王。只有考虑到他地位的变化，才能理解他在麦地那的善行，从而对其作出公正的评价。

作为先知，穆罕默德继续把神示告知众人。《古兰经》的很大一部分都是在麦地那完成的，但不包括最崇高的宗教情感的那部分。作为祈祷和集会场所，他主持兴建了一个小而简陋的清真寺，向人们布道并带领大家祈祷。他对祈祷做了重大的革新。起初，信徒中有一大批在麦地那郊区居住，他要求信徒们祈祷时要像犹太人一样面向耶路撒冷，并承认他是真正的先知，然而徒劳无功。于是，他与这些人决裂，并命其门徒祈祷时面向麦加。这意味着融合犹太教（Judaism）和伊斯兰教

---

① 在“迁徙”之前被称为雅特里布（Yathreb）。

（Islam）的尝试失败了，而伊斯兰教作为一种独特的宗教走上了自己的道路。

作为立法者和法官，穆罕默德判定了各种民事和宗教案件，所做的判决以及这些判例为当今穆斯林世界法律体系奠定了重要基础。

作为首领或国王，穆罕默德和他的榜样大卫王一样，策划并领导边境突袭与军事行动。在圣迁一年后，他派出远征军拦截古莱什人的商队作为战利品；这完全符合阿拉伯的规则和习俗，因为古莱什人从麦加驱逐了穆罕默德，并试图杀死他，他们之间便形成了敌对关系。这一行为很快导致麦加人和穆罕默德及其追随者之间的一场激战，即公元624年的白德尔之战（Battle of Bedr），结果穆斯林大获全胜。这是伊斯兰教圣战的开端。①

作为新兴国家的守护者，穆罕默德将扰乱和平与安全之人要么驱逐出境，要么就地处决。这些公私敌人中，最主要的是犹太人，因他们对新宗教的持续敌视，穆罕默德把三个犹太部族中的两个驱逐出境；把另外一个关键时刻背叛的部族诛灭全族，斩首了八百男丁，并将妇女和儿童卖为奴隶。

在圣迁的第10年，麦加违反了与麦地那之间的停战协议，穆罕默德带领10000名由贝都因人组成的军队向麦加进军，几乎未费吹灰之力便占领了这座城市。先知宽宏大度地对待先前迫害他的人，只有极少数人被放逐。麦加的所有偶像都被捣毁。进入克尔白，穆罕默德大呼："真理来临了，虚妄消失了。"然后命令砍倒那里所有的偶像。

占领麦加是伊斯兰教事业的重要里程碑。阿拉伯部落现在几乎一致地把穆罕默德当作真正的先知。攻克麦加一年后，许多归信的使团前来朝觐，这就是所谓的"归信年"（Year of Deputations）。一度被拒绝的先知成为了无数阿拉伯部落的精神与军事领袖，他对宗教的强烈热情已经凝结成强大的同胞和民族之情。

没有任何事情比伊斯兰教在阿拉伯民族中的速胜和这一伟大信仰的力量所带来的变化更为神奇的了。②

① 大约在此时，穆罕默德给了他的追随者如下启示，这对早期伊斯兰的军事成功起到了巨大作用："为主道而阵亡者，真主绝不枉费他们的善功；主会让他们进入所告之乐园。"——*The Koran*，Palmer's trans.（《古兰经》，帕尔默译），sura xlvii，5。

② 毫无疑问，正如许多人所坚持的那样，阿拉伯人对战争的热爱和对劫掠的期待在促成这场惊人革命方面起到了极大的作用；但是，就像在后来基督教世界的十字军运动中，我们不应错把宗教感情作为主要的行动准则。

在穆斯林帝国的建立过程中，穆罕默德无疑有许多残酷与不义的行为；但同样可以肯定的是，其帝国的建立比历史上任何其他亚洲国家的建立都少有残酷与不义，从以色列王国到英属印度，都无一能及。

76.穆罕默德派往希拉克略和库思老的使者

甚至在阿拉伯半岛完全皈依穆罕默德的教义前，他就怀抱普世帝国的愿望。

圣迁后不久，他便向东罗马帝国皇帝希拉克略、波斯帝国皇帝库思老二世以及其他国家的统治者派出使者，要求他们拥护其作为唯一神之使徒（Apostle of the Only God）。希拉克略以及埃及和阿比西尼亚的统治者都给大使回复了客套话；但库思老二世撕碎了先知的信。当穆罕默德听说这一行为的时候，据说他大声预言："那么，神会将库思老的帝国也撕成碎片。"

77.先知去世

穆罕默德的有生之年，足以令其将阿拉伯部落送上征服外域的非凡征程。因希拉克略侮辱了他的一位使者，于是穆罕默德对其宣战，并夺取了该国的几个边境城市，这些是先知一生中仅有的半岛以外的征服。

在逃亡麦地那10年后，穆罕默德到麦加进行了辞别朝觐。他在那里对4万朝圣者发表讲话，用这些话结束了他认为的最后一次公开演说："主啊，我已经传达了您的启示，完成了我的使命。"他于几个月后去世，死后葬于麦地那，他的墓冢是当今穆斯林世界最为神圣的朝圣地。

78.穆罕默德的第一位继任者：艾布·伯克尔（632—634）

穆罕默德死后，立刻引发了继任者之争；因为先知没有留下子嗣，也没有指定继任者。虽然许多人认为应该由先知的堂弟兼女婿，也是其最早、最忠诚的同伴之一的阿里继位，然而，先知的岳父艾布·伯克尔最后被推上大位，称为"哈里发"（Caliph），意为"先知的继任者"。继任者的问题注定将伊斯兰世界分成两派（详见第84条），彼此展开旷日持久艰苦卓绝的斗争。

在艾布·伯克尔掌权的前半期，他忙于镇压半岛不同地区的反叛，因穆罕默德的离世，许多部落拒绝先知赋予他们的繁规冗节，并拒绝按要求纳贡。此外，还有一些骗子出现并宣称自己才是真正的先知，其中最著名的是穆赛利迈（Moseilama/Musaylimah），他成功地吸引了一大批危险的信众。但是艾布·伯克尔的大将哈立德（Khalid）打败了这位自封的伪先知，并斩杀了上千的信徒。由于平息叛乱部落的快速有力，哈立德获得了“安拉之剑”（Sword of God）的绰号。

在阿拉伯半岛上的叛教者和伪先知均被以此方式解决之后，艾布·伯克尔便可向其追随者自由地践行先知最后的训谕——指示他们用剑传播他的教义，直到所有的人都信奉伊斯兰教，或向穆斯林支付贡赋。

79.征服叙利亚与巴勒斯坦（634—637）

艾布·伯克尔决意翦除的第一个国家是叙利亚。他呼吁阿拉伯半岛的所有信徒都应以极大的喜悦和热情响应这一号召。武士们从每一个角落蜂拥至麦地那，直到城市周围的沙漠几乎被黑色的帐篷所覆盖，挤满了武士、战马和骆驼。在祈求真主保佑大军之后，艾布·伯克尔派遣他们去完成这一神圣使命。

哈里发的勇士们在与叙利亚的第一次交战中取得了胜利，并将大量战利品作为首批圣战成果运回麦地那。眼红于战利品，沙漠漫游者的掠夺本能被激发出来，很快，大批援军从阿拉伯半岛各地涌向叙利亚。

希拉克略皇帝同狂热的沙漠武士英勇作战来保卫圣地，但一切都是徒劳，他的军队被粉碎了。眼看拯救耶路撒冷无望，他便将从波斯人手里夺回来的“真十字架”（详见第68条）运回了君士坦丁堡。当他眼看这片为之而奉献的土地不得已拱手让与自己信仰的敌人时，他转身说出：“永别了，叙利亚！”

大马士革（叙利亚都城）很快就落入了阿拉伯人手里（634）。该城被占领的同一天，艾布·伯克尔离开了人世。临终之时，他任命欧麦尔为继任者。据说欧麦尔被告知艾布·伯克尔的意图时，曾劝其另寻合适的人选，因为他并不需要这一职位。“但这个职位需要你”，艾布·伯克尔回答。这样，欧麦尔成了先知的第二位继任者。

哈里发的更迭并未中断军队在叙利亚的行动。在短暂的围攻之后，耶路撒冷便向穆斯林投降（637）。欧麦尔亲自前往耶路撒冷接受城市的钥匙，并协商投降条款。因为哈里发强加给被征服的基督教徒的条款都大同小异，因此一次详解之后便不再赘述。这些条款包括基督教徒不允许再兴建任何新的教堂；基督教徒的修道院应该一直向穆斯林的旅客开放，修道士要招待客人三日；基督教徒在穆斯林面前应该始终站立；基督教徒不应该和穆斯林穿同样的凉鞋或头巾；不应该使用马鞍；不应该在他们的碑铭中使用阿拉伯语；不应该显露出十字架；而且不应该敲响教堂的钟声。除此之外，还有其他一些不那么重要的限制。

耶路撒冷沦陷以后，安条克和阿勒颇（Aleppo）等城市很快落入萨拉森人的手中，至此，先知征服叙利亚的命令已经完成。接下来的几年里，阿拉伯人占领了大部分小亚细亚，最后在黑海和赫勒斯滂（Hellespont）[①]的岸边安营扎寨。他们从叙利亚港口登船后，在爱琴海（Aegean）的希腊城市上岸。一次突袭中，他们发现了倒地的罗得岛太阳神铜像（Colossus of Rhodes），据说以好价钱卖给了一位废品商。从这时起到19世纪初，穆斯林的海盗船对一座又一座地中海沿岸基督教城市的侵扰几乎从未间断过。

80.征服波斯（632—641）

当哈立德与其他部落首领一起征战叙利亚的时候，哈里发的另一员大将赛尔德（Sad）受命讨伐波斯。因奢侈而萎靡不振，又因与东罗马帝国的连年战争而国力孱弱，波斯帝国在面对萨拉森人这一股强大而可怕的力量时几乎没有招架之力。几年时间，《古兰经》的权威便在波斯建立起来。

根据阿拉伯的传说，穆罕默德出生当晚，拜火教圣坛上经年不息的圣火突然熄灭，正神奇地预示了伊斯兰教对琐罗亚斯德的拜火教的这场胜利。

81.征服中亚

在欧麦尔继任者们的带领下，阿拉伯人追随亚历山大（Alexander）的脚步，穿过波斯北面耸立的高山，并攻下了奥克苏斯河（Oxus）和贾沙特斯河（Jaxartes）[②]流域地区。在这些地区，中亚的鞑靼民族接触到了伊斯兰教。这些游牧部落在不同的情况下和不同的时期里皈依了伊斯兰教，具有重大的历史意义。因为当穆罕默德自己同胞的狂热激情褪去，被宗教狂热所赋予的可怕战力失去之时，正是他们的剑擎起并传扬了穆罕默德的教义（详见第十五章）。

82.征服埃及（640）

在攻打波斯尚未取得完全成功之时，欧麦尔委派曾英勇攻占叙利亚城市的首领

---

① 赫勒斯滂（Hellespont）即达达尼尔海峡（Dardanelles Strait）的古称，分割了欧亚大陆，为黑海和地中海之间的唯一水路通道。——译者注

② 奥克苏斯河即现今的阿姆河（Amu Darya），贾沙特斯河即现今的锡尔河（Syr Darya），流经中亚的两条重要河流，均注入咸海（Aral Sea）。——译者注

阿姆鲁（Amru），把先知的信条带往尼罗河谷。

此时的埃及是东罗马帝国皇帝统治下人口最多、文明程度最高的地区之一。自公元前30年被罗马人征服后，其后埃及一直在罗马恺撒或君士坦丁堡皇帝的统治之下，并从其取之不尽的粮仓将粮食装上绵延的船队，运往帝国各大城市的市场。现在由希拉克略的驻军防守，并受到享有古老盛名的法老（Pharaohs）和托勒密王朝（Ptolemies）的进一步庇护，其荣耀与力量仍然照耀着这片东部土地。在穆斯林的大军出发之后，欧麦尔却开始了担忧，别让热情冲昏了头脑去攻击如此强大的国家，于是给阿姆鲁派去信使，叮嘱他，如果还未跨过埃及边境，就撤军；如果已入国境，“相信真主及手中的剑”。阿姆鲁收到信的时候还在叙利亚境内，他揣测着这封信的内容，直到穿过埃及边境，才打开读给士兵听。他们发出了同一个声音，安拉注定让他们把先知的信条播种到埃及的各个城堡之中。

自法老时代起一直保卫着这个国家东部边境的古代要塞培琉喜阿姆（Pelusium），在短暂的围困之后被攻陷，整个埃及便暴露在萨拉森人的军队面前了。科普特基督教徒（Coptic Christians）是古埃及人的后裔，构成了埃及约9/10的人口，因教会认为他们离经叛道，对其进行迫害；幸运的是，阿拉伯人用大胆的承诺将他们从君士坦丁堡的皇庭离间出来，许诺只要这些科普特基督教徒进贡便允许其保留自己的宗教，他们因此被誉为“拯救者阿拉伯人”。科普特基督教徒很愿意接受这一条件，因为进贡给先知代理人的钱数在任何情况下都不会高于东罗马帝国官员盘剥的钱数。

驻守埃及都城亚历山大的帝国军队抵抗萨拉森人一年多后，弃城而逃。阿姆鲁将这一重大情报禀报给欧麦尔，告知他著名的亚历山大图书馆（Alexandrian Library），询问该如何处理此中书籍。据说欧麦尔回答道：“如果这些书与《古兰经》相符，它们便是无用；如果不符，他们便是有害：在哪种情况下，他们都应该被摧毁。”此后，这些书被分到都城的4000个浴室，用了6个月才烧光。①

① 这被许多评论家认为是不可能和杜撰的故事。吉本不仅怀疑书籍被毁的事实，而且认为即使被毁也不必心痛。可能在恺撒大帝入侵埃及的战乱中，这些书籍已被部分烧毁；而更多的书籍可能被早期的基督徒自己损毁，因为那都是“偶像崇拜的杰作”（Monuments of Idolatry）。关于这些书籍无用或危害的著名二难推理，是有多种起源的那些语录之一。作必要的修正（mutatis mutandis）的情感另外的出处是亚历山大城的主教西奥菲勒斯（Theophilus），他生活在约4世纪末，对一切经典都表现出狂热的敌视。

亚历山大城的陷落被君士坦丁堡认为几乎是跟首都被攻陷一样的灾难性事件。希拉克略皇帝受这一消息的打击，几天之后便撒手人寰。但君士坦丁堡的皇位继任者仍有足够的精神，促使他们反复努力去收复那失去的都会。帝国军队先后三次将其夺回，但三次都被萨拉森人驱逐，最后撒拉森人摧毁了它的防御工事，以防止罗马人再次将其占领。

83.哈里发奥斯曼和阿里

欧麦尔在任哈里发的第9年被刺死，奥斯曼（Othman/Osman，644—656）被选为继任者。他立刻投身于将真主使者的信条从麦加带到更广阔的地方去的使命中。但先知的追随者之间已经产生了嫉妒和嫌隙，在艾布·伯克尔和欧麦尔时期打造的活力与团结，以及穆斯林军队的无往不胜，在此时麦加的集会上难觅踪影。很快，有一个强大的派系起来反对奥斯曼，最后，他于统治的第12年在自己的家里被人暗杀，时年82岁。穆罕默德的女婿阿里（656—661）——他娶了先知的女儿法蒂玛（Fatima）为妻，经过一段时间的拖延，与其说被选举还不如说被宣布为哈里发。

84.倭马亚王朝的建立（661）

几大派系的不和最终导致内战爆发。阿里刚刚上任，穆阿维叶（Moawiyah/Muawiyah）就在大马士革建立了敌对的朝廷，并获得才能与雄心兼具的埃及征服者阿姆鲁的支持，阿里不得不派兵镇压。为了消除不和谐因素，阿里、穆阿维叶和阿姆鲁都设计着暗杀计划，后两者都幸免于刺杀，而阿里却于公元661年成为阴谋的牺牲品。

阿里是第四任也是最后一任由穆罕默德的亲戚或密友担任的哈里发，他的行为和决定拥有仅次于先知言行的权威。

穆阿维叶此时被认定为哈里发，建立了倭马亚王朝（Ommeiades/Umayyad）[①]，定都大马士革。他成功地使哈里发由选举或委派转变成了世袭，而且延续至今，其家族的统治持续了近一个世纪（661—750）。

为了维护其权力，倭马亚家族谋杀了阿里的两个儿子：哈桑（Hassan）和侯赛

---

① 倭马亚名从穆阿维叶的祖先。

因（Hosain）。两位年轻人被阿里家族的朋友们认定为殉道者，其不幸与残酷的命运引发了伊斯兰世界内部永恒的斗争（详见第78条）。虽然伊斯兰世界的君权和民族都在变化，但这些早期的纠纷一直存续，还把先知的信徒分成两派，彼此抱着不共戴天的仇恨。①

85.征服北非（643—689）

尽管在奥斯曼、阿里和他们的直接继任者统治时期存在着这些不和与分歧，但从埃及到直布罗陀海峡的北非地区还是沦为穆斯林的囊中之物。哈里发的大将们在征服这些被反复争夺的海岸之前，仍是被迫进行了很多场激烈的战斗，不仅要与海岸的希腊-罗马基督教徒相抗衡，还要与偶像崇拜的内陆摩尔人进行斗争。此外，整个欧洲已经开始对萨拉森人的威胁性发展感到警觉，并忧虑地看着他们快速向西推进；因此，当时君士坦丁堡的罗马士兵及意大利和西班牙的哥特战士都跨海驰援，保卫迦太基，并协助阻止这些沙漠狂人的惊人攻势。

但这一切都无济于事，命运已将汉尼拔和奥古斯丁之地赐给了先知的追随者。阿克巴（Akbar）、哈桑（Hassan）及其他穆斯林的英勇首领无数次地转败为胜；勇敢无畏的英雄事迹和宗教狂热的杰出典范表明，阿拉伯人的所有战役都是旷日持久、艰苦卓绝的。甚至在占领迦太基之前的公元689年，尽管阿克巴知道他已经甩开了后面的大队追兵，但还是带领人马沿着海岸向大陆的最西端挺近，之后催马跃入大西洋中，喊道："真主伟哉！若非此海阻隔，吾定西行至未知之国，扬真主之名，如有不道之民，不信吾主却信他神，定挥剑斩之。"

几年之后，迦太基方落入阿拉伯人之手。罗马人与哥特人守军被驱赶到了船上，城市被烧毁，都城的每一处痕迹都如1000年前无情的罗马人那样仔细地被抹去。此后，除了几间茅舍作为地标之外，其他的一切都化为灰烬。

躲过了汪达尔人战争并幸免于穆斯林刀剑的海边半罗马化本地人、内陆摩尔人和萨拉森人，逐渐融合成一个单一的种族，信奉征服者的信条，使用征服者的语言；如今很难分清黝黑皮肤的北非阿拉伯摩尔人和褐色皮肤的叙利亚或阿拉伯半岛的贝都因人了。

---

① 波斯的伊斯兰教徒被称为什叶派（Shiahs），是阿里派系的领袖所建，而土耳其和阿拉伯的伊斯兰教徒被称为逊尼派（Sunnites），是反对派的主要拥护者。后者以此命名是基于他们视穆罕默德的言行为神圣与权威。与此相反，什叶派拒绝认可这些先知的言行，这可以追溯到阿里或其直系后代。

北非所有的国家与对岸的欧洲大陆有着1000多年紧密联系的历史，并曾一度似乎注定要向欧洲大陆人民敞开怀抱、分享自由与进步的历程，但都被这次征服打回到东方的宿命论、专制统治与大萧条之中。从一个欧洲的延伸，再次沦为只为亚洲的延伸。此后，直到19世纪末，他们都默默无闻，即便提及，也只不过是欧洲的基督教国家要惩罚这些堕落的海盗部落，或是海外伟大的共和国政府被阿克巴首领入侵而已。

86.攻击君士坦丁堡

在穆罕默德死后的50年里，其继任者的将军们把先知的信条一侧从小亚细亚传播到赫勒斯滂，另一侧穿过非洲宣扬到直布罗陀海峡。这些地点之间距离非常遥远，沙漠的狂热勇士向狭窄水路对面投去渴望的目光，他们雄健的骏马还未在那片被分割开的大陆上奔驰，那里异教徒的战利品还没有带回到真主使者的脚下。萨拉森人试图从这一个或两个地点入侵欧洲。

第一次尝试是在东部。公元673年，阿拉伯人试图从东罗马皇帝手里夺取君士坦丁堡，以控制博斯普鲁斯海峡，在遭受重大损失之后选择了放弃。公元717—718年，该城再次被强大的萨拉森军队和舰队包围；皇帝利奥三世凭借不屈不挠的精神，及其幸运地拥有的最新发明的、被称为“海洋之火”（Marine Fire）或“希腊火”（Greek Fire）的可燃物，挽救了这座几百年来基督教世界的都城。

萨拉森人在君士坦丁堡前受到的这次阻截，与随后他们的游牧部落在法兰西伟大的图尔战役中受到的那次阻截相比，对欧洲文明的重要性无疑只能屈居第二。

87.征服西班牙（711）

当穆斯林在欧洲东端被击退时，西端的大门却因背叛而被打开[①]，他们在西班牙建立了据点。在公元711年的赫雷斯大战（Great Battle of Xeres）中，西哥特的最后一位国王罗德里克（详见第17条）被打败，除了西北部的一些山区外，整个半岛很快就向侵略者屈服了。

罗马军团苦战200年才取得了艰难的胜利，哈里发的将士们却只用了短短的几个

---

① 奉命指挥休达要塞（Fortress of Ceuta）、守卫直布罗陀海峡的哥特贵族朱利安伯爵（Count Julian），传说为了报复一些真实的或莫须有的不公，背叛了自己的国家，并把要塞拱手奉送给伊斯兰教徒。

月。此役之后，西班牙的绝大多数省份脱离基督教世界800年之久（详见第215条）。

西班牙刚被征服，就有大量的阿拉伯、叙利亚和北非移民拥入，在很短的时间内，塞维利亚（Seville）、科尔多瓦（Cordova）、托雷多（Toledo）和格拉纳达（Granada）省的服饰、举止、语言和宗教就都明显成为阿拉伯式的了。

88.入侵法兰西；图尔战役（732）

在征服西班牙四五年之后，萨拉森人越过比利牛斯山脉挺进高卢的平原。穆斯林军队越过西班牙的高山北进令基督教世界大为警觉，似乎穆罕默德的追随者很快就会占领整个欧洲。正如德雷珀（Draper）所描绘的那样：新月，呈巨大的半圆形跨于非洲北岸和亚洲海湾，一角挂于博斯普鲁斯，一角勾住直布罗陀，似乎很快就会形成一轮满月覆盖整个欧洲。

查理·马特在图尔战役中

穆罕默德去世整整100年后的公元732年，法兰克人在他们伟大的领袖查理的带领下（详见第20条），会同其盟友与穆斯林在高卢中部的图尔平原遭遇，并为基督教的命运与历史的未来进程拼死一战。在危急关头，两军将士所展现出来的大无畏精神和英勇气概令人赞叹不已。穆斯林首领阿卜杜勒·拉赫曼（Abderrahman）在激战中倒下，夜幕见证了穆斯林部落的彻底崩溃；日耳曼人的有力一击给他们造成了巨大损失，当时阵亡的数字令人难以置信，竟高达375000人。总之，这一灾难是如此的巨大，以至于萨拉森人失去了进一步征服高卢其他地区的希望，并逐步退到比利牛斯山脉以南。

西欧年轻的基督教文明因而得以绝处逢生，从自匈奴王阿提拉之后再未遇到过的恐怖威胁中解脱出来。

89.阿拔斯王朝的建立（750）

图尔战役仅仅18年之后，伊斯兰内部发生了哈里发帝国史上的一个重要事件：倭马亚王朝被推翻，阿拔斯王朝（Abbassides）建立起来。

倭马亚王朝是在放逐和谋杀阿里之子的基础之上建立起来的；因为阿里家族的权力掌握在穆斯林的一大派系手中（详见第84条），在波斯信徒众多，也正是这里最终成为了反抗倭马亚王朝的中心。革命者宣布穆罕默德的叔叔阿拔斯的后裔阿卜杜拉（Abdallah）为哈里发。反叛成功了，倭马亚家族被剥夺权力并被屠杀，阿卜杜拉成为阿拔斯王朝的创始人，而阿卜杜拉之名则源自这位新哈里发的祖先。

阿拔斯的宫廷

因大马士革被倭马亚家族的篡权者所玷污，刚刚夺权的阿拔斯家族拒绝定都于此，他们在底格里斯河（Tigris）下游修建了皇室宅邸，并于公元762年在河边建立了著名的城市巴格达（Bagdad），在接下来500年里，这里一直是阿拔斯政权的所在地，直到被北方的鞑靼人破坏为止。

90.哈里发的黄金时代

当巴格达破土动工之时，穆罕默德的继任者很快忘记了麦地那宫廷的简朴，竟像被其征服的柔弱的希腊人和波斯人一样开始生活奢侈、腐化堕落。因此，新的都城如东方梦幻般辉煌地拔地而起。华丽的宫殿、富丽堂皇的清真寺和各种雄伟的公共建筑，讲述了被征服民族的艺术对阿拉伯人的影响。

巴格达哈里发政权的黄金时代从8世纪晚期到9世纪，大致在曼苏尔（Al-Mansnr，754—775）和著名的哈伦·拉希德（Harun-al-Raschid/Harun al Raschid，786—809）统治期间。这一时期，阿拉伯学者孜孜不倦地促进科学、哲学和文学的发展，而哈里发的宫廷在文化和奢华方面都与西方基督教世界统治者粗鲁、野蛮的宫廷形成了鲜明对比。

91.哈里发帝国的分裂

吉本写道："在圣迁后的第一个世纪末，哈里发是世界上最有权力的专制君主。从大马士革宫殿发出的命令，在印度河（Indus），在贾沙特斯河，在塔霍河（Tagus），无不奉命唯谨。"起初，从巴格达发出的政令同样畅行无阻，但在很短时间内，阿拔斯的庞大帝国便因派系斗争，以及为争权夺利而相互对立的野心家们搞得支离破碎，巴格达统治者的权威最后化为乌有。

在倭马亚家族惨遭屠杀的过程中，有两三名成员幸免于难，其中一个叫阿卜杜勒·拉赫曼（Abderrahman）的年轻人逃到了埃及，并从那里沿非洲海岸抵达西班牙，受到了该地穆斯林的热烈欢迎，并于公元755年宣布脱离阿拔斯王朝而建立独立的流亡政权，称科尔多瓦埃米尔（Emir of Cordova）[①]。伊斯兰世界因此而被一分为二。

① "哈里发"这一头衔直到阿卜杜勒·拉赫曼三世（Abderrahman III，912—961）时才由西班牙的穆斯林统治者采用。

除了倭马亚和阿拔斯两派之外，还有一派，其声势远低于前两者，持续时间也不长。这一派的成员是法蒂玛派系（Fatimites），取自穆罕默德的女儿、阿里的妻子法蒂玛，其后代被认为是先知权威的合法继承者。在北非立足之后，他们逐渐扩大自己的势力范围，到公元969年，从阿拔斯政权手中夺取了埃及，在尼罗河边建立了开罗城（Cairo），并定都于此。巴勒斯坦、叙利亚的大部分地区、撒丁岛（Sardinia）和西西里岛后来也成为他们的领地。

因此，此时萨拉森人的帝国被分为三个部分，有三个首都：从底格里斯河畔的巴格达，到尼罗河畔的开罗，再到瓜达尔基维尔河（Guadalquivir）畔的科尔多瓦，由三位敌对的哈里发发号施令，每个人都被他的追随者尊为先知唯一合法的精神与宗教继承者。然而，所有信徒都对伟大的阿拉伯先知同样敬畏，都对神圣的《古兰经》保持同样的热情，而且祈祷之时都同样面向圣城麦加。

92.阿拉伯人的宗教和语言传播

就像罗马人罗马化了他们所征服的民族一样，萨拉森人也萨拉森化了他们统治领域内的居民。阿拉伯征服者的风俗、语言及宗教传播到了西班牙的大部分地区、北非、埃及、叙利亚、美索不达米亚（Mesopotamia）、巴比伦尼亚（Babylonia）、波斯、印度北部和中亚，或多或少地完美排挤了当地的习俗、语言和信仰。①

在阿拉伯半岛，除了信奉《古兰经》之外，容不下任何其他宗教，然而在半岛以外的所有国家都享有宗教信仰自由，但偶像崇拜已被“根除”，异教徒必须通过支付适当的贡赋才可以换取这一自由。因此，在所有被征服的国家里，基督教徒、犹太教徒、拜火教徒都被赋予了信奉自己祖先的信仰的特权。在某些情况下，部分基督教堂被作为合法战利品而被掠夺，改建为清真寺。

尽管对这些信仰给予了宽容，但在哈里发统治下的所有地区，除犹太教之外，基督教和拜火教逐渐消亡。②非洲的基督教会出现过居普良（Cyprian）和奥古斯丁这样的殉道者，在被萨拉森人征服前的几个世纪里一直是最具财富、学识和信徒

---

① 美索不达米亚以东的阿拉伯人没有以任何方式将他们的语言强加给当地民族，除了宗教信仰，没有留下任何彰显其征服的永久痕迹。

② 征服者最初给每一个穆斯林信徒发放津贴，并实行免除人头税和土地税的政策，加快了被征服者皈依伊斯兰教的速度。

的宗教，却逐渐消失了，此后直到13世纪初，非洲北部海岸几乎连座教堂的影子都找不到。

在西班牙的科尔多瓦、塞维利亚、瓦伦西亚（Valencia）和格拉纳达等省份，伊斯兰教成为主要的信仰。在叙利亚和美索不达米亚，基督教各派教堂只能勉强维持。在波斯，拜火教的火焰，在经过几百年的式微后，除了亚兹德（Yezd）还有一小批古老信仰的追随者在供奉圣火（最终熄灭了）外，伊斯兰教成为琐罗亚斯德的古老故土的普遍信仰。[①]在印度北部，伊斯兰教取得了牢固的据点，尽管在该地从未成为主流宗教，但却一直保留到现在；而在奥克苏斯河和贾沙特斯河流域的鞑靼部落，先知的信条实际上已经排挤了古代所有其他形式的偶像崇拜。

93.阿拉伯的伊斯兰文明[②]

萨拉森人和日耳曼人是古代的共有继承人。日耳曼人接受并向后世传递了特别是希伯来和希腊-罗马文化中的文学、哲学和法律的宝藏，而阿拉伯人则专注于古代文明的科学累积，[③]并把它们传给基督教的欧洲。在他们占领的几个国家里，尤其在巴比伦尼亚和西班牙，他们补充和丰富的文明元素，发展成为一种在某些方面远远超过世界任何其他国家的文明。

在宫廷布局、军队组织及政府管理方面，阿拉伯人模仿波斯人或拜占庭希腊人。他们的政府是君主专制制度，一直以来都是东方民族最喜欢的政府形式。既然在穆斯林国家，世俗和精神的权力都集于一人，那么，哈里发就是国家的宗教领袖、法官和统治者。哈里发之下最重要的官员是维齐尔（Vizier），相当于首相，当哈里发碰巧弱势或无能，他则成为真正的政府首脑和权力来源。

穆斯林法律体系的基础是阿拉伯思想最独特的产物，其建立的基础是《古兰经》。这是继罗马法典之后，可能是所有种族或文明所构建的最有影响力并最为广

---

① 在波斯，目前（20世纪初）拜火教约有10万信众，大多在亚兹德和克尔曼省（Kerman），印度西部还有一大部分教徒，他们是在阿拉伯入侵时逃离波斯的拜火教教徒的后裔，他们在那里叫帕西人（Parsees），名从他们的故土。他们是当今印度最有事业心、最聪明、最有影响力的群体，仅次于在印的英国人，且比其他亚洲人更像欧洲人。

② Kremer's *Culturgeschichte des Orients unter den Chalifen*（《哈里发统治下的东方文化史》，克雷默著），chaps.vii and ix。

③ 吉本断言，没有一个希腊诗人、演说家或历史学家的作品曾经被翻译成阿拉伯语。——*The Decline and Fall of the Roman Empire*（《罗马帝国衰亡史》），chap.lii。

泛遵守的法律体系。由于该体系既涉及宗教事务，又涉及民事，因此在某些方面像其大量借用的《摩西法典》（*Mosaic Code*），包罗从祈祷和朝圣到契约与继承的各种对象及关系。

在阿拉伯半岛和阿拉伯人所统治的国家中，自古以来都有主要工艺留传后人。哈里发广阔帝国的建立加速了这一产业生活，而所有这些艺术都达到了完美的境界，直到近现代伟大工业发明和进步的出现，其技艺才被超越。

商业和贸易也产生了新的活力与价值。在巴比伦尼亚和叙利亚的阿拉伯人成为古代迦勒底人（Chaldaeans）和腓尼基人的后继者，重建了早期滋养巴比伦（Babylon）、提尔（Tyre）和西顿（Sidon/Saida）的商业活动。正如在荷马的《奥德赛》（*Odyssey of Homer*）中反映出了早期希腊人的商业活动和海上冒险贸易航行，所以《水手辛巴达》（*Sindbad the Sailor*）的神奇故事，也同样反映了阿拉伯水手的航行与冒险。

阿拉伯伊斯兰的前几个世纪里，伟大知识活动的特点是源于，至少部分源于研究《古兰经》，就像基督教的西方在中世纪时期的知识生命，最初是从研究《圣经》起步一样。因此，语法、修辞、词汇、神学和法律体系的科学都在圣典的研究与解读过程中得到成长。

除了这些研究之外，历史和传记作品自然占据了重要的地位。为了真实保存穆罕默德的言行，为了将精彩的征服故事和阿拉伯帝国缔造者们的丰功伟绩流传后人，传记和历史的写作受到启发和鼓励。在这两个领域，阿拉伯伊斯兰教的前几个世纪产生了许多显赫的名字。

阿拉伯人写的传奇和诗歌这两种较为大众的文学形式，达到了炉火纯青的地步。在传奇方面，他们继承了波斯说书人的遗产。《天方夜谭》（*The Arabian Nights Entertainments*）的独特的故事，除了处于东方文化高峰时期的巴格达皇宫里阿拉伯生活和习俗的解说之外，也为世界文学增添了不朽的作品。阿拉伯人的诗是完全原创的，是阿拉伯天赋和气质的自然表达与美丽呈现。

阿拉伯学者也以极大的热情从事自然科学的研究，并取得了极大的成功。对地理的关注则是因为开疆拓土和扩大贸易。他们从希腊人和印度人那里获得了天文学、几何、算术、代数、医学、植物学和其他科学的启迪。亚里士多德（Aristotle）、欧几里得（Euclid）和盖伦（Galen）的科学著作，以及印度教关于天文学和代数的论述，分别从希腊文和梵文翻译成阿拉伯语，进而形成了阿拉伯研究和调查的基础。几乎所有他们所能触及的科学都被其加以改进和充实，然后再传播给欧洲学者。[①]他们首次把医药变成了真正的科学。从他们那里得知其设计了阿拉伯记数法或十进制记数法[②]，并将这一所有科学研究都不可或缺的数学计算工具传到欧洲。在化学方面，他们从未超越炼金术，但在炼金术士的实验中，他们发现了几种化学元素的存在和性质，为现代化学奠定了基础。他们的天文知识表现在其成功地测量了地球的大圆航线（A Degree of A Great Circle of the Earth），计算了黄赤交角（Obliquity of the Ecliptic）和岁差（Precession of the Equinoxes）。[③]

所有这些文学和科学活动都能在学校、大学和图书馆的建立中很自然地找出其印迹。在欧洲可以炫耀教堂学校或修道院学校的几个世纪前，阿拉伯帝国所有的大城市，如巴格达、开罗和科尔多瓦，伟大的大学就吸引了大批热心的年轻穆斯林并营造出了学识与教养的氛围。从阿拉伯伊斯兰的伟大时代延续至今的开罗的著名大学，现今有数千名学生在校学习。

建造清真寺和其他公共建筑的阿拉伯建筑师发明了一种有着独特风格的新建筑形式，其中的一个最美丽的样本便是保存在格拉纳达的摩尔王宫（Palace of the Moorish Kings）[④]，这一风格给现代建设者提供了一些最佳范例和成果最为丰硕的艺术思想。

---

① 欧洲从阿拉伯获得科学的来源被如下词汇所承载：alchemy（炼金术）、alcohol（酒精）、alembic（蒸馏器）、algebra（代数）、alkali（碱）、almanac（年鉴）、azimuth（方位）、chemistry（化学）、elixir（万灵药）、zenith（天顶）和nadir（天底）。那些阿拉伯主要城市在多大程度成为中世纪世界的制造中心，通过这些地方给各种织物及其他物品起的名字便可窥其一斑：muslin（棉布）一词来自底格里斯河畔的Mosul（摩苏尔）、damask（锦缎）来自Damascus（大马士革）、gauze（纱布）来自Gaza（加沙）。大马士革和托雷多的刀片说明了阿拉伯冶金工人的熟练程度。

② 除了阿拉伯记数法中使用的零以外的数字，似乎借用于印度。

③ 大圆航线指的是地球上两点之间的最短距离；黄赤交角是地球公转轨道面（黄道面）与赤道面（天赤道面）的交角；岁差指一个天体的自转轴指向因为重力作用导致在空间中缓慢且连续的变化。——译者注

④ 摩尔王宫即阿尔汗布拉宫（Palace of the Alhambra），又称“红宫”，建于1354—1391年，是阿拉伯式宫殿庭院建筑的优秀代表，1984年入选联合国教科文组织《世界遗产名录》。——译者注

第七章　查理大帝与西部帝国复兴

94.概述

前面章节追溯了萨拉森人的权力兴衰，看到东闪米特人被宗教狂热奇迹般地唤起巨大能量的时刻，然后又迅速地陷入了无所作为与虚弱的状态，辜负了先前所有的期许。大道不从麦加传出，是显而易见的。闪米特人不再引领世界文明。

但再次回到西方，日耳曼蛮族身上也展现出了这种青春活力的迹象，让人立即相信他们才是未来时代和世界的主宰。在同盟者的帮助下，法兰克人于图尔战役中挡住了萨拉森人的进攻，让欧洲免于《古兰经》（详见第88条）的统治。其中有一个人，是东哥特的狄奥多里克之后，首次努力尝试恢复社会的和平与秩序，并重建文明，他就是法兰克国王查理曼，或称查理大帝。他的堂堂身影出现在此时的所有历史事件当中；实际上，是他制造了这些事件，使其所处的时代成为了世界史的新纪元。

这个时代的故事为许多后来的西欧历史提供了答案。仅仅列举一些值得注意的事件来说明这个时期的重要意义与萌芽特征。比如，墨洛温王朝国王的宫相如何成为了法兰克实际上的国王；教皇如何通过法兰克国王的帮助，奠定了自己的权力基础；查理大帝如何成为复兴的西部帝国君主，并在其统治时期内奠定了近代文明的基础。

正是法兰克国王与天主教会早期幸运的联盟，为他们带来了难以置信的好运及在西欧的最终优势（详见第28条）。

95.丕平公爵成为法兰克国王（751）

查理・马特指挥了著名的图尔战役（详见第20条），尽管他是当时最杰出的人物，但在名义上只是法兰克宫廷的一名官员。他的职位是宫相，以墨洛温王朝一系列软弱无能君主的名义执政。他扶植了一任又一任的国王，并在傀儡君主之间留下了很长的空位期。强大的公爵要攫取至高无上的权力，可以说是易如反掌，但由于政策动机的约束，他从未僭用国王的称号。

但其子丕平[①]，渴望得到王室的头衔与荣耀。他达到目的的方式立即证明了国王称号所蕴含的威望，以及教会在这些野蛮时代的影响。得到了域内贵族的认可，丕平向罗马教皇撒迦利亚（Pope Zacharias）派出特使暗示废黜墨洛温国王是法兰克人的共同愿望，而公爵本人功勋卓著，其父德高望重，父子均为法兰克王国与基督教世界鞠躬尽瘁，行使着王室的所有权力，公爵本人理应被赋予王权的标志和称号。

撒迦利亚急于结交丕平这个朋友，因为他在与伦巴第人的斗争中需要帮助，于是回答说拥有国王权力的人拥有国王的名号似乎完全合理，以此默许了这一计划。这就够了。墨洛温国王希尔德里克（Childeric）立即被废黜，作为墨洛温王权象征的长发和胡须被剪断，然后被关进了修道院。在修道院的高墙内，法兰克王国的最后一位长发国王消失在了历史中。公元751年，宣教主教波尼法爵以教皇的名义为丕平涂圣油、戴王冠，丕平正式成为法兰克国王。这样，他成了一个新王朝的创始人，从他的儿子查理大帝开始，这个王朝被称为加洛林王朝。

教皇在废黜墨洛温王朝国王并扶奥斯特拉西亚公爵登上王位这一重大事件中所扮演的角色，被后来的罗马主教夸大，并在其努力宣称有权罢黜异端或现世君主的暴政时成了先例。

96.丕平帮助教皇确立世俗权力（756）

丕平继承了父亲的才干和雄心，在他强有力的统治期间（751—768），扩大了法兰克王国的疆域，使雄心勃勃的加洛林王朝更负盛名。他统治时期的重大事件均与意大利和教皇有关。

公元753年，深受伦巴第国王爱斯图尔夫（Aistulf）侵扰的教皇斯德望二世（Pope Stephen II），冒险长途跋涉来到丕平的王宫，请其出兵帮助对付野蛮人。丕平为了回报教皇在其获得王位过程中给予的支持，立即答应出战。他带兵出现

---

① 查理·马特有两个儿子：卡洛曼（Carloman）和丕平，均继承了其职权；但卡洛曼很快就辞职成为了修道士。

在意大利，使得伦巴第国王答应将“教皇应得的一切”还于教皇；但丕平刚刚班师回朝，奸诈的伦巴第人不但没有归还土地给罗马教廷，反而将其包围。公元756年，丕平收到教皇的紧急求助，再次率军出征，他越过阿尔卑斯山，将伦巴第人从其占领的罗马土地上驱逐出去，并将土地献给教皇①。丕平把拉韦纳、里米尼（Rimini）及许多其他城市的钥匙，作为礼物的象征放于圣彼得墓前。

“丕平献土”被认为实际上奠定了教皇世俗权力的基础；因为教皇斯德望二世已经下定决心抛弃对东罗马帝国皇帝的效忠，建立一个独立的教皇国（Church State）②，但是，如果没有法兰克国王鼎力相助，他也不见得能够取得成功。

罗马主教跻身半岛世俗君主行列给意大利带来了灾难性的后果，这使他们成为意大利君主政体坚定的敌人，因为他们预见到统一的意大利意味着他们要失去世俗权力，这也正是近代意大利统一的真实结果。

查理大帝

97.查理大帝即位及其战争

丕平于公元768年去世，将王国传给了他的两个儿子：卡洛曼和查理，后者便是广为人知的“查理曼”或查理大帝。这对兄弟继位3年后，卡洛曼便去世，查理把他的领地据为己有。

查理46年的漫长统治充满了远征与战事，以此开疆拓土，到他去世之时，帝国的版图已囊括了西欧的大部分地区。他发动了52次战役，其中主要针对伦巴第人、萨拉森人、萨克森人和阿瓦尔人。此处简述一下这些战事。

① 捐赠给教皇的这些土地，既有伦巴第国王从教皇手中夺取的，也有从总督手中夺取的土地。所有这些土地的主权名义上都属于君士坦丁堡的皇帝，但他对这些土地的主张被丕平忽略。

② W.Sickel，*Kirchenstaat und Karolinger*（《教皇国与加洛林》，锡克尔著），载于1900年*Historische Zeitschrift*（《历史杂志》），（Bd.84，pp.385-409）。

查理的第一次战役是攻打伦巴第王国。该国国王狄西德里乌斯（Desiderius）是法兰克王国的劲敌，为卡洛曼的遗孀提供庇护，并要求教皇阿德里安一世（Pope Adrian）为她襁褓中的儿子涂圣油，确认他为自己父亲的继任者。教皇拒绝了他的请求，狄西德里乌斯威胁要占领教皇的领地，并要马上举兵进犯。这个时候，阿德里安恳请他的朋友查理出手相助。查理国王立刻于公元774年进军意大利，夺取了狄西德里乌斯的所有的财产，并把这位不幸的国王关进修道院，将伦巴第王国著名的铁王冠戴在了自己的头上（详见第21条）。在意大利的时候，查理拜访了罗马教廷并表示认可其父丕平的赠予，以回报教皇对他的支持。

公元778年，查理集结兵力，对西班牙信奉伊斯兰教的摩尔人发动圣战。他越过比利牛斯山，成功从穆斯林手中夺回了半岛的整个东北角。这些为基督教世界夺回的土地成为了帝国的一部分，称为“西班牙边区”（Spanish March）。查理率领他的得胜之师翻越比利牛斯山回国，其后卫部队在穿越龙塞斯瓦列斯峡谷（Pass of Roncesvalles）时，被野蛮的山地居民加斯科尼人（Gascons）所阻截，在他返回救援之前已全军覆没。本事件的详情未有官方记载，但很久以后，与英雄罗兰的传奇事迹联系起来，形成了法兰西北部游吟诗人最喜欢的故事和诗歌主题（详见第346条）。

但此时与查理交战最多的还是异教徒萨克森人，他们是仅存的保留古老异教信仰的日耳曼部落。萨克森人不仅是在为自己的家园而战，而且为自己的宗教信仰而战；因为确立基督教的权威是查理企图征服他们的目的之一。萨克森人一次次被打垮，又一次次地在绝望中反抗。英勇的维杜金德（Witikind/Widukind）就是“第二个阿米尼乌斯”（Second Arminius），他鼓励同胞们保卫国土，抵御入侵者。蛮族拒绝接受查理为其君主，也拒绝基督教为其宗教，冥顽不化，查理最终恼羞成怒，将俘获的4500名俘虏全部斩首，以报复该民族的顽抗[①]。维杜金德最后屈服了，接受了洗礼，查理对其惺惺相惜，当然依照惯例，他在修道院终此一生。他的许多同胞从海上逃到斯堪的纳维亚，而他们的后代帮助维京人操纵舰船——世事轮回，开始是被查理掠夺的臣民，后来查理自己的臣民再被其掠夺过的臣民掠夺，查理如

① 即发生于公元782年的费尔登大屠杀（Massacre of Verden）。德国学者乌尔曼试图证明这场流传下来的大屠杀记载并不符合历史事实，但他的证明并不算成功。

果地下有知，也只能扼腕叹息（详见第121条）。

查理所征服的日耳曼部落后方的东部和东南部，是异教的斯拉夫人和鞑靼人，鞑靼人中有一个种族叫阿瓦尔人，与阿提拉的匈奴人一样可怕，应是同一血统的分支。这些野蛮的民族，此时扎根古潘诺尼亚（Pannonia）草原，正给查理的臣民巴伐利亚人（Bavarians）带来痛苦。

在从公元790年到805年的一系列战斗之后，查理打败了阿瓦尔人，捣毁了他们类似于某种皇家营地和要塞的所谓“巨环”（Great Ring），其中储存有大量通过各种掠夺缴获的战利品，使其归顺成为附庸国。3个世纪以来，阿瓦尔人一直是邻居的祸患，因此，征服他们是查理为欧洲年轻的基督教文明作出的最伟大贡献之一。

98.复兴西部帝国（800）

此时，一个看似很小的历史瞬间，却能极大地影响未来发展的蝴蝶效应值得注意。教皇利奥三世（Pope Leo III）呼吁查理帮助打击罗马内部的一个敌对派系，国王很快亲自出现在教皇的都城，立即惩罚了教会和平的扰乱者。利奥三世感激涕零，对法兰克国王作出的贡献涌泉相报。

在相当长的一段时间里，各种情况导致意大利人与君士坦丁堡皇帝之间的敌意越来越强烈。东部教会和西部教会之间产生了纷争，拜占庭统治者竭力迫使拉丁教会在宗教仪式上实行某些变革，这引起了罗马主教的坚决反对。他们指责东部皇帝是分裂者与异教徒，谴责其在专注迫害正统的西方教会的同时，却让基督教的东部土地落入了阿拉伯异教徒之手。

而就在此时，伊琳娜女皇（Empress Irene）为了自己登上皇位，废黜了儿子君士坦丁六世，并刺瞎了他的双眼。在意大利人看来，拜占庭王位出现了空缺，因为他们主张恺撒的皇冠不可以戴在女人头上。在此情况下，教皇与其身边的人自然而然地谋划，将皇冠从异端、软弱的希腊人头上摘走，授予一位真正强大、正统、高尚的西部君王。

此时，所有西部基督教的日耳曼人首领中，查理家族声名显赫，是年轻基督教同异教徒敌人英勇作战的最强大的斗士，推举他一定毫无争议。因此，公元800年，当查理在罗马的圣彼得教堂参加圣诞节仪式时，教皇走近跪地的国王，把金冠戴在他的头上，宣布他为“罗马皇帝暨奥古斯都”（Emperor and

Augustus）①。

教皇利奥三世此举的意图是想逆转当年君士坦丁大帝迁都的行为，将皇庭从东部再转回西部；但他真正实现的只是复兴了西部帝国的皇帝世系，而这在324年前就被奥多亚塞给中止了，当年他废黜罗慕路斯·奥古斯都并把皇室的礼服送往君士坦丁堡。而这就是他造成的实际影响：不管罗马人民与教皇做了什么，东部的希腊人就当意大利什么都没有发生过，继续他们的皇帝世系。所以，从此时起的几个世纪里，大多数时候都有两个皇帝：一个在东部，一个在西部，都自称是恺撒·奥古斯都的合法的继任者，又都不时地谴责对方为冒牌货与伪皇帝。②

查理大帝的加冕礼

① 艾因哈德（Einhard）写道：查理不知道教皇的意图，如果知道，他那天就不去圣彼得教堂了。直到近期，这还经常被解读成仅仅意味着查理反对以此方式被加冕，一直认为他真的想要皇帝的头衔，但也许会倾向于自己亲手把皇冠戴在头上，正如1000年之后拿破仑（Napoleon）做的那样，这样似乎就不再受制于人了。但许多学者现今都倾向于认为，艾因哈德所言即为其意：查理并不想要“罗马皇帝、奥古斯都”这一名号。在这些学者看来，复兴罗马帝国实际上是教皇和教会的事业。

② 从此时起，就可以开始使用西罗马帝国（Western Empire）和东罗马帝国（Eastern Empire）这两个术语了。然而，这些名字不应在此时间之前使用，因为此前东西两部分只是古罗马帝国的行政区划而已；但可以恰当地称二者为西部的罗马帝国（Roman Empire in the West）和东部的罗马帝国（Roman Empire in the East），或者西部皇帝（Western Emperors）和东部皇帝（Eastern Emperors）。极有必要注意的是，西部皇帝世系的恢复实际上摧毁了旧帝国的统一，因为此后直到东罗马帝国于1453年灭亡，一直有两个敌对的皇帝，每个都有合法的宗主权统治整个帝国，而在罗马时代，两个皇帝是一个不可分割的世界帝国的共同统治者。——Bryce' s *The Holy Roman Empire*（《神圣罗马帝国》，布莱斯著）。
西部日耳曼皇帝的世系一直延续到拿破仑1806年肢解了德意志为止。神圣罗马帝国，这个西罗马帝国后来的称谓，在中世纪的欧洲事务中扮演着重要角色。实际上，这只不过是个名称罢了；但名称却又往往意味深长。

查理统治的帝国区域同古罗马帝国鼎盛时期的西部领土范围大致相当。非洲和几乎整个西班牙都在萨拉森人的手中，而不列颠则被撒克逊人占领；但几乎全部意大利、近代法兰西、荷兰、瑞士、德意志和当时的奥匈帝国（Austria-Hungary）的大部分土地，都服从他的命令，还有许多不同的部落和民族宣誓效忠于这位皇帝。

99.统治者查理大帝

查理大帝不能仅仅被视为一位武士，因为他最杰出的贡献是作为立法者兼管理者来实现的。在这一领域，他同样表现出了驾轻就熟的优秀人格品质。在帝国建立的过程中，查理残酷无情，多行不义；但建立以后，他却始终如慈父般管理着帝国。

为了便于管理，查理遵从了老墨洛温王国原有的模式，将巨大的领土划分为多个行政区，称为郡，每郡设置一名管辖者，封以伯爵的头衔。这一管理体系极为重要，因为其中蕴含着封建制度的萌芽（详见第140条）。

帝国的特色机构之一是定期会议（Diet）或全体代表会议（General Assembly），显然是古老日耳曼民众大会的遗风（详见第10条），并于每年春天举行一次①。定期会议仅仅是查理和国内自由民之间交流意见的平台；因为会议不是立法机构，其职能仅限于向皇帝提供建议和信息。会议与查理之间的关系可以体现在一次会议的讲话中："提建议给我，这样我好知道该做什么。"

与定期会议相关联的是著名的《查理大帝法令集》（*Capitularies of Charles*），其实这些并非是真正意义上的法律，而是涉及各种民事、宗教、公共、国内事务的法令、裁决与指示的汇编。其中有些是在定期会议期间收集整理的；而更大一部分则表达了查理以建议、意见或命令的形式将个人的观点给予所需的首领或臣民。

查理治国的另一个值得注意的特点是设立巡回专员（missi dominici），其职责是定期访问给定路线的所有地区，监视地方行政官员履行职责，拨乱反正，并将所有应报事宜汇报给皇帝。这让皇帝对帝国广阔领土上的实情了如指掌，事务无论远近，都在皇帝的掌控之中，是一种相当高明的策略。

特别是在加冕为帝之后，查理对宗教事务的管理与对民事的管理一样小心谨慎。他主持召集神职人员开宗教会议，在会上修订教会教规，用慈爱的话语向修道院院长和主教们提出忠告、责备与劝诫。

---

① 在秋天会再召开一次小规模的集会，或议事会，参会人员是帝国的权贵与皇家首席顾问。

教育也是查理热心关注的问题。只要繁忙的生活允许，他自己自始至终都是一位勤奋的学生。他的传记作者艾因哈德，描述他可以用拉丁语和日耳曼语背诵祷辞，而且他还懂希腊语，尽管在发音上存在困难。他从未停止学习，晚年还试图学习写作，但发现为时已晚。

查理苦恼于周遭的极度无知，通过建立学校、由寺院的抄写员通过誊写增加和传播书籍，不辞辛劳地教导世俗和宗教的臣民。查理从英格兰请来当时最优秀的学者阿尔昆（Alcuin），并在他的帮助下组建了宫廷学校，皇子、朝臣以及皇帝自己都成了那里的学生。一种罕见的友谊似乎已经遍及这所快乐的学校，不同的成员被玩笑地起了希伯来或古希腊、古罗马的名字：查理被称为大卫王（King David）；阿尔昆叫作弗拉库斯（Flaccus）；还有其他人被起名叫荷马（Homer）、品达（Pindar）、撒母耳（Samuel）、科伦巴（Columba）和耶利米（Jeremiah）。学校的课程、辩论和对话囊括了所有神学和科学方面的知识。

查理大帝和阿尔昆

查理又在其国土内兴建了许多教堂和修道院附属的学校。其中许多是由阿尔昆组建的；一所与图尔著名的圣马丁修道院（Monastery of Saint Martin）有联系，阿尔昆在那里做过多年的院长，这所学校在其指导下成为了欧洲最有名的学校之一，影响无可估量。据说，几乎所有下一代的伟人都是他的弟子和学生。

查理努力建立的这些学校，给欧洲文明带来了深刻而持久的影响，标志着西方基督教世界新知识生活的开端。

100.查理之死及其历史地位

查理在加冕称帝仅14年后就去世了，时间为公元814年。谈及此事时，艾因哈德只是说他去世后葬在了亚琛（Aachen）的一所自己主持建造的大教堂内。后来的传说声称，死去的君主被置于王座之上，皇袍加身，宝剑立于身侧，一本福音书摊开于膝头[①]。人们似乎不能相信他的统治已经结束了，的确，它也没有结束。

研究中世纪的学者几乎持有统一意见，认为查理大帝是从罗马帝国的灭亡到15世纪之间最显赫的人物。哈勒姆说：“他独自挺立，好似荒芜旷野上的指路明灯，抑或广阔大海中的不没磐石。”他是法兰西的亚瑟王，中世纪吟游诗人最喜欢的英雄。他的伟大正如其名，而他的名字则是一座屹立着的不朽丰碑，这个家喻户晓的名字就是——查理曼。

他的伟大声名远扬，远及巴格达的哈里发皇庭；因为哈伦·拉希德送给他一头大象和一个奇特的水钟作为礼物，水钟可以自动开门、自动显示时间，这标志着哈里发的友谊和阿拉伯艺术家的创造力。

这位法兰克君主的名字以其法文形式查理曼（Charlemagne）而彪炳史册，却让人误解其为法兰西国王。实际上，查理是一位日耳曼君主，同古老帝国里拉丁化的居民之间的关系跟当年狄奥多里克、尤里克或克洛维绝无二致。弗里曼写道：“卡洛林王朝上台，几乎相当于日耳曼第二次征服高卢。”教会表示：“查理，无论如何，首先是一位日耳曼人。在语言、观念、政策、品味、最喜欢的居住地方面都表明，他是一位日耳曼国王，而不是拉丁国王或拉丁化的国王。”

101.查理大帝统治时期的成就

在查理大帝统治时期的众多成就中，有以下三个方面值得注意：

第一，他为日耳曼做了恺撒大帝为高卢所做的事情，把这片野蛮之国带进了文明的曙光之中，并将其打造成了新形成的罗马–日耳曼世界的一部分。

第二，通过他在复兴帝国中所扮演的角色，帮助将“伟大的政治理想”给予后人，同时在欧洲君主之中建立权威，注定要被中世纪历史大书特书（详见第十二章）。

---

① 这一记述与查理同时代人的记述迥然不同，不能作为历史来看待。——Lindner，*Die Fabel von der Bestattung Karls des Grossen*（《查理曼的葬礼寓言》，林德纳著）；Mombert，*Charles the Great*（《查理大帝》，蒙巴特著），pp.484-486；Hodgkin，*Charles the Great*（《查理大帝》，霍奇金著），p.250。

第三，查理将各种族的元素融为一体，构成他统治范围内的多元社会。在他长期有力的统治时期，罗马人和日耳曼人融合迅速（详见第四章）。查理的确未能将庞大帝国中的各个种族团结起来形成一个永久的政治统一体，但却在其中打造了后世永不断裂的宗教、知识及社会纽带。一言以蔽之，从此之后，便有了西部基督教世界。

102.帝国分裂；《凡尔登条约》（843）

像亚历山大和许多其他伟大征服者所建立的王国一样，查理曼帝国在他死后不久就分崩离析了。“他的权杖如尤利西斯之弓，弱者无力擎起”。

四位有如此能力、活力和天赋的领导者一个接一个努力地巩固帝国的基业，可谓绝无仅有；但加洛林家族短暂的辉煌也随伟大的查理一起永远地消逝了。

查理大帝死后，其子虔诚者路易（Lewis the Pious，814—840）继位。路易一世让自己的四个儿子洛泰尔（Lothair）、丕平、路易和查理也参与治国，但四子纷争不断，搞得帝国动荡不安，使得其父至死难安。

路易一世死后，激烈的争夺在活着的诸王子之间再次爆发，无数人在残酷的冲突中丧失了生命[①]。最后，公元843年，他们签订了著名的《凡尔登条约》（Treaty of Verdun），将帝国瓜分：路易得到莱茵河以东的部分，即后来德意志的核心；查理得到罗纳河（Rhone）及默兹河（Meuse）以西地区，后来成为法兰西；而洛泰尔则保留了狭长的中间地带，从北海到地中海纵跨欧洲，包括莱茵河下游的肥沃土地、罗纳河谷及全部意大利，还继承了皇帝的称号。[②]

这一条约非常著名，不仅因为它是欧洲国家中第一个大条约，而且作为分水岭，在某种意义上催生了近代欧洲两个伟大的国家——拉丁的法兰西和日耳曼的德意志。

103.加洛林王朝的终结

查理曼帝国分裂以后，加洛林家族不同分支的历史变得复杂、乏味而无益。古希腊故事里底比斯家族（Thebes）的黑暗、可悲命运似乎笼罩在了查理曼家族之

---

① 丕平先于其父两年去世（838），他在帝国的领土被洛泰尔和查理瓜分。

② 依此划分之后，即为东法兰克王国（843—962）、西法兰克王国（843—987）和中法兰克王国（843—855）。——译者注

上。在这位伟大国王的不同世系分支，都有着不可思议的厄运在等待着他们。加洛林王朝最终于10世纪灭亡。

公元987年，法兰西的加洛林王朝让位给了卡佩王朝（Capetian）。此时，罗马-凯尔特元素已经完全战胜了被吸收、同化或抛弃的日耳曼元素，避免了似乎在加洛林王朝初期不可避免的结果，即入侵的日耳曼元素会强加于拉丁化的高卢人身上，使其国家仅仅成为德意志的延伸。

104.奥托大帝复兴帝国（962）

在瓜分查理曼帝国的过程中，皇帝的头衔留给了洛泰尔。然而，这个头衔几乎没有任何意义，因为没有什么实权，只是比帝国分裂后的其他王国统治者们享受名誉优势，但仅此而已。这样的情况持续了一个多世纪，该头衔的空虚荣誉有时归于意大利国王，有时归于东法兰克国王。

公元936年，奥托一世（Otto the Great）继位为德意志国王，成为欧洲君主中的第二个查理大帝。他不仅是德意志国王，还通过干涉意大利事务，成为意大利国王。此外，他从斯拉夫人手中夺取了大片土地，还迫使丹麦人、波兰人、匈牙利人承认其宗主权。在命运的青睐下，他自然而然地生出了一个复兴帝国权威的想法，就像伟大的查理大帝复兴西罗马帝国一样。

因此，在查理大帝于罗马加冕一个半世纪之后的公元962年，奥托在同一地点，由同一教廷为其加冕为“罗马人的皇帝”（Emperor of the Romans），已经有一代人未享此名号了。此后，德意志的公国代表推举作为国王的君主，有权成为意大利国王及帝国皇帝，便成为了规则。

帝国也被称为神圣罗马帝国，虽然，就像伏尔泰（Voltaire）诚实描述的那样：它“既不神圣，也不罗马，又不帝国”。帝国的思想在后来的历史中扮演了重要的角色（详见第十二章）。

第八章 北欧人：维京人的到来

第一节 导言

105.北欧的民族与土地

北欧人（Northmen）、挪威人（Norsemen）、斯堪的纳维亚人（Scandinavians），是对丹麦、挪威和瑞典早期居民不同的称呼。因为定居在英格兰的大部分人来自丹麦，所以“丹麦人”（Danes）这个词也经常被英格兰作家用来泛指北欧人。

北欧人同哥特人、汪达尔人、法兰克人、盎格鲁-撒克逊人以及其他占领罗马帝国西部行省的部落是亲族，拥有日耳曼人的语言、宗教、习俗与精神。不能确定曾几何时他们占据了北方的半岛，但要比恺撒入侵高卢早得多。

隆冬时节，半岛几乎笼罩在极夜之下，全年大部分时间土地和水域都被冰雪覆盖，因此，任何一个选择在如此荒凉的地区安家的日耳曼部落都会让人感到奇怪；然而，想到当这些人进入该地区之时还未超越渔猎文化阶段，就会豁然开朗了。有着崎岖山脉和无数海湾的斯堪的纳维亚半岛，提供了欧洲最好的渔猎场所，时至今日，这一地区每年夏季还吸引着来自英格兰和其他地区的冒险家。此外，该地区还盛产日耳曼勇士用以制造武器的铁和铜，这也许是对蛮族额外的吸引力。

106.作为海盗和殖民者的北欧人

公元8世纪前，北欧人实际上是隐藏在其北方偏远的家乡，几乎没有进入人们的视野之中；但到8世纪末，他们黑色的海盗船开始沿着不列颠、爱尔兰和法兰克帝国的海岸游弋，甚至冒险深入海湾与溪流。

每年夏天，这些国家未加防范的海岸会被这些可怕的海盗造访，迅速登陆，烧杀抢掠；然后在暴风雨季节来临之前，回到北方半岛有庇护的峡湾过冬。一段时间后，大胆的海盗开始在他们夏季掠夺过的土地上过冬；不久，被其袭扰过的所有国家的海岸都点缀着他们的驻地或定居点。一旦站稳脚跟，新的部落就从北欧土地上蜂拥而至；冬季驻地变成了永久殖民地；并逐渐从周边本地人那里掠夺土地；随着时间的推移，定居点合并成了一个真正的王国。

因此，高卢北部很快就落入了北欧人（Northmen）的手中，并因此而得名诺曼底（Normandy）；而英格兰东北部则挤满了来自丹麦的移民者且适用了丹麦法规，被称为丹法区（Danelagh/Danelaw）。诺曼底作为新的行动基地，新的殖民团向外扩展，先后征服了南意大利、西西里岛及英格兰，并在这些地方定居。当这一切在欧洲上演的时候，北欧人的其他队伍推进到了大西洋并在冰岛和格陵兰岛（Greenland）上殖民，还造访了美洲大陆海岸地区。

这些掠夺冒险和殖民行为从8世纪后期开始，一直延续到11世纪。斯堪的纳维亚诸民族这一惊人的涌出产生了持久重大的影响，以至经常与其日耳曼亲族在五六世纪时的大迁徙相提并论。欧洲第二次被日耳曼蛮族淹没了。

这些北欧人最值得关注的特点是，欣然放弃自己的礼仪、习俗、观念与制度，转而去接受定居国家的。“到罗斯，他们就成了罗斯人；到法兰西，就成了法兰西人；到意大利，就成了意大利人；到英格兰，起先是丹麦人，后来是诺曼人，都成了英格兰人。”①

107.迁徙原因

导致斯堪的纳维亚人大迁徙（Scandinavian Migration）的主要原因是：（1）北欧人热爱冒险和期盼掠夺；（2）人口过剩；（3）丹麦和挪威王国建立后，其统治者的暴政导致很多人到其他国家寻求国内无法获得的自由；（4）继承法规的存在，规定家族的一切都传给最年长的成员，把海洋王国留给年纪小的成员。

统治家族或王族没有继承权的子弟，因最后一条原因而成为了迁徙队伍的首领。由于这些首领出身高贵，只要他们率领一次远征，就会被授予国王名号，所以很自然地被称为海之王（Sea-kings）。“Viking”（维京）一词源自“vie”，意为

① Johnson，*The Normans in Europe*（《欧洲的诺曼人》，约翰逊著），p.19。

峡湾或海湾，更恰当地指那些出身稍逊而无法获得皇室殊荣的人。

维京海盗船

108.定居苏格兰、爱尔兰和西部群岛

早在9世纪初，北欧人就占据了奥克尼群岛（Orkney）、设得兰群岛（Shetland）及赫布里底群岛（Hebrides）。一个世纪即将过去之时，后者与苏格兰西海岸和爱尔兰的很大一部分地区连接在一起，形成某种北欧的海上王国，其统治者经常就土地所有权与苏格兰和爱尔兰的凯尔特首领产生纠纷，就像丹麦人与英格兰的英格兰人产生争执一样。这些北欧人在直到13世纪前的苏格兰和爱尔兰事务中扮演着极为重要的角色。

109.冰岛和格陵兰岛的殖民

第一批斯堪的纳维亚殖民者是为了逃避挪威国王哈拉尔·费尔赫尔（Harold Fairhair/Harald Fairhair）的暴政，大约于公元874年定居冰岛。1874年，冰岛人庆祝了自己在岛上定居的千年纪念日，活动极像1876年美国的“百年庆典”（Centennial）。流亡者们在这片荒凉的岛屿上建立了一个某种形式的共和国，并将其打造成了自由的国度，这比哥伦布驶入大西洋并发现新大陆早了几个世纪。

北欧人于公元981年发现了格陵兰岛，并很快在那里殖民。他们的定居点似乎繁荣了几个世纪，建造了许多教堂和修道院；但14、15世纪期间，殖民者被一些不知名的力量一扫而空。

北欧人早在11世纪初就到达过美洲了；其传说中所用的“文兰”（Vinland）可能就是新大陆海岸的某个地区。这些新大陆上的第一批来访者是否在这里定居过一直存有争议。如果是的话，那所有的定居痕迹都在16世纪航海家重新发现新大陆之前就消失殆尽了。[①]

110.冰岛的萨迦文学

早期的冰岛殖民者是拥有良好素质与信念的挪威人；像那些清教徒前辈的移民一样，他们把自己从故土流放出去，因为与其在国内可耻地屈服而过得安逸富足，宁愿为了自由而过艰苦的流亡生活。移民的性格影响了殖民地的历史。冰岛不仅成为了自由的家园，而且成为斯堪的纳维亚世界的文学中心。冰岛之于北欧种族就如希俄斯岛（Chios）之于早期希腊人。在这里出现了一类吟唱诗人（scald），或称吟游诗人（bard），在采用书写之前，他们通过口头保存并传播了北方民族的故事或传说，即萨迦（Saga）。歌颂非凡事迹的民谣大多都是动情地讲述英勇的维京人的强大力量。

到13世纪中叶，根据最可信的观点，有些人收集了许多当时流传民间的古老神话诗歌和传说，大都明显出自吟唱诗人之口。1643年发现的这个集子被称为《老埃达》（*Elder Edda*）或《诗体埃达》（*Poetic Edda*）。大约与此集汇编时间相同，被称为《新埃达》（*Younger Edda*）或《散文埃达》（*Prose Edda*），由人称“北方希罗多德”（Northern Herodotus）的冰岛著名作家斯诺里·斯图鲁松（Snorro Sturleson，1178—1241）结集。

这些北方民族的诗歌和传说在北大西洋荒凉岛屿的冰雪之中保存于世，是现存早期日尔曼文学记录中最令人瞩目、也最为重要的部分，忠实地反映了北欧人的信仰、礼仪、习俗及其海之王的狂热冒险精神。

111.罗斯的北欧人

当挪威人大胆地进入大西洋占领岛屿和海岸之时，瑞典人驾驶舰船跨过波罗的海对沿岸进行侵扰。起初，这些海盗主要针对栖于东海岸的芬兰人和斯拉夫部落，

---

① 北欧人发现美洲的来历源于冰岛1387年至1395年之间的作品；哥伦布于1477年到达过该岛，有人推测他可能在那里了解到西边美洲大陆的存在，并据此受到鼓励进而倾其一生坚持这项伟大的事业。然而，在他的任何一篇文章中，都没有任何迹象表明他曾受到过此种传说的影响。

逼迫他们进贡毛皮。

后来逐渐把触手伸向了内地。约9世纪中叶，著名的斯堪的纳维亚首领留里克及其追随者占领了基辅（Kiev）和诺夫哥罗德（Novgorod）。无论是凭借征服或是通过争执的斯拉夫部落的邀请，留里克在公元862年获得了国王名号，并成为罗斯王族的创始人。他和他的后裔建立的国家对于近代沙皇（Tzars）的大帝国来说只是开始，或者说是雏形。

留里克

112.君士坦丁堡的瓦兰吉亚人

北欧人在罗斯定居后不久，就把长船推入河中，驶入黑海，再冒险进入南方的溪流以搜索财富。作为强大的武士，他们受到了东部帝国皇帝的欢迎，瓦兰吉亚人（Varangians）的名字便列入了帝国阵营并委以保卫皇帝的光荣使命。

他们在拜占庭皇庭的地位类似于罗马的禁卫军（Pretorians），或者近代土耳其苏丹的加尼沙里军团（Janizaries，详见第241条）。他们有时由被迫流放或冒险的前景吸引而到地中海地区来的高贵斯堪的纳维亚首领率领，为东部皇帝与各种敌人的斗争作出了巨大贡献。

第二节　英格兰的丹麦人

113.丹麦人劫掠英格兰岛

北欧人，英格兰作家称之为丹麦人，在8世纪末开始登陆英格兰海岸。这些海盗使整个岛屿笼罩在了极大的恐怖之中；他们作为异教徒，并不满足于掠夺，还饶有兴致地焚毁此时属于盎格鲁-撒克逊人，或此后称之为英格兰人的教堂与修道院。在极短的时间内，英格兰土地的整整一半落入了北欧人之手。可怜的英格兰人受到当年他们对待凯尔特人时完全一样的待遇。当他们似乎就要完全被异教入侵者奴役或赶出岛屿之时，阿尔弗雷德（Alfred）于公元871年登上韦塞克斯王位。

114.阿尔弗雷德国王（871—901）与丹麦人

阿尔弗雷德是埃塞伍尔夫（Ethelwulf）的第四个也是最小的儿子，生于公元849年，儿时在父亲的陪同下到罗马，被教皇认作教子。也许此事对其不无影响，因为阿尔弗雷德一生都是教会坚定的朋友和热忱的保护人，但这也只是可能而已。在英格兰最伟大的国王陶冶品行与塑造生活的过程中，影响力更大的是他的母亲。据说，埃塞伍尔夫的王后通过奖励第一个背诵下来诗歌的孩子一卷撒克逊诗集作为礼物来鼓励竞争。阿尔弗雷德聪明伶俐、思维活跃，得到了奖励，心中对自己民族英雄的故事和民谣的热爱被早早唤醒，而这些文学体验至少令其产生了目标并努力在成年时将其化为行动。

阿尔弗雷德大帝

阿尔弗雷德刚刚成年，哥哥便在与丹麦人的战斗中牺牲，他继承了王位，时年22岁。丹麦人此时已经占据了英格兰的很大一部分领土。6年来，年轻的国王冲锋陷阵，英勇杀敌；但英格兰的领土却在逐年减少，最后，阿尔弗雷德及其残余的追随者被迫躲进树林和沼泽。

然而，过了一段时间，阿尔弗雷德的状况开始有了转机，取得了一些优势，但还是无法把丹麦人从岛上赶出去，并于公元878年签订了《韦德莫尔条约》（*Treaty of Wedmore*），将英格兰东北部的所有土地赠予他们。丹麦人的首领古斯鲁姆（Guthrum）接受了基督教的洗礼，但其未来的行为中却没有任何基督徒的影子。

在古斯鲁姆及其追随者归顺并在此定居之后，阿尔弗雷德的小王国免于丹麦人的破坏，度过了10到15年相对自由的岁月；在这段和平的岁月里，阿尔弗雷德一直致力于组建一只舰队，并在政府中推行改革措施。

但可怕的敌人再次来袭，此次由恐怖的黑斯廷（Hasting）率领，但最终被迫从岛上撤离，到别处寻找战利品和定居点；而阿尔弗雷德则得以度过祥和的晚年。伟大的国王于公元901年去世，终年53岁。①

115.编法者兼作家阿尔弗雷德

阿尔弗雷德作为领导了多次战争的领袖，为人民作出了杰出贡献，但更为杰出的是作为法律编纂者和作家。他收集并修订了盎格鲁–撒克逊人的古代法律，根据基督教的道德与原则对其进行调整和修改②，编订而成的法典成为英格兰早期法律体系的基础。

除此之外，阿尔弗雷德国王在文学方面的努力也值得高度赞扬，他鼓励学术并赋予了英格兰文学第一推动力。由于异教的丹麦人摧毁了修道院和教堂的图书馆，加重了那个无知时代的人们的无知。阿尔弗雷德曾说泰晤士河以南没有一位牧师能把他的拉丁文祈祷书翻译成英文。国王只得亲自上阵，积极努力改善这种情况。他的教育理念是，这片土地上每一个有时间和金钱的年轻人都应该得到教育，至少能够令其轻松地阅读英文版《圣经》。

但是阿尔弗雷德意识到，只要所有的书籍仍以陌生的语言写成，那么教育的问题就根本无法解决。所以，他自己也成了一名翻译，把许多拉丁作品翻译成英文，写序言、解述或删节文本，并加入很多自己的思考，完全赢得了作家的头衔。这样，他翻译了波伊提乌的《哲学的慰藉》（详见第16条），奥罗修斯的《世界史》（Orosius's *History of the World*），比德的《英吉利教会史》，教皇格里高利一世的《司牧训话》（Pope Gregory the Great's *Pastoral Care*）——一本给牧师虔诚的建议和告诫的书。

除了《圣经》以外，凯德蒙用短诗歌写成了著名的《诗释圣经》（详见第35条），是阿尔弗雷德第一次在手中捧起臣民们用自己语言写成的书，由此拉开了英格兰散文文学的序幕。“无数卷散文书籍填满了她的图书馆，”格林写道，“始于

---

① 英格兰于1901年举行了其逝世千年的纪念。

② 阿尔弗雷德用《旧约圣经》（*Old Testament*）中的“十诫”（Decalogue）和选篇作为序言，用《新约圣经》（*New Testament*）中的一些如这样的文字作为结语：“己之所欲，先施于人。”（Whatsoever ye would that men should do to you，do ye even so to them.）——Pauli's *The Life of Alfred the Great*（《阿尔弗雷德大帝传》，保利著），p.134。这体现出了阿尔弗雷德以什么样的精神来编纂法典。

阿尔弗雷德的译著，加之他统治时期的编年史[①]。”

116.阿尔弗雷德国王的性格

“此时，我可以坦言，”阿尔弗雷德写道，“只要我还活着，我就要努力活出价值，将我的记忆写进书里，死后留给我的后代。”一个如此情真意切的君主，他的一生被人民所感激与热爱，也就不足为奇了。他是英格兰的土地上唯一赢得“大帝”之称的君主。

历史学家格林宣称，在阿尔弗雷德国王之前，世界上“从未有过任何一个国王只是为了人民的利益而活着”。而他的传记作家保利（Pauli），用这样的话结束对他的描述：“阿尔弗雷德的名字将永存于这个星球的伟大精神之中；只要人类对自己的历史仍存敬畏之心，这位救西撒克逊种族于水火并心存和谐美德的人，便再无人可及。”[②]

117.丹麦征服英格兰

阿尔弗雷德死后后整整一个世纪，他的继任者一直同已经在这片土地上定居的丹麦人进行持续斗争以对其进行约束，或保护自己免于北方半岛新的海盗队伍的掠夺。

虽然这一时期的统治者中也不乏强大可敬之士，但此处不再赘言；但圣邓斯坦（Saint Dunstan，约925—988）之名却不能不提。他是格拉斯顿伯里修道院（Abbot of Glastonbury）院长、坎特伯雷大主教，并担任英格兰的首席大臣多年。他是首位教会政治家，当然沃尔西（Wolsey）也许是其中的佼佼者。在两位国王的统治期内，邓斯坦都是幕后统治者。可以用一句话来表明他在早期英格兰历史上的地位：作为知识的传授者，作为道德的改革者，作为明智的辅政者，他延续了阿尔弗雷德国王所开创的和平时期。

卑鄙而软弱的埃塞尔雷德二世（Ethelred II，979—1016），绰号“轻率王”（Redeless）——“缺乏忠告”之意，在其登基之后，邓斯坦的公共活动很快便停

---

① 此处提及的《盎格鲁-撒克逊编年史》可能从阿尔弗雷德统治时期开始有计划地编纂，详细地按照时间记录事件，一直持续到1154年。这本史书由不同的寺院修道士保留，形成了早期英格兰历史方面最为宝贵的资源。

② Pauli，*The Life of Alfred the Great*（《阿尔弗雷德大帝传》，保利著），p.235。

止了。国王用来对付海盗的手段无疑是轻率得不能再轻率了。他向其人民征收巨额赎金税，用以收买掠夺者。这种政策的后果不言而喻：只要丹麦人花光了收到的钱，自然又会回来用武力威胁要更多的钱。

最后，远征就不仅仅是用赎金就可以打发的了的几船冒险者们的活动了。公元994年，丹麦国王斯韦恩（Swegen/Sweyn）和挪威国王奥拉夫（Olaf/Olav），也加入了远征的军队和舰队，决定征服整个英格兰。此时，英格兰人不得不首次面对来自强国的有组织的军队。

对侵略者没有形成任何有效的抵抗，不止是因为国王软弱无能，还因为各郡之间缺少团结协作，因为《编年史》中记录："没有一个郡愿意更多地帮助别的郡。"最后，埃塞尔雷德断然实施其恶劣统治时期内最失策、最残酷的举措。这完全是对所有定居韦塞克斯王国的丹麦人进行大屠杀，原因是他们援助并安慰其劫掠的亲族。

1002年，全国各地的丹麦人在同一天遭到袭击，绝大多数被屠杀，斯韦恩的姐姐也在其中。他发誓要让悲伤完全笼罩在这片可憎的土地上，为姐姐及自己的同胞报仇雪恨。他说到做到，无情的战火在英格兰燃烧了10年之久：国家被掠夺，城镇被洗劫，教堂和修道院被抢劫焚毁，庄稼每年都被海盗所收获。

最后，1013年，斯韦恩亲自率领庞大的舰船和军队，把埃塞尔雷德赶到了诺曼底，而他自己被贤人会议（Witan）①宣布为英格兰国王。举国沦陷，外国国王首次坐在了爱格伯特和阿尔弗雷德的王座上。

斯韦恩统治这个被其征服的岛屿几个月后就死了。他死之后，在英格兰的丹麦人选择他的儿子克努特（Canute）作为继任者。因为新君主只有19岁，年轻又缺乏经验，导致贤人会议想将埃塞尔雷德重新推上王位，并号召人们拿起武器为自己的自由而战。

英格兰于是被两个国王瓜分了：克努特受到丹麦地区人民的支持，埃塞尔雷德受到英格兰人民的支持。战火再次燃遍英伦大地。丹麦派出上百艘满载战士的船只；古老的英格兰精神也全面迸发，即使埃塞尔雷德也展现出了机敏和力量，大有一雪前耻之意，但却于1016年去世。他健壮的儿子埃德蒙·伊伦塞德（Edmund

---

① 贤人会议，意为"智者的会议"（Meeting of the Wise Men），是王国的高层会议。这个早期国民大会的遗留就是现在议会上议院（House of Lords）的雏形。

Ironside）继续同可憎的丹麦人作战，绝对对得起自己的姓氏。[①]可敬的阿尔弗雷德的继任者带领英格兰人抗击自己憎恨的敌人，全国上下重整旗鼓、绝地反击。7个月内，埃德蒙打了6场伟大的战役。最后，用《编年史》里的话说，就是“全英格兰都在打克努特，但克努特却获得了胜利”。

这场战役后不久，埃德蒙同意与丹麦国王分土而治。这与100多年前阿尔弗雷德和古斯鲁姆之间的协议极为相似。

1016年，埃德蒙突然死亡，克努特成为整个英格兰的国王，此后瓜分国土的事情几乎再也没有发生过。随埃德蒙·伊伦塞德的死亡而逝去的，还有自阿尔弗雷德起最勇敢、最杰出的英格兰国王们。

118.克努特（1016—1035）的统治时期

克努特将宝剑换作权杖的那一刻，性格似乎也来了一个180度的大转变。弗里曼（Freeman）认为似乎克努特跟希腊诗人欧里庇得斯（Euripides）的想法一致：“为获王权可行不义，获得王权必行正义。”比起自己的母邦丹麦，他更为英格兰着想，而且在其统治期间，帝国的疆域远及挪威、丹麦，他还是瑞典的最高领主，但却表现出对帝国这片土地的偏爱，这让英格兰人民颇为满意。

克努特大帝

克努特的性格在他去罗马朝圣期间给英国臣民写的那封信中表现得淋漓尽致。

该信读起来就像是一位父亲留给孩子的叮嘱。克努特把所有事情都告诉了他的子民，包括他的所见所闻：皇帝、教皇和其他要人如何庄严地接见他，他如何从教皇那里获得英格兰基督教的伟大特权。此时，他的心似乎洋溢着对上帝的祝福和仁慈，承认了自己过去的错误，并许诺此后他将永远公正地统治并敬畏上帝。

① 埃德蒙·伊伦塞德（Edmund Ironside），Ironside是其姓氏，音译为“伊伦塞德”，而该词直译为“铁的一面”或“坚强的立场”，因而有此一说。——译者注

119.复兴英格兰国王世系（1042）

在此后18年的统治期间，英格兰享受着几乎完美的和平与繁荣。克努特死于1035年。一人权杖统领四国疆土，一人已逝，这个自查理大帝之后最大的帝国随即土崩瓦解。

英格兰由这位虔诚的父亲的两个不肖子分而治之，哈罗德（Harold）和哈德克努特（Harthacanute）均是残忍又卑鄙的国王。他们短暂而混乱的统治并没有任何有益或值得提及的事件。1040年，哈罗德去世，哈德克努特被贤人会议选举为唯一国王；两年后，他也去世且无继任者，埃塞尔雷德和诺曼底的爱玛（Norman Emma）之子忏悔者爱德华，作为古英格兰国王世系的延续再次成为英格兰国王。克努特之子的不幸统治使得英格兰人对他们这位被放逐的君主报以前所未有的忠诚。《编年史》写道："哈德克努特还未下葬，伦敦的所有人，就都选择了爱德华做国王。"

这样就结束了丹麦在英格兰近四分之一个世纪（1016—1042）的统治。

120.丹麦征服的影响

英格兰人通过与半罗马化的凯尔特人接触，特别是通过寺院教堂的软化作用，已经失去了其顽强的祖先原有的英勇无畏与阳刚活力，而丹麦征服的最大益处就是为英格兰人民注入了新鲜的血液。在英格兰定居的丹麦人人数众多，东北部完全变成了丹麦人的地盘。由于丹麦人同英格兰人是亲族，所以并没有在人口上增加新的元素；但他们为古老的日耳曼血统增添了活力，增强了实力。很快，英格兰人就需要这种活力与实力来保持其独特的性格，因为灾难即将再次降临到英格兰民族身上：诺曼底公爵威廉征服英格兰的重要事件即将上演（详见第十一章）。

第三节　北欧人在高卢的殖民

121.罗洛与天真汉查理

时值8世纪末的公元799年，北欧人首次登陆高卢海岸进行掠夺。尽管查理大帝拥有强大的军队可以在其有生之年保护国土免受侵袭，却为他的继任者感到忧虑。据说有一天，他在高卢南部的港口看见北欧人的些许船只在地中海游弋，预见到了新的敌人将会带给自己国家的灾难，这位伟大的国王悲叹不止。公元845年，距查理去世不过30年，这些海盗便登上塞纳河岸洗劫了巴黎。

而其随后对高卢的劫掠和最后在该国西北部的定居，只不过是丹麦人在英格兰劫掠和定居过程的重复而已。实际上，故事的每一个细节都极为相似。起初，过来的队伍只不过是海盗而已。一次又一次，加洛林王朝的国王采取了跟英格兰统治者一样收买的手段，当然也有了类似的最终结果。最后，在公元912年，国王“天真汉”查理（Charles the Simple）做了一件与不久之前海峡对岸的阿尔弗雷德所做的极为相似的事情。以效忠和皈依为条件，他将高卢北部的很大一片土地赠予了曾在鲁昂（Rouen）定居的北欧人首领罗洛（Rollo）。罗洛与查理女儿的婚姻巩固了该协议。

122.高卢北欧人的转变

“正如在英格兰定居的丹麦人成了英格兰人，在法兰西定居的北欧人也成了法兰西人。”此种转变在法兰西来得比在英格兰更快些，因为北欧定居者在高卢居住得比在英格兰更为分散。因此，外来者与本地居民的关系变得更为亲密，所以在很短的时间里他们接受了法兰西人的语言、习俗和宗教，还捕获了他们活泼与冲动的精神，然而却未丧失自己任何的天然美德。这种习惯与生活的转变，可以从其名称的变化中想象出来：北欧人（Northmen）软化称为诺曼人（Norman）。

123.法兰西历史上的诺曼底

斯堪的纳维亚人在高卢建立定居点被证明，不仅对法兰西人民的历史，而且对欧洲文明史来说，都是极为重大的事件。多种民族因素在古代高卢的土地上融合并创造出拥有丰厚天资的法兰西民族，而北欧因素注定是重中之重。因为法兰西历史上最传奇的阶段得益于这些狂野海盗后裔的冒险精神。诺曼底骑士团为法兰西骑士增色不少，并大大有助于使法兰西成为骑士精神以及11、12世纪十字军运动的中心。

斯堪的纳维亚种族的到来对法兰西历史的影响不止于此。诺曼底成为出发点，进而征服了英格兰及地中海国家，并对整个欧洲产生了持久而深远的影响（详见第十一章）。

第九章　神权的崛起

124.早期教会的构成

如前所述，基督教作为一种信仰和戒律体系控制了欧洲不同的民族和部落。本章将要讲述由伟人与天时塑造的教会如何发展成为以罗马主教为首的普世帝国。

关于早期基督教会组织的性质有两种观点：一种观点认为，如现今天主教会一样的管理等级体系从最初就存在；另一种观点认为，教会最初是由孤立的，甚至独立的阶层组成，虽然有些人的声望高于他人，但没有任何人享有权力上的优先权，总之，早期的地方教会是没有任何真正管理体系的协会或兄弟会。然而，所有的历史学者都认同，在4世纪末的教会中存在着固定的等级制度，包括执事（Deacons）、司铎（Priests/Presbyters）和主教（Bishops）等各级执事人员。主教们共同组成了主教团（Episcopate），有四个等级：区主教（Country Bishops）、市主教（City Bishops）、都主教（Metropolitans）或总主教（Archbishops）及宗主教（Patriarchs）。都主教是都城或省区主要城市的主教，领导教区内的其他主教。宗主教的权力在都主教之上。4世纪末时，共有五个宗主教区（Patriarchates），分别以罗马、君士坦丁堡、亚历山大、安条克和耶路撒冷这五大城市为中心。

125.罗马主教的首席主教主张

两派历史阐释者对早期罗马宗主教与其他宗主教及主教之间的关系持相反观点，上文已有提及且应引起高度关注。天主教学者的观点认为，罗马主教从最开始就在职位上和权力上高于其他所有主教和宗主教，这是神的旨意。新教学者的观点认为，最初宗主教们拥有平等的权力；即，虽然罗马宗主教的声望高于其他宗主教，但所有宗主教中没有任何一个在权力范围或管辖区域上优于其他。

然而事实可能是这样的：最初，罗马宗主教要求拥有高于其他所有主教和宗主教的权力，并成为普世教会（Church Universal）的神授首领。这一主张基于几个理由，其主要原因是罗马的教堂由首任主教圣彼得（Saint Peter）亲自建造，基督曾将天国的钥匙托付于他，并授予其教授和解读《圣经》的最高权威，训谕到“你要牧养我的羊……喂养我的小羊”，因而指派他负责所有教会。伟大的基督授予彼得的这种权威与卓越地位自然要传给他的神权继任者。

约6世纪末，罗马主教的主张得到了普遍认可，从此以后，他们在普遍意义上被赋予了教宗的头衔①。除了坐上圣彼得宝座的大人物如利奥一世（Leo the Great）、格里高利一世（Gregory the Great）、尼古拉一世（Nicholas I）的影响之外，还有许多历史事件促成了罗马主教至高权力的实现，并极大地帮助他们建立了中世纪教皇的权威。这些事件在神权的崛起与发展过程中至关重要，下文将列举其中11个，每个都是基督教会产生后的七八个世纪里，神权史上真正重要的史实。

126.坚信圣彼得为首席主教及罗马教会的缔造者

人们开始相信基督在所有门徒中授予了彼得某种无上的地位。这种说法的根据源自《圣经》文本。人们也认为罗马教堂便是彼得本人所建。他极有可能是该教堂的建设者，且在尼禄（Nero）皇帝时期殉难于此。

这些历史信条和解读使罗马主教成为第一使徒及其教职的继任者，自然极大地提高了他们的声望，并佐证了其首席主教的主张。

127.罗马正教主教的声望

根据大多数罗马天主教机构的说法，在前3个世纪里，除两位以外，其他所有罗马主教都是圣使徒信仰的殉道者。这种坚信不疑被认为是基督为彼得所做祈祷的应验。“我已经为你祈求，”基督对圣徒彼得说，“叫你的信心不至失掉。”

在东部宗主教和罗马主教之间的论争时代，拉丁主教的这一著名的保守观念同希腊主教的投机倾向形成鲜明对比，极大地助长了其在正统的西部的影响力和权

---

① 起初，教宗（Papa/Pope）这一头衔是授予西部的每一位主教的；5世纪后它仅限于宗主教使用，并最终成为特殊的、唯一的罗马主教称号。——Schaff’s *History of the Christian Church*（《基督教会史》，沙夫著），vol.iii，p.300，note。

威性。

128.世界政治中心的地理优势

最初几个世纪里，罗马主教的主张极大地得益于罗马帝国良好的名声和威望。因为已经习惯于接受那里所有世俗事务的命令；那么自然而然，属灵事务也寻求其命令和指引。因此，占据世界地理和政治中心的罗马主教便拥有了高于所有其他主教和宗主教的一大优势。在几个世纪的历史里，聚集在永恒之城（Eternal City）①上的光辉，自然也赋予了基督教主教头顶的光环。

129.帝国政府迁至君士坦丁堡的影响

都城从罗马东迁并没有使罗马主教失去其原有的地理优势。戴克里先（Diocletian）和君士坦丁将帝国政府东迁，不但没有削减罗马主教的权力和威严，反而大大提振了其权力和主张。正如但丁（Dante）所言，它“给了牧羊人空间”。这使得罗马教宗成为了罗马最重要的人物。

130.神职成为罗马的守护者

当蛮族袭来，罗马主教迎来了扩大影响和权势的又一时机。罗马的不幸却是他们的幸事。因为，当阿拉里克攻陷罗马之时，教皇英诺森一世（Pope Innocent I）通过调解使得罗马教堂免于遭受其他异教圣殿同样的命运；虔诚的教皇利奥一世通过斡旋，劝说凶恶的匈奴王阿提拉放弃罗马打道回府；而且他还于公元455年想方设法平息了汪达尔国王盖塞里克的愤怒，使罗马居民免受蛮族士兵带来的沉痛苦难（详见第25条）。②

因此，当皇帝作为罗马理所应当的守卫者却无法保卫都城时，手无寸铁的神职人员却通过他被赋予的敬畏与威望尽力而为其难为之事，结果却为罗马教廷带来了更多的荣誉与权威。

---

① 永恒之城（Eternal City/Urbs Aeterna）是罗马的别名，公元前1世纪罗马诗人提布卢斯（Tibullus）首次使用。罗马也被称为世界之都（Caput Mundi/Capital of the World）。——译者注

② *Rome：Its Rise and Fall*（《罗马：兴与衰》），pars.273，278，and 279。

131.罗马帝国衰亡对教宗权力的影响

但是，如果帝国的不幸趋向于提高罗马主教的名声和影响力的话，西部帝国的最终灭亡所带来的好处则有过之而无不及。当西部帝国的最高统治权落入东罗马皇帝手中时，因罗马远离君士坦丁堡的皇庭，罗马主教便成为了西欧最重要的人物，实际上逐渐掌握了君权。他们成了蛮族首领和意大利人之间的仲裁者，而城市、国家和国王之间出现纠纷也诉诸罗马教廷决断。尤其在对抗阿里乌斯派的野蛮统治者时，西部的主教和总主教都向罗马寻求建议和帮助。

这些事务怎样直接而有力地强化了罗马主教的权力和影响则是显而易见的。在此期间，早期教皇中最著名的格里高利一世（590—604），就如同一位世俗君主一样统治和管理着地区事务。

132.罗马的使团

罗马教会早期的传教热情使其成为诸教会之母，所有的教会都怀着深厚之情和感激之心仰望于她。因此，通过罗马传教士皈依的盎格鲁人和撒克逊人，对神圣的教廷充满崇敬并成为其最忠实的孩子。英格兰基督徒最常去罗马朝圣，将他们的彼得便士（Saint Peter's Pence）①送去作为贡金。当撒克逊人成为传教士向欧洲大陆的异教亲族布道时，他们将同样的依恋与热爱移植到了德意志人的内心。撒克逊修道士，“德意志使徒”圣波尼法爵在赢得德意志森林的异教徒对十字架的热爱的同时，也令他们对罗马教廷产生了深深的敬意（详见第37条）。波尼法爵自己庄严宣誓效忠罗马教皇，通过这位热心使徒的努力而崛起的德意志教堂同样被要求承诺服从于罗马。也正是通过同样虔诚的传教士的影响，公元742年召开法兰克福宗教会议（Council of Frankfort）的时候，高卢和德意志的主教议决其教堂的都主教或总主教应该由教皇授予白羊毛披肩（pallium），表示其臣服并效忠于罗马教廷。

因此，罗马在西部各地教会的眼中具有崇高的地位，直到格里高利二世（715—731）写信给东部皇帝，说道，“西部所有国家的目光都指引着我们的谦卑，视我

---

① 彼得便士（Peter's Pence/Denarii Sancti Petri），是直接而非通过地方教区向罗马天主教会进行的捐款，始于撒克逊时期的英格兰，并迅速传遍欧洲。1871年，时任教皇庇护九世（Pope Pius IX）正式确定其为教会世俗成员对罗马教廷的一种经济支持形式，近代教皇将其作为一种慈善形式。——译者注

们为人间的神明”。[①]

133.萨拉森人攻陷安条克、耶路撒冷和亚历山大的影响

公元7世纪，所有东方的大城市都落入穆斯林之手。这给罗马教会带来了巨大影响，因为在每一个这样的大都城，都有或者可能会有一位罗马主教的敌手。实际上，在基督教世界的版图上，安条克、耶路撒冷和亚历山大已经被抹除，只剩下君士坦丁堡可能滋养着罗马教会的对手。因而，基督教世界的大灾难却再次巩固了罗马主教不断增长的权力。

134.毁坏圣像运动（726—842）；教皇成为世俗君主

关于圣像崇拜的争论，在教会史上被称为“圣像破坏之争（War of the Iconoclasts）”，在8世纪时爆发于东部的希腊教会和西部的拉丁教会之间，对罗马神权的增长产生了深远影响。

圣像破坏运动

甚至早在伊斯兰教势力崛起的7世纪之前，东部地区的基督教就已经失去了许多早期的单纯与质朴，经历了一场异教化的过程。那时，教堂里满是使徒、圣徒和殉道者的肖像与图画，其中不少是迷信崇拜的对象，他们被认为具有神奇的美德和

① 转引自Ranke，*History of the Popes*（《教皇史》，兰克著），vol.i，p.13。

力量。每一个城市，乃至每一座教堂，都各自拥有创造奇迹的偶像，为其守护神。

到7世纪，整个东部的十字架都倒在了新月面前，结果使徒和圣徒像却连他们自己的殿堂都无力保护，这对人们的思想产生了影响就很容理解了。蛮族入侵带来灾难之时，一直被尊为城市和庙宇守护者的古老神祇竟无能为力，罗马帝国的异教徒居民当时的情绪和此次灾害导致东部基督徒的觉醒完全一样。

穆斯林征服者，斥责基督徒为偶像崇拜者，砸碎了祭坛的圣像，但却没有火从天降来惩罚这些渎圣者，基督徒感到耻辱与困惑。像古希伯来人的改革派一样，一个坚强的派系出现了，宣布上帝把教会送到了异教徒之手，是因为基督徒已经离经叛道陷入了粗俗的偶像崇拜之中。这些偶像崇拜的反对者把自己命名为“偶像破坏者”（Iconoclasts），成为东部教会的改革者。公元754年，在君士坦丁堡召开了一次大型教会会议，会上颁布法令称“除《圣餐》中的基督像外，所有其他均属亵渎或异端；偶像崇拜是基督教的堕落与异教的复兴；所有这些偶像崇拜的纪念物都应该被打碎或抹除”。

利奥三世于公元716年登上君士坦丁堡的帝位，是一位非常热情的偶像破坏者。东部的希腊教堂圣像均被清除，皇帝决定也要清除西部拉丁教堂里的这些“偶像崇拜的象征”，为此颁布了一项法令，禁止使用圣像。

教皇格里高利二世作为罗马主教，不仅反对该法令的执行，还发布教令将东部皇帝开除教籍，并禁止所有破坏圣像的教堂参加正统天主教会的圣餐仪式。①

在这场与东部皇帝的论争中，罗马主教想方设法与一些强大的西方君主结盟。首先，他们联合了伦巴第人作为保护者，但很快发现了他们的危险性，于是转向了法兰克人。于是，便有了加洛林国王与罗马教皇之间的友谊故事以及他们的互帮互助，成就了难得一见的患难之交。教皇帮助加洛林家族的后裔成为国王和皇帝；知恩图报的法兰克国王帮助教皇抵御帝国和蛮族的所有来犯之敌，并为其献土，奠定了教皇世俗权力的基础（详见第 96 条）。

因此，罗马主教在逐渐获得属灵权力之后，又额外获得了世俗权力，虽然后者

---

① 通过公元842年在君士坦丁堡举行宗教会议颁布的教令，东部教堂恢复了仅包括绘画和拼图在内的圣像。但此时，日积月累的原因疏远了两个地区的基督教世界，使之产生了难以弥合的裂痕。在11世纪的后半期，东部教会与西部教会永久分裂了。前者被称为希腊、拜占庭或东部教会；后者则称作拉丁、罗马或天主教会。

后来成了软肋，但起初无疑是优势因素，而且是他们登上西部权力宝座的垫脚石。

135.《君士坦丁御赐教产谕》和《伪教令集》

从大约8或9世纪往后，有史以来两个令人震惊却又成功的伪造物大大促进了罗马教皇权势的发展。这些著名的文件被称为《君士坦丁御赐教产谕》（*Donation of Constantine*）和《伪教令集》（*False Decretals*）。

前者的目的可能是支持和佐证丕平献土，方法是提供教会的第一帝国保护人早期相似赠予的证据。其“讲述了君士坦丁大帝如何通过西尔维斯特（Sylvester）的祈祷治好了麻风病，并在其受洗的第4天，为了精神自由免受世俗政府的不断束缚，进而放弃了罗马而迁往博斯普鲁斯海峡的新都城，以及他如何把意大利和西部国家的统治权随即赠予教皇及其继任者。”①

所谓的《伪依西多尔敕令集》（*Pseudo-Isidorian Decretals*）大约出现在9世纪中叶，原本是为了主教的利益而不是为了教皇的利益而出版的，但它与《君士坦丁御赐教产谕》有着类似的目的。同许多所谓的早期教皇书信和教令一起构成了系列教会文件。他们意欲通过认可这些文件的真实性，来证明二三世纪的罗马主教就已经行使了当时 9 世纪教皇主张的所有权力和广泛管辖区域。

在那个不加批判的时代，这些文件被所有人当作真品接受②。教皇的最大主张成功地获得了支持。现在，这些文件被天主教和新教的所有学者认定为伪造；尽管如此，它们却像真实文件一样有效地确认了教皇的权力。

136.教会管辖权；上诉罗马教廷

查理大帝已经认可了早期教会的原则，即无论在刑事和民事案件中，神职人员只受制于宗教法庭，不受世俗法庭管辖。主教逐渐获得了审判涉及婚姻、信托、伪证，买卖圣职，或关于寡妇、孤儿或十字军战士的权力，因为这些案件都与宗教

---

① 君士坦丁真正授予教会的是获得合法地产及接受遗赠的权利，这是其在异教皇帝那里不曾享有的权利。戴克里先没收了他统治时期内教会聚敛的财富。——Bryce，*The Holy Roman Empire*（《神圣罗马帝国》，布莱斯著），p.100。

② 洛伦佐·瓦拉（Laurentius Valla，1406—1457），一位伟大的人文主义者（详见第304条），是第一个揭开《君士坦丁御赐教产谕》真实面目的人。

有关，甚至取得了审判所有刑事案件的权力，因为所有犯罪都是罪恶（All Crime is Sin），因此只能由教会妥善处理。宗教法庭会判决这些人员苦修、囚禁于修道院或交给民事机构。

因此，到了12世纪，教会拥有了绝大多数世俗和神职事务的刑事管辖权。世俗国王并未察觉到此事的趋向，最开始都支持教会扩大管辖权。一个简单的例子便可说明：公元857年，法兰西的秃头查理赋予主教们调查涉及抢劫、谋杀和其他罪行的所有案件，并给罪犯定罪量刑的权力。

当时，宗教法庭司法权极度扩张的特点是建立了一种原则，欧洲不同国家涉及神职和宗教的所有案件，都应由其主教或总主教法庭将案件上诉或传讯到拥有终审权力的罗马教廷。教皇因此被视为正义的源头，至少在理论上是基督教世界的最高法官，而皇帝、国王和所有民事法官都只是拥有同其教长一样的执行判决和教令的权力。

应当说，没有教皇与主教之间漫长而痛苦的较量，教会的地方法庭服从罗马法院的这一原则便难以确立，这一斗争与同一个世纪里欧洲国王和封君之间的斗争极为相似。但是，作为在世俗领域斗争的最终结果是封建贵族服从王权，集所有大权于国王一身一样，在属灵世界的斗争结果是教会贵族服从教皇权威，将最高司法权交由罗马教皇掌握。

教皇利用此时得到的权力同德意志皇帝展开了著名的最高权力的争夺（详见第十二章）。

02

第二阶段

复兴时代

11 世纪初至 1492 年哥伦布
发现新大陆

第十章　封建制度与骑士制度

第一节　封建制度

137.封建制度的定义

“封建制度”是一种基于特殊土地占有权①之上的社会与管理体制。中世纪后期盛行于欧洲，在11、12和13世纪取得了最完美的发展。

该制度的三个基本特征：（1）土地所有权的采邑属性；（2）封君与封臣之间存在紧密的个人联系；（3）土地所有者拥有所居土地的全部或部分统治权。

此种性质的土地被称为采邑（fief）或封地（feud），可以是几亩地，也可以是整个王国。这也是“封建制度”（Feudalism）一词的由来。授予他人封地之人被称为封建主（suzerain）、封建君主（liege）或封君（lord）；接受封地之人则被称为其封臣（vassal）、臣下（liegeman）或侍从（retainer）。

受封大片土地之人可以以其受封时相似的条件将封地分块封给他人，称为领地分封（subinfeudation）；原则上同转租土地没有什么不同。分封不限层级，但实际上很少超过四层。

---

① 土地所有制形式是社会或经济活动中的最基本的制度。土地私有制几乎普遍存在于现今大多数的文明民族，而处在原始文化阶段的种族，土地通常被认为是氏族或部落的共有财产。封建制度中的土地所有制兼具上述两种大所有制的特性。

138.理想的制度

上述定义可以使封建制度的原理更易理解，而先讲原理是因为原理要远比制度本身简单。实际上，在实践中发现，封建制度是中世纪时期产生的最复杂的制度之一。

理论上，帝国土地之上的所有国王都是皇帝的封臣，而忠诚的帝制拥护者认为皇帝是上帝的封臣，但虔诚的教会人士却认为皇帝是教皇的封臣。国王将采邑作为领土，其条件是对宗主的忠诚和对自己权利和公正的恪守。如果某位国王不忠、不公乃至无道，其封地会因此而被没收，由宗主收回并将其封给另外一位称职的臣下。

同样，国王从皇帝那里得到封地之后，再分块授予其要员，一般来说，作为对分封的回报，他们会许诺效忠、侍奉并援助他。如果这些封臣有任何的不忠，其封地则会被国王没收，再赠予他人。

同样，这些国王或封建主的直系封臣，可能把他们的封地以类似的方式再分给其他人，以此类推，直至任何阶层。

到目前为止，讨论的只是一国的土地，然而，必须要注意的是，此种分配制度下人民将如何分配。

封君与封臣

国王得到封地之时，便得到了统治居住在这片土地上的所有人的权力，成为了他们的统帅、立法者和法官，实际上就是绝对且无须负责的统治者。然后，国王把自己的封地再封给他的要员之时，便也附带了所封土地内的统治权；各封臣也成为自己封地上实际上的最高统治者。当这些封臣再将自己的封地分封给他人，便也将该封地上被赋予的统治权或多或少地赋予了他的封臣①。

为了说明这个制度的运行机制，假设此时国王或封建主需要一支军队。他要求自己的直系封臣给予援助；封臣则要求他们的封臣给予援助；命令这样一级一级地向下传达。每个封君只能向自己的封臣发号施令。最底层的封臣集合在他们的封君周围，封君带着队伍再集合到自己的封君那里；这样逐级向上，直到封建主或最高封君的直系封臣带领训练有素的追随者出现在他面前为止，他们便组建了一支封建军队。这在理论上有条不紊，但在实战中却糟糕透顶。

这是理想的封建国家，然而毫无疑问，理想从未完全实现。该制度只是在欧洲几个国家或多或少地接近理想而已。但勾勒出封建制度的原理，将有助于更好地理解其实际状况。

139.封建制度中的罗马和日耳曼元素

跟许多在帝国被征服的土地上产生的其他制度一样，封建制度也具有复合特征，即包含了罗马和日耳曼两种元素。有些人认为，该制度的名称本身就是拉丁词fides（信任）和日耳曼词od（地产）的组合。这当然存疑；但不管该词起源何处，所代表的事物却无疑是拉丁与蛮族元素的结合。日耳曼元素是经，而罗马元素是纬。这种制度的精神是蛮族的，而形式却是古典的。封建制度也是在罗马装束的掩映下，跳动着一颗日耳曼的心。

具体是日耳曼的什么观点与习俗，加之罗马的什么原则与惯例，构成了封建制度的苞蕾，确实难下定论。在一些国家，如英格兰和斯堪的纳维亚，所发展形成的封建制度几乎完全不受罗马制度的影响；与之形成鲜明对比的是，法兰西形成的更加完善的封建制度却在很大程度上受到了高卢–罗马人的影响。

以下将分条目讲解封建制度中的封地、互惠关系与统治权这三个突出特征的可能来源。

---

① 小块采邑所有者不允许行使统治权中的某些重要职权。因此，估计10世纪时法兰西有7万采邑所有者，但其中只有一两百人拥有“铸币、征税、立法、司法”的权力。——Kitchin's *History of France*（《法兰西史》，基钦著），vol.i，p.191（4th ed.，Oxford，1899）。

140.封地的由来

6世纪，在西部罗马帝国曾经的土地上建立起来的这些国家，对土地享有绝对所有权（allodial tenure）或终身所有权（freehold tenure）。土地所有者绝对拥有其地产，就像现在一个人拥有自己的地产一样；除公共税赋外，无须侍奉上级或缴纳租金。但到 11 世纪末，这些国家及其他地区大部分土地却实行了封建制度，都成了采邑或封建土地。此处关注这一巨变产生的原因。

封地源于罗马人熟知的一种土地形式，叫采邑（beneficium）[①]。蛮族涌入帝国之后，强占了大面积土地，他们的国王或首领将其中的大半据为己有，另依照将武器及其他物品作为礼物赠予战友的习俗，以忠诚为条件，也将自己的领地分块授予追随者和朋友们。起初，这些土地只赠予一生，并用拉丁词benefices（采邑）称之；但久而久之，成了世袭，然后开始被称为封地（fiefs）或领地（feuds）。约9世纪时开始采用后一个名称，因为王室领地极为广阔，且通过继承和成功的征战而不断扩张，而征战又是封建土地极为重要的来源。[②]

封地的另一个重要来源就是篡夺（usurpation）。在加洛林王朝后期，伯爵、公爵、侯爵及其他王室官员，起初只是被任命为地方官，却通过利用君主的软弱，成功地世袭了自己的职务，然后再把治下的王室领地、郡县和行省当作国王授予的封地。此举一发不可收拾，以至法兰西的秃头查理（Charles the Bald）干脆于公元877年通过了著名的《基尔希法令》（Capitulary of Kiersy），承认其伯爵的世袭身份。这样一来，当年查理大帝建立的帝国分解成了大量的封地，各地的首领都顶着伯爵、公爵、侯爵等头衔，成为国王的封臣。

另一种增加封地的方式是通过土地的完全所有者自愿将其交到某个强大的封君手里，然后再以采邑或封地的形式领受。9、10世纪的混乱与无序使得土地完全所有者将其终身保有的土地变成封地，这样便可以投身于封建制度并享有其优势与保护了。

141.封建互惠关系的由来

封建制度的第二个基本特征是封君与封臣之间紧密的个人纽带。有人将此追溯

---

① 然而，却是以永佃权（emphyteusis）为名。

② 采用领地（feuds）一词，因为feud一词本意为“长期不和、敌对”，故有此称。——译者注

到日耳曼人，并认为这同维系首领及其战友并创造了古日耳曼战友团（Cotnitatus，详见第12条）的纽带一样。其他人宣称这与罗马维系保护人和平民的纽带一模一样。还有一些人追溯至凯尔特人或高卢人为了恩惠与保护而归顺更强大的封君的举荐习俗。所有这些的确都很相似，任何一个都可能是封建互惠这种特殊的封君与封臣关系的苞蕾。

然而，重要的是，在法兰克王国这个封建制度的摇篮里，所有的宫廷官员和各界名流都与国王保持着宣誓效忠与信任的关系，在诸多方面都类似于早期日耳曼的战争首领与其战友之间的关系。

此时，这种特殊个人关系的特征是：封臣宣誓效忠、侍奉与援助，而封君提供忠告和保护，并通过最初毫不相关的采邑维系在一起。两种关系的结合完善了封建土地制度。

142.封建统治权的由来

采邑或封地的所有人获得统治居于其上之人的权力，即司法管辖、铸造货币和发动战争的权力，主要通过两种途径：一是国王自愿授予这些原本属于自己的特权与权力，二是篡夺。

因此，墨洛温王朝和加洛林王朝的统治者经常赋予教堂、修道院和重要人物以部分君权。这通过所谓的“豁免授权”（Grants of Immunity）来实现[①]，例如，一个修道院通过这样的授权，就可以免于王室干涉，并赋予其对居于其上的所有阶层行使管辖的权力，君权被通过此种方式大大地分散与削弱了。

封建统治权的另一个重要来源是官员篡夺国王的权力。加洛林王朝后期的地方行政官员们便成功地使其职位变成世袭，进而转变成小君主，只是在名义上服从于国王而已。他们变成了强大的封臣，而其最高统治者已经成为了封建主，或者影子国王。通过这样的篡夺，起初分裂的查理曼帝国进一步变成了无数小采邑，而君权通过近乎完美分级的等级体系逐级下放。

---

① 为了说明豁免授权，可以把它比作近代国家授予大学或其他团体董事会的特许状，此状赋予该机构有限的立法和司法权；或者更好的例证是美国政府经由宪法批准可以设立准州（Territory），并赋予其州的权利。联邦制度（Federalism）实际上提供了很多同封建制度的有益类比。

143.臣服之礼

封地会举行一场庄严而特殊的授予仪式，称为“臣服之礼”（ceremony of homage）。即将成为封臣的人脱帽跪地，将双手放在他未来封君手中，庄严地宣誓此后便是他的封臣[①]，要忠实地侍奉他，即使付出生命也在所不惜。在效忠宣誓之后，封君吻一下封臣表示接受他的臣服，仪式的这一部分告一段落。而整个仪式会以授权典礼收尾，封君将封臣送于封地之上，或通过将一块泥土或一根树枝交到其手里，象征着将这块他刚刚行过臣服之礼的封地移交给他。

144.封君与封臣的关系

一般来说，封臣的义务就是侍奉；而封君的义务则是保护。封臣义务中最为光荣且战时必须心甘情愿提供的是军事援助。臣下必须随时准备跟随封君进行军事远征；但一年内服役的时间一般不超过40天。封臣必须在战斗中捍卫自己的封君；如果封君没了马骑，封臣必须把自己的坐骑让给他；如果封君被囚禁，封臣必须把自己作为人质以换取他的获释；还必须在封君及其随从的征程中款待他们。

还有其他主要涉及财务性质的权利附属于封地之上，直到11世纪才成为封建制度的组成部分。这些被称为继承金（reliefs）、转让金（fines upon alienation）、归复权（escheats）及援助金（aids）。

继承金是继承人要继承封地时须向封君缴纳金钱的名称。继承金通常数额巨大，几乎为封地一年的全部收入。

转让金是封君允许封臣将自己的封地转让给其他封臣时所收金钱的名称。

归复权即封地没有继承人时由封君收回。如果封臣不忠或有其他不法行为，其封地则被没收（forfeiture）。

援助金是封君为满足其例外花销有权要求封臣缴纳的金钱名称，特别是当他的长子授爵、长女出嫁以及他在战争中被俘需要赎回时。[②]

封君回馈封臣的这些侍奉与援助的方式是忠告和保护，而绝非动荡不安时期的小回报。

---

① 拉丁词“homo”（人），衍生出“homage”（效忠）。

② 监护权（right of wardship）是当封地继承人还未成年时，封建领主承担继承人的监护责任并享有采邑收入，直到继承人成年为止。婚姻权（right of marriage）是封建领主为其未成年的女性被监护人选择丈夫的权利，“以免敌人成了自己的封臣”。

145.农奴和农奴制度[①]

在封建制度盛行的国家中，各级封臣或封地所有者的数量只是很小的一部分，约为总人口的5%或更少。而绝大多数人是农奴[②]，这些人才是真正的土地耕种者。

这一被奴役阶层到底是怎样出现的已经不得而知了。有人认为中世纪农奴的祖先是奴隶，还有人说基本都是自由人。至少在有些国家，他们似乎是罗马时期奴隶的直系后代，其状况逐渐得以改善。但撇开这个争论不休的起源问题，目前只需知道农奴制度是一种中世纪时期的道德情感与经济条件允许或创造出来的奴役状态。

农奴可以被定义为“被奴役的佃户”。他们的地位在不同的国家和不同的时期有着很大的差异；也就是说，真正的奴隶和完全的自由人之间有许多不同等级的农奴。因此，对任何特定时期内的这一群体的真实状况进行总体描述都绝无可能。所以，只能是通过最笼统的方式描述其义务与限制。

人官长与农奴

首先，农奴身份最重要的特点就是他们依附于土地。他们不能自由离开自己所属的土地或庄园；而另一方面，封君也不能剥夺他们的所有权并将其驱逐出去。当

① “serf”（农奴）和“villain/villein”（隶农）这两个术语，虽然在一些国家代表不同阶层，但许多作家经常混用。因此，英格兰作者通常使用“villains”（隶农）和“villainage”（隶农制度）这两个词来表示诺曼征服之后被奴役的英格兰农民。而本书中所使用的“serf”（农奴）和“serfdom”（农奴制度）仅限于本条所定义之意。

② 有一些自耕农，以及城镇中大量的自由工匠、商人和居民，真正奴隶的数量很少，几乎在10世纪末之前就消失了，要么被解放，要么被升到农奴的最低等级，这是迈向自由的进步。在著名的《末日审判书》（详见第168条）中记载，英格兰只有约25000名奴隶。

土地改变归属，他们也随土易主，就像“属地的树木或石头”。

每位农奴获得农庄广阔田野上的一个小屋和数亩土地——正常标准为30亩，并为此支付租金，在封建时代早期通常是以某种个人劳役来代替。个人劳役包括一般每周两到三天在领主留作私人农场的土地上的劳动，包括：犁地、耕种、除草、挖沟、筑墙、修路、建桥、伐树并运至领主的家、洗剪羊毛、喂狗以及为城堡里的人采摘坚果和野生浆果。可怜的农奴常常只能在月夜或雨天才能有时间耕种自己的那一小块土地。而且，他还必须要在领主的磨坊磨谷、葡萄榨机上压榨葡萄、炉子上烤面包，并常为此付出不合理的费用。①

耕种

当农奴把所有的地租都以某种方式交给领主，而且通常并非按照法律而是按照惯例，剩余的农产品便归自己所有了。一般来说，所剩部分也就只够果腹而已。然而，有些农奴也能积累相当的个人财产，足以用来赎买自己的自由。

在有些国家，法律规定农奴死后他所有的一切都归领主所有；而在另外一些国家，领主只能拿走他最好的动物或工具。这被称为租地继承税（heriot）。

除了所有这些缴纳、侍奉、赠予和税费之外，还有其他一些非压迫性但却古怪而滑稽的义务，在此则无须赘言。

146.封建制度的发展

封建制度的萌芽可以在五六世纪的社会里找到，但直到八九世纪才具备了其主要特征。

极大地促进了封建制度，特别是军事方面发展的，是查理·马特在图尔战役后为了击退进入高卢南部不断袭扰的阿拉伯骑兵所采用的手段。步兵对这些骑马的强

① 起初，所有这些都是为了农奴的利益，但随着时间的推移，却成了垄断者压迫和勒索的方式。

盗束手无策；查理组建了骑兵，并挪用了自己封地上的教会土地作为封地以满足开支。这是封建骑士的序幕（详见第152条），慢慢地，步兵几乎完全被封建骑士团所取代。

查理大帝死后，他的帝国分崩离析，加之继任者软弱无能，世界似乎再次陷入了混乱之中。社会的纽带似乎完全断裂，每个人都做着自己认为正确的事情。没有了查理大帝强大的军队作为震慑，蛮族蠢蠢欲动，伺机再起。

北部有北欧海盗袭扰德意志、高卢和不列颠的海岸。这些异教徒海盗引起的恐慌被流传至今的连祷文所记录："主啊，从北欧人的愤怒中拯救我们吧。"

东部有可怕的匈牙利人。这些异教强盗不止征服了德意志，而且还困扰着法兰西南部，并跨过了阿尔卑斯山，他们所展现出的恐怖就如近500年前的匈奴人所造成的那样。

南部海路存在着一个同样可怕的敌人。此时固守在西班牙和西西里的萨拉森人，登上地中海西部和中部所有基督教国家的海岸进行烧杀抢掠，制造了同样的恐慌和悲痛。

9、10世纪的大部分时间里，内部的混乱不堪，加之外部蛮族入侵导致的社会动荡，在萨拉森人与基督教国家之间的高卢地区形成了一种防御性的军事体系，使得封建制度快速发展。社会各阶层都急于成为该制度的一员，进而享受只有封建制度才能给予的保护。

有大量土地却从未作为采邑的国王、贵族和富人此时都加入了这一行列，这样他们的土地就由履行过神圣的臣服之礼的佃户使用。因此，国君和贵族们变成了封建主和封君。然而，小的土地所有者自愿将自己的绝对所有土地交给某个临近的封建主手中，然后再把它作为封地接受过来，从而成为其封臣，以获得保护。他们认为成了封臣比所有财产都被掠夺强得多。

此外，出于类似的原因并以类似的方式，教堂、修道院和城镇都成为了封建制度的成员。他们把自己的大片领地作为采邑分封，从而成为封建主和封君。主教和修道院成为拥有大量采邑的首领，常常像世俗首领一样领导军事远征。另一方面，这些寺院和城镇经常将自己置于某个强大领主的保护之下，使自己也成为了封臣。有些时候，主教和修道院院长不是通过服兵役，而是代之以为封君及其家人做一定数量的弥撒来履行自己的义务。查理大帝的儿子虔诚者路易下令，除了个别几个之外，帝国所有的修道院只在一种情况下可以保留地产："他们必须为皇帝及其子孙和帝国的福祉祈祷。"

通过这种方式，教会和国家，从富有的封建主到最卑微的封臣在内的社会各阶层，都由封建制度的纽带联系在了一起。一切都盖上了封建制度的烙印。

147.贵族城堡

通过封建制度盛行时贵族为自己兴建的住宅类型便很好地表现出来了当时无法无天与暴力横行的时代特征。这些坚固的石头城堡，通常坐落于岩石高地上，并由护城河和塔楼防卫。

典型的中世纪城堡

在封建制度全面发展的法兰西、德意志、意大利、西班牙北部、英格兰和苏格兰，矗立的贵族城堡多如牛毛。坚固的城墙是那个普遍暴力年代的唯一保护。每位封君不但要保护自己免受临近首领的攻击，还要抵御如匈牙利人和北欧人这样的外敌；因为没有一个最高权力机构可以制定出广泛遵守的法律并保护所有人。

当时欧洲许多地区最优美动人的景色，便是这些封建城堡那爬满常春藤的塔楼和城墙，现今却已然一片废墟。它们是一个逝去的时代留给人们的深刻记忆。

148.贵族运动；狩猎和放鹰

在没有军事活动时，贵族们便通过狩猎（hunting）和放鹰（hawking）来消磨时间。从埃及人、亚述人及其他东方民族自己的铭文与雕塑中可以看出，狩猎这项皇家运动是多么的受宠。日耳曼人祖先对这一消遣甚至更为尊重。哈勒姆写道：“对于北方蛮族来说，这是主要嗜好而不是消遣；这是他们的骄傲和勋章，是诗歌的主题，是立法的目的，也是生活的要事。”英格兰诺曼征服者订立的森林法，就是为了保护皇家猎场中的这项运动，这也许比任何其他东西都更令这些外国统治者被英格兰人所憎恨（详见第169条）。

修道院院长和主教们同世俗贵族一样热情高涨地加入其中，甚至教会会议发布禁令禁止神职人员沉迷于此种世俗娱乐活动也无济于事。

放鹰逐渐成为各阶层极为热爱的运动，甚至女性也参与其中。在封建时代著名的挂毯和所有的纪念品中，躺在主人脚边的灰狗和栖在主人手腕的猎鹰，是仅次于骑士的宝剑与盔甲的最常见贵族标识。

149.封建制度衰败的原因

封建制度在几个世纪里发展成熟，同样也花了好几个世纪走向衰亡。它的原则和形式最为完备的鼎盛时期是在11、12和13世纪，甚至在13世纪结束前，它就已经在一些国家开始衰落了。

破坏和最终推翻封建制度最主要的原因有：国王和平民对封建制度的反对、十字军东征、城镇的发展以及战术中火器的引入。

国王和平民都憎恨并反对封建制度。实际上，它从来没有被除贵族之外的任何阶层青睐过，因为封建制度为贵族们带来好处的同时，却牺牲了其他社会阶层的利益。国王反对并企图打破这一制度，是因为它只给他们留下了权力的表象，使得国王再次成为孤家寡人（详见第十九章）。

平民一直厌恶这一制度，是因为在这种制度的统治下，他们的价值还不如领主狩猎场里的猎物。平民在争取社会认可，以及分享傲慢的封建贵族特权的经历，构成了中世纪及其后历史上最有趣也最有益的部分。而这一斗争令人回想起了古罗马的平民与贵族之间的较量。

12、13世纪期间搅动整个欧洲的十字军东征或圣战大大削弱了贵族的力量；为了给东征筹集资金，贵族经常出售或抵押自己的土地，而其权势也随之传给了国王或城里的富商。许多大贵族还在与异教徒的战斗中阵亡，导致其土地充公转归封君，进而扩大了封建主的领地。

城镇的发展也导致了同样的结果。财富与影响的增加使得城镇有实力抵抗万一碰到的封君的苛捐杂税与暴政，并最终能够从封建领主的管辖下独立出来，把自己的领地变成一个小共和国。

加之作战方式的改善与变化，特别是火药的运用，使自耕农步兵顶得上披着盔甲的骑士，从而加速了封建制度的衰落。正如卡莱尔（Carlyle）所说：“这让所有人都有了同样的身高。”手里拿着枪的人可以维护并用好自己的权利。而城堡作为封建制度的主体，承载着衣食住行以及居于其中的人，此时却变得一无是处。它的城墙可以对抗身披铠甲、跨着战马的贵族及其封臣，但却无法抵御训练有素的炮兵。

封建制度作为一种管理制度已随中世纪一起烟消云散①，但广义上讲，它仍作为一个社会团体继续存在。贵族失去了作为君主的权势，但仍保留了头衔、特权、社会地位以及大片土地。

150.封建制度的缺陷

封建制度也许是欧洲中世纪时期能够存续的最佳社会制度；然而，它有许多严重缺陷，使其距完善的社会或政治制度仍相去甚远。在众多缺陷中主要叙述两点：

第一，封建制度难以形成强大的国家政府。每个国家都被分割且再分成大量几乎独立的封邑。例如，10世纪的法兰西被大约250个封建领主瓜分，都行使平等的权力，拥有同等的统治权。这些大领主的广阔土地又被分割为约7万块小的封地。理论上，这些小块封地的所有者一定会服从其贵族领主，而这些贵族又宣誓臣服于法兰西国王。但是这些贵族中的许多人比国王本人更富有、更强大，如果他们选择放弃效忠，国王就无法再次令其臣服。总之，法兰西同其他封建制度盛行的国家一样，不是一国之君用权势迫使举国臣服，而只是100多个实际上的君主国组成的联盟，以极为松散的纽带联系在一起，可以毫无顾忌地剪断。国王的时间主要用来徒劳地打压傲慢而倔强的贵族，以使其适当地臣服，并用来无力地干预、平息贵族之间没完没了的争执。很容易想象此种事物状态所致的混乱与不幸。

第二，封建制度的排他性。在这种制度的作用下，社会被划分成了各个阶层，最上层是傲慢自大的世袭贵族。这些阶级之间的界限虽然并非不可逾越，但却极为

① 不同的事件和环境标志着欧洲各国家封建制度的衰落和消亡（详见第十九章）。在英格兰是1455年—1485年间被称为玫瑰战争（Wars of the Roses）的王位争夺战，许多贵族死于非命或地产被毁，给了那里的封建制度致命一击。法兰西封建制度的崩溃可能要追溯到1448年查理七世建立正规常备军，然而，这个制度的余烬直到1789年法国大革命（Revolution of 1789）时期才被清除。15世纪后半叶，西班牙的封建贵族在费迪南（Ferdinand）和伊莎贝拉（Isabella）的手上受到了致命打击。

僵化。只有当不同国家的社会下层逐渐夺取了封建贵族特殊而不公的特权时，一个更美好、更民主的社会形态才会显现，文明也能得以更快地进步。

151.封建制度的有益影响

封建制度对欧洲文明作出的最突出的贡献，是查理曼帝国分裂后给社会带来的保护。“正是身披铠甲的骑士和坚不可摧的封建城堡挫败了丹麦人、萨拉森人和匈牙利人的袭击。”①

封建制度对社会作出的另一个突出贡献是培养了特权成员之间的个人主义及对人格独立的热爱，这是日耳曼人性格的显著特点（详见第10条）。欧洲封建贵族强横、暴力、倔强，在中世纪后期为保持自由精神的活力作出了巨大贡献。封建贵族们不允许国王对他们傲慢；他们作为自由人拥有自己的权利。因此，君权本应专制，但却被有效阻止。例如，在英格兰，封建贵族们控制着像约翰王（详见第310条）这样残暴的统治者，直到自耕农与市民都足够勇敢、足够强大，可以单独抗拒他们专制倾向的君主为止。不幸的是，法兰西封建贵族的权力瓦解得太快，在作为第三等级（Third Estate）的城镇市民准备争取自由之前便消失殆尽，结果导致独裁、专制的君权迫使法兰西人民走向了大革命和恐怖统治（Reign of Terror）②。

封建制度的另一个有益的影响是激发了某种形式的纯文学。就如修道院的与世隔绝培养了学识和哲思，贵族大厅里开放与欢乐的盛宴培养了诗歌和传奇。城堡的大门总是向流浪歌手和说书人敞开着，正是在这些欢宴的场面之中，诞生了中世纪诗歌集和文学中的民谣及传奇。基佐（Guizot）说：“正是封建时代，孕育了英格兰、法兰西及德意志最早的文学丰碑，成为近代欧洲最早的知识享受。”

封建制度还有一个对文明的贡献是贵族城堡中观念与情怀的发展，其中包括良好的荣誉感及对女性的崇高关怀，均在骑士制度中找到了最高贵的表述。

---

① Oman's *The Dark Ages*（《黑暗时代》，奥曼著），p.512。

② 恐怖统治（Reign of Terror/la Terreur）是历史学家对法国大革命中某个历史阶段的称呼。其起始时间有争议，有人认为始于1793年革命法庭（Revolutionary Tribunal）的成立，也有人认为始于1792年的“九月屠杀”（September Massacres），甚至有人追溯到1789年首个人被推上断头台；但一致认为1789年热月政变（Thermidorian Reaction）中罗伯斯庇尔（Robespierre）被处死为结束的标志。此间有16000多人被官方判处死刑，但实际数量要远超于此。——译者注

第二节 骑士制度

152.骑士制度的定义；起源

骑士制度被巧妙地定义为“封建之花”，是一个军事机构或团体，其成员被称为骑士（knights），承诺保护教会、弱者及被压迫者。

骑士制度似乎是从查理·马特为了击退萨拉森人侵袭阿基坦（Aquitaine）而组建的仆从骑兵发展而来（详见第146条）。正是在这些边境战争中，法兰克人从阿拉伯摩尔人那里学到了“信任战马”。这种新的军事制度从法兰西南部传遍了整个欧洲，穿着铠甲的战士基本上取代了早期的步兵。①

此种发展与封建制度的发展有着密切的联系；实际上，骑士制度就是封建制度在军事方面的发展。所有的封地拥有者都必须服骑兵役成为规则，在马背上战斗逐渐成为常态，并一直延续了几个世纪。

封建武士阶层逐渐发生转变，成为独立于封建制度以外的部分。封建制度只在土地范围内，但一个人如果出身良好，而且被恰当地授予相关知识，可能会在没有封地的情况下成为骑士。后来的骑士很大一部分是没有继承权的贵族子弟。

同时，宗教精神在这一时期进入骑士团体之中，成为了与基督教神职制度有些许相似的兄弟会。因此，像所有其他中世纪制度一样，骑士制度也是由多种元素结合而成的。其军事的形态、精神和美德来自封建制度一面；而其宗教的形态、精神和美德来自教会一面。在十字军东征过程中产生了圣殿骑士团（Knights Templars）和善堂骑士团（Knights Hospitallers）这样的修道士军事团体，便是对此的最好说明。虽然这些修道士发过绝色与绝财的誓言，但把这些修道士骑士看作是查理·马特给予封地并扶上马背英勇抗击来犯的“矫捷的摩尔人”的武士后裔也不会错。

---

① Brunner，*Der Reiterdienst und die Anfänge des Lehnwesens in his Forschungen zur Geschichte des deutschen und französischen Rechtes*（“骑士与封建制度的开端”，《德法法学史研究》，布伦纳著），（Stuttgart，1894）。此为关于发现采邑制度和骑士制度的开端或者说发展之实质的重要研究。

153.骑士制度的普遍性；教会与骑士制度

法兰西作为骑士制度的摇篮，才是骑士真正的家园；但它的影响是无处不在的，这给中世纪后半期的所有事件都增添了别样的光彩。这一时期的文学受到骑士精神的鼓舞。中世纪最伟大的十字军东征，是欧洲基督教骑士最主要的任务；因为那时的骑士已经在教会的领导之下了。在1095年正式发起第一次十字军东征的克勒芒会议（Council of Clermont）上，颁布的教令称，每一位贵族出生的人，在年满12岁时，都应在主教面前庄严宣誓："他将尽全力保护被压迫者、寡妇与孤儿，并重点关照那些贵族出身的女性。"

154.骑士训练

骑士制度刚刚建立起来后，所有贵族的子弟，除了那些要出任教会圣职的，都会被送去接受骑士训练。稍穷一点的贵族子弟通常被寄养于一些声望显赫、家产丰盈的封君家里，并按照骑士职责与礼仪进行训练，城堡俨然成了某种学校。

这种教育早在7岁时开始，年轻人的名头是"学习骑士"（Page）或"骑士侍童"（Varlet），直到年满14岁，才可以晋升为"骑士随从"（Squire）或"候补骑士"（Esquire）。封君与麾下骑士训练这些男孩的男子气概与军事职责，而城堡的贵妇人们则教导他们宗教职责和所有的骑士礼仪。学习骑士虽然偶尔也会陪同领主去野外，但责任通常只限于城堡内。候补骑士总是跟他侍从的骑士一起参加战斗，帮助骑士携带武器，必要时也会参战。

骑士称号授予礼

155.骑士晋封仪式

骑士随从在20岁时可以晋升为骑士，然后通过一场别具一格且印象深刻的仪式正式将其纳入骑士队伍。在一个长长的禁食和守夜祈祷之后，要聆听其作为骑士的职责的长篇训诫。然后如臣服之礼中一样跪于封君的面前，并宣誓捍卫宗教、保护贵妇人、救人于困苦并永远忠于他的骑士战友。同时被授予武器，领主将宝剑的平面按于他的肩部或颈部，说：“以上帝、圣米迦勒和圣乔治之名，册封你为骑士；你须勇敢、无畏、忠诚。”（In the name of God，of Saint Michael，and of Saint George，I dub thee knight；be brave，bold，and loyal.）

156.比武大会

比武大会（tournament）是骑士时代最受欢迎的娱乐项目，是贵族骑士之间的模拟战斗，武器是无尖的宝剑或钝头的长矛。参加比武的选手获得普遍的尊重，令人想起了希腊的竞技运动；而其激烈与血腥的特点又让人回忆起了罗马竞技场的角斗。

君主或贵族为这一活动做广泛的宣告，甚至到远方邀请勇敢而尊贵的骑士们到场展示自己的技能和高超本领，从而为比武大会增光添彩。竞技场是一个用绳子或栏杆围出的水平空间，周围有供观众观看的看台，装饰了艳丽的旗帜、挂毯和纹章。

两名骑士之间的长矛比武

开幕式开始之时，传令官宣布比赛规则，比武之人进入竞技场，每位骑士在其头盔或胸口上画着他爱慕的情人。给出开始信号后，双方骑士手持钝头骑枪，猛烈地冲向另一方，将对手击于马下，或者击断最多数量的骑枪即为胜利。获胜者的奖品包括珠宝、盔甲或披着骑士马饰的战马，而最重要的是赢得了比他人更多的尊重及爱慕之人的赞美与欢心。

即便在欧洲骑士精神开始衰落后，比武大会仍然是人们最喜爱的消遣活动。令这项娱乐活动变得失宠的一个原因是比武经常出现人命事故。1559年，法兰西国王亨利二世在参加比武大会时被骑枪刺死，这一事件导致此项粗鲁的运动最终被废除。但这种娱乐活动，就同古代希腊人和罗马人的流行运动一样，被赋予了过于强烈的时代情感和幻想，很难一下子就烟消云散。“世界一直钟爱这些华丽而雅致的娱乐活动，因为它把光芒与典雅投给了昔日的勇士与美人。”

马背长矛比武（Joust）[①]与比武大会的不同之处是它只在两名骑士之间进行，也没有那么多的仪式。

157.骑士品质

骑士忠诚于他最爱慕的情人是真正骑士的第一信条。哈勒姆说：“对自己的情人忠诚、正直，才能得以救赎，这虽不是基督教，但却是城堡的信仰体系。”他还必须礼貌、勇敢、谦恭、诚实、纯洁、慷慨、热情、守信，并且随时准备为保卫宗教及军中战友而牺牲自己的生命。

但这些都是理想骑士的美德与品格。无须多言，尽管有许多骑士在他们无瑕的传奇一生中展示了所有这些美德，但他们中有太多的人只是把骑士作为一个职业而已。正如一个古代作家的双关语：“一位游侠就是一味游闲。”（An Errant Knight Was An Arrant Knave.）说的再真实不过了。另一位作家说：“让小偷觉得丢脸的行为，令希腊暴君或罗马皇帝厌恶的残暴，都是拥有高贵血统的骑士们的家常便饭。”

但是真正的骑士精神极力反对残忍、背叛、虚伪、懦弱、卑鄙和任何形式的犯罪；骑士如果犯了这样的错误就可能经由降级仪式（Ceremony of Degradation）处以驱逐出骑士队伍的惩罚。在这个仪式上，犯错骑士的马刺被用劈刀齐根砍断，宝剑被削断，战马的尾巴被剪断。然后，这位降级的骑士被穿上丧服，并为其举行普通葬礼，表示他是“为骑士的荣誉而死”。

158.骑士制度的衰落

15世纪是骑士制度的衰落期。封建制度被推翻的原因也正是导致骑士制度衰落

---

① “如果比武双方要求使用锋利的武器，并用尽全力将对方置于死地的话，则称之为死战（joute a l' outrance），也频繁发生。”——Cutts，*Scenes and Characters of the Middle Ages*（《中世纪的事件与人物》，卡茨著）。“死战事实上就是一场决斗，唯一与战场的磨炼不同，是前者出于自愿，而后者则是被法律所迫（详见第58条）。”——James，*History of Chivalry*（《骑士制度史》，詹姆斯著）。

的原因。战争形式的改变有助于破除封建贵族及身着盔甲的侍从，同样也毁掉了骑士精神。而且，随着文明的进步，新的感情与情怀开始引起人们的注意，并在人类的想象中发挥作用。人们追求卓越的雄心壮志可以通过骑士冒险以外的其他形式去实现。国家管理日渐规范，社会秩序和安全日益改善，使得英勇的骑士为弱势群体及被压迫者打抱不平的需求逐渐减少。

总之，游侠骑士的过度表现进入到实用化与商业化的时代就变得荒诞可笑了，因为这与催生了骑士精神的时代截然不同；而最后，在17世纪初，西班牙的天才讽刺作家塞万提斯（Cervantes）写出了著名的《堂吉诃德》（*Don Quixote*），在这部作品中，他指引他的英雄骑士经历了各种离奇的冒险，比如持矛向风车冲刺，他兴奋地幻想风车是一个可怕的手舞足蹈的巨人，有着邪恶的目的，每个人都被这种无限的荒谬触动了笑点，忍俊不禁；在恰如其分的微笑和开怀大笑的掩映下，游侠骑士从这个世界默然离去。①

159.骑士制度的恶与善

詹姆斯（James）断言："在思想方面，骑士制度无所作为；在心灵方面，骑士制度却倾其所有。"毫无疑问，后半句一语中的。的确，骑士精神对心灵产生了很大的影响，但却不完全是好的影响。这一制度有许多弊端，其中最主要的便是贵族主义和排他倾向。阿诺德博士（Dr.Arnold）在所有事情中愤愤不平的是骑士对人皆兄弟的疏忽或漠视，辛辣地惊呼："如果让我说出臭名昭著又当之无愧的基督之敌（Antichrist），我会说是骑士精神。"另一个愤怒的作家宣称："骑士们不太可能认为自己侵害下层阶级是有罪的。"出身高贵之人对这些下层人士充满冷漠与轻蔑，认为他们不足挂齿，跟耿兽或猎物没什么两样。而出身高贵的红颜若是受了委屈，勇敢的骑士则总是冒着生命危险挺身而出，总是心上人的一颦一笑令他在激烈的比武中挑断骑枪。这种贵族精神的培养是骑士制度中最严重的错误之一，然而，这应该不止归咎于时代，同样应归咎于骑士。

但是，骑士制度积极有益的影响应该是将北方民族对女性特有的尊重感，提升为构成了近代显著特征的对女性的体贴敬慕，骑士精神功不可没，进而使其有异于

① 其实，堂吉诃德仅仅是浪漫主义文学世界中的典型人物形象而已，塞万提斯讽刺的是他那个时代传奇小说作家的花哨辞藻，联想一下斯宾塞的《仙后》（Spenser's *The Faery Queene*）。塞万提斯写书的时候已经没有多少真正的游侠骑士了。

此前任何一个文明阶段。

而且，骑士精神创造了礼貌、温柔、仁慈、忠诚、慷慨、守信的品格典范，超越了任何先前的时代。正如基督教给了世界一个完美的人性，世人努力去企及，同样，骑士也树立起了一个典范，人们也会学习仿效。实际上，人们从未完美地实现基督教的理想或骑士精神的理想；但是，这两种理想在塑造和赋予人生品质方面的影响怎样高估都不为过。通过热情与努力使之合二为一，便产生了一种新的人性特征，称为“兼具骑士与圣徒品格之人”（A knightly and Christian Character）。

第十一章　诺曼人

第一节　在家乡和意大利的诺曼人

160.导言

诺曼人（Normans）由定居在高卢北部的斯堪的纳维亚人发展而来（详见第122条），其历史就是北欧人故事的延续。没有什么能更好地说明已经过去的时代与即将到来的时代之间的差异，没有什么可以更突出地表现出欧洲社会面貌与精神的逐渐变迁，唯有时间和有益的交流带给这些人的转变：9世纪时的诺曼人还是异教徒；此时已是基督徒了；彼时他们是粗野、荒蛮、无情的海盗，此时成了欧洲最有修养、最文雅、最有骑士精神的人。但是，躁动不安的勇敢精神驱使这些北欧海之王继续踏浪冒险，而且战利品的诱惑依然激荡在他们后代的胸膛。其实他们只是从喜欢狂野海盗生活的异教维京人，转变成了渴望朝圣与十字军东征的基督教骑士。

这些人把斯堪的纳维亚人的力量、独立和勇敢与罗马-高卢人的活泼、想象和文化融合在了自己的品格之中。他们从法兰西的居住地出发，开始了新的征服：在地中海周边的土地上建立一个王国，再在英格兰建立了一个诺曼国王世系。稍后，伴随着十字军的命运，他们将出现在巴勒斯坦的战场上，并为自己赢得了基督教最英勇骑士的美誉。

161.诺曼底公爵

在罗洛（详见第121条）及其直接继任者长剑威廉（William Longsword，927—

943）、无畏者理查（Richard the Fearless，943—996）和善良者理查（Richard the Good，996—1027）的领导下，诺曼人在法兰西的权力逐渐巩固。国内人口的自然增长以及北方斯堪的纳维亚人新队伍的到来，使得诺曼底国内的人口数量越来越多。经过100多年的平稳发展，古老的北欧冒险精神再次燃起，最后，南欧和英格兰成为了诺曼勇士建立辉煌功勋的地点。

162.意大利和西西里岛的诺曼人

11世纪初，诺曼人即将征服英格兰之前先在意大利南部站稳了脚跟。当时，穆斯林占据了西西里岛并不断侵袭意大利周边海岸，与该地区的基督教统治者展开了旷日持久的战争，而诺曼人优秀的战斗素养受到了基督教统治者的青睐。

诺曼骑士很快从客人和雇佣兵的身份摇身一变成为主人和统治者。他们最终占领了整个意大利南部和西西里岛，并在这些南部土地上建立了一个繁荣的国家，后来被称为那不勒斯王国（Kingdom of Naples），尽管朝代变迁，但却一直延续到近代意大利的统一。

在这个征服与组织的时期，最著名的诺曼人首领是罗伯特·圭斯卡德（Robert Guiscard，卒于1085年），名气仅次于著名的征服者威廉（William the Conqueror）。他的一生由一系列大胆冒险的壮举构成，并将诺曼的名声传遍了地中海地区。

在南部建立新诺曼国家对此时一触即发的十字军东征产生了重要影响。这些诺曼统治者建立了强大的海上力量，以阿马尔菲港（Amalfi）为中心，并在热那亚（Genoa）、比萨（Pisa）和威尼斯（Venice）舰队的帮助下，清除了中地中海的穆斯林海盗，从而为十字军开辟了通往圣地的水路。

第二节　诺曼征服英格兰

163.征服的起因

诺曼人最重要的功绩便是征服了英格兰，不仅给被征服的人民，而且间接给全世界带来了极为巨大的影响。

1035年，诺曼底公爵宽宏的罗贝尔（Robert the Magnificent，1027—1035），在去往圣地的传奇朝圣之旅归来的途中，死于小亚细亚，他当时只有7岁的私生子威廉（William the Bastard），这位命中注定的英格兰征服者，继位成为诺曼底公爵。

在出发朝圣之前，罗贝尔说服了诺曼的贵族们宣誓，倘若他遭遇不测，他们一定要效忠他的儿子；但是那些骄傲的领主们却食言了，他们不想效忠于这位出身并不光彩的孩子。12年里，这位年轻的公爵同叛逆的封臣们争斗不休，诺曼底公国被搞得四分五裂。但英勇、天才且好运的威廉最终战胜了所有的反对和困难，成功地建立了自己在诺曼底的绝对权威。惩罚自己恨之入骨的敌人时的残酷，表明了他坚毅不屈的性格，注定使其成为 11 世纪历史上最重要的角色。

而此时英格兰的局势值得关注。1066年，丹麦人夺位之后得以复辟的老英格兰国王忏悔者爱德华（Edward the Confessor，详见第119条）去世，贤人会议遵其遗愿，立即选择了韦塞克斯伯爵哈罗德（Harold）为其继任者，他是著名的戈德温（Godwin）的儿子，是全英格兰最优秀、最强大的男人。

当贤人会议的决定和哈罗德接受英格兰王位的消息漂洋过海传到威廉耳中时，他真的或是装的勃然大怒。他宣称他的远房表亲爱德华生前许诺，死后王位由他继承，而哈罗德也表示同意，并庄严宣誓鼎力支持。于是立即要求哈罗德交出篡夺的王位，并威胁如果遭到拒绝则立即登岛夺权。哈罗德将跟随爱德华回到英格兰的诺曼人驱逐出境作为回应，并且调兵遣将保卫国土。

与此同时，威廉公爵正在准备进攻，以期实现他梦寐以求的征服英格兰计划。他重新点燃了诺曼人对英格兰人仇恨的余烬；巧舌如簧地说服了持不同意见的人并博得了欧洲的同情；甚至取得了教皇亚历山大二世的认可，为其出征赐福并赐予一面圣旗作为礼物。教皇之所以支持威廉的大业，是希望威廉能够帮助他掌控逐渐强大的英格兰教会。最后，万事俱备，只差登岛。

164.斯坦福桥战役（1066）

哈罗德正在南方海岸防御诺曼人的时候，他的叛徒兄弟托斯提格（Tostig）和挪威国王哈罗德·哈德拉达（Harold Hardrada）率领的可怕敌人却出现在了北方。哈德拉达在罗斯的瑞典人宫廷长大，后来指挥君士坦丁堡皇帝著名的瓦兰吉卫队（Varangian Guard，详见第112条），曾在地中海同萨拉森人为信仰而战，而此时则有志在北方建立一个克努特似的帝国。为了征服英格兰，他从斯堪的纳维亚、佛兰德斯（Flanders）、苏格兰、冰岛和奥克尼群岛（Orkneys）调集大批舰队，登陆英格兰岛，此时正在洗劫和焚烧海岸城镇。该地区的英格兰军队试图抵挡侵略者，结果被打得落花流水；重镇约克郡（York）落入了北欧人之手。

斯坦福桥战役

这一灾难性的消息一传给南方的哈罗德，他立即带着军队向北行进，在斯坦福桥（Stamford Bridge）同入侵者遭遇，并取得了决定性的胜利。充满野性与冒险精神的挪威国王命丧于此。

165.黑斯廷斯战役（1066）

斯坦福桥战役的辉煌胜利使英格兰脱离了险境，但是哈罗德和他的战士们此时却要去面对更为强大的敌人。胜利之后的庆祝活动尚未结束，信使从南方给哈罗德带来了诺曼人登陆的消息。匆忙掉转马头，哈罗德跟威廉在森拉克（Senlac）遭遇并立即投入战斗，因此地离黑斯廷斯港（Hastings）很近，所以这场战役便被称为黑斯廷斯战役。

战斗前夜，英格兰的士兵在庆祝胜利的篝火旁大吃大喝，而诺曼人通过虔诚的祈祷为次日的遭遇战做准备。英格兰人为他们最近的胜利而洋洋得意；然而与此同时，胜利削弱了军队的战斗力，随后的急行军又使他们的耐力达到了极限。

次日清晨，决定英格兰命运的战役打响了。诺曼的一名骑兵首先向英格兰军队挺近，他抛出手中的宝剑，在其下落的过程中再巧妙地接住，一直高唱查理大帝和罗兰那荡气回肠的战歌。英格兰人愕然地注视着这个“不经意间的灵巧”展示，如果他们没有拿自己的笨拙举止和诺曼敌人的灵活敏捷相比较的话，别人至少一定会替他们比较的。

战役一旦打响，战斗便漫长而可怕。时运最终还是不利于了英格兰人。哈罗德被箭射穿了眼睛，倒下了；威廉成了战场的主宰（1066）。

黑斯廷斯战役

166.征服完成（1067—1070）

现在，威廉向伦敦进军，并于1066年的圣诞节在威斯敏斯特（Westminster）加冕涂油为英格兰国王；但他还远没有成为实际上的国王。征服者最强大的阻力来自北方，那里的人口主要由丹麦人构成，并有丹麦的亲族支持。为了保护自己免于其攻击，威廉最终毁掉了整个亨伯河（Humber）与提兹河（Tees）之间的区域，将之化为不毛之地。此后的二三十年里，未被耕种的田地以及烧成废墟的村镇是这片荒原的标志。在残忍的行动之后，10万人因缺乏食物和住所而在异常的严冬中悲惨死去；数千人逃离家园为外国君主效力，许多人取道君士坦丁堡，并在那里加入瓦兰吉卫队，为东部皇帝冲锋陷阵。

167.土地分配与索尔兹伯里盟誓

威廉在英格兰成功夺权之后，几乎立即履行了自己的承诺，将在黑斯廷斯战役中保卫国王与国土的英格兰人未赎回之土地[①]分配给助其建功立业的贵族。所需土地数量巨大，要不是后来反抗威廉的起义给了他机会按叛国罪几乎没收了英格兰所有的土地，威廉几乎无地可分。[②]

法兰西被许多封建首领和领主搞得动荡不安，其中许多人几乎和国王实力不相上下（详见第150条），威廉从这一悲惨状况中吸取了教训，在分封的过程中小心翼翼，保证除了两三个特殊情况以外，没有一个封臣受封一个完整的郡。遇到他必须封给大片土地的大封君，他也不会给他们分连续的大片土地，而是分布于全国不同的地区的几处地产或领地，为的是使封臣手中不会有过于集中的财产或权力。

威廉对封臣实施的另一个限制措施是，要求无论封地大小，所有受封者都要宣誓直接效忠于他这位最高领主。这是对封建时期习俗的一大革新，那时规定封臣应该只发誓效忠于自己的领主，而且其领主在战争中即使倒戈攻打自己的国王也要跟随他的旗帜。威廉要求每位封地所有者将原来向直系领主宣誓改为直接向他宣誓效忠。1086年，在索尔兹伯里盟誓会（Great Gemot or Military Assembly of Salisbury）上“英格兰所有的实际土地所有人”庄严地向威廉宣誓效忠。

威廉也拒绝给予封臣铸币权和立法权；并且对他们的权力采取了其他明智的限制，例如，所有的领地法庭都必须服从皇家法庭的管理。他将英格兰从无尽的纷争与战事中解救出来，而与此同时，几乎每个其他的欧洲国家都被这些纷争与战事搞得极为涣散。

总之，他给了英格兰一个强大的中央政府。这是诺曼征服给这个国家带来的最大福音之一；因为此前，所有的事情都过于地方化，过于分散，例如，一些像韦塞克斯伯爵戈德温这样强大的撒克逊贵族，实力与国王旗鼓相当，经常代行王权。

为了威慑被逐出之人，威廉此时在国内所有的主要城市建造堡垒和塔楼并驻

---

① “当所有为哈罗德而战的人的土地被没收时，那些愿意承认威廉为王的人被允许赎回自己的土地，要么立即付钱，要么抵押付款。”——Stubbs，*Const.Hist.*（《英格兰政治体制的起源与发展史》，斯塔布斯著），vol.i，p.258。

② “毫无疑问，上层实际上被剥夺了最多的土地；在很大程度上，像分佃户这样小的所有者在土地上仍然处于附庸地位。”——Ibid.（同上），vol.i，p.260。据说威廉的许多诺曼追随者强占了2万撒克逊所有者的土地。

防。著名的伦敦塔（Tower of London）和矗立在纽卡斯尔城（Newcastle）的黑色巨塔，都是由他建造且成为了征服时代令人难忘的纪念。他的贵族们也在自己的土地上建起了坚固的城堡，使整个国家里壁垒森严的私人住宅星罗棋布。城镇由大的堡垒守卫，开放的乡村由贵族厚壁的城堡守护，诺曼人远远少于被征服的撒克逊人，却能让他们完全地顺服。

征服者威廉

168.《末日审判书》

征服者最著名的行动就是《末日审判书》（*Domesday Book*）的编制。这部著名的册籍包括对英格兰除了一些主要集中在北部仍未征服或动荡的郡县之外的所有土地的描述与估价，牛羊的详细数目，以及每个人的收入报表。总之，它的目的是对整个王国进行完整的勘查和普查。

那些在全国上下收集所需信息的专员们经常受到威胁，人们对“窥探他们的私事”感到不满，把整件事看作是为实施新税收政策做准备。但尽管英格兰人对这一准备工作的看法和感受都尖酸刻薄，但这当然是一个明智且必要的举措，而且颇具政治家的风范。

169.宵禁与森林法令

在被征服者引入英格兰的法令中，有一种叫宵禁钟（Curfew-bell）的特殊规定。该法令规定，在入夜的教堂钟声敲响之后，每个人都应待在家中，并且熄灭炉火[①]和灯光。

本条法令的发布可能出于以下两种原因：一种认为其目的是防止人民晚上计划集会或实施谋反；另一种表示单纯就是为了防火。本法令肯定是诺曼征服之前便在诺曼底施行；实际上，帕尔格雷夫称它为中世纪欧洲治安的普遍做法。

相对不合理且备受人民质疑的是《诺曼森林法》（*Forest Laws of the Normans*）。诺

---

① 因此有了“Curfew”（宵禁）这个词，couvrir即cover（覆盖），加上feu即fire（火）。

曼人非常喜欢狩猎，威廉自己就对此激情澎湃。一位编年史家称“他像父亲一样喜爱着那些高大的鹿。”国内大片的农舍和村庄被毁成林地，据说为了创造新森林地区就毁掉了50多个村庄和众多的教堂。①

这些森林中的猎物受到法律的严格保护，杀死一头鹿比杀死一个人的罪过更大。征服者的若干家庭成员在这些皇家狩猎场狩猎时死亡，人们宣称这些不幸是天国对其缔造者的冷酷所进行的审判。

170.威廉统治的结束

征服者威廉生命的最后几年充满了烦扰和悲伤。“良弓断，剑锈生。”最难堪的事情莫过于他的长子罗贝尔（Robert）的反叛，罗贝尔声称其父答应过，如果成功征服英格兰，诺曼底便归他所有，因此试图夺权。罗伯特的叛军吸引了许多对威廉不满的贵族，并得到法兰西国王的支持，因其一直妒忌实力渐增的诺曼底公爵。父子之间最终达成了和解。

1087年，威廉卷入了他一生中最后一次争端。而法兰西国王腓力对威廉个人的不当言论令他极度愤慨。为了报复腓力的嘲笑，威廉举兵将战火烧过了芒特镇（Mantes）。当他骑马穿越该镇仍然冒烟的废墟时，战马突然惊逸，威廉落马受伤，几日内便死于非命。去世之前，他把遗嘱告诉了他的三个儿子：他并未计较罗贝尔的不孝行为，把诺曼底授予了他；把英格兰授予三子威廉；小儿子亨利得到了五千磅白银。

171.征服者的诺曼继任者（1087—1154）

征服者威廉死后的七八十年里，英格兰都被诺曼人国王统治着。三个名字贯穿着这一时期：威廉二世（1087—1100），人称胡佛（Rufus），或红脸（Red）；亨利一世（1100—1135），绰号儒雅者（Beauclerc），或“好学者”（Good Scholar）；以及布卢瓦的斯蒂芬（Stephen of Blois，1135—1154），他是征服者威廉的外孙。

尽管这位伟大的诺曼底公爵的儿子们威廉和亨利的统治时期有许多严苛的法律和残酷的行为，但英格兰在他们的统治下繁荣起来；贸易和各个产业的不断进步，

---

① forest（森林）一词此处应用于狩猎场，指的并不一定是绵延的林地，而只是未开垦的土地上面长满杂草和灌木的猎物藏身处。

使得诺曼人和英格兰人忘记了彼此之间的仇恨，逐渐融合成了一个单一民族。

但在亨利死后，他的女儿玛蒂尔达（Matilda）和布卢瓦的斯蒂芬之间产生了继位之争，几年里，国家都耗于内战。最终，通过教会主教的调停，争斗双方达成协议，承认斯蒂芬的国王地位，但他死后王位要由玛蒂尔达的儿子来继承。1154年，即协议达成的第二年，斯蒂芬去世，根据协议，王位由安茹的亨利（Henry of Anjou）继承，由此建立了安茹王朝，或金雀花王朝（Plantagenets）。

征服者威廉的葬礼

172.诺曼征服的影响

征服的最重要和最显著的影响就是在英格兰建立了一个强大的中央集权政府。其产生不仅是通过诺曼国王带来的君主治理观念及征服者对封建制度与习俗的改良，还通过斯蒂芬统治时期的极度混乱留给人们的有益教训。英格兰以前只是徒有王国之表，至此才有了王国之实。

征服的第二个影响是建立了新的封建贵族统治阶级，撒克逊的大乡绅被诺曼贵族所取代。这不仅给英格兰的社会生活带来了新的更高雅的元素，也改变了国民大会的成员、性质和名称，古英语所称的贤人会议此时变成了后世的议会（Parliament）。

征服的第三个影响是在英格兰与欧洲大陆国家之间建立起了更为紧密的关系。在这方面，诺曼征服就像罗马征服一样。此时，英格兰与欧洲大陆之间在政治、社会、商业和宗教等诸多方面建立起了更加紧密的联系，极大地改善了英格兰的贸易、建筑、宗教和智识生活。在这个联系中，尤其是英格兰与法兰西之间密切的政治和封建关系，滋生出的妒忌和竞争导致了两国之间漫长的百年战争（Hundred Years' War）。[①]

征服者威廉登陆英格兰（贝叶挂毯图案）

① 关于征服对英格兰语言与文学的影响，详见第328和329条。

第十二章　神权与君权

173.两个天下大权

詹姆斯·布莱斯（James Bryce）说：“从古代流传下来的两个伟大理念，就是君权天下与神权天下。”在中世纪早期的有利条件下，一个理念建立了君权，而另一个理念产生了神权（详见第七、九章）。这两大权力的历史，其与欧洲统治者及各民族之间的关系，加之相互争夺霸权的斗争，占据了中世纪的大部分历史时期。而需要努力去理解的正是这些重要事件。

此前讲述的封建思想与原则将对理解本章的内容大有帮助，因为这两大势力之间的漫长斗争都被深深地打上了封建观念与习俗的烙印。

世俗权力与属灵权力

174.关于教皇与皇帝关系的三大理论

在西部君权复兴和神权崛起之后，对于“国王天下”（World-King）和“主教天下”（World-Priest）之间的神圣关系逐渐出现了三种不同的理论。第一种理论认为教皇和皇帝分别受神的委派，前者掌管人的灵魂，后者掌管人的肉体。各自根据上帝授予的权力进行统治，一方不高于另一方，但应相互合作、互相帮助。世俗权力的特殊职责是维护世界秩序，成为教会的保护者。皇帝拥有武力的目的是执行教令并同所有异教徒及与和平团结的破坏者做斗争。因此，这个理论看起来是教会与国家之间绝无仅有的完美组合，构成了一个以基督的双重性为象征的二元统治。

第二种理论为皇帝一方所持，认为皇帝在世俗事务中高于教皇。《圣经》和历史事件中的证据却不支持这种观点。因此，基督上缴贡金被用来引证世俗权力高于属灵权力；而且，他服从罗马法庭的管辖，也证明其认可民事权力的至高无上。再者，难道他没说："恺撒的应当归给恺撒"吗？此外，丕平和查理大帝赠予罗马的土地造就了教皇，这就支持教皇实际上为皇帝封臣的观点。

第三种理论为教皇一方所持，认为双方注定的关系是，世俗权力从属于属灵的权力，即便在民事事务中也是如此。这种观点由《圣经》文本佐证："属灵的人能看透万事，却没有人能看透了他。"①"我今日立你在列邦列国之上，为要施行拔出、拆毁、毁坏、倾覆，又要建立、栽植。"②还有人认为基督给了圣彼得两把剑，说"足矣"，代表着他被同时赋予了世俗和属灵的权力。因为中世纪时，论据经常使用寓言故事和比喻手法，因此这一概念通常会通过比较的形式进一步解释如下：上帝在天上设定了两束光芒，太阳和月亮，因此他在人间也建立了两种权力，即属灵权力和世俗权力；因为月亮次于太阳而且接受太阳的光芒，所以皇帝应居于教皇之下，他的权力也来自于教皇。③再次，这两种权力被比作灵魂和肉体；由于灵魂支配肉体，所以属灵权力注定统治并支配世俗权力。在反驳皇帝拥护者提出的丕平献土和查理大帝赠地的论据时，教皇的拥护者引用了《君士坦丁御赐教产谕》，并举了查理大帝是从教皇手中接过王冠的例子。

教皇与皇帝分而治之的理论是崇高灵魂的黄粱梦，忘记了人类终究是人。基督教世界几乎是分成两个敌对的阵营，其成员分别是教皇和皇帝理论的支持者。10世纪后，教皇和皇帝之间斗争的记载成了中世纪史里最精彩、最增长知识的篇章，因为双方都努力去让这些难以调和的理论变成现实。④

175.神权复兴

皇帝和教皇之间的大争斗始于11世纪。争斗的序幕是君权和神权的复兴和强化。当君权的观念在很多人的心里消失殆尽的时候，奥托大帝再次使其复兴。一个

---

① I Cor.（《哥林多前书》）ii，15。

② Jer.（《耶利米书》）i，10。

③ 维护君权的但丁削弱了这个观点的力量，指出月亮常常遮住太阳，但太阳却永远遮不到月亮。

④ 该主题的最佳描述，可参考Bryce's *The Holy Roman Empire*（《神圣罗马帝国》，布莱斯著）。

多世纪后，神权也得以复兴并强化。

在10世纪的大部分时间和几乎整个11世纪的上半叶，神权坠入了道德的深渊。这一可悲的状况主要源于对教皇选举的干预，选举名义上掌握在罗马的神职人员和人民的手中，但罗马城中敌对的封建派系可以随意选立或废黜教皇。因此经常导致丑闻缠身之人也可以通过暴力和贿赂坐上教皇的位子。①

教皇的权力被从腐败的深渊中拯救出来，从屈辱的束缚中解放出来，应极大地归功于君权的介入。对罗马教廷道德的再生影响最大的皇帝要数亨利三世（1039—1056），他行使自己作为教会守护者和保护者的权力，为教廷提名了一系列拥有宗教头脑、富有此时源自于克吕尼隐修院（Monastery of Cluny）的改革精神的强人。②

176.教皇格里高利七世（1073—1085）及其神权的观念

格里高利七世（Pope Gregory VII）是最杰出的改革派教皇，先前的俗名希尔德布兰德（Hildebrand）更为人所知，是继查理大帝之后中世纪里最值得关注的人物。1049年，他从克吕尼隐修院来到罗马，成为了教皇的选荐人和顾问，最后自己登上教皇的宝座，1073年至1085年间在位。

格里高利强烈反对君权高于神权的观点，甚至反对二者的平等与合作。“神权之于君权，就如太阳之于月亮，均传递着光芒与力量。然而，要是无法传递，也就毁掉了太阳，剥夺了君权。”③总之，格里高利的观念是，所有基督教国家应该打造一个普世神权政体，以上帝在人间的代表教皇为元首。

为了实现自己崇高的理想，格里高利一当选教皇就开始了两个重大改革：强制

---

① 为改善这一状况，罗马教廷成立了枢机团（Sacred College of Cardinals），在教皇尼古拉二世（Pope Nicholas II）的授意下，于1059年拉特兰会议（Lateran Synod）上创立。起初是由罗马及其周边教堂的主教、司铎和执事组成；后来，开始从更大的范围内选出成员。1585年，枢机团的成员人数定在了70人，人员空缺由教皇决定填补。虽然起初低职罗马神职人员享有确认的特权，但现在枢机团拥有选举教皇的专有权力。这个选举委员会是天主教会最重要的机构之一，但其创立未能立即让教皇选举遵章守纪，或免除世俗的干预；部分原因是他们的权力并未得到广泛认可，还因为有些教皇任命了难以服众的人进入了枢机团，因而易受腐败的影响。

② 格里高利七世之前的改革派教皇有：克莱门特二世（Clement II，1046—1048）、利奥九世（Leo IX，1048—1054）、维克托二世（Victor II，1054—1057）、斯德望九世（Stephen IX，1057—1058）、尼古拉二世（Nicholas II，1058—1061）以及亚历山大二世（Alexander II，1061—1073）。

③ Alzog，*Manual of Universal Church History*（《普世教会史手册》，阿尔佐格著），vol.ii，p.490。

世俗神职独身和禁止买卖圣职。

177.格里高利七世与神职人员独身

当格里高利坐上教皇宝座时，神职人员的婚姻极为严重地威胁着教会。最初，对神职人员独身（celibacy）一事便有两种对立的观点：一些坚持神职人员结婚的传统，而其他人则坚持不婚更为圣洁。11世纪，绝大部分低级神职人员都结婚。由此对教会造成的巨大伤害就是导致封建世袭被引入。神职人员开始把他们的职位和教会的土地作为采邑传给子女。教会的职位出现世袭，那么显而易见，教皇对神职人员的权威必定受损。

格里高利让所有的神职人员遵守独身誓言。通过将其从家庭依附中分离开来，并从家庭事务和责任中解脱出来，旨在让神职人员更加全心全意地奉献于自己的职位，并更加完全地信赖教会。独身的神职人员便可为神权建立坚实的基础，而这正是格里高利的目标。

这一改革政策遭到大多数神职人员的顽强抵抗，但最终还是得以实施——只是格里高利并未亲眼看到其成果；如此一来，独身就像对僧侣一样，对普通神职人员也有了约束力。毋庸置疑，这一改革措施在许多方面都提高了天主教神职人员的效率，也大大增强了教皇的影响与权威。

178.格里高利七世与买卖圣职

格里高利的第二项改革是纠正了圣职买卖（simony）行为，其终极目标就是将教会土地和职位从世俗领主和贵族手里解脱出来，使之完全掌控在罗马主教的手中。

教会买卖圣职①的恶行主要表现在以下几个方面：当封建制度占据欧洲社会时，教会同个人与城镇一样具有封建关系。因此，作为修道院和教堂首领的院长和主教们为了寻求保护，成为了贵族或王公的封臣。一旦某个大主教承诺以其个人土地或不动产效忠，这些便成为了最高领主的永久封地，且归属于封建土地所有制（详见第144条）。当神职出现空缺之时，封君则认为自己有权填补人员，就像世

① simony（买卖圣职）指的是买卖教会的神职，这一罪名来源于Simon Magus（行邪术的西门）想通过给彼得金钱以购买受圣灵的力量。——Acts（《使徒行传》）viii，9-24。

俗封地充公的情况一样[1]。这样一来，整个欧洲的世俗统治者几乎行使着所有教会大主教的提名和选举确认权。

当时这些世俗王公对教会职位和土地的授予就像对待自己的封地一样。如果提名任命和授予道院院长或辖区主教的职位，他们则要求从其职位收入中按一定比例提成。这严格遵照了封建制度的规定：封君有权要求其封臣为封地支付继承金。这一规则也适用于教堂的土地和职位后，自然而然滋生了罪恶与腐败。神职空额几乎都卖给了出价最高的人；因此，最不合适的人成为了主教和修道院院长。这些神职都授予了封君的亲信、食客、孩童以及那些最臭名昭著的恶人。

这就是教堂将其土地和职位适用于封建制度之后带来的混乱状态。维护教会团结和保护宗教本身都需要将其土地和职位的控制权从世俗统治者那里夺回来。

为了消除邪恶，格里高利于1078年和1080年两次颁布教令，禁止任何神职人员从世俗王公或封君那里接受主教或修道院长职务。任何一个敢于违反教令的人都会被开除教籍。

格里高利通过这一大胆的举措，意欲从封君和封建王公手中夺回教会职位和土地授予权，以及从这种关系中所获的巨额收益。当时在西方的主要国家，教会掌握了1/4的土地，所以这一革命的重要性不言而喻。改革如果完全成功，教皇则成为这些广阔教会土地的封建主或最高领主，并最终极大地遏制和削弱西方基督教世界各个世俗统治者的权力。

179.开除教籍和停止教权

格里高利施行其计划依靠的主要工具是教会的精神武器：开除教籍（Excommunication）和停止教权（Interdict）。

第一个是针对个人。开除教籍之人与其他教职人员的关系被切断。如果被开除教籍的是国王，那么他的子民将不再受制于对他所发的效忠誓言。任何为开除教籍的人提供食物和住所的人均会受到教会的惩罚。活着，开除教籍的人如染瘟疫一般被世人躲避唾弃；死去，将被拒绝以正常仪式下葬。

停止教权则针对某个城市、行省或国家。在这一禁令下，整个教区的教堂都被关停；禁止敲钟、禁止主持婚礼、禁止举行葬礼。只可以主持受洗和涂油两大圣礼。

---

① 神职人员和修道士仍然保留了名义上的选举权，但通常选举对他们来说只是一种形式而已。典型案例详见第228条。

在现今怀疑论时代要去认识这些禁令在“信仰时代”的影响并非易事。桀骜不驯的违反者极少能够逃脱制裁，要么迅速低头忏悔，要么自食恶果、自取灭亡。

180.授圣职权之争；卡诺萨之辱（1077）

强烈反对格里高利改革措施的正是德意志。候任皇帝亨利四世（1056—1106），被教皇威胁开除教籍并废黜帝位，却于1076年在帝国召开宗教会议予以应对，甚至要求教皇退位。格里高利反过来在罗马召开宗教会议废黜皇帝并开除其教籍。教皇的教令如下：“因亨利皇帝之子亨利国王对罗马教廷表现出前所未有的傲慢无礼，我以全能的上帝，圣父、圣子、圣灵之名，收回通过你（圣彼得）授予其统治德意志和意大利王国的权力。我解除所有基督徒对其所宣和将宣之誓言；并且禁止任何人待其为国王。”①

卡诺萨之辱

① Henderson，*Select Historical Documents of the Middle Ages*（《中世纪历史文献选读》，亨德森著），p.377。

这是一位教皇首次冒险罢黜一位国王，也是该教令值得关注之处[1]，此后这一先例经常被沿用。

亨利被罢黜鼓舞了其统治区域内不满臣民的反抗。他成了被天国诅咒的人，人们唯恐避之不及。他的权力几乎完全不在掌控之中，王国也即将土崩瓦解。在如此恶劣的条件下，等他去做的只有一件事情：去拜见格里高利，谦恭地请求原谅，并恢复对教会的支持。

1077年，亨利前往位于亚平宁山脉（Apennines）的卡诺萨（Canossa），这是著名的托斯卡纳的玛蒂尔达女伯爵的城堡，格里高利当时正在那里，但拒绝见他。时值隆冬，国王身穿麻衣，赤足立于满是积雪的城堡院落里，连续三天等在那里请求教皇接见，并准备跪于其足前接受宽恕。

这是道德意义上最令世人瞩目的事件之一：神圣罗马帝国的皇帝、恺撒和查理大帝的继任者，沦落成为罗马教皇门前被拒绝的忏悔者。

第四天，格里高利同意接见国王，免除了开除其教籍的处罚。亨利这是“屈身去征服”，因为胜利是属于他的。他迫使不情愿的教皇赦免了他，从教会的责难中解脱，对亨利及其理想都意义深远。

现在，亨利可以为他所受的耻辱报仇了。他召集了一支军队突袭罗马。在罗伯特·圭斯卡德（Robert Guiscard，详见第162条）率领下的诺曼人前来保护教皇。在随后的战斗和混乱中，罗马几乎变为废墟。格里高利被迫到萨莱诺（Salerno）寻求避难，并于1085年客死他乡。他的遗言是：“我喜爱公义，恨恶罪恶，所以我客死他乡。”[2]

但争端并未就此停息。格里高利的继任者继承了他的遗志，亨利再次被开除教籍。在与教会势力作了长期斗争并遭到被煽动的儿子起兵反叛之后，他最终于1106年心力交瘁而死。在5年的时间里，他的遗体被拒绝安葬在神圣的土地上；但最后，教会的禁令被解除了，他带着应有的荣耀入土为安。

181.沃尔姆斯宗教协定（1122）

亨利蒙羞虽然给自己带来了个人的胜利，但却给皇权的声誉带来了沉重的打

① Lea，*Studies in Church History*（《教会史研究》，李著），p.363。

② 此言部分参引Psalms（《诗篇》），xlv：7，“你喜爱公义，恨恶罪恶。所以神就是你的神，用喜乐油膏你，胜过膏你的同伴。”——译者注

击。尽管如此，他的继任者还是继续同教皇争斗。经过多年的艰苦斗争，事件终于在1122年有了结果，就是著名的沃尔姆斯宗教协定（Concordat of Worms）。协定规定：经过自由教会选举产生的所有帝国主教和院长，都应由教皇授予象征属灵管辖权的戒指与权杖；而皇帝则是通过触摸其世俗权力象征的权杖行使其授职权。此次双方都承认，所有的属灵权力源于教会，而所有的世俗权力来自国家。这是一种妥协："恺撒的物当归给恺撒，神的物当归给神。"

但是无论看上去这一妥协是多么的平等，它都是一场神权的道德胜利。协议把教会从完全世俗化的极度危险中解救出来；因为如果世俗权力在纷争中取得胜利就会使教会成为"世俗地方官员手中操控的机构"①，成为封建帝国和君主制度的组成部分，就像古希腊和古罗马的庙宇是城邦的组成部分一样。

国王通过授予主教权杖进行的授权仪式

教皇和皇帝的权力之争告一段落，而此时的欧洲人民开始一致对同一事务产生了惊人的高涨热情：十字军东征，或圣战。

神权在同君权斗争的过程中获得了威望与力量，令教皇得以施加影响，组织并实施了十字军东征；而与此同时，又正是这一伟业反作用于神权，极大地帮助教皇实现格里高利欲把教皇的权力打造成西方基督教世界无上权力的理想。

① Bowden，*The Life and Pontificate of Gregory the Seventh*（《格里高利七世的生平与教职》，鲍登著），vol.ii，p.376。

第十三章　十字军东征

第一节　十字军东征在欧洲酝酿

182.十字军东征的定义；及其在世界历史中的地位

十字军东征是由欧洲基督教徒发起，旨在从穆斯林手中夺回圣城巴勒斯坦并维系东部拉丁王国，而持续了两个世纪的间歇性军事远征。历史学家通常认为其中有8次东征尤为值得讲述。在这8次中，前4次通常被命名为大规模十字军东征

教皇尤金三世下令发起第二次十字军东征

（Principal Crusades），剩下的四次被称为小规模十字军东征（Minor Crusades）。但除了这些之外，还有儿童十字军东征和几次其他征讨，因其在数量和成果上微乎其微，通常忽略不计；还有几次欧洲自身具有东征性质的战事，即对西班牙摩尔人的战争，对法兰西阿尔比派（Albigenses）的征讨和对波罗的海沿岸异教斯拉夫人的战事。

从广义的角度讲，对穆斯林的圣战只是东方与西方、亚洲与欧洲之间斗争长剧的一集而已，其中古希腊与波斯人之间的斗争是序幕。从狭义的事物周期看，十字军东征是伊斯兰教和基督教两大宗教世界漫长斗争的高潮，其开端已为人所熟知，而现今的表现形式则是奥斯曼人和欧洲基督教民族之间的对抗。

本章节首先说明这些征战的原因；然后着重讲述第一次十字军东征的特点，其后的各次东征则会轻描淡写，因为这些只不过是重复了第一次东征的必要特征；此后简述欧洲内部的十字军东征；最后，概述导致十字军东征结束的原因并总结其影响。

183.宗教动机或原因；朝圣

十字军东征在历史上是一场浩大而持久的运动，其背后的力量大多慢慢滋生于那些参与其中的人的思想和内心。圣战的主要推动力是宗教思想和时代情感，尤其是对圣地和朝圣的情怀。西部基督教世界人民这一时期内心的灵魂史漫长而又令人瞩目。

所有年龄段的人都在猎奇之心、情怀或宗教的驱使下去朝圣，地点是因奇异事件、或人类受苦受难、或英雄行为所至的神圣之地。尤其是先知、圣徒和殉道者的出生地或安葬地，被人们赋予了宗教情怀，使其成为人们的敬仰和朝拜之地。就如同印度教徒对贝拿勒斯（Benares）[①]、伊斯兰教徒对麦加及基督教徒对耶路撒冷各自所付出的普遍与强烈的感情。

在早期的基督教徒中，人们便认为去神圣的地方参访是一种虔诚且值得称颂的行为。据信，在这样的圣地祈祷会更加灵验。人们尤其认为，到救世主曾经驻足的土地上以及见证其殉教的圣城朝觐极为虔诚，并能由此获得天国的特别垂青与恩惠。

① 贝拿勒斯（Benares），1957年更名为瓦拉纳西（Varanasi），印度教圣地、著名历史古城，现存各式庙宇1500座以上。——译者注

基督教一在罗马帝国的土地上兴起，教徒们便开始从西欧到圣地去朝觐。起初，这样的行程充满艰难险阻，朝觐之人相对较少。在位于德意志和博斯普鲁斯海峡交通要道的匈牙利皈依之前，朝圣者通常取道地中海港口，并伺机登上从事东部贸易的船只渡海。

有人宣布要去朝圣，那绝对是当地的一件大事。他会由大批友人和邻居陪伴走出自己的家乡，并由司铎为其祈福，赠手杖与行囊，送其踏上虔诚的旅途。

到达圣城（Holy City）之后，按照传统到指定的救世主（Saviour）神迹地祈祷，到其殉难地哀悼。最后，朝圣者沐浴约旦河（Jordan）的圣水，并从该地带回一根棕榈枝（palm branch），奉于家乡教堂的祭坛，作为其完成朝圣的象征。最后一种朝圣者与去其他圣地的朝圣者有所不同，他被称为palmer（从圣地带回棕榈叶的朝圣者）。

11世纪的克吕尼复兴（详见第47条）点燃了众人的宗教热情，也极大地激发了朝圣的热情，导致去圣地朝圣的数量大幅增加。因为匈牙利的皈依使得沿多瑙河而下的陆路通道再次开放，不再是孑身一人的行者，而是成百甚至上千人[①]结伴同行，以至挤满了当时通往耶路撒冷的道路。

然而此时，一切都改变了。从君士坦丁时代到阿拉伯征服时代，圣地都在基督教徒自己手中。在4个多世纪里，萨拉森人的哈里发掌控着巴勒斯坦，通常对朝圣者持开明政策，甚至鼓励朝圣将其作为一种收入来源。但今非昔比，作为一支卓越的鞑靼部落，塞尔柱突厥人（Seljuk Turks）热诚地皈依了伊斯兰教，并逐渐扩展他们的势力范围，直至建立了一个从中国边境[②]绵延到达达尼尔海峡的王国。1076年，耶路撒冷被塞尔柱突厥人占领，阿拉伯人盘踞的小亚细亚大部分地区也被其征服，而距君士坦丁堡只有70英里的尼西亚城被他们打造成了军事堡垒。几乎所有的穆斯林哈里发征服的亚洲土地都被他们夺去，而几个世纪前似乎马上成为世界霸主的种族几乎又被打回到了阿拉伯半岛。

基督教徒很快便认识到权力已经易手，并受到各种各样的侮辱与迫害。耶路撒冷的年长主教据说不堪其辱，而在某些情况下基督教堂也被损毁或亵渎。朝圣者仍然不断涌向圣地，但他们遭遇的不幸和苦难证明了这个时候来朝圣是多么的危险。

---

① 有记载的最大结行人数为7000人，由一位大主教带领，于1064年启程。

② 此时中国为北宋神宗赵顼（1048—1085）统治年间，塞尔柱帝国与北宋并不接壤，全盛时期其国境也未及现今中国边境。——译者注

欧洲基督教徒对圣地频发的侮辱事件极为愤慨，被朝圣者所经历的苦难感动得落泪。如果去圣墓堂朝圣是值得称颂的事情，那将圣地从异教徒的亵渎中拯救出来岂不是功德无量。正是此种信念将朝圣者变为武士；正是这种情感，在两个多世纪里，激荡在西部基督教世界的内心最深处，使得欧洲人如潮水般一波一波地涌向亚洲。

184.教会中尚武精神的发展；教会与骑士制度

朝圣历经几个世纪惊人地转变为东征，并非教会一己之力可为。在基督教早期，人人皆兄弟的精神在教会占据上风；但到11世纪，却完全被尚武精神取代。基督吩咐门徒们放下宝剑，而此时的教会首领却命令所有的人举起剑为信仰而战。

多种原因与条件引发了教会的这一惊人转变。第一个原因是基督教在改造蛮族的同时，自身也被改造。新的皈依者们把他们的尚武精神也带进了教会。他们过去是战士，现在仍然是战士。在这种外来精神的影响下，教会改变了早期的贵格会信条，最后许可了曾被首批基督教徒普遍谴责为与主之信条相悖的戎马生活。

第二个原因是中世纪神裁法，特别是决斗断讼法的思维模式。决斗断讼法的理念便是上帝会奇迹般地干预并将胜利赋予正义的一方。那么，在两军之间这样更大的战斗中，相信上帝会作出公正的裁决，便是自然而然的事情了。《旧约》的历代志加强化了这一信念。中世纪基督教徒们在上帝领导犹太人与异教敌人的战斗中找到了充足的依据，表明教会可以发动对异教敌人的十字军东征。

第三个原因是伊斯兰教的军事信条迫使基督教会引入了尚武精神。在第一次十字军东征之前的三个多世纪里，穆斯林一直在与欧洲基督教徒接触，而其中大部分时间是在战斗。在这种情况下，教会自然而然地的遭遇了伊斯兰教的尚武精神，从而与其对手一样时刻准备着和召集其追随者通过武力进行防御或传播信仰。此种基督教世界的尚武精神在骑士制度中有独特的表现。教会与骑士制度之间的关系业已论述（详见第153条）。骑士制度通过教会的指导和庇护得以流传。在11世纪末，教皇发出自愿参加圣战的号召，无数的骑士听到号召后均渴望完成其骑士誓言，在同穆斯林异教徒的战斗中赢得荣誉。异教的旧罗马曾经利用这些同样热爱战争的北方人为帝国而战；此时基督的新罗马又召集他们到旗下为十字架而战。

185.神命和平与神命休战

同上条内容及十字军东征息息相关的是，教会于11世纪订立的制度，称为“神命休战”。

封建制度下的社会状况混乱，国家的中央权力涣散，无论是皇帝还是国王都无法阻止大封君之间的掠夺和争斗。发动私人战争的这一权利是这些半开化的贵族被赋予的最昂贵的特权之一。他们绝不愿放弃这一权利，就如当今国家不会放弃其国家战争权一样。于是，欧洲又恢复到原始的野蛮状态，氏族和部落之间再次陷入了罗马兴起前欧洲大陆所处的永久战争状态，那时经过几个世纪的极大努力后，才在整个帝国建立起了“罗马和平”（Roman Peace/Pax Romana），可此时每一片土地又都充满了斗争与暴力。正如一位作家所描绘的那样：“每一座山冈都是堡垒，每一片平原都是战场。商人在大路上被抢劫，农民犁地时被杀害，神职在祭祀时被屠戮。邻里反目，贵族相杀，城镇交战。”

在这种令人无法忍受的混乱状况下，教会发出了抗议。11世纪初，法兰西发起了一场运动，目的是彻底制止基督教徒之间的战争。教会提出了恺撒曾经实施过一段时间的计划，宣称所谓的“神命和平”。以和平之神的名义，命令所有的人避免违反基督教精神和教义的一切战争、抢劫与暴力。但即便受到被地狱永恒折磨的威胁，令人停止发动私人战争也绝无可能。

之后，法兰西南部的神职人员发现他们不能完全压制邪恶，便得出结论：更为明智到做法是尽量控制战争，这就导致了1041年“神命休战”的颁布[①]。这一运动就如该时期的所有道德改革一样，都与克吕尼复兴有关。

在任命克吕尼隐修院院长的那一年，几位主教联合发布教令，要求所有人在一周内保持从周四到周一共4天圣洁而不断的和平[②]，即这几天被认为是救世主受难、葬礼和复活的日子。违抗教令之人将会受到教会的严惩。

在整个西欧都处于战争和暴力之中时，该运动至少带来了时断时续的平和。不同教会以及教皇所颁布的教令在细节上有所不同，但都采纳了1041年教令的原则。

显而易见，神命休战也不会被很好地遵守；然而，它在改善11、12世纪的事物总体状况方面还是起到了一定的作用，比如减少了罪恶的私人战争，使生活能过得下去，财产能更安全。教会运用在此领域获得的约束权使封建贵族和骑士安心地将自己的封地和其他财产留给教会保护，同他们的封臣一起进行十字军东征。

---

① Kluckhohn，*Geschichte des Gottesfriedens*（《神命和平史》，克拉克洪著），p.38。

② 一些教令将休战定在了星期三晚上到星期一早上。

186.诺曼人的躁动与十字军的热诚

除了十字军东征的各种已知诱因和条件，还有一个必须提及的近因就是此时的西欧大陆已经弥漫着诺曼人的冒险与不安的精神。征服者威廉征服了英格兰，其他诺曼首领征服了意大利南部和西西里岛，而这只是其中两例而已。在整个11世纪，诺曼骑士们仍忠诚于他们祖先的古老维京精神，不断地征战于西班牙、非洲和其他穆斯林的土地。他们到处与异教徒交战，到处煽起基督教和穆斯林之间古老仇恨的余烬，到处唤醒西部基督教世界的东征精神，为圣战做了许多准备。

187.各种次要诱因

十字军东征的主要原因前面都已叙述，但同时也有其他一些不可忽视的原因。许多人出于对改变、刺激和冒险的热爱而参加了东征。意大利的一些城镇出于商业或政治动机而参与其中。许多骑士、王公甚至国王为了从东部异教徒手中夺回封地才领导了东征。许多农奴加入其中是为了摆脱不堪忍受的痛苦与压迫下的生活。而大量更为底层的人们加入其中是为了获得免于债务和犯罪的刑罚；因为，十字军战士的人身和财产都受教会的特殊保护。

然而，尽管有这么不光彩的动机驱使众多的人们加入东征队伍，但当时的宗教情感，即拯救圣地是神圣的动机这一坚定信念，才是最主要的动因。如若缺失，其他任何的诱因和动机都不足以使众人发动或坚持这些非同寻常而又旷日持久的远征。事实已经证明，正是那些被克吕尼改革影响到土地的人最先响应了十字军鼓动者的号召。因为正是一种浓厚的宗教情感组织了东征，正是一个宏大的宗教理想作为动力维持了如此长久的东征，所以东征被恰当地称为“圣战”。

188.东征的有利条件

虽然众多强大的驱动力共同将西部的人们转变成了狂热的十字军战士，但要是没有几个及时而有利的条件，圣战也不可能或只能达到部分且暂时的成功。

第一，当时正值11世纪上半叶，匈牙利皈依了基督教，被这些野蛮部落封锁了几百年的通往东方的陆路重新开放，为早期东征铺平了道路。

第二，在10、11世纪期间，威尼斯、热那亚和比萨这三个共和国的海上力量得以增强，加之诺曼人实力的提升及其后从萨拉森人手里夺回的西西里岛（详见第162条），使得基督教徒能够清除中地中海上自伊斯兰势力崛起后一直横行此海域的穆斯林海盗船。因为十字军战士恐惧大海，水路去往巴勒斯坦并未成为早期远征的选择；但水路的优势逐渐被认识到以后，所有远征就都通过坐船抵达目的地了。从东征一开始，意大利城市就单独指挥海上交通，并提供了不可或缺的运输补给，使得第一次十字军东征在巴勒斯坦建立的殖民地得以维持下去。

第三，第一次十字军东征开始前三四年，塞尔柱突厥人（详见第183条）在亚洲建立起的庞大帝国便分崩离析，被多个相互嫉妒的突厥小国所取代。这对于第一次东征的十字军战士来说极为幸运，因为如果他们被迫与分裂前的帝国军队遭遇，是没有一个人可以活着到达圣地的。

第四，阿拉伯人和突厥人的对抗大大促进了基督教的发展。一直延续至今的这种对立几乎不可避免地分化了伊斯兰教世界的力量。

第五，神权的增强是另外一个不可或缺的因素，否则不会有西部基督教世界的十字军东征。教皇用其无上权力使人们相信参战是虔诚之举。正是教皇用大大小小的成功来鼓舞、组织和指导着东征，而且无论对此赞扬抑或谴责，都是教皇们的东征。

189.隐士彼得的传说

生于法兰西的一位名叫隐士彼得（Peter the Hermit）的鼓动，传说是第一次十字军东征的直接诱因。传说讲述这位修道士在虔诚的渴望驱使下去圣地朝圣；目睹了异教徒轻蔑和残酷地对待当地人及朝圣的基督教徒，进而激起了他的同情与愤慨。以及他又如何将耶路撒冷主教的信带给欧洲的基督徒，匆匆赶到罗马伏于教皇乌尔班二世（Pope Urban II）的脚下，乞求委任其鼓动东征以解救圣城。教皇热烈地赞扬了隐士的热诚，承诺支持并派其激励人们加入东征这一神圣的事业。

隐士彼得

传说当时这位修道士四处云游，在大街上与田野中向围拢过来的人群讲话。人们把这位身穿着隐士粗布衣服的修道士看作是天国的信使，甚至崇拜他骑的毛驴。他的演说激情澎湃、生动流畅，不断地把听众感动得热泪盈眶，令他们热情高涨。

这就是隐士彼得传说中的精要部分，通过12世纪末的编年史家提尔的威廉（William of Tyre）所记史料流传下来。这个记述的第一部分已不足信，而且似乎可以肯定的是所谓的到耶路撒冷朝圣纯粹是后世小说家杜撰的故事。但毋庸置疑，这位修道士的鼓吹具有非凡的特征，并给大众心中留下了深刻的印象。但第一次十字军东征的真正发起人是教皇乌尔班二世，而并非如传说中的隐士。而且修道士鼓动东征也是在克勒芒会议之后，而不是之前，且可能只限于法兰西东北部。

190.皮亚琴察会议和克勒芒会议（1095）

当西方基督教徒的宗教情感日益浓厚之时，东方的突厥人却不断强大直至最终威胁到了君士坦丁堡。皇帝阿历克赛·科穆宁（Alexius Comnenus）向教皇发出紧急求助信，请求援助抗击异教徒，表示除非立即施以援手，否则都城连同圣物必定落入蛮族之手。

克勒芒宗教大会

1095年，乌尔班在意大利的皮亚琴察（Piacenza）召开宗教会议研究这一请求。这是一次热情的大会，因为基督教世界的宗教情感已经被强烈激发。但威胁是迫近了东部的姊妹教会，与会人员所代表的其他各方利益仍难以调和，无法达成一致而采取措施救助东部教会或收复耶路撒冷。

同年晚些时候，新的宗教会议在法兰西的克勒芒（Clermont）召开，乌尔班有意将会议地点选在了急躁而好斗的法兰克人这里。14位大主教、225位主教、400位修道院院长，以及不计其数的一干人等参加了这次会议。克勒芒镇住不了这么多与会者，他们只能散居于周边区域。

会议商讨了一些次要问题之后，搅动所有人心弦的问题被提上议程。教皇本人就是首席发言者。他拥有雄辩的才华，所以其人、其事、其时都促成了人类最伟大的成功演说之一的完成。乌尔班描绘了亚洲各省的屈辱和苦难；对圣子现身且驻足之圣地的亵渎；然后他详述了突厥人的征服，直到此时，几乎所有的小亚细亚都被其占领，他们正在达达尼尔海峡的海岸威胁着欧洲。“当耶稣基督召唤你去守护之时”，雄辩的罗马教皇喊道，“切勿让卑下的感情把你们限制在家中；以主之名，放弃你的房屋，你的父母，你的亲戚，你的妻子，你的儿女，你的财产；你所放弃的，都应得到百倍的补偿，而你将被赐永恒的生命。”

此时，大会的热情冲破了一切束缚，他们异口同声地喊道：“上帝之意！上帝之意！”（Dieu le volt! Dieu le volt!）成千上万的人立即将十字架①贴在他们的衣服上，宣誓定会信守圣约前去解救圣墓堂，并确定次年夏天出征。

第二节　第一次十字军东征（1096—1099）

191.征召十字军战士

法兰西和意大利南部等国家最为教皇的呼吁所触动。在这些土地上，热情几乎感染了所有阶层的人们；因为这一呼吁正处在拥有共同宗教情感的特殊时期。克勒芒会议上宣布了新的神命休战，将其禁止范围大大扩展，并宣告诅咒任何一个侵扰正

① 圣战得名Crusades（十字军东征），源自古法语词crois（十字架）。

致力于圣战的王公财产之人。教皇以教令的形式给予那些拥有正确动机的人“免除所有教规处罚”，并许诺真诚的忏悔者，万一他们死于征途，将得“永生之乐”。

在这样的诱因下，王爵与贵族、主教与司铎、修士与隐士、圣徒与罪人、富人与穷人都迫不及待地应征加入十字军团。米肖说：“欧洲，好似一片流放之地，人人都急于离去。”

192.先头部队

在十字军战士组成的正规军开始行动之前，那些聚集在隐士彼得周围的人不想拖延时间，敦促彼得作为首领带领他们立即赶赴圣地。这一群各色人士组成的十字军由隐士彼得和赤贫者瓦尔特（Walter the Penniless）分别率领，据称有8万之众[①]，其中不乏妇女和儿童。隐士率众通过陆路经由德意志和匈牙利前往君士坦丁堡。数以千计的十字军战士在行军途中因饥饿、日晒、雨淋而悲惨地死去。那些越过博斯普鲁斯海峡的则被突厥人突袭，几乎全军覆没。这让第一次十字军东征蒙上一层阴影。

193.主力大军

与此同时，一支真正的军队正在西部地区集结。图卢兹伯爵雷蒙德（Count of Toulouse Raymond），法兰西国王的兄弟韦芒杜瓦伯爵休（Hugh of Vermandois），诺曼底公爵罗贝尔，下洛林公爵（Duke of Lower Lorraine）布永的戈弗雷（Godfrey）及其兄弟鲍德温（Baldwin）和尤斯塔斯（Eustace），奥特朗托王子博希蒙德（Prince of Otranto Bohemund），以及他的侄子“骑士之镜”坦克雷德（Tancred），是军中各部的一些著名将领。据说这次远征人数约30万。

因其所经国家无法为如此庞大的十字军团提供补给与粮草，所以他们计划兵分几路向东进发，最后会师于君士坦丁堡。布永的戈弗雷带一队人马直穿德意志和匈牙利；图卢兹的雷蒙德率领另一支人马在南线穿越达尔马提亚（Dalmatia）。其他各部翻越阿尔卑斯山，穿过亚得里亚海，然后继续沿陆路行进。

十字军团抵达君士坦丁堡时，皇帝试图说服军团尊其为最高领主，宣誓效忠于

---

① 库格勒（Kugler）表示，编年史作家所记录的庞大数字只能被理解为“人数众多”，当然只是模糊的猜测或估算。

他。起初遭到拒绝；但最后，皇帝通过奉承与贿赂诱使所有的君主都表示服从于他，但这种服从形式远远大与实质，因为西部的武士对柔弱的希腊人存在着无法遮掩的蔑视。

194.占领尼西亚（1097）；穿越小亚细亚；占领安条克（1098）

一跨过博斯普鲁斯海峡，十字军团就包围了突厥人的都城尼西亚，并在极短的时间里迫使其投降。然而，此地并未由任何一位欧洲王公占有，被交还给了东部帝国。

在收复尼西亚之后，基督军团为保证食品和草料供给，分两路向叙利亚进发。在弗里吉亚（Phrygia）的多利留姆（Dorylaeum），突厥人进攻了其中的一队人马，在另一队未及支援之前几乎将其打垮；但基督骑士们英勇作战，还是取得了最终的胜利。

经过此次战败之后，穆斯林军队不再冒险打遭遇战，而是在拉丁军团的前方坚壁清野进行阻击。他们的坚壁清野做得如此彻底，以至于十字军团在无论敌友的土地上行军500英里，几乎没有任何东西能够给自己或坐骑果腹。几乎所有的战马都被饿死，队伍也在急剧缩减。

抵达东部人口最多的城市安条克之后，十字军团马上将其围得水泄不通。在围攻了7个月后，该城因叛徒的出卖而被攻破（1098）。

195.朗基奴斯之枪与巴托罗缪神裁

基督教徒们刚一占领安条克城，就被大批穆斯林军队包围，很快便陷入了饥饿与悲观的绝境。他们自觉难逃一死，开始咒骂上帝弃其而去，也放弃了自己的圣业。

一个所谓的奇迹把该城从穆斯林的围困中解救了出来。一位名叫巴托罗缪（Bartholomew）的牧师据称得到神示：在某座教堂的祭坛下，会发现刺穿救世主侧腹的枪[①]，而它会带领基督教徒战胜敌人。搜查之后，“自使徒时代以来一直隐藏着的”枪头被找到，圣物一现，十字军战士们立即燃起了无法控制的热情。

---

① 圣枪（Holy Lance），常称为朗基奴斯之枪（Lance of Longinus），又称圣矛（Holy Spear）、命运之矛（Spear of Destiny），基督教圣物。该枪为百夫长朗基努斯用以刺穿耶稣基督侧腹。“但是有一个士兵用枪刺他的肋旁，立刻有血和水流出来。”——译者注

他们用朗基奴斯之枪（holy lance）作为指引的旗帜，冲出城门，奋力杀敌，驱散了敌军。

事后巴托罗缪被控撒谎。他提出服从火裁法（详见第58条）。因此，平原上点燃了两大堆干橄榄枝，两堆火离得太近以至火焰交织在了一起。一切准备就绪，司铎带着圣物走过去。另一位司铎宣读控诉书："如果这个人见过主的真身，如果使徒安得烈确将圣枪神示于他，那就请保护他穿过火焰而安然无恙；相反，如果他曾撒谎，那就请将他连同手中之枪化为灰烬。"

巴托罗缪郑重宣布他所说的都是实情后便一头冲入了火焰之间。他冲了过去，但却被严重烧伤，不久便离开了人世。然而，有些人将他的死亡归咎于人群的挤压，而不是大火，所以这次神裁没有解决任何问题。

着墨此事是因为它比任何事件都能令人更好地了解，这次拯救圣墓堂的是些什么样的人。

196.占领耶路撒冷（1099）

十字军团取胜之后并未直扑耶路撒冷，而是在叙利亚北部耗费了近一年的时间，因为其中有些将领在该区域四周为自己征服领地。同时，埃及的哈里发法蒂玛（Fatimite caliph）趁着基督教徒胜利导致的恐慌，从突厥人手中夺取了耶路撒冷。当拉丁战士们重新向圣城进发时，他派了一位特使，提议加入他们对抗突厥人的大军。十字军团答复说他们的誓言是将圣墓堂从异教徒手中解救出来，并在宗教诞生地建立起基督教国家，而不管是萨拉森人还是突厥人，都同属异端。

所以，东征大军继续向耶路撒冷挺近。当他们历尽艰难和牺牲接近目标时，军中各阶层的不和平息下来，而曾激励他们踏上征程的热情在每个人的心中再次燃起。他们几乎不休息，夜以继日地行军。最后，在1099年6月清晨的第一缕曙光中，他们的队伍登上山顶，眼前突然出现了圣城的城墙与塔楼。十字军团完全陷入了狂喜之中。"耶路撒冷！耶路撒冷！"的呼喊之声传遍整个队伍。他们含着喜悦的泪水相互拥抱，甚至拥吻自己脚下的土地。他们脱掉鞋袜，赤足露顶，向前进发，口中唱着先知的话语："耶路撒冷，你抬起双眼，看解放者打破你的枷锁。"

萨拉森人已经采取一切措施保卫城市，抵御进攻。城墙内有一支强大的卫戍部队，其防御能力得到了加强，而所有周边地区均为荒原，围城的军队没有任何生活补给来源。但是，基督教徒立刻前进并包围了它。建造攻城车的木材从二三十英里外的地方运来；当时停靠在雅法（Jaffa）的一支热那亚船队提供了额外的材料和工具，外加技术熟练的工人。

基督教徒发起的第一次进攻被击退了。但橄榄山（Mount of Olives）上一位神秘骑士的出现使得十字军团相信圣乔治（Saint George）前来带领他们走向胜利；基督教徒以奋不顾身的热情再次向城墙发起进攻，使得穆斯林教徒的内心颇为惶恐。什么都难以抵挡他们的攻击，城墙的守卫被一扫而光，1099年，十字军团攻下了耶路撒冷。

紧接着便是对异教徒的可怕屠杀。“如果你想知道如何处理在那里发现的敌人”，一封十字军战士的家书中写道，“只需知道我们的战士骑马行过所罗门门廊（Solomon's Porch）和他的神殿的时候，萨拉森人的血染过了马膝。”

基督教徒把异教徒的房屋和财产据为己有，每个士兵都有权拥有它首次占领或标记的地方。最贫穷的十字军战士突然发现自己成了奢侈品环绕的房主了。

197.耶路撒冷王国的建立

一攻下耶路撒冷，十字军团便着手为这个他们征服的城市和国家组建政府。他们建立的是一个典型的封建国家，称为耶路撒冷拉丁王国（Latin Kingdom of Jerusalem），所适用的法律被称为《耶路撒冷法令》（*Assizes of Jerusalem*），是该国法官判罚规则和惯例晚期的汇编，形成了现存最令人关注的封建判例集之一。

王国的领导权赋予了最忠诚的十字军骑士布永的戈弗雷。但这位君主拒绝接受国王头衔及王袍，宣称在主头戴荆冠之城他绝不头戴金冠。他只接受了“圣墓保卫者”（Baron of the Holy Sepulcher）这一称号。

付出如此努力与牺牲建立起来的拉丁王国，涵盖了该地区的一些城镇，其地域范围同古巴勒斯坦几乎吻合。几代人从西部源源不断地涌入该国，使之具有了欧洲国家的特征。因此，巴勒斯坦一度在社会和政治上成为欧洲的延伸。

198.阿斯卡隆战役（1099）；第一次十字军东征结束

十字军团组建的这个小国家刚刚成立，便被告知一支集结了几乎所有伊斯兰世界信徒的大军正在袭来，欲为耶路撒冷沦陷过程中被屠杀的教友复仇。还没等他们到达，基督教徒便集结了不超过2万的兵力出城迎敌，与穆斯林教徒在阿斯卡隆（Ascalon）平原遭遇。在这个地方，信仰和热情的奇迹再次出现：通过几小队基督骑士的猛烈冲锋，穆斯林军队就如风卷落叶一样四散奔逃了。

阿斯卡隆的这场胜利也许是拉丁战士们最精彩的战绩，使之成为第一次十字军东征的最后一场伟大的战役。考虑到解救圣城的誓言已经兑现，许多十字军战士便通过水路或陆路返回了家园。

返回的十字军战士抵达家乡，他们所到国家的故事、所创的功绩、骁勇善战所得的富饶土地，再次激起了整个西部的狂热，就如当初教皇乌尔班所激起的一样。此时便又开始重复第一次十字军东征之初的场景了。许多人蜂拥到十字架的旗帜之下，在没有适当组织或领导的情况下，跨越欧洲奔向君士坦丁堡，从都城再分三路进军小亚细亚。所有队伍几乎都被突厥人歼灭；只有少数幸存者返回了欧洲。此次注定失败的远征标志着第一次十字军东征的结束。据估计，在这个过程中，西部损失了100多万战士。

第三节　第二次十字军东征（1147—1149）

199.耶路撒冷王国的状况

十字军主力返回之后，戈弗雷及其骑士战友的处境极为凶险。基督教小王国的四周都是虎视眈眈、伺机报复的穆斯林敌人。在戈弗雷及其继任者鲍德温一世（1100—1118）和鲍德温二世（1118—1130）的带领下，十字军骑士们一直忙于保卫域内城市免受萨拉森人和突厥人的攻击，或消减敌人所占的土地。提比利亚（Tiberias）、恺撒利亚（Caesarea）、多利买（Ptolemais）、阿斯卡隆、贝鲁特，西顿（Sidon）、提尔以及其他许多地方被从伊斯兰教徒手中夺回，基督教王国的版图向四面八方延伸。

200.军事宗教骑士团的起源

大约就在此时，善堂骑士团（Hospitalers）和圣殿骑士团（Templars）两大宗教军事骑士团成立。

善堂骑士团，或称圣约翰骑士团（Knights of Saint John），因最初由耶路撒冷圣约翰医院的修道士于约1130年建立而得名；而圣殿骑士团，因修士会的一座建筑位于所罗门圣殿遗址附近或之上而得名。这两个骑士团的目标都是照顾生病和受伤的十字军战士、款待基督教朝圣者、守卫圣地，一直为十字架而战。善堂骑士团是修道士在其原有的修道誓约之外附加骑士誓约；而圣殿骑士团则是在骑士誓约的基础上附加宗教誓约。因此，它们将不和谐的修道士理想与骑士理想结合在了一起。这些享有军事声望的宗教组织很快就遍布基督教世界。西部许多名声显赫的骑士都加入进来，并通过虔诚的赠予获得巨额财富，还在欧洲和亚洲拥有了大量的分支机构。

稍晚时期成立的条顿骑士团（Teutonic Knights）源于德意志人的一个慈善组织，其直接目的就是救助阿卡（Acre）前线上生病和受伤的德意志战士，当时基督教徒正被围困。很快，德意志皇帝腓特烈·巴巴罗萨（Frederick Barbarossa）便将该组织升格为骑士团，此后骑士开始了其作为基督教斗士的非凡历程，首先对抗亚洲的异教徒，后来又同波罗的海沿岸的异教徒做斗争（详见第216条）。

201.埃德萨的陷落（1144）

在戈弗雷、鲍德温一世和鲍德温二世死后，耶路撒冷王国因骑士和贵族之间的内讧而削弱，而其敌人的攻势却成效显著。最后，在1144年，埃德萨城（Edessa）被突厥人攻占，全城人口要么被屠杀，要么被卖为奴。该城市一直被视为拉丁王国通往美索不达米亚的堡垒；它的陷落不仅给巴勒斯坦的所有城市带来恐惧与惊慌，也令整个西部处于极大的忧惧与惊恐之中，唯恐小基督教国家被完全征服，所有圣地再次落入异教徒之手。

202.圣伯纳德的鼓动；东征的失败

标志着第一次十字军东征开始的场面此时又在许多西部国家重演。一位雄辩的修道士，克莱尔沃的圣伯纳德（Saint Bernard of Clairvaux），成为了第二个隐士彼得，他四处游走，激发基督教战士保卫其宗教发源地的热情。热情的传播不但抓住了参加第一次十字军东征的贵族、骑士和平民这三个阶层的心，而且国家的最高统治者也被感染。法兰西国王路易七世要领导此次东征，作为对镇压反抗自己的子民时的残忍罪行表达忏悔[1]。德意志皇帝康拉德三世（Conrad III）被说服将令其心

① 困扰国王良心的行为是他在一座教堂里烧死了逃到那里避难的1300人。

烦意乱的帝国事务交给上帝，自己献身于保卫圣墓堂。

德意志和法兰西远征军中最强悍的队伍均折戟于小亚细亚，只有残余部队进入了巴勒斯坦。此时围攻大马士革的行动并未取得成功，十字军战士只能返回家乡，“完成了上帝的旨意和本国人民的嘱托”。

第四节　第三次十字军东征（1189—1192）

203.占领耶路撒冷的萨拉丁

第三次十字军东征是因耶路撒冷于1187年被埃及著名的苏丹萨拉丁（Saladin）占领。这一灾难性的消息给整个基督教世界带来了极大惊恐和悲痛。

德意志的腓特烈·巴巴罗萨、法兰西的腓力·奥古斯都（Philip Augustus）、英格兰的理查一世三位欧洲的最高统治者，擎起十字架，各自率大批人马前去收复圣城。

为了纪念英格兰国王理查在巴勒斯坦的英雄事迹，后来其被授予“狮心王”的称号；他是此次东征中基督教骑士的焦点人物。他通过迫害和抢掠犹太人、对所有阶级征收高额赋税以及出售政府职位与王室土地来为东征筹集资金。当有人对他筹集资金的手段进行劝谏时，他宣称“要是能找到买主，他连伦敦城也会卖掉”。

204.腓特烈·巴巴罗萨之死；阿卡围城之战

德意志军队尝试从陆路行进，在东欧遇到充满敌意的当地人带来的常见烦扰之后，却在小亚细亚因行军艰辛和突厥阻击而损失大半。腓特烈皇帝在横跨一条涨水的小溪时溺亡，失去领袖而心灰意冷的幸存者们很快撤回了德意志。

英格兰和法兰西这两个国家的最高统治者首次出于共同的原因将军队联合在一起，取道海路，最后在阿卡的城墙下会师，围攻这座基督教徒当时曾被围攻过的城市。十字军团在亚洲经历了最长时间、最大代价的一次围攻，虽然萨拉丁尽其所能增援守卫部队，但该城最终还是被迫投降。

205.理查与腓力

理查狂妄自大与背信弃义的行为导致了他与腓力之间的公开争吵。腓力决定退出，不再与如此狂妄自大且胸襟狭窄的对手继续东征。因此，他撤回了法兰西。这是法兰西作家对这个事件的记录，而英格兰的编年史家则宣称腓力的行为完全是出于对英格兰国王高超军事才能的嫉妒；一位东征的编年史家写道："因为理查一到，腓力便相形见绌，就如太阳升起之时月亮便暗淡了光彩一样。"不和谐的根源无疑是英格兰和法兰西之间的民族妒忌。

206.理查与萨拉丁

在腓力从战场撤出之后，理查在圣地的骑士冒险与侠义行为读起来就像是传奇故事。著名的穆斯林首领萨拉丁，也不乏骑士美德，当时的作家们把他塑造成了英格兰式的英雄人物。当时的十字军东征编年史家如此自由地美化这段历史，围绕着这两个名字留下了数不胜数的英勇可敬的骑士故事。

狮心王理查

因此，据说这两位不同信仰的斗士尊重彼此的杰出才能和品质，经常相互慷慨地致礼和问候。一位常是另一位的帐中宾客。一次理查生病发烧，萨拉丁知道他这里缺少美味佳肴，便遣人送来当地最上等的水果作为礼物；还有一次，理查的坐骑在战斗中被杀死，这位苏丹把一只阿拉伯骏马作为礼物送给了他在基督教阵营中的对手。

207.理查被囚

狮心王理查为了夺取圣墓堂，同他慷慨的对手在整整两年间几乎每日交战。但这位基督教英雄注定永远没有机会在他为之英勇奋战的圣墓前跪拜。他最终同萨拉丁签订了3年零8个月的休战协定，在此期间基督教徒可以自由进入圣城，并占据从阿卡到阿斯卡隆的海岸不受袭扰。

理查甚至拒绝看一眼这座他无法用武力夺取的城市，然后打道回府。但他在伪装穿越德意志的时候被发现，并被他的政敌亨利六世下令逮捕关押。亨利把他关进了地牢，尽管整个欧洲都在抗议，基督教的斗士不应在兄弟君主的手中遭受此种待遇，但不付大笔赎金亨利就不放人。

英格兰人对这位具有杰出才能、光耀英格兰骑士的大英雄钦佩不已，他们自发筹款，甚至为了凑够钱数将教堂的银器拿出来出售；狮心王最终获释回到英格兰，受到人们的夹道欢迎。

第五节　第四次十字军东征①（1202—1204）

208.十字军团与威尼斯人的交易

第四次十字军东征的集结地是威尼斯城，参与其中的大多是冒险家。

此次决定从海路行至埃及，并同威尼斯人签订了航行所需船只和物资的合同。但不幸的是，十字军团无法筹集到合同规定的金钱，甚至在贵族捐出他们的银器与礼拜用品之后，还有一大笔缺口。

此时威尼斯人提出十字军团可以用援助替代金钱，即帮助他们为亚得里亚海东岸达尔马提亚的扎拉（Zara）②平息叛乱。十字军同意了，准备以剑抵债。教皇对他们偏离远征的目的表示极度愤慨，并威胁要将他们开除教籍，但却无济于事。他们提供了帮助，从而还清了欠威尼斯人的债务，还额外获得了一些战利品。

209.拉丁人占领君士坦丁堡（1204）

就在这时，君士坦丁堡里发生了一件事，使得十字军团放弃向埃及进发，掉转马头奔向这座城市：一次反叛令篡位者登上了拜占庭的皇位。被废黜皇帝的儿子阿历克赛·安格鲁斯（Alexius Angelus），恳求西欧武士帮助剿灭篡位者。各种动机

① 在1196年—1197年间，主要由德意志人组成的军队向叙利亚进发并对其展开了军事行动。此次东征由德意志的亨利六世发起，最后他的早逝断送了此次远征，使之以失败告终。此次远征有时被认为是第四次十字军东征，那样的话，东征次数就上升至九次。

② 达尔马提亚王国首都，现为克罗地亚西部港口城市扎达尔（Zadar）。——译者注

促使他们答应了他的恳求。看到了此次征战中的商机，威尼斯人在年老眼盲的总督恩里科·丹多洛（Henry Dandolo/Enrico Dandolo）率领下也加入了十字军团。由300多艘船只组成的大军驶向君士坦丁堡。城市迅速被攻占，流亡皇子阿历克赛的父亲伊萨克二世（Isaac II）复位。

事态刚刚平息，希腊人又发起叛乱，导致伊萨克与他的儿子双双毙命。此时的十字军团似乎完全忘记了最初的目标，决心占领都城并在君士坦丁堡辅佐一位拉丁君主登上王位。决心化为行动，君士坦丁堡再次遭到猛攻，并在可怕的狂欢中被洗劫。1204年，佛兰德斯的鲍德温被加冕为东部皇帝，并在被毁的都城登基。

第四次十字军东征时进攻君士坦丁堡

帝国3/8的土地，其中包括所有的海岸和岛屿，作为威尼斯共和国的财产；帝国剩余的其他部分，加之第一次征服时所获的土地，一并作为罗马尼亚帝国（Empire of Romania）的封地授予了不同的西欧骑士。

在分裂的帝国废墟上建立起来的封建小国中，最令人瞩目的是雅典公国（Dukedom of Athens）。数百名西部骑士聚集在这个古老的文明之都，创立了一个完全令欧洲为之倾倒的灿烂的封建朝廷。“借由14世纪的这些拉丁王爵，薄伽丘、乔叟和莎士比亚塑造了雅典公爵忒修斯（Theseus），进而将蒙昧时代的语言和习俗传播到最遥远的时代。”[1]

210.君士坦丁堡陷落的可悲后果

十字军团洗劫君士坦丁堡最令人遗憾的结果是众多艺术杰作惨遭损毁，堆满街道；因为9个世纪以来，君士坦丁堡一直是古代无价艺术宝藏的安全存放地。对这座城市的残酷洗劫所造成的损失永远无法估量。似乎所有教堂和其他建筑中的铜制与银制雕塑，以及所有的金属装饰都被投进了熔炉。

还有一个可悲的后果就是，十字军团的野蛮行为削弱了都城的军事实力。1000年来，君士坦丁堡一直是西方文明阻击亚洲野蛮力量的伟大堡垒。此时它的阻击能力被摧毁，给西部基督教世界带来了极大的影响（详见第十五章）。

君士坦丁堡的拉丁帝国[2]只维持了半个多世纪（1204—1261）。最后，希腊人成功地夺回了皇位，直到1453年君士坦丁堡被土耳其人占领。

第六节　儿童十字军东征；小规模十字军东征

211.儿童十字军东征（1212）

在第四和第五次十字军东征期间，长期以来鼓动欧洲人民的宗教热情开始令孩子们躁动不安，导致了所谓的儿童十字军东征（Children's Crusade）。

这次东征的鼓吹者是一位大约12岁的法兰西农民的孩子，名叫史蒂芬（Stephen），他确信耶稣基督命令他率领儿童十字军去解救圣墓堂。孩子们兴奋得发狂，成群结

---

① Gibbon，*The Decline and Fall of the Roman Empire*（《罗马帝国衰亡史》，吉本著），chap.lxii，note 53；quoted by Finlay，*History of Greece*（《希腊史》，芬利编），vol.iii，p.172.Recall Chaucer's Knight's *Tale of Palamon and Arcite* and Shakespeare's *A Midsummer Night's Dream*（回顾一下乔叟的骑士故事《派拉蒙和阿赛特》及莎士比亚的《仲夏夜之梦》）。

② 即罗马尼亚帝国（The Empire of Romania/Imperium Romaniae），被迈克尔八世所灭。——译者注

队地涌向集结地，什么都无法阻止或妨碍他们达到目的。一位古代的编年史家写道：“甚至门栓和窗闩也不能阻止他们。”到达集结地的绝大多数是不满12岁的男孩，但也有一些女孩。

这次东征引发了各种不同的观点。一些人声称这是被圣灵感动，并引用《圣经》的经文证明这一热情：“小孩子要牵引他们”；“你从小孩和婴儿的口中，得着了赞美。”[①]。然而，其他人却坚信整件事都是魔鬼（Devil）[②]在作祟。

德意志儿童十字军的人数估计在2～4万之间，属于第一批。他们翻越阿尔卑斯山，沿着意大利海岸行进，寻找一条通向巴勒斯坦的海上神奇之路。经过征程的艰辛之后，绝大多数的孩子死于途中或中途掉队。那些到达罗马的孩子受到了教皇的亲切接见，并劝说他们放弃这次东征回到自己的家乡，但是，给其脑海中灌输的印象是，他们所宣誓言依然有效，待到长大成人时再去实现也不晚。

儿童十字军东征

① *Isaiah*（《以赛亚书》），xi：6；*Psalm*（《诗篇》），viii：2。——译者注

② 魔鬼（Devil），此处即指基督教所称的堕落天使“撒旦”（Satan）。——译者注

根据编年史家的记载，法兰西的儿童十字军有3万之众，从集结地出发前往马赛港（Marseilles）。他们的领袖史蒂芬，坐在战车之上，因其为上等神圣之人，儿童贵族左右护卫，服从他的领导并效忠于他。这些小朝圣者对前往圣地的距离根本没有概念，每每看到一座城市时便急切地询问是否已经到达耶路撒冷。

抵达马赛港，孩子们对大海没有分开两边而形成一条通往巴勒斯坦的大路而感到极为失望。大多数人心灰意冷，在此时返回家乡；然而，仍有五六千人欣然接受了两名商人提供的“慷慨”帮助，免费送他们去圣地。于是，他们挤满7艘小船，驶出了马赛港。但是他们遭到背信，在亚历山大和其他伊斯兰奴隶市场被卖为奴隶。然而，其中一部分逃脱了这一厄运，因为有两艘船在驶离马赛的途中沉没，船上的人都葬身鱼腹。①

这次儿童十字军远征标志着十字军东征的高潮与衰落。激发了第一次十字军东征的炽热激情已然褪去，教皇谈到这些儿童十字军战士时说：“这些孩子自己赶往圣地救援，却指责我们沉睡不醒。”

212.小规模十字军东征；耶路撒冷王国的终结

第五、第六、第七和第八②这最后四次东征是欧洲基督教徒对东部异教徒发起的征讨，可以便捷地归类为小规模十字军东征。此时的东征热情没有最初特别是第一次十字军东征时的那般真诚，而且参加其中的人们也表现出了各种各样的目地与野心。十字军东征的火焰已经燃烧殆尽，而亚洲的小基督教王国孤立于欧洲之

---

① 有关法兰西儿童十字军命运的那部分记载的可信度受到质疑，但实际上没有足够理由反驳。——Kugler，*Geschichte der Kreuzzüge*（《十字军东征史》，库格勒著），p.307 and note。

② 第五次十字军东征（1216—1220）由匈牙利和塞浦路斯（Cyprus）的国王率领。其兵力损耗于埃及，没有任何结果。

第六次十字军东征（1227—1229）由德意志的腓特烈二世率领，从萨拉森人手中胜利收复了耶路撒冷及巴勒斯坦的其他几座城市。

第七次十字军东征（1249—1254）由法兰西国王人称“圣路易”的路易九世率领。却在埃及遇到了灾难。

第八次十字军东征（1270—1272）是在13世纪末，因新的不幸事件降临在了巴勒斯坦基督教王国而引发。东征的两位主要领袖是法兰西的路易九世和英格兰的爱德华王子——后来的爱德华一世。路易指挥军队在北非的突尼斯（Tunis）与摩尔人作战，却因瘟疫而命丧于此，这队东征人马没有产生任何实际意义。然而，爱德华带领的这队大军相对幸运，成功地占领了拿撒勒（Nazareth），并于1272年迫使埃及苏丹同意签署了一项有利于基督教徒的条约。

外，外部强敌环伺，内部斗争不断、自相削弱，它们的命运也逐渐变得明朗。最后，1291年，基督教徒手中的最后一片土地阿卡，在埃及马穆鲁克（Mamelukes）的攻击下沦陷，至此，耶路撒冷王国终结。伊斯兰教和基督教之间的第二次大战结束，于是“寂静再次回到了这片喧嚣已久的海岸”。

213.骑士团撤离叙利亚

在十字军东征的英雄时期兴起于巴勒斯坦的宗教军队骑士团的骑士们悲痛地退出了那片土地，因为他们再多的非凡奋勇也难以保卫圣地免受异教徒的亵渎，只能为骑士团另寻他处，仍可与十字架的敌人进行斗争。

善堂骑士团首先撤退到塞浦路斯岛，但后来在罗德岛立足，在此后的两个多世纪里，骑士团的忠勇骑士成为该地区抵御穆斯林势力西侵基督教欧洲的最强堡垒。1530年，善堂骑士团被奥斯曼人赶出罗德岛，退居马耳他岛（Malta），并在此英勇地对抗宿敌，保卫岛礁，不仅获得了新声望，而且获得了新的名字——马耳他骑士团（Knights of Malta）。骑士团在这个岛上一直延续到法国大革命时期，“是十字军战士和骑士制度的最后遗存”。

条顿骑士团在欧洲东北部立足，其成员已经为未来的普鲁士公国（Prussia）奠定了部分基础（详见第216条）。在宗教改革开始时，他们所居地区的国家已经被世俗化，骑士团不再作为一个政治势力存在。

圣殿骑士的故事短暂而悲惨，将会另行述说（详见第339条）。

第七节　欧洲内部的十字军东征

214.总述

尽管欧洲的基督教徒团结一致，奋力抗击伊斯兰教徒，但却未能在东方成功建立起西部文明永久的新领地。

但在欧洲的西南部与东北部却有所不同，这里的十字军从穆斯林和异教徒的手中夺取了大片土地，并在这些收复的或新夺取的土地上建立了一些基督教小国，后来逐渐形成了新的国家或成为国家的一部分，并将在未来几个世纪的历史中发挥重要作用。起源与十字军时代有关的国家是葡萄牙、西班牙和普鲁士。此处简述欧洲内部的各次圣战。

215.伊比利亚半岛上对抗摩尔人的十字军东征

在对东方穆斯林开始真正的十字军东征之前，一队以勃艮第的亨利为首的北部骑士，前往伊比利亚半岛西部帮助那里的基督教徒抗击穆斯林。这队骑士建立了一个小封建国家，是后来葡萄牙王国的核心。在第二次十字军东征期间，一些德意志和英格兰的十字军战士在通过海路前往巴勒斯坦的途中在这个地方停下来，帮助当地的基督教徒围攻穆斯林的重要城市里斯本（Lisbon），并于1147年将其占领。此役赋予这个逐渐壮大的小国家一个未来的首都。因此，葡萄牙在严格意义上讲是十字军精神的产物。

一直以来，严格意义上的十字军东征都在东地中海进行，然而西班牙的基督教骑士对半岛上的穆斯林也进行着几乎不间断的征讨。摩尔人从其在非洲的共同信仰者那里获得援助；西班牙基督教徒则从北方特别是法兰西基督教地区的志愿者那里获得帮助。

到13世纪中叶，基督教徒们已经把摩尔人挤到了半岛南部的一小块地区，他们在那里一直坚持到中世纪末期。在基督教世界收复的失地上建立了一些小的基督教国家，最后合并成了近代的西班牙王国。这个王国的起源情况为其后期历史带来了深刻的影响。①

216.条顿骑士团对异教斯拉夫人的十字军东征（1226—1283）

在十字军东征时期，维斯瓦河（Vistula）以东的波罗的海沿岸地区②，都在异教的斯拉夫人的手中。这些人就像早期异教的撒克逊人一样（详见第97条）极力抵制基督教的传入。热忱的司铎把福音传给他们，他们往往将其同皈依者一起杀掉。最终，只能用东征来向他们布道。

---

① 西班牙产生于长期的宗教战争，战争对西班牙民族性格的影响，详见第351条。

② 书中有“现在普鲁士（Prussia）的一部分”之表述，但如今，普鲁士已不复存在，书中所指地区现为波兰（Poland）、俄罗斯（Russia）、立陶宛（Lithuania）、拉脱维亚（Latvia）、爱沙尼亚（Estonia）的沿波罗的海（Baltic Sea）地区。——译者注

早在13世纪，1226年，一些条顿骑士团的骑士们便将他们征讨的方向转到了这些北方异教徒的土地上。在这个世纪的大部分时间里，骑士们都进行着令人绝望的连年征战，以期消灭异教徒，并在夺取的土地上建立了哥尼斯堡（Königsberg）[①]和马林堡（Marienburg）[②]等重要的要塞城市。周围的斯拉夫人要么被灭要么臣服，整片土地逐渐逐渐德意志化。因此，原本是斯拉夫人的土地被转变成了德意志的土地，并为其后来成为近代普鲁士的一个重要组成部分奠定了基础[③]。因此，圣徒骑士的东征热情为创建欧洲最强的近代国家之一作出了贡献。

217.对抗阿尔比派的十字军东征（1209—1229）

十字军时代宣扬圣战，不但向异教徒（heretics）宣战，也同无宗教信仰者（infidels）和非基督教徒（pagans）[④]做斗争。

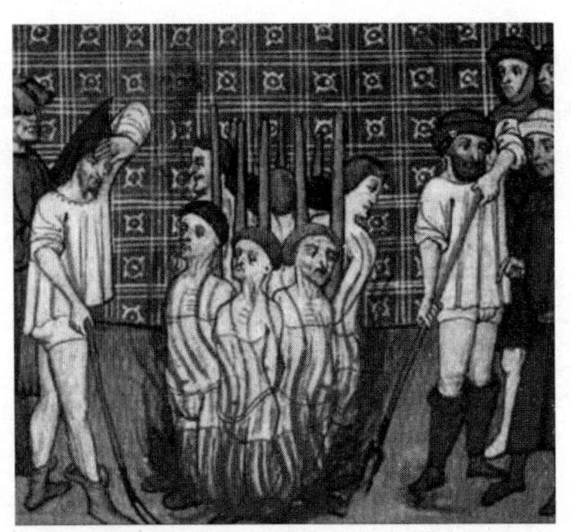

法兰西十字军对阿尔比派的镇压

在法兰西南部，自希腊人于公元前6世纪在马赛定居以来，该地在海路上受到希腊、罗马和萨拉森的影响，信仰的是基督教的一个被称为阿比尔派[⑤]的支派，因其过于远离正统信仰，教皇英诺森三世宣称其“比萨拉森人更邪恶”。所以，在尽力让阿比尔派改邪归正却又徒劳无功之后，他呼吁法兰西国王腓力二世及贵族领导一支十字军打击异端及他们富有而又强大的庇护者图卢兹伯爵雷蒙德六世。

---

① 哥尼斯堡（Königsberg），曾先后为条顿骑士团国、普鲁士公国和东普鲁士的首府，现今为俄罗斯加里宁格勒州首府加里宁格勒（Kaliningrad）。——译者注

② 马林堡（Marienburg）为现今波兰城市马尔堡（Malbork）。——译者注

③ “从而导致了德意志最后一次大规模东扩。”（Tout，*The Empire and the Papacy*（《君权与神权》，陶特著），p.380）。德意志的领土深入了斯拉夫腹地。

④ heretic、infidel、pagan这三个词均表示不信仰基督教的异端人士，如不同时出现，则视上下文翻译为“异端”或“异教徒”，但其实各有侧重：heretic指信仰与基督教相对的异教信仰之人；infidel多指没有宗教信仰之人；pagan则多指信仰世界主要宗教以外的宗教之人。——译者注

⑤ 该词源自Albi（阿尔比），是其教义盛行的城市和地区的名称。

国王对这一呼吁置之不理，全神贯注地关注着自己的敌人；但他的许多贵族热切地响应了教会的号召。第一次征讨（1209—1213）的领袖是西蒙·德·蒙德福特（Simon de Montfort），一个毫无信仰、残酷无情、麻木不仁的人。阿尔比派美丽的家园朗格多克（Languedoc）被夷为平地，居民被大肆屠杀，城市化为灰烬。破坏的程度通过其攻克一个名为贝济耶（Beziers）的小镇之后的事实便可窥一斑，镇上的男人、女人和儿童共计3万人均被屠戮。①

1229年，新一轮十字军征讨的怒火烧到阿比尔派身上，这导致他们的君主雷蒙德七世将美丽却惨遭蹂躏的大部分省份割让给了法兰西国王路易九世，并归顺正统教会。阿尔比派的异教徒很快被在该地区设立的宗教裁判所（Inquisition）审判定罪，连根铲除。

第八节 十字军东征的终结；及其对欧洲文明的影响

218.十字军东征停止的原因

导致十字军东征的主要原因是宗教狂热，而其终止的主要原因正是此种神圣热情的褪去。

甚至在最后一次十字军东征开始前的很长一段时间里，西方基督教徒对这个问题的看法就已经发生了重大变化，就像现在想要唤醒欧洲各国东征的热情几乎完全不可能一样，所以到14世纪开始时，已经很难让人们对此事产生兴趣。这种感情的变化源于欧洲各国人民在知识和文化方面的普遍进步，以及他们彼此之间宽容精神的增长，这主要得益于这些东征本身。

而且那时蛮族喜欢军事冒险，这种精神是十字军东征的有力辅助因素，而作为中世纪社会区别于当代社会的那些观念与情感逐渐转变，被工业和商业精神所取

---

① 据说在大屠杀之前，一个十字军战士问西托（Citeaux）修道院院长，战士们如何区分他们是异教徒还是真正的信徒呢。据说他回答道："送他们去见上帝，上帝自己便会区分。"这个故事的可信度值得怀疑，因为它只出现在了一位编年史作家的笔下。——Alzog，*Manual of Universal Church History*（《普世教会史手册》，阿尔佐格著），vol.ii，p.666。

代。雄心勃勃和志存高远之人开始觉得，通过贸易、制造和海运创造财富更为明智，而不是把金钱浪费在代价巨大的收复圣地的远征上。商人以其实用主义观念取代了骑士的浪漫主义理想。

219.十字军东征对神权和修道制度的影响

十字军东征对西欧的制度和人民的生活产生了间接的影响，构成了文明史上一座伟大的里程碑。此处简要讲述东征对西部基督教世界的教会、商业、社会、思想及政治生活的影响，以表明历史确实如此，并将其与中世纪史的后期发展过程联系起来，从而形成统一连贯的整体。

首先来看十字军东征对教会制度的影响。毫无疑问，十字军东征趋于增强神权。因此，教皇通过将手伸到基督教世界的军队与资源当中，并且让人们习惯于将他视作导师和领袖，他在东征中的显赫作用自然培养了教皇的权力与影响。十字军的热情所催生的圣徒骑士团也实质性地强化了神权，因为它们总体上支持教皇而反对主教团。

修道院则通过以低廉的价格收购那些为东征而变卖的地产，或通过祈祷与虔诚的祈福而得到土地作为公开馈赠的礼物，其财富得以大大增加。通常，修道院也在十字军战士东征的时候作为他们财产的监护人，随后战死之人的财产便落入修道院手里。而且，成千上万的战士带着精神与肉体的创伤归来，想要在修道院寻求庇护，过上隐居生活，为了能够实现这个愿望，他们便拿出所有家当。除此之外，这一时期的特征便是对宗教的极度狂热，因而普通的虔诚献礼多到了惊人的地步。

通过这些途径，教皇的权力得以加强，修道院的财富得以增加。最终，权力与财富的增长给教皇和修道士带来了灾难性的后果。神权的增强导致了欧洲世俗君主的恐惧和反对，从而再次激发了世俗权力与属灵权力之间业已开始的斗争，并最终导致神权的削弱（详见第十四章）。修道院财富的巨大增长导致修道士腐化堕落，从而为修道院制度的衰败与瓦解铺平了道路。

220.十字军东征对东部帝国的影响

十字军东征中最显著的成果之一就是君士坦丁堡在一段时间内得以保全[①]。

---

① 但因为第四次十字军团所犯下的罪行（详见第210条），东部皇帝可能已经能够无限期据守博斯普鲁斯海峡以对抗奥斯曼人。

第一次十字军东征震慑了突厥人，使其征服浪潮暂时退却，从而让东部帝国或其都城的陷落向后推迟了3个多世纪。推迟亚洲游牧部落征服东南欧的做法本身可能只是次要问题；但这种延迟给中欧年轻的基督教文明以足够的时间来增强实力，从而在伊斯兰教的入侵浪潮再次席卷之前便建立起了坚不可摧的堡垒。如果塞尔柱突厥人在12世纪得以跨越博斯普鲁斯海峡，他们便会比其同族的奥斯曼人（Osmanli/Ottoman）在15、16世纪所征服的土地更加地向西扩展（详见第十五章）。

此外，如果君士坦丁堡在12世纪沦陷，可能意味着将永久地失去这座城市为文明保存的文学宝藏；因为从第四次十字军东征的野蛮行径可以看出，西部还没有准备好成为这些珍贵遗产具有欣赏能力和恭敬的守护者。

221.十字军东征对城镇、商业和社会的影响

城镇以东征的王公贵族为代价，获得了许多政治上的优势。在12和13世纪，现金主要掌握在市民阶级手中，并反过来作为特别税和借款回报给最高统治者或封建主，他们则被授予格外有用的特权。因此，当权力和财富从贵族的手中流出时，城镇在政治上的重要性便得到提升，并且在市政自由方面取得了极大的收获。

中世纪的风车

通过大力推动商业及扩大贸易往来，圣战进一步促进了城镇的繁荣。这一时期，威尼斯、比萨、热那亚等公国根据十字军团的需要和东部的对外开放，发展贸易并从中获取巨额财富与美好声誉。它们的商船不断往返于欧洲和叙利亚沿海的港口城镇，地中海里举目可见货船的白帆。同时，欧洲从亚洲引进了各种闻所未闻的艺术、制造品和发明，其中就包括风车①。“东部的战利品”丰富了西部的文

① 风车主要在尼德兰（Netherlands）用于从洼地将水泵出，从而成为现今荷兰王国（Kingdom of Holland）的重要财富。

明，其标志便是十字军团从君士坦丁堡带回了著名的青铜马并将之立于威尼斯的圣马可大教堂（Saint Mark’s Cathedral）。

十字军东征对西部国家社会生活的影响明显而重要。东征给传奇冒险提供了机会，极大地促进了骑士制度的发展，尽管骑士们最后在放纵与荒诞之中落幕，但其滋养了许多近代社会所拥有的高贵美德与高尚情操（详见第159条）。因此，十字军东征的整体影响便是通过与东部文化发达国家的接触，使得西部半蛮族的人们更加开化。狂野的法兰克武士认为萨拉森人信仰邪恶、举止野蛮，但当他们目睹了希腊的奢华和萨拉森人首领表现出的高贵时，便惊叹不已。当然，这些社会影响既影响着城镇，也影响着乡村，但它们对城镇的社会生活产生了更为持久的影响。

222.十字军东征对欧洲精神生活的影响

十字军东征对欧洲思想发展的总体影响怎样高估都不为过。最重要的是，它解放了十字军战士的思想。在东征之初，基督教徒对穆斯林异教徒持有不共戴天的仇恨与偏执，真的认为这些异教徒是“地狱之子”（Children of Hell）；但在十字军东征结束之前，他们对对手的看法已迥然不同。第三次十字军东征时，萨拉森人的首领成为理查宴上的常客，而这位基督教骑士也成为具有骑士风度的萨拉丁帐中的贵宾。总之，十字军战士们的征程、观察和经历都纠正了他们的错误观念，解放了他们狭隘而偏执的思想，广泛的游历以及与不同民族和种族的亲密接触，即便是对最迟钝、最顽固的人都会产生影响。

此外，十字军战士通过东征还获得了东方的地理知识[①]、科学与学识，极大地激发了拉丁人的才智，并唤醒了西欧的智力活动，最终导致了被称为文艺复兴的智识大爆发（详见第十八章）。

十字军东征在文学领域的影响比在任何领域的都更为积极。从东方带来了大量新鲜的文学素材，其中包括诸如围攻特洛伊等大事件的传说，以及如所罗门和亚历山大大帝等大英雄的事迹。这些传奇经过夸张、歪曲以及同西方的民间传说奇特地结合，为现在数量众多、形式各异的编年史、传奇、史诗及宗教故事奠定了基础。这样一来，欧洲文学得到了丰富的同时，也极大地促进了自身的发展。

---

① 正如斯蒂尔（Stille）引用西斯蒙第（Sismondi）的话：“如果有人问我，中世纪时期是什么知识极大地促进了思想的发展，我会毫不迟疑地说，是朝圣者去圣地所获得的地理知识。”

223.十字军东征的政治影响

十字军东征有助于削弱封建贵族的势力而让国王和人民（详见第149条）的力量日益增强。贵族中的许多人踏上东征之路便再也没有回到家乡，而他们的土地因无人继承便充公转归国王所有；更多的人为了东征而散尽钱财。因此，贵族在数量和影响力上都大打折扣，而国王的权力和地位有了相应的提升。

封建制度解体和君主制度发展的过程在法兰西最为明显，因为它是东征运动的摇篮和中心，但十字军东征是否巩固了其他各国的君权却无法断言。然而，不仅法兰西，还有英格兰和德意志的民族意识似乎都在加速觉醒（详见第十九章）。这里的民族意识，实际上指的是通过同一兵营的同志关系，参与东征的荣辱与共，以及不同队伍的相互竞争所激发出来的民族爱国主义。

十字军东征为未来的葡萄牙、西班牙和普鲁士等国家奠定了基础，帮助打造了近代欧洲的政治版图。现在在巴尔干半岛建立起来的小基督教国家，正是十字军东征在欧洲东南部的实际延续。

224.十字军东征对地理发现的影响

最后，对地理探索的极大兴趣，引领包括著名的威尼斯人马可·波罗（Marco Polo）在内的诸多旅行家，周游到了最遥远的亚洲国家。不仅如此，甚至在中世纪末期，激励了哥伦布（Columbus）、瓦斯科·达·伽马（Vasco da Gam）和麦哲伦（Magellan）的远洋冒险精神，均可追溯到十字军东征所唤醒的对地理知识的浓厚兴趣，以及对地球遥远地区的好奇之心。[①]

这些欧洲社会的宗教、商业、社会、思想、政治、地理等方面的发展与进步，虽然不是起源于十字军东征，但被其赋予了新的活力。

---

① 亨利·裕尔（Henry Yule）上校谈到马可·波罗的旅行及其作品的影响之时表示："他的书最终给了地理研究的激励，以及在地球东极竖起的灯塔，都有助于为匹敌共和国的伟大儿子……指明了目标。他的作品至少是将新世界拖到我们眼前的幸运链的一环。"——Introduction to *The Book of Ser Marco Polo*（London，1875）（《〈马可·波罗之书〉导读》），p.103。

第十四章　神权巅峰及其世俗权力的衰落

225.导言：神权的鼎盛时期

前面的“君权与神权”一章，讲述了皇帝与教皇开始争夺最高权力的斗争。本章首先讲述神权的鼎盛时期；之后再讲述当君权衰落，教皇似乎将要实现其普世教会并将世俗君权集于一身的理想时，新兴民族国家这一新生的反作用力，如何破碎了其世俗权力之梦。

教皇一方暂时获得成功，并实质上在西部基督教世界建立了神权国家，原因无他，是因为几位了不起的人物相继出任教皇，且都坚持推动罗马教廷走向权力巅峰的目标不动摇。一些神权缔造者颇为努力，尤其是教皇格里高利七世。格里高利有许多优秀的继任者，最著名的是亚历山大三世（1159—1181年）和英诺森三世（1198—1216年），在他们的努力下，神权达到了顶峰。

下面将简述标志着神权至上的代表性事件。这些事件记录了神权如何在最开始战胜君权，然后又战胜了法兰西和英格兰的王权。

226.教皇亚历山大三世与腓特烈·巴巴罗萨皇帝

《沃尔姆斯宗教协定》（详见第181条）签订后不久，霍亨斯陶芬家族（Hohenstaufen）首次登上德意志王位，此后就开始了这个骄傲家族成员出任的皇帝同教廷宝座上的教皇之间一个多世纪断断续续的激烈斗争。虽然时过境迁，但到底是“主教天下”还是“国王天下”，其实最高权力之争很早就已经开始，并且一直持续至今。

这场争斗席卷了德意志和意大利，皇帝用混乱与暴力宣称对这两地享有最高权力。斗争的故事因为篇幅的限制，不能详叙，在此只简单叙述教皇亚历山大三世和霍亨斯陶芬家族最显赫的成员腓特烈·巴巴罗萨（详见第254和362条）之间的斗争事件。

在同皇帝的斗争中，教皇与东部皇帝、西西里国王，尤其是对他极为重要的伦巴第诸城结盟——伦巴第正因为腓特烈坚持在那里严酷地行使君权而反叛。争斗多年之后，腓特烈败北受辱，无奈向教皇寻求和解。紧接着在1177年，签订了《威尼斯和约》（Peace of Venice），且发生了戏剧性的事件。在圣马可教堂，众目睽睽之下，腓特烈被突如其来的敬畏之情所征服，甩掉披风，伏身于可敬的罗马教皇脚下，教皇将他扶起并施以和平之吻。这是君权的第二次卡诺萨之辱。距离亨利四世皇帝受辱正好100年（详见第180条）。

227.教皇英诺森三世与法兰西国王腓力·奥古斯都

查理大帝之后的所有皇帝中最强大、最独断的皇帝之一被迫俯首于教皇，欧洲其他各国的国王也屈服于这样的威赫便不足为奇了。在英诺森三世统治时期，法兰西和英格兰的历史都为欧洲君主臣服于罗马教廷提供了鲜明的例证。

此时的法兰西国王为腓力·奥古斯都（1180—1223）。腓力以一个借口抛弃了自己的妻子，开始了另一个婚姻联盟。教皇英诺森三世作为国王及其臣民的共同道德监察官，命令他让被其遗弃的王后复位。当他表示拒绝之后，教皇停止了法兰西的教权，腓力最终被迫服从。

教廷在对抗如此强大、专横的最高统治者时取得胜利被认为是“罗马盾牌上最骄傲的战利品装饰”。

228.教皇英诺森三世与英格兰约翰王

英诺森战胜英格兰约翰王（1199—1216）的故事似曾相识。坎特伯雷大主教的职位出现空职，约翰命令有权选举的修道士将此位给予他的亲信，他们服从了。但教皇立即宣布选举无效，并将此职位授予自己的朋友斯蒂芬·兰顿（Stephen Langton）。约翰宣布禁止教皇任命的主教进入英格兰，并开始没收大主教辖区的土地。英诺森下令停止整个英格兰的教权，将约翰开除教籍，并鼓动法兰西国王腓力·奥古斯都对这一拒不服从的叛教行为发动圣战。

最后的结果是，约翰被迫屈服于教会的势力，归还了被其没收的土地，承认兰顿是英格兰合法的大主教，甚至到了将英格兰和爱尔兰赠予教皇，并接受为永久封地（1213）的地步。为了表明其封臣的地位，他同意每年支付给教皇一千马克银币。这笔贡金虽然并不定期支付，但却一直持续到爱德华三世统治时期（详见第233条）。

229.托钵修会，或乞食修会①

英诺森三世的继任者们获得了两个修会的大力支持，一个是多明我会（Dominican），另一个是方济各会（Franciscan）。名称分别来自于各自的创始人：旧卡斯蒂利亚（Old Castile）的圣多明我（Saint Dominic，1170—1221）和意大利亚西西（Assisi）的圣方济各（Saint Francis，约1182—1226）。这些宗教组织建立的原则同先前修会建立的原则截然不同。直到此时，修道士寻求隐修独居主要是为了遁世，通过忏悔、祈祷和冥想来实现自我救赎。在新的修会里，成员不再遁世，而是居于尘世，全身心地投入到救赎他人的事业当中。

而且，这些新修会也同老修会一样，宣布放弃所有世俗的领地，并称"娶贫困为新娘"，完全依靠虔诚者日常及自愿的施舍度日②。迄今为止，虽然修会中的个人必须过极为贫困的生活，但教会或修会可以拥有一定数量的公共财富，这导致了懒惰和纪律松弛，因此新修会奉行贫困的生活方式是对老修会奢华恶习的抗议。

起初两个宗教组织之间有着巨大差异。圣方济各以自我牺牲的博爱精神吸引了众多门徒奉献自我，他们模仿基督及其使徒们，向贫苦与流浪之人宣讲福音，看望病痛与被囚之人。早期的方济各会活动的这一特点与现在的救世军（Salvation Army）颇为相像③。圣多明我将目标定在了更高、更有教养的阶层，以打击异端为使命，并让时代的智识充满基督教世界。

这两位伟大创始人的不同倾向在被赋予称号的时候便有了精炼的表述：圣方济各被称为"穷人之父"（Father of the poor），圣多明我则被称为"异教克星"（Hammer of the heretics）。尽管这两位圣人最初迥异的精神给各自的修道会打下了鲜明的烙印，但随着时间的推移，彼此间的相互借鉴，致使二者最终变得极为相像。

新的宗教组织快速成长、迅速传播，重新诠释了自我牺牲与情感共鸣的真正力量，在不到一代人的时间里，已经夺取了教会中其他老修会以及那些持异议的正式神职人员的光彩。但新兴修会同教皇之间的关系也需注意。教皇授予了它们许多特

---

① Begging Friars（乞食修会、乞食修士）一词源自fratres / frères，意为brethren（兄弟）。

② 托钵修会没有长期完全依赖"志愿体系"作为支撑。他们开始更为自由地解释自己的绝财誓言，并认为当他们把自己获得的财产交到教皇手中时，就已经履行了自己的义务，而他们自己只是单纯享有使用权。新的宗教组织逐渐进入了修会中最富有的行列。

③ 卡农·杰索普（Canon Jessopp）谈到圣方济各会的创始人时如是说："圣方济各是13世纪的约翰·卫斯理（John Wesley），但教会没有抛弃他。"——*The Coming of the Friars*（《托钵修会的缘起》，杰索普著），p.47。

权，并逐渐使其脱离了所有主教的控制；反过来它们也成为了罗马教廷最忠实的朋友和最坚定的支持者。它们组成了所谓的教皇的后备军，更准确地说，是一支教规严明、训练有素、服从教皇的军队，占据着西部基督教每一处有利的位置。这些新修会对于13世纪的教皇，就如本笃会对于教皇格里高利七世一样，或者后期的耶稣会对于宗教改革时期的教皇一样。

230.神权导致帝国的真正瓦解

霍亨斯陶芬家族最伟大的成员手中的君权卑躬于神权，使得这一骄傲家族被彻底毁灭，导致作为欧洲事务中真正公认势力的帝国的土崩瓦解。

在被历史学家弗里曼称为“人中杰子”的霍亨斯陶芬家族腓特烈二世（1212—1250年）的统治下，帝国如日中天，即便不是在权力巅峰也是在辉煌的顶峰开始衰败。查理大帝之后，没有任何一位皇帝像腓特烈二世那样，胸怀崇高的世界帝国理想，凭借个人品质给皇庭带来如此的魅力与辉煌。

但帝国也存在许多弱点：德意志君主自私的野心、帝位的觊夺者、意大利的民族感情以及外部统治者的嫉妒。所有这些不满和反对因素都被教皇用来搞垮皇帝。腓特烈二世在其整个统治时期的大部分时间里，都是以被开除教籍的身份在操劳，而他的权威在帝国领土的各个角落都有作为教皇代理人的托钵修会出来反对。他为维护君权的威严和至高无上而战，在1250年带着严重的挫败感愤愤而终。教皇们的敌意如影随形，腓特烈二世的后代被斩草除根。

腓特烈二世之后，帝国再未成为真正的世界强国。但皇帝同教皇的长期斗争为一股新生力量的崛起创造了时间，并成长为颠覆神权的公认世俗权力，注定要为皇帝报仇雪恨。这股新生力量便是觉醒的民族主义。

231.民族国家的反抗

14世纪是教皇世俗权力史上一个的转折点。在这一世纪的进程中，欧洲几个主要国家的统治者在其臣民的支持下，成功地恢复了业已失去的独立。法兰西、德意志和英格兰先后以温和的方式反抗神权，并且正式否决了教皇干涉其政治或政府事务的权力。

但这里应特别注意，反抗教皇世俗统治权力的领袖们并未考虑挑战教皇在教会的最高属灵权威与权力。他们当时的态度同现代意大利人极为相似，当剥夺教皇最后一点的世俗权力时，并未危及其作为上帝代理人的一切道德与属灵尊严。

232.教皇波尼法爵八世与法兰西国王腓力

正是在教皇波尼法爵八世任职期间（1294—1303），教皇的世俗权力受到严重打击并开始迅速衰落。波尼法爵八世同格里高利七世一样持有神权高于君权的崇高观念。他把《圣经》的如下经文作为其对所有君主和国王行使管辖权的授权令：“我今日立你在列邦列国之上。”[①]他对待世俗统治者的态度注定会将教权和民权带入愤怒与暴力的冲突之中。1296年，教皇颁布了一道诏令，禁止所有神职人员在未经教皇许可的情况下，向世俗统治者缴纳任何形式的税赋。所有世俗统治者，无论是男爵、公爵、王爵、国王还是皇帝，都被禁止擅自对神职人员征收各种形式的税赋，只要违反就会被开除教籍[②]。

法兰西国王腓力

法兰西国王腓力认为教皇诏书是对世俗权力的侵犯，他与教皇的争论迅速上升为激烈的、不体面的争吵。在他给波尼法爵的一封信中，腓力有意用不得体的粗鲁言语称呼教皇。腓力如此大胆，是因为他知道人民会跟他站在一起。这种受欢迎的感觉在国王分别于1302年和1303年连续两年召开的著名的三级会议（States-General/Estates-General）中有所表现。这三个阶级是：贵族、神职人员和平民。会议宣布教皇无权管理法兰西的政治事务；除上帝外，没有人的地位高于法兰西国王。他们向腓力保证，会用自己的财富和生命维护法兰西民族的古老自由。

这次冲突很快便有了结果。在意大利的阿纳尼（Anagni），有一支法兰西的雇佣兵囚禁了波尼法爵，对其极尽侮辱和打击之能事。3天后，波尼法爵被朋友放回到了罗马，然而又遭受了新的侮辱。据说，他几天后便郁郁而终，终年87岁（1303）。

所有的历史学家在讲到教皇世俗权力的兴衰时，都会把阿纳尼的场景同两个多世纪前的卡诺萨（详见第180条）相提并论。情景的对比会让细心的历史学生对中

---

① Jer.（《耶利米书》）i，10。

② 这一著名的教皇诏书被称为《教士不纳俗税》（*Clericis Laicos*）。——Henderson's *Select Historical Documents of the Middle Ages*（《中世纪历史文献选读》，亨德森著），p.432。

世纪神权的沧桑巨变留下深刻的印象。

233.教廷迁至阿维尼翁（1309—1376）；德意志和英格兰的反抗

1309年，各种因素叠加导致教廷从罗马迁到了普罗旺斯（Provence）的阿维尼翁（Avignon），毗邻法兰西边境。教廷迁于此地近70年，这一时期在教会历史上被称为"巴比伦之囚"（Babylonian Captivity）①。在此期间，所有的主教都是法兰西人，教会的政策在很大程度上取决于法兰西国王。帕斯托尔（Pastor）说："教廷迁徙到法兰西，使得法兰西主教占尽优势，随后选举的教皇连续七任都是法兰西人。这必然损害教皇在世人眼中的地位，致使人们怀疑教廷已经沦为法兰西的工具。"

因此，教皇的权力便失去了普世特征这一影响与力量的基础。在此种情况下，法兰西域外的国家自然而然对教皇介入世俗事务提出越来越多愤怒的抗议。

德意志和英格兰此时采取的措施是召开国民大会，两国的民族情绪开始萌发，这使神权作为一种公认的权威已经失去其威望。

1338年，德意志王爵反对教皇的主张，从他手中收回了选举本国国王的权力，并声明德意志皇帝的权力直接来自上帝，而非转自教皇。德意志的定期会议支持这一声明，而且此后，帝国皇帝由选举产生并行使职权，独立于教廷之外这一原则成为了德意志宪法的一部分。

不久之后的1366年，在爱德华三世统治时期，英国议会以一种相似的精神和情绪，通过了拒绝给付约翰王承诺的业已拖欠的贡金（详见第228条），从而结束了英格兰作为罗马封臣的历史，并坚决拒绝接受教皇宣称英格兰是罗马教廷封地的主张。

234.天主教会大分裂（1378—1417）

欧洲几个国家中民族情绪的产生并不是"巴比伦之囚"这一神权灾难的唯一影响。教廷从罗马迁出导致了意大利的极大不满，没有教皇的罗马是丧偶的城市，遭到了敌对派系的蹂躏，建筑成了废墟，牛群甚至在圣彼得大教堂和拉特兰大教堂的"祭坛下面吃草"②。

---

① 巴比伦之囚（Babylonian Captivity）为公元前597年—前538年间，犹太王国（Kingdom of Judah）的大批民众、工匠、祭司和王室成员被掳往巴比伦囚禁。此处教廷迁至阿维尼翁常称"阿维尼翁之囚"（Avignon Papacy），作者用"巴比伦之囚"借指这一特殊时期。——译者注

② Pastor，*History of the Popes*（《教皇史》，帕斯托尔著），vol.i，p.69。

如果要想在意大利保有权力，教皇将教廷迁回罗马便是当务之急。最后，教皇格里高利十一世被说服摆脱法兰西的影响，将教廷迁回了“永恒之城”，时值1377年。次年，格里高利去世，枢机团选举意大利主教乌尔班六世为继任者。很不幸，新教皇的性格苛刻专横，粗暴地对待法兰西的枢机主教，激怒了他们，于是主教们否认其选举的合法性，在阿维尼翁另立教廷，选举对立教宗克莱门特七世。这标志着天主教会大分裂（The Great Schism）的开端。

两个对立教宗各自宣称为圣彼得的合法继任者，又各自将对方开除教籍。这种情况自然给世人对罗马教廷的普遍崇敬带来了沉重打击，时至今日也未能彻底恢复。

235.比萨大公会议（1409）和康斯坦茨会议（1414—1418）

西部基督教世界里一代人的时间都陷入了这一激烈而又不得体的纷争之中，似乎没有和平解决的办法。有些人甚至倾向于诉诸武力。巴黎大学（University of Paris）征集结束大分裂最佳手段的意见，收到了1万份书面意见；召开一次大公会议受到青睐。最后，1409年在比萨召开了教会会议，目的就是解决这一不幸的长期纷争。这次会议废黜了前面两位教皇，另选亚历山大五世为新教皇。但事情非但没有解决，反而变得更糟了；被废黜的任何一位教皇都不服从大会决议令其放弃权力的决议，因而两虎相争变为了三足鼎立。

1414年，另一次会议在康斯坦茨（Constance）召开，以解决愈演愈烈的纷争。三位教皇中，一位辞职，另外两位被免；之后的1417年，会议选举枢机主教科隆纳（Cardinal Colonna）为新任教皇，是为教皇马丁五世（Martin V）。天主教世界通过新任教皇再次团结在一个属灵领袖的治下。这种分裂表面上愈合了，但伤口太深，以至于给教会留下了永久的疤痕。而且，一些分裂派教宗追名逐利的丑恶生活给教廷的法衣染上了难以抹拭的污点。

14世纪的教会大分裂后，尽管罗马教皇为之奋斗的理想在不同的国家遭遇了一次又一次的失败，虽然教皇们依然奋斗不止，但再也不会有12、13世纪教皇的权力凌驾于欧洲各国国王之上，并且管理众多世俗事务的景象了。希尔德布兰德[①]的崇高理想尽管几乎实现了，但最后，他的目标有一半被证明是彻底失败了——“人类历史上最伟大、最辉煌的失败”。

---

① 教皇格里高利七世的俗名。——译者注

236.教皇仍是属灵领袖

未能在世俗事务中取得至高无上的权力，导致罗马教皇的目标有一半没有达成，但他们确实成功地建立并延续了一种绝对的精神统治，在宗教事务上的绝对权力至今仍然被一半以上基督教徒认可。

康斯坦茨会议实际上颁布了教令，称教皇应该服从大公会议，罗马教廷的裁决可以上诉到教会召集的此类大会，至少每10年召开一次。因此，此时的教会实际上暂时转变为有限的君主制。如果这种模式能够真正得以实施，大公会议能够定期召开，教会可能会逐渐改正那些已经蔓延在其中的腐败，如此，16世纪的大规模的普遍反抗也就不会发生。但会议选出的教皇马丁五世竟然反对此次会议的教令，发布教皇诏书宣布“宗教事务中任何对罗马教廷的裁判提起上诉或驳回的行为均为非法”。但是，1431年，15世纪的第3次也是最后一次改革会议在巴塞尔（Basel）召开，会议既定的原则就是反对教皇专制，宣布任何从大公会议向教皇提出上诉的人均犯异端罪。

专制主义的教皇一方笑到了最后。1545年，宣判路德教义（Doctrines of Luther）的特伦托大公会议（Council of Trent）召开，此后只再召开了一次，即梵蒂冈大公会议（1869—1870），会上颁布了教皇永无谬误的决定性教令。

因此，尽管神权中的世俗部分已经完全被剥离，而且其属灵的权力也被北方的民族国家普遍抵制，但正如麦考莱（Macaulay）所言，它“并未衰败，也不是古董，且充满了青春的活力”。现在，基督教世界一半以上的观点认为教皇是教会至高无上、绝无谬误的领袖，用刚刚引用的那位才华横溢的作家的名言：“在撒克逊人踏上不列颠之前，在法兰克人跨过莱茵河之前，当希腊的雄辩术仍然盛行于安条克之时，当崇拜的神像仍供奉在麦加之时，天主教已然伟大而受敬。而当某个新西兰来的旅行者，在无尽的孤独之中，立于伦敦桥的残拱之上，描画圣保罗大教堂的废墟之时，她[①]却依然活力不减。”[②]

---

① 此处“她”指代被引文字上文所描绘的“罗马天主教”（The Roman Catholic Church）。——译者注

② Essay on “Von Ranke’s *History of the Popes.*”（散论《兰克教皇史》）。

第十五章　蒙古人与奥斯曼人

第一节　蒙古人

237.导言

前面已经讲过对欧洲文明的两次入侵，一次是来自北方的日耳曼部落，另一次是来自南方的萨拉森人，并注意到各次入侵对整个历史进程的影响。现在来关注第三次入侵，这次是来自东方的亚洲游牧民族：蒙古人和奥斯曼突厥人①。

因为日耳曼侵略者带来了新的精神活力、坚定的道德品质和政治能力，所以其入侵带来的大部分是有益而幸运的影响。阿拉伯人入侵带来了直接与间接的综合影响，对其评价难下定论。但是，图兰人入侵却几乎给欧洲文明带来了灾难性的影响：充满希望的罗斯民族发展被遏制，其社会、道德和政治生活被明显削弱；而欧洲东南部的所有国家和种族都被血统、社会制度、道德理念和宗教信仰毫不相容的民族屈辱地统治了几个世纪。实际上，一些当时被控制的欧洲土地至今仍陷于亚洲原始文明的统治之下。

这次相对较晚的亚洲游牧民族对欧洲的入侵值得注意，特别是因为它是亚洲历史上对欧洲最成功的侵袭，也是亚洲民族对欧洲领土的最后一次征服。但自从这个强大的攻击被阻断之后，欧洲民族又反过来蚕食亚洲，现在看来，没有任何事情比

---

① 蒙古人和奥斯曼人显然属于游牧或畜牧部落和民族的大家庭，经常用多个名称指代，如塞斯人（Scythic）、图兰人（Turanian）或乌拉尔阿尔泰人（Ural-Altaic），亚洲中部及北部的草原是他们的主要的发源地。

中世纪时期蒙古人的游动式蒙古包

这更能令人感觉到潮起潮落、世事变迁的了。

据调查，图兰部落最严重或最危险的侵袭，是匈奴人、阿瓦尔人、匈牙利人和塞尔柱突厥人发起的进攻。其中匈牙利人自己就可以单独构成欧洲文明史的一个完整的章节。同其他入侵的图兰人形成鲜明对比的是，他们接受了欧洲的生活方式、风俗习惯和宗教，总之完全被欧洲化或者基督教化了，并在很长一段时间内成为基督教欧洲抵御奥斯曼穆斯林大军的主要堡垒。现在的匈牙利人随日耳曼人之后，可能是欧洲最具年轻活力和希望的民族了。

塞尔柱突厥人从未踏上欧洲土地半步。这个狭隘的民族曾占领圣地巴勒斯坦，并气势汹汹地向君士坦丁堡进军，震惊了西部基督教世界，导致了第一次十字军东征（详见第183条）。但其内部纷争和十字军战士的打击给其霸权画上了休止符。

238.蒙古征服

当塞尔柱突厥人的势力在西亚衰落的时候，中亚和东亚草原孕育的蒙古人在蒙古的各个部落之间建立了新的统治，他们桀骜不驯、能征善战。他们的第一个伟大首领是铁木真（Temuchin，1206—1227），尊号“成吉思汗”（Jenghiz Khan/Genghis Khan），或“伟大的可汗”（The Greatest Khan），他曾经给人类带来最可怕的痛苦与折磨。成吉思汗对以突厥人为主的无数部落展开了冷酷无情的屠杀，似乎他们属于

成吉思汗

另一个物种，其刀剑和火把横穿了亚洲大部。突破了1500年前为了防御其游牧同族或亲族而建立的万里长城，征服了现今中国北部的大部分地区，然后挥师西进占领了突厥斯坦（Turkestan）和波斯。大军所到之处，城市全部被夷为平地，人口稠密的平原变成了寂静的荒漠。成吉思汗生前权力范围已囊括罗斯的第聂伯河及印度河谷，即使死后还需殉葬：在他的墓前，40名少女被杀，以便她们的灵魂可以去另一个世界里服侍他。

伟大的征服者成吉思汗将自己的广阔疆土传给了一位称职的继任者，他的儿子窝阔台（Oghotai/Oktai/Ögedei，卒于1241年）。他将帝国疆域向东亚推进的同时，也向西亚扩展，并入侵欧洲。这次西征由著名的拔都（Batu）率领，并采用了军事专家所谓的“完美策略”。罗斯、波兰和匈牙利的大部分地区被占领并被破坏；莫斯科（Moscow）、基辅、佩斯（Pesth）及许多其他城市被焚毁，居民被杀戮。在1238年至1241年这两到三年的可怕时光里，几乎一半的欧洲都惨遭蹂躏。另一半的居民如若没有疯狂地专注于教皇和皇帝之间的纷争的话，似乎也不知所措。他们没有共同努力阻击入侵的进程，显然把这次天罚视为大自然给予的破坏性灾难，难以避免，无法补救。幸运的是，值此紧要关头，窝阔台去世了，拔都被召回亚洲，西方文明就此逃过一劫。

窝阔台的继任者忽必烈汗（Kublai Khan，1259—1294），进一步扩大帝国疆域，其中最重要的一次征服是由其大将旭烈兀（Hulagu）率领，并于1258年攻占了巴格达，结束了阿拔斯王朝的统治（详见第89条）。忽必烈的领地最终涵盖了亚洲大部以及罗斯。天下从未有如此辽阔的土地被归于一个人的治下。

帖木儿

忽必烈迁都汗八里（Cambalu/Khanbaliq/Dadu），即为现在的北京，并在此接见世界各地的使节与访客。意大利著名旅行家马可·波罗，也在这位君主的皇宫里居住多年，获取了关于远东珍贵而鲜活的知识，并在其著名的《马可·波罗行记》中将之传递给了欧洲。

忽必烈汗死后，无节制扩张且松散联合的帝国陷入混乱并分裂成了诸多小国。帝国的多个部分后来由另一位天才的首领再次结合在一起。帖木儿（Timur/Tamerlane，1369—1405），或称“跛子帖木儿”（Timur the lame），是成吉思汗的远亲，注定肩负起重建蒙古统治的使命。他定都于中亚的撒马尔罕（Samarcand/Samarkand），似乎有意征服全世界。据说他曾宣称：“因为神是独一，并未分治，那么神在人间的代表也只能有一人。他的《帖木儿自传》（*Memoirs*）中这样描述自己的使命和职责：哪里出现错误，便要去匡正；哪里出现混乱，便要去理顺；哪里有压迫，便要去解救。

忽必烈汗的帝国分裂后各个国家的混乱状态给了帖木儿足够的事情去做。他率领由各个部落组成的大军，沿着其蒙古前辈们血染的征程再次攻城略地，所到之处白骨累累，焦土遍野。他习惯于把敌人的头颅和尸体堆建成金字塔型，以示对抵抗与反叛的报复。

帖木儿在他制造的废墟之上建立起了一个庞大的帝国，亚洲大部都被置于他的统治之下。偏远地区的部落首领用以下话语表示忠诚：“我们把服从的辔头置于颈前，侍奉的鞍镫置于背上。”帖木儿在他广阔的疆域之上实行了温和而公正的统治，证明了他不止是残酷的征服者和人类的毁灭者。

帖木儿死后，广阔的帝国一样土崩瓦解。他的后代之一巴布尔（Babar/Baber）于1525年入侵印度，并建立了莫卧儿帝国（Kingdom of the Great Moguls）。这个蒙古王国持续了200多年，直到18世纪被英国人摧毁。莫卧儿帝国在德里（Delhi）和

阿格拉的泰姬陵

阿格拉（Agra）的宫殿的富丽堂皇是东方最灿烂的艺术风格之一。这些外国统治者给印度留下了最好的建筑遗迹。阿格拉的陵墓被称为泰姬陵（Taj Mahal），是世界上最漂亮的建筑之一。[①]

239.蒙古入侵的历史影响

亚洲从未从蒙古征服者制造的可怕灾难中复苏过来。许多生机勃勃的地区被这些民族毁灭者扫荡一空，至今仍如墓地般荒无人烟。说起曾经人口稠密的里海东南部地区，雷慕沙（Jean-Pierre Abel-Rémusat）断言500年都不足以修复那4年的创伤。

但这次大动荡对亚洲产生了也并非完全是负面的影响。其中一个重要影响就是西藏喇嘛教制度的正式建立。在蒙古征服时期，佛教已经在该地区站稳了脚跟。蒙古皇帝对那里的佛教高僧类似于法兰克国王同罗马主教之间的关系（详见第七章）。忽必烈汗将活佛册封为西藏的最高领主，从而建立了西藏大喇嘛（Tibetan Grand Lama）的地位和称号，进而为这不寻常的东方神权掌控世俗权力奠定了基础。[②]

帖木儿征服及统治的一个重要历史意义是确立了伊斯兰教为中亚的主要宗教。帖木儿公开承认其帝国建立在伊斯兰的美德与宗教的基础之上。他在《帖木儿自传》中讲述了其对偶像崇拜者发动战争是受到了《古兰经》经文的激发："先知啊！你当奋力反击不信仰者和伪信者，当严厉对待他们。"因此，帖木儿发动战争不仅仅出于野心，而是带有以传播伊斯兰教为目的的圣战性质。

但这场剧变对欧洲历史有着重要意义，蒙古人统治了东斯拉夫人近300年之久。这对于罗斯来说，就像后来的奥斯曼人征服东南欧一样，都是灾难。鞑靼统治给罗斯人的性格和历史都留下了深远的影响。

但众多坏处之中也有好处。蒙古人建立的广阔帝国的影响就是给欧洲和东亚带来了前所未有的陆上通道，而这一通道时至今日的西伯利亚大铁路（Trans-Siberian Railroad）建成之后才再次出现。道路漫长而乏味，但却相对安全，因此欧洲宫廷

---

① 在任何地方看到蒙古人统治下的艺术与建筑的异军突起，都不应忽略与之有过接触的中国、波斯、印度和西亚对其文明的影响，因其建筑师和工匠一般都来自于被征服的种族或西欧的城市。

② M.Abel-Remusat，*Melanges asiatiques*（《亚细亚杂纂》，雷慕沙著），tome i，sec.8，pp.129-145，"Discours sur l' origine de la Hierarchie lamaique."（论喇嘛等级制度的起源）。

和蒙古统治者之间的使节、传教士、工匠、商人和探险者得以穿梭往来。这些贸易往来和探险活动“延长、扩大和增加了十字军东征所创造的东西之间的联系”①。马可·波罗就是典型标志（详见第224条）。通过这种方式，各种艺术、思想和发明从远东传入欧洲，无疑有助于西方文化的复兴和欧洲人民新时代的开创。

雷慕沙敢于持这样的观点：如果欧洲人民靠自己来发展那些蒙古兴盛60年里从东方传播过来的艺术及其加工过程的话，欧洲文明的进程至少要推后几百年。“因此”，用这位杰出学者的话说，“征服者的野心除了出于自己的意志之外，还会唤醒未被其铁蹄践踏的土地上的新生命，因此，在文明的进程中，正是那种注定毁灭之势的祸患却反而成了推手。”

第二节　奥斯曼人

240.奥斯曼帝国的开端

历史上所有图兰人国家中，最新、最长、最重要的由奥斯曼人建立。这个民族首次出现在历史舞台上是戏剧性的，并且预示着他们的征服生涯。在13世纪中叶，一位首领带着几百名骑兵，跨过安哥拉附近的安纳托利亚（Anatolia）的山峦，出乎意料地卷入了一场正在进行的战斗——那时战斗在该地区几乎是家常便饭。这队骑士凭着对战斗的热爱之情，直接冲到战斗最酣之处，不管是谁打谁，也不知道为什么打，侠义地选择了占下风的一方，并很快扭转了战局。结果“他们侠义行为的受益者”是塞尔柱突厥人科尼亚（Iconium/Konya）苏丹的军队。心怀感激的苏丹邀请这些陌生人同他的人民生活在一起，并赐予他们土地。他们接受了邀请，由此形成了伟大奥斯曼帝国的核心②。

---

① M.Abel-Remusat, *Melanges asiatiques*（《亚细亚杂纂》，雷慕沙著），tome i, sec.24, “Sur les relations politiques des Rois de France avec les Empereurs mongols.”（法国国王与蒙古大汗的政治联系）。

② Creasy, *History of the Ottoman Turks*（《奥斯曼帝国史》，克雷西著），chap.i。

该故事的主人公名叫埃尔图鲁尔加齐（Ertuğrul）。他种下了帝国的种子，但帝国却使用了其子之名，因为奥斯曼[①]是首个在新土地上承此名号的独立统治者。

当蒙古人西征至小亚细亚时，周边的部落开始逐渐臣服于奥斯曼，与此同时，他逐省地吞并拜占庭皇帝的亚洲领地。穆拉德一世（Murad I，1360—1389）统治期间，现在土耳其的大部分地区落入了奥斯曼人之手。

奥斯曼帝国的军队

241.加尼沙里军团

奥斯曼人的征服极大地得益于一个极的有战斗力的兵团，它组建于14世纪初期，被称为加尼沙里军团（Janizaries）[②]。其主要的成员起初是基督教俘虏中的优选儿童。当战争导致没有足够兵源之时，苏丹向信仰基督教的子民强征儿童服兵役，有时一年强征多达2000名男孩。这种征兵的方法维持了大约300年。男孩们一般在8岁左右，在伊斯兰教的信仰下成长并接受军事训练。这些“未成年的战争皈依者”组成了一个军团，成为缔造奥斯曼帝国的主要工具之一。

---

① 奥斯曼一世（Othman I，1288-1326），或Osman，该词不仅源自Ottoman，还源自奥斯曼人最喜欢用在自己身上的Osmanlis。

② 加尼沙里军团（Janizaries/ Janissaries），奥斯曼苏丹的禁卫军、皇家卫队，第一只欧洲常备军。又译耶尼切里军团、新军、苏丹亲兵等。——译者注

242.基督徒与奥斯曼人；奥斯曼人与蒙古人

穆拉德一世之后是巴耶济德（Bayezid），或巴耶塞特一世（Bajazet，1347—1403），其征服的快速推进令中欧和西欧极为警觉。过去的十字军精神再次被唤醒，匈牙利、波兰和法兰西的武士们团结起来阻止蛮族来势汹汹的进攻；但在1396年保加利亚尼科堡会战（Battle of Nicopolis）中，10万联军被奥斯曼人的马刀砍得落花流水，数以千计的骑士和普通士兵被俘后惨遭屠杀。

帖木儿与被俘的巴耶济德

这场可怕战役中的不幸事件让整个西方陷入了极度恐慌之中。巴耶济德发誓，他的马“应该在罗马圣彼得大教堂的祭坛上吃燕麦”，而且似乎基督教世界里没有任何力量可以阻止这一亵渎。

在把这一威胁变成现实之前，巴耶济德转而攻打君士坦丁堡，相信在目前这种意志消沉的状况下，其居民几乎不会发起半点抵抗。君士坦丁堡被奥斯曼军队包围，其命运似乎已然判定。希腊人徒劳地请求拉丁武士的支援；基督教世界在尼科堡一战之后便软弱不堪，甚至到了闻风丧胆的地步。尽管没能等来西方基督教世界的救援，但令人大跌眼镜的是，东方穆斯林的救援却及时地到来了。

就在当时，帖木儿正率领大军建立征服大业。他剑指小亚细亚的奥斯曼人，而巴耶济德被迫解除了对君士坦丁堡的围困，迅速地跨过博斯普鲁斯海峡，阻击向其领土进军的新敌人。1402年，奥斯曼人和蒙古人在安哥拉平原遭遇，遭遇惨败。巴耶济德在被俘后不久死去。

安哥拉之战的惨败一时间打断了奥斯曼人的征服之旅，为基督教世界的君士坦丁堡又续了50年。

243.君士坦丁堡的陷落（1453）

然而，奥斯曼人逐渐从蒙古人的打击中恢复过来。到1421年，他们已经足够强大，可以再次进攻君士坦丁堡了，但君士坦丁堡此次因其强大的防御力量得以保全。四分之一世纪又过去了。最后，1453年，穆罕默德二世（1451—1480）以庞大的军队和舰队围攻君士坦丁堡。城墙只有少数人守卫，经过短暂的包围，君士坦丁堡彻底沦陷。英勇的皇帝，君士坦丁十一世·帕里奥洛加斯（Constantine Pakaeologus），拒绝活着做“一个没有帝国的皇帝”，自尽殉国。据说都城的10万居民中4万被杀，5万沦为奴隶。自君士坦丁大帝之时立于圣索菲亚大教堂圆顶之上的十字架被新月所取代。

穆罕默德二世进入沦陷后的君士坦丁堡

这样一来，在旧罗马落入西部蛮族之手整整1000年后，新罗马也落入了东部蛮族之手。君士坦丁堡的陷落是历史上最令人痛心却又命中注定的事件。此时的穆罕默德二世，像西庇阿在迦太基时一样，凝视着君士坦丁堡的废墟和空荡的宫殿，据说他感慨于命运无常，若有所思地吟诵了波斯诗人菲尔多西（Firdusi/Ferdowsi）的诗句：“蜘蛛网是恺撒宫殿的窗帘；猫头鹰是阿夫拉西亚普望楼上的哨兵。”①

244.匈牙利人和罗德骑士团阻击奥斯曼人

新罗马的陷落给基督教世界带来的惊恐，如5世纪时旧罗马沦陷时带给世界的一样。此时，整个欧洲都向穆斯林蛮族敞开了大门，似乎没有什么可以阻止其将新

① 阿夫拉西亚普（Afrasiab）是波斯历史传说中的人物名字。

月立于圣彼得大教堂的圆顶之上了。

多个会议被召开以尽各种努力使不同的基督教势力联合起来，旨在收复君士坦丁堡并将奥斯曼人赶出欧洲。但隐士彼得和圣伯纳德鼓吹十字军东征收复巴勒斯坦圣地的时代已经一去不返了，西部无法再次形成合力对抗异教入侵者了。只要没有立即威胁到自己的王位，欧洲的君主们根本不在乎跪在圣索菲亚大教堂前的是基督教的希腊人还是伊斯兰教的奥斯曼人。此外，天主教大分裂时神权给信仰留下的阴影依然挥之不去，教皇的声音已然失去了原有的说服力与约束力。

虽然基督教国家之间没有达成一致采取联合行动，但匈牙利的勇士们勇敢地站出来抵抗奥斯曼人，并成功地阻止了他们向欧洲大陆纵深的挺近，而此时在罗德岛组建的圣约翰骑士团也在地中海对其进行钳制。然而，1480年，穆罕默德二世还是成功地将新月旗插在了意大利的海岸，攻占了卡拉布里亚（Calabria）的奥特朗托城一年之久。到16世纪结束前，奥斯曼人的征服力业已耗尽，而其帝国疆域也达到了顶峰。

奥斯曼人对欧洲文明的影响相当无感，而且自失去了早期苏丹特有的活力与能力之后，对其统治下的基督教民族绝对可谓摧残与祸害。他们一直被视为欧洲的入侵者，在当地的存在导致了几场最为血腥的近代战争。奥斯曼人逐渐被排挤出了欧洲的领土，就如盘踞在欧洲大陆另一角的穆斯林摩尔人在很早以前被西班牙的基督教骑士驱逐一样，而其被从博斯普鲁斯海峡赶回去的日子也可能为时不远了。

第十六章　城镇的发展

245.蛮族与罗马城镇

古罗马城镇作为进攻和防御的中心，在蛮族入侵时期遭受了很大的损失。在猛烈的进攻之后，许多城市的坚固城墙都成了荒原之上的“环形废墟”（Rings of Ruins）。曾经有一段时间，罗马城墙内没有一个活物（详见第62条）。在英格兰，相当一部分罗马城镇实质上已被盎格鲁-撒克逊入侵者夷为平地。在法兰西南部、意大利和西班牙，城镇整体上损失较少；然而，在罗马统治者的庇护之下蓬勃发展的这些城镇没有一座能够完全逃脱创伤与损害。

但无数城镇化为废墟，不只是帝国毁灭者的暴力所致。城镇人口减少与衰败的主要原因是蛮族喜欢开阔的乡村而不是城镇，他们不喜欢城墙内的生活。因此，总体来讲，在入侵的影响下，城镇生活被乡村生活取代便无法避免。截至11世纪，欧洲人口基本上同现在的俄罗斯一样，绝大部分都是农村人口。因此，在这个时期获得第一次发展的封建主义，是一个以乡村社会而非城市社会为特征的经济和社会体系。

246.旧城镇的复兴与新城镇的建立

入侵者一旦定居下来，文明便开始复苏，古罗马的城镇开始逐渐恢复以前的地位，而新城镇也在其洗劫过的行省及古老帝国权限以外的国家里不断涌现。

新城镇的位置由多种不同的因素决定。商业与贸易的必要性指明了许多地点，并为其奠定了发展和繁荣的基础。海岸、河畔或如威尼斯至尼德兰的陆路通道沿线是有利位置，自然而然就成为了当时货物交易、分销和运输的地点。在这样的地方发展起了一批富庶的城镇。还有很多城镇围绕城堡、边塞、军事据点而起，尤其是德意志，如现在的马林堡、哥尼斯堡等地名就是很好的例证[①]。另有一些以修道院或神殿为中心建立的城镇。扩张和发展的时代力量再次使新兴城镇不断涌现，其兴衰或许就是文明兴衰的最好见证吧。

247.10世纪城镇的快速发展

10世纪时，北欧人、匈牙利人和萨拉森人正严重困扰着西欧（详见第146条）。没有强大的中央政府，城市只能依靠自己的资源进行防御，武装自卫队，完善市政管理，而最重要的是修建城墙，这些有时能得到有时得不到王室或帝国的支持。在那些邪恶的时代，坚固的城墙是唯一可靠的防护。因此，与封君的城堡是用来保卫乡村有所不同，欧洲此时开始密布高墙防卫的城镇。

248.城镇纳入封建制度；城镇的反抗

当封建制度占据欧洲之时，城镇也成为该制度的一部分，变成了封臣和封建主。作为封臣，城镇当然要受制于封建制度的所有权利义务[②]，效忠于封建主；而无论封建主是贵族、王公、神职人员、国王或皇帝，城镇都必须向其支付贡金并在战争中给予援助。

由于城镇通过工商业成为了封建制度中最富有的成员，领主自然在需要钱财的时候找上门来，但需求与榨取最后变得难以忍受，就爆发了封建主与市民之间的长期斗争，最终导致了著名的城镇自治。

正是在11世纪，城镇反抗封君的起义变得普遍起来。此时，市民建起了坚固的城墙，也学会了战斗——如果他们确实一度忘记了这项技艺的话。于是他们就敢公然反抗其封君，给税务官吃闭门羹，甚至当封君本人跟他们来谈判之时也不例外，管他是国王还是皇帝。冲突持续了两个多世纪，最终，市民取得了胜利。

---

① 很多城市是以“burg”结尾，该此本意为“堡垒”，因而中文经常译为“堡”（bǎo），如现今的德国第二大城市汉堡（Hamburg）以及文中提及的马林堡（Marienburg）等，但该字在中文地名中经常读作pǔ或pù，如十里堡、白家堡等。——译者注

② 首先，城镇里的每个住户都是这块封地上的封建领主的租户，并各自在租金和兵役方面对其负责，但后来许多城镇形成了自治城市，开始代表市民向其封建领主负责。正是这些城镇以自治城市开始行事之后，才成为政治制度中的一个重要因素。

在这一过程中，大量西欧国家的城镇要么是像英格兰和德意志城镇那样用钱赎回自由，要么通过武力获得领主或封建主的特许状。然而许多领主会主动为其封地内的城镇发放特许状，授予其各种豁免和特权，以此促进城镇的发展与繁荣，并从中渔利。类似的动机促使许多领主建立新的城镇，并通过赋予该地市场特权和特定的自治权等各种豁免来吸引定居者。

249.特许城镇的地位

在许多情况下，特许状只是明确受到优待的城镇享有的惯例和特权，保证其免受封君专横跋扈的压榨；即便如此，这些特许也有极大的助益，因为在特许状的保护下，城镇可以保持人口增长，累积财富，许多国家的城镇最终都足够强大，能够摆脱对封君或封建主的任何实际依赖，成为实质上的独立国家——小的共和国。尤其意大利的城镇，更是如此；但在德意志的一些城镇，情况却并不那么明显。

然而，其他国家的城镇只在极短的时间里赢得了部分自由，法兰西的尤其短暂。到了中世纪晚期，法兰西国王在很大程度上收回了特许状和特权，将城镇纳入了自己的管辖范围，并任命官员监管城镇的事务。

中世纪的城镇

250.城镇的工业生活；行会

城镇是中世纪晚期的工场。其工业生活的显著特征是某些企业或行业联合起来所形成的行会（gilds），主要分为两类：商人行会和手工业行会。大约11世纪，城镇的商业生活全面活跃起来，商人行会应运而生。一般来说，行会的成员是该地的主要土地所有者和商人。

行会的目的是促进成员的商业收益，当然也同其他行会一样，有着社会、宗教和政治立场。事实上，正是其政治活动赋予了它们重要的历史地位。行会在许多城镇里实际上组成了城镇政府的工业和贸易部门；在一些地方，特别是英格兰，市政事务的整体管理曾一度被行会成员实际掌控。

后来，随着贸易的发展，至少在许多情况下已经被商人行会接纳为成员的工匠，开始在早期社团的基础上形成独立的行会。这类行会于12世纪出现在英格兰和欧洲大陆的城镇。制鞋工、烘焙工、织布工、纺纱工、染色工、碾磨工等等，都有行会。在一些城镇甚至有50个以上的行会。

欧洲大陆的这些市民社团一发展壮大，就开始跟贵族的商人行会为了分享市政管理或是参与垄断经营而展开激烈斗争。这种冲突的一些特点令人联想起了古罗马的贵族与平民。争端持续了两个多世纪，13、14世纪是欧洲大陆斗争的高峰，在此期间，城镇混乱不堪。总的来说，工匠们取得了最终的胜利，商人行会降级为城镇政府的下属机构或被手工业行会吸收。

14、15世纪期间的城镇内部史在很大程度上是行会多种多样的活动史。然而，此处限于篇幅，难描梗概。只能指出这些令人关注的行会在中世纪城镇生活中的重要地位。

251.汉萨同盟

在11、12世纪，北欧的城镇开始扩大其商业联系，但普遍存在的不安全和混乱状况给贸易带来了极大的不利因素。商人通过陆路将货物运往意大利的市场上销售，但却冒着落入虎视眈眈盯着各条路线的强盗贵族之手的风险，要么被全部劫走，要么交一笔很不合理的买路钱。在这些强盗贵族的眼中，平民商人没有权利得到他们的尊重。经由波罗的海和北海前往意大利的水路也不安全。海盗船在这些水域游荡，将任何一艘他们可能制服或诱撞于危险海岸的不幸商船作为战利品。

最后，大约在13世纪中叶，以吕贝克（Lubeck）和汉堡（Hamburg）为首的德意志城镇，开始结成临时联盟，保护它们的商人免受海盗和强盗的侵袭。这些临时联盟最终形成了著名的汉萨同盟（Hanseatic League）[1]，而在近14世纪中叶的时候成为一种政治势力。德意志北部有80多个主要城镇加入同盟，但加盟总数并不确定。

汉萨同盟的货船

同盟拥有陆军和海军，拥有完全独立自主的权力，是“中世纪的海上德意志”。它战胜了丹麦国王，并以开战威胁英格兰国王爱德华四世迫使其对同盟商人作出重大让步。

为了促进成员的交易业务，同盟在不同的外国城镇设立工厂、仓库、客栈和教堂，管理着像修道士一样发过绝色誓言的人们。这些商站与现在欧洲人在远东国家建立的殖民地颇有几分相似。同盟中最著名的外贸商站是布鲁日（Bruges）、伦敦、卑尔根（Bergen）、维斯比（Wisby）和诺夫哥罗德（Novgorod）。佛兰德（Flemish）城镇布鲁日是意大利和北欧之间的重要中转站；伦敦商站联盟建立之后控制了大部分不列颠岛的运输，最终损害了英格兰商人的利益；卑尔根是挪威和冰岛之间的贸易中心；维斯比则是瑞典和芬兰的贸易中心；而诺夫哥罗德，则汇集罗斯等域外国家的货物销往西欧各地。同盟因此成为了巨大的垄断集团，为其成员的利益努力控制整个北欧的商业贸易。

---

① 该词源自古日耳曼语“hansa”，意为“同盟”或“联盟”。

252.汉萨同盟解体的原因

多种原因导致汉萨同盟城镇繁荣的衰落以及同盟的解散。其中最主要的是曾经一度在商业上受制于德意志商人的民族发展了自身的工商业，当地的商人自然妒忌这些外国人，及其所建商站的土地权益，进而为了一己私利废除了先前授予的特权，并鼓励本地工商业的发展。

另一个导致其衰落的原因是欧洲民族总体文明程度的进步，以及民族国家政府实力的增强，能够打击陆路的强盗和水路的海盗，并拥有了比同盟更强大的陆军和海军。

其他导致同盟解散的原因中还有一个应当提及，就是作为德意志北方城镇重要产业的鲱鱼渔业的革命。在同盟成立之初，该产业一直依赖汉萨同盟控制的波罗的海海域，但15世纪，渔场转移到了尼德兰附近海域。就这样，德意志城镇收益不菲的产业实际上相当于拱手让给了自己的竞争对手。

与鲱鱼渔业革命同时发生的还有15、16世纪的航海大发现，使得商业活动中心从波罗的海和地中海港口转移到了大西洋沿岸港口。最后，德意志的宗教改革和与之相伴的宗教战争导致许多汉萨城镇沦为废墟，从而使同盟彻底解散。

253.意大利城市早期发展的原因

中世纪自治城市获得最大的发展、权力和影响还是在意大利。诸多情况和原因促成了其早期的快速发展。

首先，这些城市比任何意大利以外的城市更为真实地继承了伟大罗马的往昔，就算其中大多数古老市政管理的实际机制已经不复存在，但鼓舞人心的回忆与古老时代的自由传统还没有被忘怀，甚至可以说铭刻于心。

其次，这些城市政治的发展得益于伦巴第人破坏了半岛的统一。由于没有强大的中央政权，城市自然而然地承担起巨大的管理责任，并在同独立国家打交道的过程中相互支持。

再次，由于相对少量的蛮族入侵半岛，封建制度在这里并未取得很大进步，反而有利于自治城市的发展。在城市与封君之间的斗争中，城市取得了胜利。其他地方的城市被分封给了贵族，而恰恰相反，这些地方的贵族服从城市。无论是主动还是被迫，领主们都成了城市的公民。把封建贵族吸收为城市公民大大地强化了城市，并且极大地促进了生活多样性及刚毅性格的发展，成为这些城市共和国市民的显著特征。

最后，教皇和皇帝之间的长期斗争大大加强了意大利城市的自由。教皇和皇帝为了同对方争斗不断地为城市提供帮助，城市借机坐收渔利，实际上独立于任何一方的掌控。

但意大利海岸城市物质繁荣的主要直接原因和政治权利的重要间接原因都是它与东部的贸易，以及十字军东征所赋予的巨大推动力。十字军东征把庞大的运输业务送到了威尼斯、热那亚和比萨的商人手中，令其赚得盆满钵满。十字军东征结束后，它所催生的贸易仍在继续。返乡的十字军战士带回了对东方习俗和观念的兴趣，创造出了对高雅与奢华商品的大量需求，而这些只有同东方保持贸易往来的意大利商人可以提供。

这些意大利城市的政治史错综复杂、无趣乏味；但是关于社会、艺术和商业的记载形成了中世纪最辉煌的篇章。然而，有三个重要的政治史事件不得不提：（1）伦巴第联盟的形成，（2）12、13世纪的权力纷争，及（3）暴君的崛起。此处对其进行逐条讲解，之后再讨论威尼斯、热那亚和佛罗伦萨的商业和精神生活中更为有趣和有益的情况。

254.伦巴第联盟

当腓特烈·巴巴罗萨成为神圣罗马帝国皇帝时（详见第226条），意大利的城市遇到了史上的一次重大危机。腓特烈对帝国及其治下的天授之地有着崇高的理想，因此他坚定不移地维护君权的至高无上，这不仅是雄心壮志的自然流露，而且是义不容辞的伟大理想。他无疑受到当时正以极大热情研究古罗马法典的民事律师的影响。这项法律让皇帝对治下的城市拥有几乎绝对的管辖权。自然而然，腓特烈在法学家的影响下，应该让自己确信：意大利城市的自治已侵犯了皇帝的权威，而他收回由前任拱手让出的权力理所应当。他将会像查士丁尼、查理大帝和奥托一世那样统治整个帝国。

腓特烈拥有这种皇帝大权独揽的理想，那么，他同意大利城市之间的斗争便不可避免。对城市来说，皇帝的主张意味着暴政与专权；对皇帝来说，城市的主张意味着放纵与混乱。因此，当腓特烈试图在城市上安置自己的法官以剥夺其发动私人战争的权利并实行其他限制时，长达30年的武装冲突随即爆发。皇帝与其城市封臣之间的这场战争，正如后期的美国内战（Civil War）一样，都是为了宪法定义而战，只是此时需要定义的是神圣罗马帝国的不成文宪法。

腓特烈多次率军进入意大利，旨在强化自己的权力，他占领并焚毁了伦巴第的几座城市。最后，英勇抵抗皇帝大军的强大米兰（Milan）于1162年被攻占。他把居民分散到村庄里，按照古希腊摧毁城市的方式，将城墙和建筑物夷为平地。

被称为伦巴第联盟（Lombard League）的同盟由流亡的米兰人和大批意大利北部城市组成，旨在报复皇帝对米兰犯下的罪行并抵抗他的野心。这些城市团结一心、坚定不移地珍惜自己的自由。最后，在1176年的莱尼亚诺战役（Field of Legnano）中，米兰人及其盟军集结在插有军旗的神圣战车①周围，大败帝国军队。

莱尼亚诺战役是自由编年史中的著名战役。“就是这些少有的战役之中”，历史学家加伦加（Gallenga）写道，“人类的鲜血流得崇高而神圣”。1183年，一份休战6年的协议拉开了《康斯坦茨和约》（Peace of Constance）的序幕。在这份协议中，皇帝对城市的统治权实际上被削减为有名无实、闲置的宗主权②，同时，城市管理自己内部事务与发动私人战争的权利得到认可。

255.意大利城市之间的纷争；自由时代

意大利的这些城市保留或恢复了自由，在《康斯坦茨和约》中保住了发起私人战争的宝贵权利。这是一个生死攸关的特权，特权最后被滥用，给自己带来无尽的困扰与苦难。在一个多世纪里，它们一次接一次地对彼此发动痛苦而血腥的战争。

纷争的原因繁多而又常见。西蒙兹说：“城市为了控制港口、海峡、河流、道路以及任何获得财富与繁荣的渠道而战。”但是，除了各个城邦之间纷争的众多类似原因外，城墙之内也都存在着不和谐的因素。意大利人无法置身事外的教皇与君权之间的斗争，将每个城市的人民都一分为二：吉伯林派（Ghibellines）拥护皇帝；归尔甫派（Guelphs）③支持教皇。两派之间展开了几个世纪的争斗，在各国内斗的历史上恐怕再也找不到比这更激烈、更恶毒的了。

---

① 在11世纪，米兰大主教阿里伯特（Heribert/Aribert）发明了该城的旗帜，由一根柱子支起的十字架，并在战车上升起，因此称为carroccio（插有军旗的战车）。战车由四轭牛牵引，模仿古代的约柜方舟（Ark of the Israelites/Ark of the Covenant），是军队在战场上的集结地。许多其他城镇效仿米兰，因而，意大利的城镇在“其所珍视的一切标志和象征”的旗帜下，向短暂却辉煌的自由进发。

② 皇帝保留向城镇派遣代表以及当其有机会访问意大利时为其军队提供食物、饲料和住宿的权利。

③ 这些名称源自于德语，最后成为了各派的称呼。笼统地讲，可以说吉伯林派代表入侵的日耳曼元素，并赞成封建贵族的社会制度，而归尔甫派代表古罗马人民并支持自由民主制度。

城市的混乱和暴力还另有一个多事之源就是封君的存在。在其他国家，这些好战之人同其封君在乡村的旷野中争斗，而在意大利，却是在城市的街道上。

然而，虽然充满了罪恶，但“自由”，当希罗多德（Herodotus）在谈到雅典及其自由公民的成就时宣称，“自由乃美好之事”。意大利城市得来不易的自由孕育了市民的伟大才能与美德。圭恰迪尼（Guicciardini）将意大利城市在12、13世纪的繁荣与灿烂文化归功于其所享有的独立自主。

256.暴君的崛起

意大利城市间的不断战争及党派间的无尽纷争，同古希腊城邦之间无休无尽的斗争与分裂导致了同样的问题：民主制度被推翻，两败俱伤的战争与冲突导致了混乱，而混乱最常导致的便是专制。

在13世纪末，几乎所有意大利北部和中部的共和国都沦为了教皇辖地，只有威尼斯、热那亚和托斯卡纳的城市落入了内部的暴君之手，他们的累累罪行以及无法容忍的暴政，使其同篡夺古希腊自由城市最高权力的僭主一样可憎。他们中的许多人拥有非凡的“犯罪活力”，无尽的邪恶使其统治区域内充满了暴力与恐怖。

这些篡位者能够夺取城市最高权力的一个原因是居民尚武精神的衰退。市民们忙于生意，将城市的防卫委托给雇佣兵。这些雇佣兵的长官被称为雇佣兵队长（condottieri），其中一些是外国冒险家；都是为钱而战的士兵。他们发现很容易推翻其所守卫城市的自由。马基雅维利（Machiavelli）宣称“意大利的堕落并非源于其他原因，而是其多年奉行的雇佣兵制度”。

257.威尼斯

意大利最著名的城市威尼斯，起源于5世纪为躲避匈奴王阿提拉的狂暴而逃到亚得里亚海湿地中的一些难民所建的简陋棚屋。难民以此躲过了没有船只的蛮族的追击，开始在一些浅岛上建造了几处小村庄，最后在接近7世纪末的时候，合并成了一个单独的城市，其首领的头衔为公爵，或总督（Doge）——这个头衔注定要获得广泛的声誉。

9、10世纪时，小共和国的战舰捍卫着亚得里亚海的贸易不受诺曼和萨拉森海盗船的袭扰，或是击退斯拉夫和匈牙利蛮族的强大攻击。为获得保护，亚得里亚海对岸的一些希腊城市将自己置于它的管辖之下。几个世纪后，征服与谈判逐渐扩展了威尼斯的领地，直到最后控制了东地中海的海岸和水域，正如第一次布匿战争时迦太基掌控着西地中海一样。

甚至在十字军东征前，威尼斯就已与东方有大量的贸易往来，后又通过十字军东征极大地扩展了贸易规模。意大利同埃及和叙利亚港口之间的水域被其运输船和战舰的白帆所遮蔽。这令人回想起它参与了第四次十字军东征，导致拉丁基督徒占领了君士坦丁堡，并分得了东部皇帝的伯罗奔尼撒半岛（Peloponnesus）和大多数希腊岛屿及海岸土地，形成了一个相当大的海上帝国。

中世纪的威尼斯

威尼斯内部史的最重要问题之一，就是在13世纪末闭锁了负责召开立法与行政会议的威尼斯大议会（Great Council）。当时的大议会议员由城市不同地区的代表组成，实际上掌管着共和国的事务。大议会是一个选任机构，每年重选；无论是平民还是贵族，每位公民都有资格当选。1297年至1317年间的一系列决议和法令形成了一个法案，大议会中的议席仅限于当时已在其中的代表家族。至此，威尼斯这个名义上的民主政府通过这种手段摇身一变成为排他的寡头政治，该特征一直持续到500年后威尼斯共和国垮台。

同时，大议会把平民关在了门外，于1311年创建了所谓的“十人执政团”（Council of Ten）。这是一种公共安全委员会，执掌逮捕和监禁等大权，职责之一便是防止反对共和国的阴谋。它的决议具有神秘性与保密性，其中许多都残酷而专断；尽管这样比较或许有失公允，但其名声可以同罗马的十人委员会（decemvirs），或法国大革命时期恐怖的公共安全委员会（Committee of Public Safety）相提并论了。

威尼斯在13、14和15世纪达到了鼎盛，在地中海的霸权，就如现今英格兰对海洋的掌控一样彻底，每年都会通过向海里扔下一枚戒指这样的独特仪式举行威尼斯与“亚得里亚海的婚礼”（Wedding the Adriatic）。该习俗由此而来：1177年，教皇亚历山大三世感激威尼斯人在他同皇帝腓特烈·巴巴罗萨的斗争中为其助阵，赋予总督一枚戒指，并说：“以此作为统治海洋的象征，你与你的继任者每年为威尼斯和亚得里亚海举办一次婚礼，这样人们便知海洋属于而且服从威尼斯，就如新娘服从她的丈夫一样。”一年一度的庆典是中世纪最光辉灿烂的场面。

威尼斯人使用的驳船

著名的政府造船厂（Arsenal）体现出了威尼斯的海洋实力与优势。这包括了一系列的码头、船坞和满是海军军用引擎及各种军需品的大仓库。在城市最繁荣的日子里，造船厂雇用了16000名造船技师、工人和守卫。它的能力在一件事上便可见一斑：法兰西国王来访期间，一艘战舰在两个小时内便建造、装备完成并下水。政府造船厂仍是欧洲的名胜之一，吸引着好奇的旅行者。但丁《地狱》（Inferno）①中对此地有著名的描述，那无疑来自于他的亲身经历。

威威尼斯的衰落始于15世纪，当时奥斯曼人的征服剥夺了亚得里亚海以东的大部分土地，而哥伦布发现新大陆以及瓦斯科·达·伽马开辟了去印度的连续水路，给了威尼斯的商业致命一击。此后，东方贸易的起点便从地中海的港口转为大西洋的港口。

① Canto xxi，7-19。

258.热那亚

位于利古里亚海岸（Ligurian）的热那亚，是意大利仅次于威尼斯的最强大的海上城市。热那亚在早期击败了邻近的竞争对手比萨[①]，然后开始与威尼斯激烈争夺东方贸易的控制权。

中世纪的热那亚

同威尼斯一样，热那亚在十字军东征中收获颇丰。大繁荣时期可追溯到1261年，希腊人从拉丁人手中重新夺回君士坦丁堡。出于对威尼斯人的嫉妒，热那亚帮助希腊人收复了君士坦丁堡，而博斯普鲁斯海峡的各种商业特权便是对此举之回报。热那亚人很快在攸克辛（Euxine Sea）[②]海岸建立了商站，取道黑海和里海（Caspian）同东亚开展利润丰厚的贸易。

威尼斯人也嫉妒热那亚的繁荣，导致两个竞争的共和国三番五次地开战。在近

① 比萨同样位于利古里亚海岸，在热那亚以南不远处。1070年，两个共和国海军之间打响了第一场战斗。之后的两个世纪里，作为竞争对手的两座城市几乎战事不断，最终导致了比萨势力的彻底瓦解。跟热那亚一样，比萨现今也有许多建筑遗迹，其中有著名的斜塔（Leaning Tower），该塔在其商业繁荣时期就已巍然屹立。

② 攸克辛海（Euxine Sea）是黑海（Black Sea）的希腊语旧称。——译者注

两个世纪里，像罗马和迦太基的海军一样，剑拔弩张的两国舰队也在争夺着海洋霸权。1380年，热那亚海战惨败，从此一蹶不振。

然而，对其繁荣的最后一击是蒙古人和奥斯曼人侵入欧洲，后者于1453占领了君士坦丁堡。热那亚商人被赶出黑海，与东亚的贸易往来随之完全中断；因为威尼斯人控制着埃及和叙利亚的港口，以及取道幼发拉底河和红海前往印度等国的南部路线。

热那亚仍然有许多建筑遗迹，尤其是精湛的宫殿，承载着在该城邦享誉世界的辉煌时期、艺术家的才华、商人贵族的富有与慷慨。

259.佛罗伦萨

佛罗伦萨[①]是“意大利共和国最显赫与最幸运之地”，虽然位于阿尔诺（Arno）河畔使其无法像威尼斯、热那亚和比萨那样开展海上贸易从而获得财富和地位，但是它通过市民的技艺、勤奋、进取与才华把佛罗伦萨打造成了中世纪晚期伟大的工业、金融、文学及艺术中心。

中世纪的佛罗伦萨

佛罗伦萨纺织的羊毛和丝绸制品以及制作精细的珠宝享誉世界各地。城中的金融机构使它成为了欧洲的货币中心。杰出的市民中有诗人、政治家、史学家、建

① 佛罗伦萨（Florence），原译翡冷翠（Firenze）。——译者注

筑师、雕塑家和画家，中世纪的任何城市都无法在数量上与之匹敌；的确，佛罗伦萨孕育的伟大人物的数量也是除雅典之外古往今来任何城市都难以企及的。在长长的名人卷轴中，有但丁、彼特拉克（Petrarch）、薄伽丘（Boccaccio）、马基雅维利、米开朗基罗（Michael Angelo）、达·芬奇（Leonardo da Vinci）、伽利略（Galileo）、阿美利哥·维斯普西（Amerigo Vespucci）和美第奇（Medici）等。

没有任何一个意大利城市比佛罗伦萨城墙内的归尔甫派和吉伯林派之间的斗争更持久、更激烈、更血腥的了。一方的胜利通常以另一方的领导成员被屠杀或流放为标志。因此，命运变迁导致佛罗伦萨最著名的市民也会不时出现被流放的情况，正如民主的雅典的陶片放逐法（Ostracism）[①]是失利一方领袖的命运一样。

然而，尽管城内分歧不断，佛罗伦萨的财富、影响与声誉仍在纷乱中与日俱增，并孕育出了许多杰出人物；或许人们认为这一冲突与动乱时期的不利环境造就了他们的伟大也不为过。毋庸置疑，但丁《神曲》（*Divine Comedy*）就是源于他所尝到的不幸、失败与放逐的辛酸。

15世纪初，佛罗伦萨落入了著名的美第奇家族手中[②]；佛罗伦萨的这一本地家族通过商业经营变得富裕而强大。如罗马的首批恺撒一样，他们的专制在早期民主制度的结构下得以持续。幸而这些自由的篡夺者是开明的独裁者，通过对艺术家和学者的慷慨赞助、对宏大公共工程的慷慨解囊以及对佛罗伦萨宫廷荣耀的精心维护，使得他们的统治被广泛接受。

260.中世纪城镇对文明的贡献

近代文明从中世纪生活的三大中心——修道院、城堡和城镇之中继承了很多遗产。修道院孕育了隐修制度，贵族城堡打造了封建制度，而居于其中的修道士和贵族也促进了文明的进步（详见第48和151条）。这里要关注的是城镇带来了什么，而居于其中的市民又给欧洲的生活和文化作出了什么贡献。

首先，中世纪城镇将一些有价值的经济理念和原则留给了近代城市。正是在这

---

① 陶片放逐法（Ostracism）是在公元前5世纪，雅典民主制度下建立的一种保护民主制度不受破坏的政治制度。任何一位雅典公民，如经公民投票，认为其有成为僭主进而威胁民主的可能性，达到一定票数，便会被放逐出城邦10年。因投票时会将所投之人的名字刻在陶片之上，因而得名。——译者注

② 该家族名声最为显赫的两位是被称为“民友与国父”的科西莫·德·美第奇（Cosimo de’Medici，1389—1464），以及他的孙子被授予“伟大的洛伦佐”称号的洛伦佐（Lorenzo，1448—1492）。

些城镇的中心，就如在早期的本笃会修道院，如果刨除《希伯来书》的教义与习俗的话，几乎是历史上第一次解放了劳动力，并去除了奴隶制和农奴制的烙印[①]。一般来讲，在古希腊和意大利的城镇，除了大宗贸易外，所有的手工工作都要交给奴隶来做；从事经营的市民在某些情况下会受到剥夺市民身份的惩罚，因为这被视为丢了他自己的脸，或者用柏拉图（Plato）的话说，“有辱父辈”（Thrown Dirt on His Father's House）[②]。恰恰相反，在中世纪的城镇，只有商人和手工业行会的成员才能进入并参与市政管理。这就意味着，在这里劳动不再卑微，至少劳动者自认为劳动光荣。城镇的工业制度就是基于这种对劳动的新理念，并依靠自由而光荣的劳动将城镇送入了近代时期。除了政治权力之外，这应该是城镇留下的最伟大遗产了[③]。

其次，城镇是近代商业的发源地，即在相距甚远的城市和土地之间进行大宗贸易。正是通过中世纪商人的行动和进取，为大规模国际交流与运输体系奠定了基础，成为近代欧洲文明的典型特征。

再次，中世纪的自治城镇及修道院孕育了被誉为“自由城市生活的美丽之花”的建筑、雕塑和绘画。这些别具一格的高墙古宅、精心雕饰的金色大厅、赏心悦目的门拱通道、宏伟壮丽的宫殿教堂在近代欧洲随处可见，见证了中世纪城镇的建筑与艺术的历史。

再者，这些城镇是近代政治自由的发源地。当政治社会由阶层构成的时候，城镇赋予了社会一个新的阶层，从而打造了政治自由。在11、12世纪，参与国家管理的只有两个阶级或阶层：贵族与神职人员。城镇的居民成长为一个被称为第三等级，或平民等级（Commons）[④]的新阶层，并注定拥有巨大的政治前途。在13、14

---

① 农奴制在城镇先被废除，并通过直接的行动和间接的影响，成为废除乡村农奴制的最大力量之一。

② “以任何形式参与到零售勾当中的人，可能会被认为其侮辱本族名誉的人控告到德高望重之人那里；而如果他真的通过从事了这一不光彩的职业而玷污了父辈，那么他应入狱一年并被禁止从事该行业。”——Laws，xi，919（Jowett's trans.）（《法律篇》，乔伊特译）。亚里士多德也是如此，谈到这个治理最好的国家时，他说：“市民……不应过劳工或商人的生活，因为此种生活卑贱且有损美德。”——Politics，vii，9（Jowett's trans.）（《政治学》，乔伊特译）。

③ 近代工业制度明显是中世纪城镇的产物，就如近代欧洲贵族政治是中世纪封建城堡的产物一样。当然，二者均被文艺复兴、宗教改革和政治革命的力量极度改良了。

④ 在英格兰的郡县乡村地区，最先或几乎最先形成了这一阶层。然而在欧洲其他国家，直到晚些时候，农民阶级才加入这一等级。

世纪的历史进程中，城镇的代表开始同贵族和神职人员并肩出席国家的定期会议或议会。①

此外，正是意大利这些最独特的自由城市把文艺复兴赋予了世界。意大利商人的商业关系不断延伸，使他们可以直接或间接同希腊人、摩尔人及鞑靼人交流，同穆斯林、异教徒及无宗教信仰者沟通，为其精神生活带来的影响同无知而狭隘的十字军战士通过跟不同民族与文明接触产生的影响完全相同。最后，这些意大利城市共和国市民参与到大型公共事务中，增进了能力，拓展了知识。因此，是商业精神主宰着这些城市自由、活跃、多变而艰苦的政治生活，对中世纪时期本质上最伟大的被称为文艺复兴的思想运动起到了极大的推动作用（详见第280条）。

---

① 在英格兰，城镇首先被要求派代表参加议会是在1265年（详见第311条）；法兰西的第三等级代表同贵族和神职人员首次并肩而坐是在1302年（详见第338条）；在阿拉贡（Aragon）和卡斯蒂利亚的城镇代表允许参加议会分别在1133年和1162年；德意志的自由城镇代表在定期会议中获得席位是在亨利七世统治时期（1308—1313）。

第十七章　大学与经院学者

261.导言

“历史的真正研究对象”，菲斯泰尔·德·库朗热（Fustel de Coulanges）说，“是人类的思想：应该渴望知晓不同时代人类生活的信仰、观念与情感。”

前面的章节讲述了中世纪的制度与大事，细心的读者定会发现中世纪时期人们的些许心智。但是，没有任何东西比时代精神孕育出的大学更能反映出千年间的纯粹智识生活的了。为此，本章将讨论这些学府及其所讲授的东西。

262.大学的兴起及其早期发展

回想一下，从9世纪初到11世纪，知识的灯火都由这些查理大帝在其帝国内建立的教堂和修道院学校点亮，虽然整个10世纪火光暗淡，但中古世纪早期许多颇具影响力的人物都与这些教会神学院密切相关。

但到了11世纪末和12世纪初，一场新的思想运动在西部基督教世界掀起，并注定对这些学校产生深远的影响。多种因素导致了此次精神复兴：城镇世俗生活的扩大；教会和国家对训练有素的专业人员日益增长的需求；特别是西班牙和东部希腊–阿拉伯文化的激发与影响，此时通过十字军东征带给了基督教西部。

这样一来，新觉醒的智识生活使得对更先进、更专业的教育产生了需求，特别是能够培养医生、律师或政治家等的更职业、更自由、更世俗的教育体系①，这

---

① 教学专业化在教育史上有着重要意义。“中世纪时期的人们开始将人类知识作为一个分支”，康帕亚（Compayré）说，“因而为近代科学铺平了道路，值得尊敬。”中世纪大学里学院的数量并不固定，通常有四个：神学院（Faculty of Theology）、医学院（Faculty of Medicine）、法学院（Faculty of Law）和人文学院（Faculty of Arts）或哲学院（Faculty of Philosophy）。文科课程包括现今的文理课程，为其进入其他三个专业课程的学习做准备，但大多数学生只是到此就打住了。

是修道院学校无法企及的。

正是为了满足这些新需求，大学应运而生。大学早期的历史极其模糊，正如劳里（Laurie）所说，因为很多古老的大学“在发展却未创立”。其中一些只不过是大教堂或修道院学校的延伸；另一些则是在商业城镇发展起来的世俗学校，特别是在意大利的城市里建立的学校具有几乎完全世俗化特征和实用化目的的教学特征；还有一些新学校建在已有的教会和修道院学校附近，但却逐渐掩盖了它们的光芒。

教皇庇护新兴学校，“相信所有学识都会服侍上帝的荣耀与教会的正义”；皇帝和国王授予新兴学校特许状，确认已获特权或给予新的豁免，希望它们能够成为帝国或君权的桥头堡；城镇培养新兴学校，因为它们可以带来盛名并引来居民与贸易。①

大约在12世纪末、13世纪初，早期的大学得到君权和神权的双双认可。3所最古老的大学分别是以医学教师而著称的萨莱诺大学（University of Salerno）②；以法律教育而闻名的博洛尼亚大学（University of Bologna）；以及以神学博士的权威而受人敬仰的巴黎大学③。博洛尼亚大学和巴黎大学成为后来大学组织与管理的样板。巴黎大学还赋予了其他学校可以学习的章程与规则，因而获得了“大学之母和中世纪西奈（Sinai）”的称号。

263.大学组织：“同乡会”或协会

中世纪城镇中的外来人口就同古希腊的外来人口一样，几乎不享有任何政治和民事权利；而绝大多数大学的情况是，学生甚至老师几乎都是非本城镇的市民。只

---

① 因此，在1229年，教廷成立了图卢兹大学（University of Toulouse）以打击阿尔比派异端；1158年，腓特烈·巴巴罗萨授予所有学生，特别是“神学和神法专业学生”，各种特权，确信无疑法学家们可以维护君权；1349年，在大瘟疫肆虐之后，佛罗伦萨建立了一所大学目的是填补人口不足。

② 有些专家否认萨莱诺大学是大学，但它确实是大学，但只是没有长期保持独立存在，而成为1231年成立的那不勒斯大学的医学系。

③ 在上述情况中至少有两例，推动力主要源于想要把现有的学校建设成为真正的大学并赋予其强大的特性；一位是博学的法学家伊纳留（Irnerius，1070—1138），给博洛尼亚大学带来了最早的声望；还有伟大的哲学家阿伯拉尔，在其推动下产生了后来的巴黎大学。非洲人康斯坦丁（Constantine，卒于1087），与萨莱诺大学的早期历史紧密相关，是一位传奇人物。

有了解这两个事实，才能理解中世纪大学的许多特征。①

因此，出于友谊、互助和“打抱不平”的目的，要么学生们独自，要么同老师一起，根据来自国家的不同组成协会，后来被称为“同乡会”（Nations）。在巴黎大学有4个此类协会，而在博洛尼亚大学则有36个之多。②

出于各种意图和目的，这些协会成为行会并在各行业复现，就在大学兴起初期，商人行会、骑士团如雨后春笋般诞生。正是这些行会行使或享有着特权，通常包括免税收、免兵役，并且免受普通法院的管辖。因此，早期的大学在很大程度上成为自我管理和自我裁判的自治体，简言之，“文学共和国”同城镇的民事当局之间的关系就如同其所在的城市在独立城市生活的年代同国家之间的关系一样。

264.学生与学习生活

中世纪大学里的学生人数众多。当时最受欢迎的大学应该有15000到30000人之多。这些数字值得怀疑，可以像看待其他中世纪的数字一样，仅仅是“比喻众多”之意，但人数多却是确定无疑的。当时，思想躁动相当普遍，所有渴望获得知识的人必须到某个学府求学，因为手写书本稀缺且昂贵，使得居家自学绝无可能。许多参加非专业课程的学生都是12岁左右的男孩，相当于现在的中学生；另外，学生群体中也有许多成年人，其中有教士、教长、执事和其他要人。此外，这个数字还包括许多既非学生也非教师的人员，但通过为大学提供各种形式的劳务也共享其成员的豁免权。

在寝室和校舍制度引入之前，早期的大学生活管理混乱、极不规范。在那个粗暴野蛮、无法无天的时代，学生阶层也并未好到哪儿去；事实上，在某些方面，他们似乎更糟。因为学生群体中有许多年轻富有的浪荡之徒，发现大学是最惬意的虚度时光的地方，许多野蛮粗鲁之辈，经常夜里在酒馆斗殴搞得市民惶恐不安；甚至有的在光天化日之下伏击商旅；更有犯下“许多人神共愤罪行”的人。

---

① Rashdall, *The Universities of Europe in the Middle Ages*（《中世纪的欧洲大学》，拉斯达尔著），vol.i，p.153。

② 大学社团在南北方大学之间有着巨大差异。因此，在博洛尼亚大学的老师或教授被排除在协会之外，而在巴黎大学的教职员工却是协会的管理人员。因此，出现了两类大学：由学生团体掌控的所谓学生大学，与教工负责管理的教师大学。此处有必要指出“university/universitas（大学）”一词本意就是指任何种类的社团，可以是商人或手工业行会，也可以是教师或学生的同乡会。

不同学生组成的“同乡会”之间存在着许多种族偏见和敌意，有时甚至在教室里也会出现聚众闹事的情况。然而最严重的纠纷还是产生于学生和市民之间。“城镇与学袍”之间的分歧和争斗普遍存在，并经常导致尤其是教师和学生群体的整体迁徙。

265.学科分支与教学方法

大学里三个最重要的专业分支是神学、医学和法学。神学教授包括严格意义上的哲学以及许多其他知识。医学是希腊人传下来并由阿拉伯和犹太学者加入进来的科学。法学包括民法和教会法。很难说自然科学已经存在，当然在炼金术中隐藏着化学，而在占星术中也隐含着天文学。托勒密学说（Ptolemaic theory）认为地球是旋转天体的静止中心，描绘并模拟了宇宙结构的图景。[①]

所有大学的教学方法都一样：缺乏独立性的文本研读，即对其进行详细的分析、解释、注释和评论，达到一种崇拜甚至近乎迷信的程度。因此，在神学中就是对《圣经》以及早期教父（Church Fathers）和教会博士著述的研读；在医学上，解读阿拉伯评论家阿维森纳（Avicenna）和阿威罗伊（Averroes）评论的希波克拉底（Hippocrates）和盖伦的作品；在自然科学方面，则研读亚里士多德的物理学；在民法中，对《查士丁尼民法大全》中的著作进行评论，在教会法中，对教皇及大公会议的裁定和教令进行评价；即使在自然科学中，也没有对体验、观察和实验的任何严格要求；在解剖学上，讨论代替了解剖[②]。书本被认为比自

15 世纪大学里的听众

① 克罗狄斯·托勒密（Claudius Ptolemy/Ptolemaeus，约100—170）是一位希腊-罗马的数学家、天文学家、地理学家、占星家兼诗人。其著述《天文学大成》（*Almagest*）中丰富和完善了“地心说”；另著有《地理学指南》（*Geography*）、《天文集》（*Tetrabiblos*）和《光学》（*Optics*）等。——译者注

② 在博洛尼亚大学，解剖学的学习最为先进，每名学生每年都会见习一次解剖。

然本身更权威。宇伯威格（Ueberweg）说：“即便视亚里士多德为宗教创始人也不会被质疑。”如若谁胆敢批评“知者之师”，就会被视为傲慢与不敬。

这种学习模式部分源于模仿神学必须坚持研读权威可靠文本的教学方法；还有部分源自书籍的匮乏，使得教师口述、学生记录并且背诵才是把这些学院中的著作延续下去的唯一可行方式。

普通课堂在私人或租住的房间。“同乡会”的大会及其他大型集会则在为此而借用的某个可用的大教堂或教堂。大学本身起初没有宿舍也没有礼堂①。杰索普博士说：“人先来，砖头和砂浆很久之后才到。”而近现代大学的创建方法则恰恰相反。

266.经院哲学；经院学者的学术领域

一种哲学方法在早期教会学校出现，并在后期的大学中得以发展，因其发源地而得名为经院哲学（Scholasticism），而其代表则被称为经院学者（Schoolmen），或经院哲学家（Scholastics）。

经院学者的首要任务是将基督教教义改变成科学形态，将神示与理性、信仰与科学加以调和。任务中所运用的工具便是逻辑，亚里士多德的逻辑，即正式的三段论推理。通过应用这一工具，希望能够建立起一个神学学科，就像几何学科一样，应该包含建立在原理和精确定义基础之上的无可置疑的定理与推论。因此，基督教教义接受了逻辑和科学的论证，论证如此完全而绝对为的是迫使包括怀疑论者、异教徒和萨拉森人在内的每个人都接受这一信仰。

值得注意的是，典型的经院学者并不质疑教会神学的真实性与合理性；他们接受早期教父的所有著作，以及教皇和大公会议的教规与教令，并且毫不质疑。他们不会问：是这样的吗？只是问：如何以及为什么是这样的？因此，他们毫不怀疑圣餐中的面包与葡萄酒变成了真正的肉与血，但力求得知此种变化的必要性及其方法；他们毫不怀疑天使的存在，但努力推出不同的天使等级及其存在方式；他们毫不怀疑基督的受难和殉道救赎了人类，但全力探寻赎罪的必要性及替代的方法。他们坚信万事皆有缘由，既然上帝赋予了人类推理的能力，他们定要找到终极的原因。所以，单凭着亚里士多德的逻辑，他们开始着手将大量的教会教义改变成理性

---

① 正是这种大学的贫穷才使得一些不满的学生或教师很容易移居或退出，此种情况变得极为常见。如果他们觉得自己在当地受了委屈，什么都阻止不了他们从一个城市逃往另一个城市，而几所年轻大学便起源于此种迁徙。

的制度体系。组织、解释、证明、协调、分类和三段论，这就是经院学者的任务。

但是，经院学者很快就意识到，有一些神示方面的问题，如三位一体（Trinity）、道成肉身（Incarnation）和复活（Resurrection）的教义，无法证明。因此，这些及与此类似的教会教义，被后来的经院学者从辩论场上剔除，放在一旁作为“神示之谜”，只能当作信仰接受。

267.早期的经院学者；阿伯拉尔

爱尔兰教师、哲学家约翰内斯·司各特·爱留根纳（John Scotus Erigena）曾受查理大帝之孙秃头查理的邀请来法兰西执掌皇家学校，有时被称为经院学者第一人；但更多人认为这一头衔应该属于诺曼底贝克修道院（Monastery of Bec）院长，后来成为英格兰坎特伯雷大主教的圣安瑟伦（Saint Anselm，1033—1109）[①]。此类经院学者的经典格言是：“我欲明，故我信”（Credo ut intelligam）。他的精神观点还可以通过他的宣言进一步表露：“真正的哲学即是真正的宗教，真正的宗教亦是真正的哲学。”

阿伯拉尔

但迄今为止，最著名的早期经院学者要数皮埃尔·阿伯拉尔（Peter Abelard，1079—1142）。他师从巴黎大学的著名神学家洛色林（Roscelin）和香蒲的威廉（William of Champeaux）。这位自负而又早成的学生在威廉的课堂上与其论争并给他带来了极大的难堪，很快，这位学生自己就成为了最深奥的形而上学和神学课程的讲授者。阿伯拉尔是“无与伦比的心智诱惑者”。自苏格拉底（Socrates）之

① 圣安瑟伦开启了唯名论者（Nominalists）和实在论者（Realists）之间的学术大论争，在中世纪的学校里从未完全停止。这场辩论以一种新的形式延续了古希腊时期亚里士多德对柏拉图观点学说的批判。关于这次漫长论争的记述，定需检索和阅读哲学文献。

后，世界上似乎再没有出现过如此吸引雅典年轻人的老师了。在巴黎大学，据说有超过5000名学生挤满他的课堂。阿伯拉尔因众所周知的丑闻而遭受羞辱与迫害，起初退隐到一个修道院，后来到特鲁瓦（Troyes）的偏僻之处。但仰慕者追随他来到穷乡僻壤，人数众多，以至于在其退隐之地形成了一所名副其实的大学。

阿伯拉尔将经院哲学理性化一切的倾向推向了极致。他教导："相信教义，并非因为上帝说过，而是我们相信通过推理确实如此。"他宣称怀疑是追寻知识的起点，并收集了早期教父在每个可信的神学问题上相互矛盾的观点，写成了《是与否》（*Sic et Non/So and Not So*）一书，目的明显是为了激发自己的门徒达到此种理想的精神状态。

教会保守派被这一理性化的哲学吓坏了。第二次十字军东征的鼓动者克莱尔沃的伯纳德，加入了反对这位人类理性的狂妄斗士的行列。伯纳德的理论是：人是通过心灵获得知识，而不是智力。他正言道："爱上帝与知上帝成正比。"他以"天地之事，其无所不知"来指控阿伯拉尔恃才傲物，控诉信仰已不再，人类理性篡夺了一切。

伯纳德以同阿伯拉尔相反的理论与观点揭示着被称为神秘主义（Mysticism）的情感宗教与阿伯拉尔所代表的经院学者的理性主义之间无法调和的对立。

时势与阿伯拉尔相悖。他的某些观点遭到两次大公会议的谴责，并被迫烧毁了部分著作。这是中世纪时期最值得注意的教会权力与思想自由之间的冲突。

阿伯拉尔作为哲学家的光辉形象因个人的严重错误失色不少。阿伯拉尔受人所托教育一位生性聪慧的迷人少女爱洛伊斯（Hedoise/Héloïse），但却背信弃义。师生之间的秘密婚姻注定要悲剧收场。"阿伯拉尔和爱洛伊斯的故事"成为12世纪最为浪漫却又最为忧伤的传说。

268. 13世纪的经院哲学；大阿尔伯特和托马斯·阿奎纳

13世纪见证了经院哲学的新发展。西部基督教新智识活动的推动力与许多其他类似的刺激一样，也源自古希腊。这次来自多种渠道：一是西班牙的阿拉伯学校；二是希腊–阿拉伯学识得到腓特烈二世皇帝庇护的意大利南部地区；三是通过十字军战士占领君士坦丁堡建立起来的拉丁人的西部同希腊人的东部之间的紧密关系。

13世纪的前二三十年，经院学者通过各种渠道和方法，首次获得了亚里士多德的所有作品。在此之前，他们只知道他的逻辑学；但在这个时候，亚里士多德的所

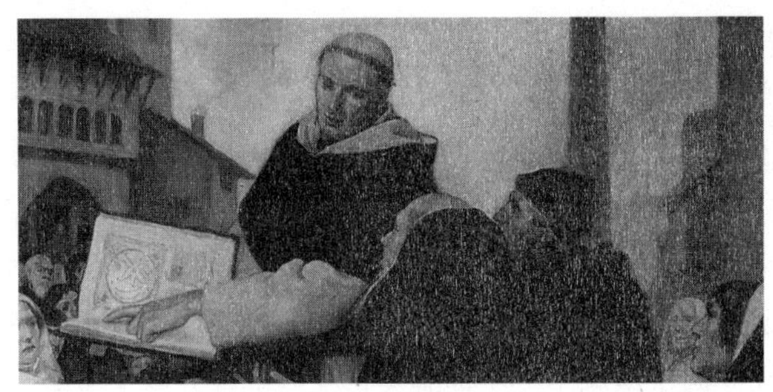

大阿尔伯特

有著作均被翻译成为拉丁语——起初译自阿拉伯语或希伯来语版本，后来直接从希腊文本翻译过来。连同亚里士多德的作品，经院学者也获得了相关阿拉伯和犹太注释者的作品[①]。首位得到亚里士多德几乎所有作品的经院学者是黑尔斯的亚历山大（Alexander of Hales，卒于1245年）。

这些新鲜的哲学与科学知识对西部基督教思想家的巨大影响怎么夸张都不为过，经院哲学的伟大时代就此到来。巴黎大学和牛津大学是新运动最重要的中心；托钵修会孕育了最杰出的代表。

托马斯·阿奎纳

来自多明我会的艾尔伯图斯·麦格努斯（Albertus Magnus，1193—1280），或“大阿尔伯特”（Albert the Great），被称为“亚里士多德第二”；托马斯·阿奎纳（Thomas Aquinas，1225/1227—1274），被称为“天使博士”（Angelic Doctor）[②]，是阿尔伯特的得意门生。作为哲学家，这些经院学者彼此之间的关系就像柏拉图和亚里士多德一样，而他们的名字也同这些古希腊的伟大思想家联系在一起。

---

① 在这些阿拉伯哲学家和医学家中，最著名的是东方的阿维森纳（980—1038）和西方的阿威罗伊（卒于1198年），后者被但丁誉为“伟大的注释家”（*Inferno*《地狱》，canto iv）；而犹太学者和哲学家中则以摩西·迈蒙尼德（Moses Maimonides，1135—1204）为代表。

② 另一位仅次于上述经院大学者的是波那文都（Bonaventura，1221—1274），被赋予“六翼天使博士”（Seraphic Doctor）头衔。他是方济各会修士，并且与其说是经院哲学家还不如说是神秘主义者。

作为中世纪时期最伟大的经院学者及神学家，阿奎纳的声誉很大程度上取决于其巨著《神学大全》（*Summa Theologiae*）。在厚重的书页之上，所有已示的真理、所有教会的教义、所有相关的知识都通过无可辩驳的逻辑进行了系统地编排与衔接，使其成为一本完全可以理解的绝对科学之书[①]，被视为正统天主教的经典。教皇利奥十三世（1878— ）[②]在通谕中称其为“所有学习场所最亮的光”，并告诫所有的老师“要将托马斯·阿奎纳的学说潜移默化地深入人心”。

说到托马斯·阿奎纳就不得不提到英格兰方济各会修士邓斯·司各脱（Duns Scotus，卒于1308年），他以敏锐的分析才华而被称为“精微博士”（Subtle Doctor）。“邓斯·司各脱的思想，”米尔曼教长说，“似乎是一台绝妙的推理机器；无论扔进去什么，出来的都是三段论。”上述历史学家认为邓斯这种精神产品的价值是“人类思想史上最美的真相”。

邓斯·司各脱反对托马斯·阿奎纳的某些思辨观点，使其成为了对立哲学学派的首领，他的信徒被称为司各脱主义者（Scotists），而另一派的追随者被称为托马斯主义者（Thomists）。

269.经院哲学科学的一面；罗杰·培根

典型的经院学者是逻辑学家，将推理的对象同神学相联系是其最高价值；然而，也有一些经院学者主要致力于自然科学，并试图不是仅通过书籍，而是通过直接的个人观察和研究自然本身来获取自然知识。这种对自然科学研究的动力主要是通过接触希腊与阿拉伯的知识而传给了基督教学者。因此，公元999年，热贝尔（Gerbert）成为教皇西尔维斯特二世，据说曾在西班牙求学的他给基督教欧洲带回了他在阿拉伯学校学到的宝贵科学知识。

在刚刚提及的西欧与希腊–阿拉伯文化初次接触以后的一段时期，大阿尔伯特用奇特的方式将亚里斯多德哲学同阿拉伯科学结合在一起，并在化学方面获得了有

---

① 这并非对这种方法的首次尝试。在12世纪，伦巴第的彼得（Peter of Lombard，卒于1164年）写了著名的《格言四书》（*Four Books of Sentences*），这为其赢得了“格言大师”（Master of Sentences）的称号。这部著作是早期教父及博士著作中短篇语录的合集，在某种程度上为阿奎纳的《神学大全》奠定了基础，是一本写过的最流行的教材，在学校作为神学手册使用了300多年。

② 教皇利奥十三世（Pope Leo XIII，1878—1903），本书修订再版时间为1902年，此时该教皇仍在位。——译者注

价值的发现，而且在那个迷信的年代，人们相信他在实验室中运用了不可见的、幽灵的力量。

罗杰·培根

但在经院学者时代，科学活动最杰出的代表是英格兰方济各会修士罗杰·培根（Roger Bacon，卒于1294年），因其在力学、光学、化学和其他科学方面的奇妙知识而被称为“奇异博士”（Wonderful Doctor）。他弄清了火药或类似爆炸物的成分，并在其作品中写道：“如此一来，无马之车和无帆之船便可推动自己像离弦之箭一般迅速行驶。”[①]因为他被同时代的人认为与魔鬼为伍，从而遭到迫害，入狱14年。然而有一点毋庸置疑，培根肯定是与所研读著作的阿拉伯学者为伍了。

罗杰·培根留给后人的最大遗产是一本叫作《大著作》（Opus Majus）的书，其中以一种惊人的方式预测了17世纪弗朗西斯·培根（Francis Bacon）主张的近代演绎科学原理[②]。“先验的正确历史判断”，安德鲁·迪克森·怀特（Andrew D.White）说，“似乎将两位培根推至近乎同等的高度。”[③]

270.最后的经院学者

14和15世纪见证了经院哲学的衰落。英格兰人奥卡姆的威廉（William of

---

① 转引自Erdmann，*History of Philosophy*（《哲学史》，埃德曼著），vol.i，§ 212，9。

② 近代演绎科学原理即弗朗西斯·培根（Francis Bacon）提出的归纳法（Inductivism），是从观察和实验的事实材料出发，通过排除法来发现周围现实的各种现象间的因果关系的一种推理方法。——译者注

③ *A History of the Warfare of Science with Theology in Christendom*（《基督教世界科学与神学论战史》），vol.i，p.386。

Ockham，卒于1347年）通常被视为最后一位著名的经院学者[1]。学术争鸣在13世纪大哲学家不称职的继任者们手中沦为了对无聊无理问题的毫无价值、漫无目的的争论。中世纪后期标志着古典文化的复兴，赋予了人们新的学问，因而无限鄙视与嘲讽这种退化的经院哲学代表。这一时期的历史对经院学者鄙视的用词用现代语来说，就是"笨蛋"（dunce）。该词原本是对伟大的邓斯（Duns）或其他学者的尊称，此时却讽刺地指那些与古典研究背道而驰的愚蠢学者，因而有了"荒谬的傻瓜"（preposterous dolt）这一今义。

271.经院学者批判

经院学者备受指责，而这种责难只适用于经院哲学衰落时期的无知学者，如果针对经院学者整体，则极失公允。

因此，经院哲学家们被指责采取了逻辑，而非观察与实验的近代科学方法，作为检验和发现真理的工具，并谴责中世纪的学者几个世纪里在精神踏车上乏味而无益的辛勤踩踏。

想要理解神学家对逻辑的激情真的很难；而且，通过此种途径人类也真的无法取得智识上的实质进展。但定要懂得任何特定时期的精神和属灵活动，很大程度上取决于其特定的时代环境，因此责备经院学者以上诸事，就如同责备他们生不逢时一样。

另外，经院学者还被指责培养了对权威卑躬屈膝的奴性。这个缺点，如果的确是缺点的话，也仅仅是夸大了人们现存于己的自认美德罢了；因为现今许多最伟大的学者和思想家，在所有宗教问题上，都要服从权威：要么服从《圣经》，要么服从教会，或者两者都服从。经院学者也不过如此而已。一些科学家甚至认为证明他们在自然科学研究中的结论与《圣经》的教义并不冲突是义不容辞的责任。在所有这些调和科学与神学的尝试中，近代学者只不过是在继续中世纪哲学家未竟的事业而已。在这种情况下，经院学者比近代学者更服从权威也是不争的事实，因为当时神学几乎是所有科学的总和，因此涵盖了中世纪时期提升心智的几乎所有学科。

---

[1] 然而，有些人将"最后的经院学者"这一称谓赋予了德意志哲学家加布里埃尔·比尔（Gabriel Biel，卒于1495年）。

272.经院学者对智识进步的贡献

经院学者在人类思想的发展进程中留下了浓墨重彩的一笔，他们有两个独特而重要的贡献：

首先，经院学者通过不断的辩论和论证激活了中世纪的思想，并在精确推理的过程加以训练。他们把当时的大学打造成了真正的精神体育馆，欧洲人在那里愉快地接受无与伦比的正式培训，并为这座精神体育馆未来能产生更丰硕的成果做了不可或缺的准备。该体系培养出的智力运动员，在思想的敏锐、分析的细致、定义的精确、辩证的技法方面，最伟大的经院学者们至今无人能及。

其次，经院学者为思想自由作出了巨大贡献。这种说法乍一看似乎自相矛盾，尤其是想到推理要服从教会权威是正统经院学者要遵守的基本准则之一时。但是，他们赋予人类推理的地位及其对此的不断求索，为全面而明确地主张思想自由的原则铺平了道路。塞斯（Seth）教授说："经院哲学作为一个整体，可以恰如其分地视为在文艺复兴和宗教改革运动中得以完成的理性发展与逐渐解放史。"

第十八章　文艺复兴

第一节　文艺复兴时期之前的复兴

273.文艺复兴的定义

“文艺复兴”一词狭义上指中世纪末期在意大利兴起的对古典文学、学问和艺术的新热情，以及由此在15和16世纪期间给欧洲带来的新文化。[①]

在广义上，该词指从中世纪到近代之间的过渡时期。西蒙兹用它来描述“西欧各民族在思想和生活方式上从中世纪转变为近代的运动”。米什莱（Michelet）认为文艺复兴是：“对世界和人类的发现。”这一著名定义基本上与西蒙兹不谋而合。佩特（Pater）宣称文艺复兴的成果是“对智力与创造力的新生之爱”，这一概念也没有什么不同。

像16世纪的宗教反叛一样，这个运动又可以被看作是一次思想反叛，然后将其定义为对中世纪的禁欲主义及自由限制的反抗。从这个角度看也是极好的，这样可以体现它与另外两个近代史上称之为宗教改革和政治革命的改革运动之间特有的因果关系（详见第2条和第272条）。

---

① 许多作者将这个术语应用于更狭义的情况下，专指古典艺术的复兴；但这轻视了最重要的多面发展阶段。文艺复兴在本质上是一场智识运动。正是这一智识特性赋予了其在世界人类宗教、政治和社会发展的历史上的重要地位。

所有这些定义与界定可以尝试总结如下：文艺复兴是以世俗、探索、独立精神为特征的古典时代生活与文化在现世的重生。简单来讲，就是在智识复兴的影响下，西欧人开始像古希腊和古罗马人一样思索、感知、看待生活以及外部世界。正是这种思想观念的相似性，导致文艺复兴时期的人们开始同古希腊–罗马时期的人们志趣相投，激起了他们内心对任何同古典时代相关事物的无限崇拜，导致兴起于意大利的复兴运动以绝无仅有的澎湃热情努力恢复当时能够从消失已久的古典文明遗产中恢复的一切。

274.文艺复兴的先兆

中世纪时期充满了宗教改革的先兆，同样也充满了文艺复兴的先兆。14世纪之前的几个世纪里，精神的不安、渴望与活跃中不断出现的迹象与征兆，预示着智识世界将要到来的变化和革命。有时这种新精神在个体中觉醒，使其貌似与其同时代的人格格不入，并被人误解与怀疑，那只不过是生不逢时；然而不久，这一精神又如一缕清风拂过一片大地或者一代人，令世人灵魂激荡。

在这些中世纪人文精神的觉醒中，其诱因如此隐晦而深藏，使得该运动似乎只是发展与成熟的新灵魂原能量的爆发；但每当追溯它实效影响的时候，智识狂热便被认为是因中世纪的心智与古典时代的思想、学识和文化之间的直接或间接接触所致——正所谓，今生唯源自前世。

275.9世纪加洛林文艺复兴

前面提及了一些文艺复兴最著名的值得注意的先兆。9世纪，查理大帝在其有生之年通过努力开启了加洛林王朝的文艺复兴。在这次复兴的早期，古希腊–罗马文明中的元素和影响开始积极显现；但运动的时机并未成熟。中世纪的人还未进入继承古代文化世界的时期。查理大帝离世入葬就如日暮西山，黑暗再次降临欧洲；然而，中世纪的天空上却一抹余霞散成绮。

276.十字军东征与文艺复兴的关系

在总结十字军东征影响时（详见第221–224条）曾说过，正是这些东征在根本上有助于破除加洛林文艺复兴后笼罩的昏暗，打破落于欧洲思想之上的精神枷锁，并唤醒西欧各民族的新生精神。此处无须赘述，只需回想一下，主要通过让基督教的西部与亚历山大、开罗和巴格达的希腊-阿拉伯学校，以及巴尔赫（Balkh）[①]、伊斯法罕（Ispahan）和撒马尔罕这样更遥远的科学中心建立联系，基督教世界的进取精神发起或培育了有着巨大而深远意义的社会与智识运动。在十字军东征结束前，文艺复兴的道路已经铺就。在人类活动的任何范围内，对新生活和新文化满怀希冀的开拓者们早已为下一代人踏出了四通八达的道路。

277.表现新精神的民族语言文学的发展

这种新精神在西部民族国家中的觉醒，在其民族语言文学（vernacular literature）[②]的成长与发展中尤为明显。大体上说，正是在十字军东征期间和随后的几个世纪里，欧洲本土方言有了发言权，开始形成自己的文学，其中一些重要的语言取得了循序渐进的发展（比照第53和54条）。当它的形式一旦确定下来，文学就成为可能，所有言语的苞蕾都绽放出诗歌与传奇的花朵。描绘卡斯蒂利亚骑士的西班牙史诗《熙德之歌》（*Cid*）形成了西班牙文学的开端；在法兰西南部，吟游诗人（Troubadour）将该地区填满了情歌的旋律；在北方，吟游诗人（Trouveur）当众吟诵着查理大帝与圣骑士、亚瑟王与圣杯传说这样激动人心的传奇故事；在德意志，吟游诗人（Minnesinger）[③]用柔和的音符吟唱着极度紧张的《尼伯龙根之歌》（*Nibelungen Lied*）；在意大利，但丁用纯净悦耳的托斯卡纳方言演唱他的《神曲》，从而为意大利创造了本民族的语言；在英格兰，乔叟写出了《坎特伯雷故事集》（*Canterbury Tales*），进而完成了撒克逊语同诺曼语融合为英语的过程。

近代欧洲语言的形成和本土文学的产生均预示着文艺复兴即将来临；因为这些文学里暗含着自由，以及对中世纪禁欲主义与教会束缚的反抗。同时，这一文学发展预示其所推动的思想复兴即将到来；因为不同于经院学者的学术成果是用拉丁语

---

① 巴尔赫（Balkh）为中亚古国巴克特里亚（Bactria/Tokharistan）的都城巴克特拉（Bactra），中国史书称该国为大夏。现位于阿富汗北部巴尔赫省会马扎里沙里夫（Mazar-i-Sharif）附近。——译者注

② 民族语言文学（vernacular literature）即用平民百姓能看得懂的语言写成的文学作品，在欧洲专指非拉丁语文学。欧洲早期的民族语言文学包括爱尔兰文学、威尔士文学、盎格鲁-撒克逊文学、哥特文学等。——译者注

③ 吟游诗人、游吟诗人、行吟诗人、吟唱诗人，均指游走于各地吟唱诗歌的诗人或歌手。在不同的国家或地区有不同的称呼，如“Troubadour”、“Trouveur”、“Minnesinger”、“scald”、“bard”、“gleeman”等。——译者注

写成，只针对特定阶层，这些民族语言文学中的大众诗歌、故事和传奇吸引了普罗大众，进而激荡了欧洲全体人民的心智。

278.阿尔比派起义

自由、世俗、反抗的精神赋予了这些本土文学灵感，进而在12和13世纪早期的普罗旺斯或阿尔比派运动（Provencal or Albigensian movement）中展现自己（详见第217条）。实际上，这与其说是一场宗教运动还不如说是一场思想、社会和文学发展的运动。虽有诸如东部和古典等外来影响在起作用，但基本上普罗旺斯的创新者与诗人还是直接从大自然获取了灵感。该运动基本上是真诚又无法抑制的人类本能和冲动的自然迸发。

普罗旺斯语的发展似乎应该构成文艺复兴的正式和明确的开端，好像普罗旺斯，而不是意大利，应该是伟大思想复兴的发源地和传播中心。但这种自信、世俗、新潮的精神激起了教会的忧惧，导致它采取了最严厉的镇压措施。残酷的十字军将阿尔比派的异端淹没在血泊中，也熄灭了新文化的火焰。

279.腓特烈二世的西西里复兴

另一场前文艺复兴运动与皇帝腓特烈二世（1212—1250）有关，但不如以普罗旺斯为中心的运动流行、自然（详见230条）。腓特烈所具有的性格多重性，摆脱宗教狭隘与偏执的独立自主精神，都是文艺复兴时期人们的特征，总之，他堪称是一位近代人物。他要比其同代人进步许多个世纪，不但源于他与生俱来的、在中世纪时期或许无人能及的、新的智慧活力，而且有来自东、西部社会与宗教制度的冲突环境所产生的微妙影响，以及对希腊–罗马的古典生活元素与思想的大量吸收。

腓特烈二世

腓特烈扮演着梅塞纳斯（Maecenas）[①]的角色，促使亚里士多德和阿威罗伊的

① 盖乌斯·梅塞纳斯（Gaius Cilnius Maecenas，公元前68—8），罗马帝国首任皇帝屋大维（Octavian）的谋臣，是奥古斯都时期诗人（Augustan poets）的重要赞助人。他的名字成为富裕、慷慨、开明的文学艺术赞助者的代名词。——译者注

作品被翻译成了拉丁文，创立了那不勒斯大学，并把他位于巴勒莫（Palermo）的宫廷作为阿尔比派迫害中被放逐吟游诗人的避难所。因此，在他的庇护下，平静的西西里土地上出现了一种思想与文学的发展，就如真正的文艺复兴时期给许多意大利独裁者的宫廷带来殊荣的发展一样。

但南方的这片智识曙光同北方的一样，注定要早夭。这场运动无论存在何种希望，都毁于将普罗旺斯文化毁于一旦的同一个刽子手。然而，复兴留下了一些痕迹：那些在13世纪里照耀欧洲的希腊–罗马与阿拉伯文化的光芒中，有一束便源于腓特烈二世壮丽的宫廷。

280.城市生活与世俗文化

新生活的精神既可以在华丽宫室的氛围中滋长，也可以在大城市的空气中孕育。中世纪城镇生活中类似近代的生活已经初见端倪。这些熙熙攘攘、车流攒动的城市环境培育了务实的商业精神，一个多面、独立、世俗的生活在很多方面都与中世纪的教义和理想相悖。

在中世纪的城镇，特别是在意大利的伟大城邦里的这一思想和社会运动，与14和15世纪被专门称为“文艺复兴”的伟大复兴密切相关。

281.经院哲学与近代精神

经院哲学的历史（详见第十七章）不仅是中世纪历史，也是文艺复兴历史的重要组成部分。因为经院哲学中有两个相互对立的原则与倾向，是中世纪和近代两种精神的相互交织。因此，阿伯拉尔在智识倾向与特征、思想的独创性和冒险精神、对人类理性的主张方面，都属于近代世界而非中世纪世界。

其实，文艺复兴的典型特征就是思想自由原则，而把经院哲学作为整体来看待，或许就会发现其中隐藏着这一原则的萌芽。

282.文艺复兴的先驱但丁

但丁之名已然被多次提及，但他与所处新旧交替的时代之间的关系需要更细致的讲解，因为他在人类思想史上占有着重要地位。

但丁·阿利吉耶里（Dante Alighieri），“托斯卡纳人的名望”（the Fame of the Tuscan People），1265年出生于佛罗伦萨。1302年，他被佛罗伦萨人放逐，并在朋友的宫廷学习“攀爬庇护人的楼梯”有多难。1321年，但丁长眠于拉韦纳，其墓地至今仍是人们瞻仰的胜地。

正是在流放的这些年里，但丁写下了不朽诗篇，因其快乐的结局，所以自己将其命名为《喜剧》（*Commedia*）；他的崇拜者称之为《神曲》（*Divina Commedia*），布克哈特（Burckhardt）的话最好地诠释了这部作品："流放最主要的效用便是，要么把流放者消耗殆尽，要么迫使其绽放光芒。"但丁自己描述创作此诗的艰辛时说："它令我多年来日渐消瘦。"

但丁

《神曲》被称为"中世纪的史诗"，是中世纪时期生活和思想的缩影。但丁的神学是中世纪教会的神学；哲学是经院学者的哲学；科学是其所处时代的科学；他与他的同代人都相信，神权和君权皆为天授，一个掌管人间的属灵事务，另一个则掌管世俗事务；他和中世纪的人们一样，相信星宿的影响；他有中世纪对异端的恐惧和憎恨。

但是，虽然本质上但丁站在正在逝去的中世纪时期看待这个世界，但是在深远意义上他仍是即将到来的新时代的先知——文艺复兴的先驱。他对古典文化深有感情。但丁亲切地谈到他把维吉尔（Vergil）当作自己的导师，学到了给他带来荣耀的优美风格①，并透露他如何用中世纪以外的眼光来看待这位奥古斯都时期的诗人。但丁对古希腊-罗马文化的近代态度在其自由使用古典作家的作品中有更进一步的体现；他在伟大诗篇中引自古典来源的说明材料几乎同引自希伯来和基督教的一样广泛。而且，但丁的自主判断、批判精神、强烈的个人主义，所表现出的思想特征与其说属于中世纪人，还不如说属于近代人。

283.古典时代的新推力

此时，站在14世纪的开端，回望整个中世纪里近代精神觉醒的迹象。注意到了9世纪的加洛林文艺复兴；十字军东征让人们思想和兴趣的狭隘视界开阔起来；通过民族融合和几百年的发展丰富并成熟起来的近代语言，将其丰富的神话传说储备演化成发人深省且又前途无限的文学作品；与希腊-阿拉伯文化初次接触对欧洲思

① *Inferno*（《地狱》），i，85-87。

想的积极影响；商贸城镇遇到了近代精神；激烈争辩的经院学者通过辩论唤醒并规范了欧洲的心智；而且，有着开阔视野的但丁标志着一个新时代的黎明。

了解了中世纪时期这些人的心理感受，观察了中世纪时期人类心灵作出的贡献，很容易得出结论，欧洲的智识此时不需任何比从过去所获之外更多的额外辅助或激励，就能够凭借自身的固有力量和原有资源取得不断的进步。然而，不管怎样，古希腊-罗马文明的无价宝库此时得以更完美地恢复，极大地推动了欧洲的智识进步，因此只能揣测，如果此时的思想与精神发展没有同过去古典民族的伟大文学、学术和艺术建立起更为紧密、更为重要的联系，从而无法感知其所赋予的新动力的话，那近代的历史与文化将会如何。

旧世界文化给西欧民族留下了深远且具有变革意义的影响，这样一来，被视为从中世纪到近代的过渡时期的文艺复兴，便是以探索或再探索旧世界，和意大利学者挪用其财富为开端的。

第二节 意大利文艺复兴

284.运动的诱因

宗教改革始于德意志，政治革命起于法兰西，文艺复兴源于意大利。文艺复兴起源于意大利并非意外，因为作为其诱因的早期精神觉醒，在这里比在任何其他地方都更有活力、更具影响。

诸多原因中最主要的一个是，意大利城市的影响。意大利的城市生活比在西欧其他国家得到了更完美的发展。伟大的意大利城市共和国中滋养出了强大、活力、自立、世俗、多面的生活，一种类似于古希腊城市中的政治、精神和艺术生活。例如，佛罗伦萨成了第二个雅典，而且在城市的浓厚氛围中，个人的天赋和能力就如在阿提卡的都城（Attic capital）①一样得以发展。“佛罗伦萨”，西蒙兹说，“培

① 阿提卡的都城（Attic capital）就是雅典（Athens），现今希腊（Greece）的首都。阿提卡（Attica）为当时的行政区划，比现今的阿提卡区略小。——译者注

育出了如此值得称道的人类几乎称得上是世间罕有。……全城居民都成了精神贵族。”简言之，意大利的生活比其他任何地区都先失去中世纪的特点而呈现出了近代特征。因此，中世纪的意大利城市是文艺复兴的摇篮。再次引用西蒙兹的话，意大利人是“近代欧洲的长子”。

第二个有助于使意大利成为现代精神发源地的原因，无疑是闯入半岛的不同民族，如哥特人、伦巴第人、法兰克人、萨拉森人、诺曼人和德意志人。在这里，不同民族间的碰撞交融，罗马、拜占庭、阿拉伯等不同文明的接触融合，自然而然地产生了精神狂热继而诱发影响深远的社会与智识运动。

第三个使意大利成为文艺复兴发祥地的原因是其学校和大学的特征。这些机构里如罗马法和医学这样的世俗与实用学科，拥有着北方大学经院神学的地位。这种对世俗学识的重视为意大利接纳文艺复兴的新世俗文化种子奠定了基础。

第四个原因是意大利的旧文明与新文明之间的断裂不像西欧其他国家那样彻底。意大利人在语言和血统上比其他新兴民族更接近古罗马人，认为自己是旧世界征服者的直系传人与后裔。这种同创造辉煌过往的人们有着亲缘关系的意识，极大地影响了意大利人的创造力，不但趋向于保护半岛历史发展的连续性，而且无拘无束的意大利天才们把古代文化的恢复与借鉴作为了第一要务。

但比其他原因影响更大的一个原因是半岛仍存的许多文明遗迹和古罗马的辉煌，所起作用与其说是唤醒了意大利的智识，还不如说是心智被其他诱因唤醒之后决定着运动的方向。确切意义上讲，这些城市本身就是古罗马帝国的碎片；半岛的土地上到处都覆盖着的古罗马建造者留下的遗迹。这些辉煌的过往提醒着每一个敏感的灵魂，在布雷西亚的阿诺德（Arnold of Brescia）、维拉尼（Villani）、里恩佐（Rienzi）和彼特拉克的传记中都有体现。

但此处需要注意：显然古代的古迹帮助唤醒了文艺复兴的新精神，同样这一觉醒的新精神也赋予了古代新生命。这种文艺复兴的才华同希腊-罗马的往昔之间的关系已经很好地被最狂热于古典时代早期的学生所诠释，并被频繁引用：“我去”，当他即将探索这些古代遗迹时，他说，“我去唤醒亡者。”这是因为新生活已经在意大利人心中醒来，古希腊-罗马的遗迹才在他们身上施了魔法；因为，用神秘主义者的话来说：“对石头而言，宇宙就是石头。”

285.意大利文艺复兴的两个阶段

正是意大利人与古典往昔的密切关系使得意大利文艺复兴具有了复兴古典的特

征，即意大利人恢复与借鉴了长期被忽视的古希腊–罗马文明遗产。

此次运动包含两个截然不同却又紧密相关的阶段：（1）古典文学与学术的复兴；（2）古典艺术的复兴。文学与学术复兴阶段是关注的要点。复兴运动的这一特点被专门称为“人文主义”（Humanism），而其提倡者则被称为“人文主义者”（Humanists），因为他们对研习经典即人文科学或称“更人类的文学”很感兴趣，以此抵抗“神类文学”，即构成旧有教育的神学。

286.首位人文主义者彼特拉克

“不仅在意大利的文学史上，而且在世界文明史上，不仅在世界的文明史上，而且在人类的思想史上……彼特拉克的名字都如同最闪亮的那颗星。”[①]最伟大的人文主义历史学家之一对彼特拉克及其在人类思想进步史上的地位作出了如上评价。

弗兰齐斯科·彼特拉克（1304—1374）以意大利十四行诗作家而为人所知，但在世界史上的重要意义几乎全部在于他同意大利古典知识复兴的联系。彼特拉克在世界历史上有着重要意义，他本身及所为也不负盛誉，值得深入了解。研究他的生活与作品就是研究欧洲人民曾经历的最重要的思想革命的基本特征，了解彼特拉克就是了解文艺复兴。

彼特拉克

彼特拉克是意大利文艺复兴时期人文主义阶段的首位也是最伟大的代表。他是充分认识与欣赏古典文学的出类拔萃、赏心悦目及文化价值的首位学者。他对古代作家的热情是一种崇拜，投入了极大的时间和辛劳，收集了200卷经典写本。在这些最上等的拉丁宝藏中，有一些西塞罗（Cicero）的书信，是他自己在维罗纳（Verona）的一个古老图书馆中发现的，并虔诚地手抄下来。他不懂希腊语，但在收集拉丁写本的同时也收集希腊写本，其中包

① Voigt, *Die Wiederbelcbung des classischen Alterthums*（《古代经典的复活》，福格特著），3d ed., vol.i, p.22。

括柏拉图的16部著作，以及从君士坦丁堡得来的荷马珍本；因此，正如他本人所表述的：第一诗人兼第一哲人与他同在。

这一情怀揭示出了彼特拉克对书籍的感情。在寂静的书房里，优选作家的灵魂伴其左右，在同这些往圣交谈之时，他欣喜若狂。彼特拉克经常给荷马、西塞罗、维吉尔、塞涅卡（Seneca）等先贤写信，因为他喜欢以此记录自己的思想，因此，他的很多时间都以写信为乐；写信于他而言，即是乐趣又是生活本身。

彼特拉克对古典作家的热情蔓延开来，导致孩子的父亲责备他诱使自己的儿子从学习法律转向了阅读经典及拉丁诗作；但彼特拉克引发的这场运动无法阻止。时至今日，他给予人文研究的推动力在文学与学术中仍有影响。

287.彼特拉克与经院学者

彼得拉克觉醒的新精神必定将其置于中世纪的无情批判与反对的风口浪尖。他对经院学者极为反感，嘲笑他们的无聊争论，将之比作那些玩着文字游戏却忘记了文字是用来表达思想、发掘真相的古代诡辩者，将作为其堡垒的大学称为“极度无知的巢穴”，而经院学者的巨著被定性为一堆不存真理的垃圾。

当他的对手引用亚里士多德的话时，为了挫败敌人，他宣称亚里士多德也非知晓一切，他只是一个人，所以也会犯错误。这在当时是一种非常大胆的言论，几乎和否定《圣经》永无谬误一样，是一种异端邪说。福格特（Voigt）说：“他的这种言论在科学史上开启了一个新时代，就如同莱比锡各民族大会战（Battle of the Nations）开启了国家历史的新时代一样……这种言论攻击的并非亚里士多德一人，而是教会和整个中世纪体系。”①

288.彼特拉克对罗马遗迹的感受②

彼特拉克对古典时代物质遗迹的感情同他对人文遗产的感情类似。

真正中世纪时期的人们对古代世界的遗产遗迹没有智识方面的好奇或感情。他

---

① Voigt，*Die Wiederbelcbung des classischen Alterthums*（《古代经典的复活》，福格特著），3d ed.，vol.i，p.80。

② 乍一想，此主题似乎与人文主义运动毫不相关，似乎更近于艺术复兴；但相较而言，它真的同此时讨论的文艺复兴阶段密切相关，因为古代遗迹吸引彼特拉克的既非工艺又非美学，而是纯粹的历史情感。

们对所有这些事物的态度与东方的近现代阿拉伯人和土耳其人对过去文明遗迹的态度完全相同。对这些专横民族的堕落继任者来说，尼尼微（Nineveh）和巴比伦（Babylon）的遗迹无异于便捷、丰富的采砖场。他们对这些默默而又忧伤地承载着所有伟大往昔的庞大遗迹完全漠视。而当文艺复兴的遗产继承者们挖掘同一个土丘，细致而又恭敬地收集可能会向世人述说早期人们的思想、感情和行为的每一片带有文字的残砖断瓦之时，那是多么的不同啊！

所有这一切都完美地说明了中世纪时期的人们同文艺复兴时期的人们之间的差别。在智识复兴曙光乍现之前的中世纪时期，罗马遗迹只是一个采石场。恺撒纪念碑被拆除作为建筑材料，雕刻的大理石被烧成石灰用作砂浆。罗马现存的任何遗迹都是几个世纪无知与无情的损毁过后的残存。①

在当时，彼特拉克是中世纪时期对这些遗迹产生近代情感的第一人。“他告诉我们，他经常与乔瓦尼·科隆纳（Giovanni Colonna）登上戴克里先浴场（Baths of Diocletian）的大拱顶，在透明的空间里，在无边的寂静中，四周的开阔景象尽收眼底，他们讨论的不是商业或政治事务，而是脚下遗址所蕴含的历史。”②

289.彼特拉克的门徒薄伽丘

彼特拉克吸引了一群激情澎湃的年轻人文主义者拜入门下，并以无限的热情继续探索和开拓其所发现的新精神领域。其中最杰出的非乔万尼·薄伽丘（Giovanni Boccaccio，1313—1375）莫属，其广泛的声誉主要源自一本意大利语写成的故事集

---

① 布鲁内莱斯基（Brunelleschi）和多纳泰罗（Donatello）为了研究古代遗迹，在15世纪初到访罗马之事被误解便是最好的例证。那时罗马人不管在艺术方面还是在情感方面，对古城的遗迹都毫无感受可言。在被告知这些艺术家满腔热情地检测古都檐壁的残片，并雇佣劳力挖开古建筑的地基时，瓦萨里（Vasari）补充道：“流言在罗马传开，艺术家被称为寻宝者，……人们认为他们是为了发现宝藏而研究探地术的人。”艺术家对这片遗迹还抱有其他目的对罗马本地人来说简直是天方夜谭。

② 彼特拉克还代表着近代精神的其他方面和品质，但是无法一一叙及。但他对自然的动人浪漫感情，必须再多说几句。其著作中最为著名的一篇作品是描述他登上阿维尼翁附近的冯杜山（Mount Ventoux）巅时有感于它的美景而作。这是世界上的新事物，即近代登山的起始。这在古代极为罕见，而在中世纪显然不存在，即便但丁也是每每谈山色变。没有什么比对自然宽广博大的新情怀更能区分近代人和中世纪人的了。——Burckhardt, *The Civilization of the Renaissance in Italy*（《意大利文艺复兴时期的文化》，布克哈特著），p.177。

《十日谈》（*Decameron*），但本条目中只讨论他作为人文主义者的贡献。

薄伽丘

薄伽丘不辞辛劳地传播和深化彼特拉克所唤醒的对古代的热情。他辛勤地收集与誊写古代写本，从而大大提升了意大利的古典学术成就。他效仿彼特拉克学习希腊语，但因为没有胜任的老师，且缺少教材、语法和词典，所以也跟彼特拉克一样在掌握这门语言的道路上举步维艰。然而，薄伽丘说服了自己的老师将《伊利亚特》（*Iliad*）和《奥德赛》（*Odyssey*）翻译成了拉丁文，因此，在向世界推出第一个近代译本的《荷马史诗》方面，他起了很大的作用。这一译本质量不高，但却激发了意大利学者想要获取第一手希腊文学资料的欲望，而这些文学正是古罗马作家公认的灵感来源。

290.赫里索洛拉斯教授意大利人希腊语

意大利学者的这个愿望很快就得到了满足。刚到14世纪末，东部皇帝派特使前往意大利请求援助抗击奥斯曼人，使团由著名的希腊学者曼努埃尔·赫里索洛拉斯（Manuel Chrysoloras）率领。他刚在威尼斯登陆，佛罗伦萨人便急迫地邀其前往。他接受了邀请，并受到了极为体面的迎接，有得见天人之感，并被授予了佛罗伦萨大学教授职位（1396）。无论长幼挤满了他的课堂，一想到能学习希腊语，即便耳顺之人也“觉得心潮澎湃”。

赫里索洛拉斯作为老师出现在佛罗伦萨标志着经过7个世纪的漠视之后，西欧学校学习希腊语言和文学的复兴。这意味深长：标志着文明的复兴与近代时期的开端；因为中世纪时期向近代时期转化的最强大因素之一，当然就是希腊文化。①

赫里索洛拉斯

291.搜寻古代写本

在了解了14世纪意大利人文主义先驱之后，便可大体讲述一下人文主义运动在下一个世纪里最重要的几个阶段。

意大利学者首先关注的是将现存的古代经典从被湮没的危险中拯救出来。正如现今的古文物研究者在亚述（Assyria）的土丘上挖掘东方古代文明的遗迹一样，人文主义者们为了获得古典作家的古代写本，也遍寻修道院与教堂的图书馆，翻遍欧洲的各个偏僻角落。

西蒙兹把这些狂热者比作新十字军战士："像法兰克人一样，如果能从耶路撒冷带回文物，便认为自己三生有幸，所以这些新的圣灵骑士不再去寻求保护圣墓堂，反而去寻找古代世界里天才的坟墓待其复活，当某位希腊或拉丁作家用一个褐色、积垢、难认的残片回报他们耐心的寻找之时，一种神圣的感情便涌上心头。"

珍贵的写本经常在发现时就已处于令人羞愧的被忽视状态，且已残破不堪。有时在潮湿的小屋里已经霉变，又或在修道院的阁楼上落满灰尘。写本再次被发现时业已各种残缺不全，正如薄伽丘在本笃会的蒙特卡西诺修道院（monastery of

---

① "若真如此，除了自然界的隐蔽力量之外，没有任何事物不是起源于希腊的了，因而认为希腊老师赫里索洛拉斯同其佛罗伦萨学生的接触点是文明史上决定性的时刻也便合情合理。"——Symonds，*The Revival of Learning*（《学术的复兴》，西蒙兹著），p.113。

Monte Cassino）誊写室里发现的那样，例如有些羊皮纸的边缘已经掉落，还有的整页缺失。①

彼特拉克是首位也是最热情的一位古代宝藏的搜寻者。其后最值得纪念的便是意大利文艺复兴时期的著名学者波焦·布拉乔利尼（Poggio Bracciolini，1380—1459）。他找回了卢克莱修（Lucretius）的诗歌、西塞罗的几篇讲稿以及其他经典作品。他最珍贵的发现之一是在瑞士圣加仑修道院（monastery of Saint Gall）图书馆发掘的昆体良所著《雄辩术原理》（*Institutes of Quintilian/Institutio Oratoria*）。因为这一幸运的发现，当代人称他为“罗马的第二缔造者”。

人文主义者此时搜寻古代作家的著作为时已晚，但却为世界挽救了无数珍贵的手稿，如果再疏忽一段时间的话，可能就永难挽回了。

292.新学识的赞助人；图书馆的建立

收集和誊写古代写本耗时费力，但有许多梅塞纳斯式的资助者鼓励人们将此事进行下去。商贾王爵、暴君恶霸和教皇都成为人文主义者慷慨的赞助人。这些新学识的赞助人中最为著名的是佛罗伦萨的科西莫·德·美第奇（Cosimo de' Medici）和洛伦佐·德·美第奇（Lorenzo de' Medici）。正是由于他们真诚而开明地关注恢

洛伦佐·德·美第奇

① 这些损毁主要因为书写材料的稀缺，导致中世纪抄写员抹去旧羊皮纸上的原始文本，从而可以二次利用。这样一来，许多古典作家的作品就被损毁了。然而，有些早期文本并没有被完全擦除，因此通过化学试剂可以完全或部分恢复。但人文主义者对这种重写本的价值一无所知，因此没有搜寻此类文稿。

复古典文学的伟大进程，佛罗伦萨才得以成为智识和文学复兴的家园。

这一运动的赞助教皇中最著名的是尼古拉五世（1447—1455）。他派出探索者到西部各地寻找写本，并让罗马的众多誊写员和翻译员为此忙碌不休。后来，尤利乌斯二世（Pope Julius II，1503—1513）和利奥十世（1513—1521）把罗马打造成了辉煌的艺术和学识复兴中心。

为了安全地存储新宝藏并可接受学者的访问，众多图书馆拔地而起。在这场运动中，一些意大利最大的图书馆应运而生。佛罗伦萨的美第奇家族建立了气势雄伟仍保存完好的美第奇图书馆（Medicean Library）[①]。据说，罗马教皇尼古拉五世把最初的教皇藏书又丰富了5000本写本，因此成为现在著名的梵蒂冈图书馆（Vatican Library）的真正创始人。

293.君士坦丁堡的陷落如何促进了文艺复兴

15世纪降临于东罗马帝国的灾难极大地推动了人文主义运动，特别是有关希腊文学与学术的运动。君士坦丁堡于1453年被奥斯曼人占领，但半个世纪前，蛮族的可怕攻势导致希腊学者向西部迁徙，许多流亡到意大利寻求庇护，可以说："希腊没有陷落，只是迁徙到了在古代被称为大希腊（Magna Graecia/Great Greece）的意大利。"

这些逃亡者带来了许多不为西部学者所知的珍贵古希腊经典写本。意大利人对一切希腊事物的热情使得许多流亡者被任命为学校和大学的教师与讲师。因而，此时罗马发生的一切又是罗马共和国晚期的重复：希腊天才们又一次征服了意大利。

294.经典文学的翻译与批评；学会的出现

通过誊写增加副本，并将其保存到图书馆里，这种对古代经典的恢复只是意大利人文主义者给自己设定的首个也是最轻松的任务。任务最重要且最艰难的部分是对比与修订文本，将希腊语翻译成拉丁语，并解释、评价和批评这些恢复的古代文学。

---

① 美第奇图书馆（Medicean Library）又名美第奇劳伦齐阿纳图书馆，位于意大利佛罗伦萨，藏书有写本11000多册，早期印刷书籍4500多册。由美第奇家族的第二位教皇克莱门特七世（Clement VII）出资兴建，由米开朗基罗设计，是风格主义（Mannerism）的代表，于1571年对外开放。——译者注

致力于此的意大利学者中，首屈一指的当属学识过人的安杰洛·波利齐亚诺（Angelo Poliziano），又名波利提安（Politian，1454—1494）。荷兰著名的人文主义者伊拉斯谟（Erasmus）称他为“罕见的奇人”。波利齐亚诺作为一名佛罗伦萨的希腊语和拉丁语老师，对新学识的传播起到了巨大作用。同时代及下一代的著名人文主义者几乎都在他的课堂上获得过灵感。

另一位致力于此的15世纪意大利学者，是天赋出众、赫赫有名的皮科·德拉·米兰多拉（Pico della Mirandola，1463—1494）。皮科努力调和基督教与新学识，就如现在那些试图调和《圣经》与现代科学的学者一样，但壮志未成而英年早逝。还有一位在文学和历史批判这一新领域功绩斐然的是意大利学者是洛伦佐·瓦拉（Laurentius Valla/Lorenzo Valla，详见第304条）。

此处简述一下15世纪意大利各城镇建立的学者学会或协会。这些圈子涵盖了当时半岛上最杰出的文人学士，可以被视为现代文学和科学团体的原型。最有名的是美第奇家族成立的佛罗伦萨柏拉图学会（Platonic Academy at Florence）[①]。柏拉图是学会会员的主保圣人。他的生日被虔诚地庆祝，半身像被戴上桂冠，一盏灯在其雕像前长明：这一切都比文字更能体现意大利学者对古代文化的狂热激情。

295.印刷术的发明；威尼斯阿尔丁印刷所

15世纪后半叶，活字印刷术幸运的及时问世，对意大利的人文主义运动产生了巨大的推动作用，哈勒姆认为这是人类有史以来最重要的发明。

通过雕刻石头或木版进行印刷的方法似乎同文明一样古老；中国很早就采用这种方法进行印刷了。古巴比伦的遗址中发现大量的迦勒底滚筒印章（Chaldean seals），还有满是印着古代瓦匠名字和职位的砖石。

这门技艺似乎在中世纪后期的欧洲再次兴起了。最开始，纸牌上的装饰性图案由木版上的图形印制而成；随后，画像和图画被用这样的方法印在写本上。再后来，几行文字被刻在图案下面进行说明，其实某些初期的雕版印图需要做解释也很好理解。此项技艺发展的这几个早期阶段已经现存的古老写本验证。随着时间

---

① 佛罗伦萨柏拉图学会（Platonic Academy at Florence），又称佛罗伦萨新柏拉图学园（Neoplatonic Florentine Academy），格弥斯托士·卜列东（Gemistus Pletho）在佛罗伦萨大会议上提出重新引入柏拉图思想，进而成立了这一组织，由马尔西利奥·费奇诺（Marsilio Ficino）领导，美第奇家族从科西莫·德·美第奇资助至洛伦佐离世。——译者注

约翰·古腾堡

的推移，几行变成了几页，在15世纪上半期，许多整书都是用雕版印刷术印制而成的了。

但木版印刷耗时且价高。这项技艺后来被德意志美因茨人（Mainz）约翰·古腾堡（John Gutenberg，1400—1468）发明的称之为活字[①]的可移动字母所革新。已知的最早使用活字印刷的书籍是1454年和1456年之间在美因茨由古腾堡和福斯特的印刷厂印制的拉丁文版《圣经》。这一技艺迅速传播，并因1462年美因茨的沦陷导致印刷工人逃往国外各地而进一步加速。在15世纪结束前，而单单威尼斯市就

---

① 一些荷兰作家声称这项发明的荣誉属于哈勒姆的科斯特（Coster of Haarlem），但除了不可信的传说之外，却没有任何其他佐证。应该指出的是，这项发明的实质并非在于活字可以自由移动，而是其在模具中进行浇铸，因而大小完全相同，可以随意组合或重组，并不会不整齐或者散乱无章。

最近丁韪良博士（Dr.Martin）的著作《汉学菁华》（*The Lore of Cathay*）中记述（第27页）印刷术为中国人发明，令人耳目一新，此处全段摘录如下：“（古腾堡发明活字印刷术之前）700年，此项技艺便已经在中国采用了，但却并非像他和福斯特一样秘密使用，而是一个极为流行的产业。这项技术的诞生非同凡响。一位暴君决心铲除儒家思想，于是焚烧了圣贤之书，但书籍部分通过记忆部分通过藏于屋墙之内的残本恢复了。唐太宗（Emperor Tai Tsung，627）决心让神圣的遗产不再毁于火患，因此将书籍内容刻于石头之上。170块花岗岩上面刻着13种经典著作的文本，石碑现今犹存于西安府（Hsi An Fu），近代的仿刻立于北京国子监（Confucian University at Peking）。皇命刻石完成不久，通过碑拓的方式令所有学者皆可阅读的想法应运而生，那就是印刷术。虽然千年已过，但这一技艺在中国并未发生太大变化。……雕版印刷术发明不久，便有人尝试用活字印刷，但未能取代这种原始方法，中国人没有幸运地发现被称为‘铅字’的合金。”

〔丁韪良（William Alexander Parsons Martin，1827—1916），美国基督教长老会传教士、翻译家。从道光三十年（1850）到宁波传教到1916年在北京离世，共在华生活了66年。曾先后出任京师同文馆、京师大学堂总教习。创立北京崇实中学（现北京二十一中学），为首任校长。他将外国著作如《万国公法》（*Elements of International Law*）等翻译成中文，并用英文写作中国题材的作品如上述援引的《汉学菁华》（*The Lore of Cathay*）和晚年所著的《中国的觉醒》（*The Awakening of China*）等。可能由于成书时期的历史条件所限，上述注释中所引内容几处似有讹误：（1）其中提到的石碑为唐石经，即“开成石经”，是唐代的十二经刻石，并非文中所述的十三经；（2）唐石经始刻于文宗太和七年（833），开成二年（837）完成，并非始于文中所述的唐太宗（627）年间；（3）唐石经石碑数量为114块，并非上述的170块。另外，唐石经原碑立于唐长安城务本坊的国子监内，宋时移至府学北墉，即今西安碑林。文中所述近代仿刻称为“十三经刻石”，又称乾隆石经，除仿刻了唐石经中的十二经外，补刻《孟子》，所刻十三经由蒋衡花费12年书写而成，共刻石碑190座。——译者注〕

已有200多家印刷厂，欧洲各国的印刷厂都开足了马力，以修道院誊写员做梦都想不到的速度印制书籍。

但极令人注意的是这一新技艺引入了意大利，这里就应该简单地介绍一下阿尔杜斯·马努蒂乌斯（Aldus Manutius，1450—1515）。他在威尼斯建立一个著名的印刷厂，名为阿尔丁印刷所（Aldine Press），并谱写了这一新技艺同人文主义关系史上最早也是最有趣的篇章。

阿尔杜斯·马努蒂乌斯

阿尔杜斯的目的是让所有学者都可以接触到古代典籍，尤其是古希腊作家的作品。他得到了欧洲各地希腊学者的帮助和鼓励。伊拉斯谟就曾在他的印刷所做希腊文本编辑。阿尔杜斯聚集起来的学者组成了一个圈子，称为阿尔丁希腊文化研究者学会（Aldine Academy of Hellenists），且不接受不会说希腊语的人入会。

几年的时间里，阿尔杜斯就几乎给富有鉴赏力的欧洲学者们印刷了希腊作家的作品集。除了希腊文版外，他还发行了拉丁文和希伯来文版，总计印刷了100多部作品。无论从纸质，还是字体清晰度及美观度，其版本都从未被超越。

威尼斯的阿尔丁印刷所及其他各地并非如此著名的印刷所一道完成了古典文学的恢复，并通过将古代作家的著作传播到欧洲各地，使得这些作品的任何部分都不会再次从世界上消失。

296.跨越阿尔卑斯山的人文主义

在中世纪时期末及近代时期初，意大利被法兰西和西班牙王室垂涎，进而陷于了纷争与战乱，对已经明显走下坡路的人文主义造成了灾难性的打击。16世纪里还有其他的破坏因素，导致半岛学校中的希腊研究几乎完全中止。但是人文热情已经感染了阿尔卑斯山外的国家，而当南方学者的热情消失殆尽，北方学者在德意志、法兰西和英格兰的学校中为新学识提供了家园。

约15世纪中期，德意志的年轻人已经开始穿越阿尔卑斯山来到大师们的脚下学习希腊语了。赖希林（Reuchlin）是这类人文主义者的代表，于1482年前往意大利来到一位著名希腊老师面前。修昔底德（Thucydides）的一篇文章被用来测试其语言知识。这位年轻的野蛮人[①]把一行行的文字轻而易举且技艺高超地进行了翻译，这令希腊土生土长的考官惊呼："我们的流亡希腊已经跨越了阿尔卑斯山。"

文艺复兴运动在阿尔卑斯山北的欧洲夹杂了一些其他趋向。在意大利，此次运动就是单纯地致力于希腊和拉丁的文学与学术；但在北方又加入了对希伯来和基督教遗物的极大热情。因此，从深层次的意义上讲，这里的文学与智识复兴导致了称为宗教改革的宗教大革命。

297.艺术复兴

意大利人被唤起对古典时代的新感情不止使其接受了希腊–罗马的文学与哲学，还有艺术。意大利文艺复兴时期的后一阶段已无须详述，因为文艺复兴在世界史上的重要意义是在于前述的纯粹思想运动。

艺术复兴的本质就是让艺术回归自然；因为中世纪时期的艺术缺乏自由与自然[②]。艺术家受到教会的传统和约束所限，且处于当时宗教禁欲主义的影响之下，因而艺术原型只有线条僵直、棱角分明、毫无生气的拜占庭式艺术风格，或是瘦骨嶙峋、面容憔悴的圣人或隐士像。即便他们有冲动背离神圣的传统类型，但在教堂墙壁、讲坛和祭坛之上的装饰也不自由。[③]

当时文艺复兴为艺术所做的就是将其从枷锁中解放出来，并将周遭觉醒的新生活精神注入它毫无生气的形式中去。这种解放运动的推力既来自于大自然，也来自于古代，即通过研究自然的生活方式，也通过学习古代艺术的杰作。[④]

---

① 这是当时意大利人表达其对粗鲁的北方人的轻蔑称呼。

② 中世纪的建筑逃脱了这一责难。其形态从未失去活力或发展与变化。中世纪时期，许多建筑风格争奇斗艳。在意大利主要有五种形式：拜占庭、伦巴第、萨拉森、哥特和罗马。文艺复兴时期是罗马式风格，其主要特点源自古罗马建筑，备受意大利建筑师的青睐。在此种复古热情的影响下，与半岛上保存的遗迹一样的罗马式建筑被更蓄意地精确再现。意大利文艺复兴时期享有盛誉的伟大建筑师有：布鲁内莱斯基（Brunelleschi，1377—1444），以罗马万神殿（Pantheon）为蓝本，建造了世界上最大、最美穹顶之一的佛罗伦萨大教堂的穹顶；莱昂·巴蒂斯塔·阿尔伯蒂（Leo Battista Alberti，1405—1472），设计了著名的里米尼圣弗朗西斯科大教堂（Church of Saint Francis）；布拉曼特（Bramante，1444—1514），罗马圣彼得大教堂的首席建筑师；还有米开朗基罗（1475—1564），设计了圣彼得大教堂的雄伟穹顶，也是文艺复兴建筑的代表作。

③ 当时的希腊教会，在为圣人画像时，不允许改变人物的传统表情和姿态。

④ 然而，文艺复兴时期的绘画比雕塑更少地归功于古代艺术，因为古典绘画范例很少。因此，虽然古代艺术对文艺复兴时期的画家影响很大，但却是间接影响。

但在文艺复兴时期的艺术领域，就像在文学领域一样，天才人物扮演了重要的角色。正如人文主义复兴的真正开始与一位伟大的人物有关，艺术的复兴也是如此。彼特拉克被称为“人文主义之父”，在同样的意义上，尼古拉·皮萨诺（Nicola Pisano，卒于1278年）被称为“文艺复兴雕塑之父”。正如彼特拉克从古典文学中获得了灵感一样，尼古拉的才华也被古代艺术家的杰作激发了出来。正是在一座古代石棺的雕花与古董花瓶的绘画上面，他发现了自己的范例。因此，古典时代对文学的解放与复兴和艺术的解放与复兴都起着同样的作用。①

尼古拉·皮萨诺不仅在雕塑中②，还在绘画中找到了新的表现形式，打开了新艺术运动之门。有些人认为，契马布埃（Cimabue，约1240—1302）是文艺复兴绘画的先驱，但大多数人认为这一荣誉应给予其学生乔托（Giotto，1276—1377）。瓦萨里说：“虽然契马布埃被认为或许是绘画艺术复兴的第一因素，然而他的弟子乔托，……在思想高度上更胜一筹，进而开启了将艺术提升到完美与崇高之路的真正大门，并流传至今。”

298.绘画成为意大利文艺复兴时期无上艺术的原因③

意大利文艺复兴时期的典型艺术就是绘画，因为它最能表达基督教的思想与情怀。教会需要能够表达希望与信仰、超脱与苦难的艺术做其侍女，这些无法通过雕塑来表达，因为雕塑的本质是静止的艺术。

雕塑是希腊人的主要艺术，因为艺术家可以用它表现身体的力与美。但基督教艺术家的问题是以身体作为媒介来表达属灵的情感或信念。这无法用冰冷、苍白的大理石来表现。因此，西蒙兹问道：“《最后的审判》（Last Judgment）怎么用雕塑形式来表达呢？”基督一生中重要事件的展现都是雕塑力所不能及的。

---

① 布鲁内莱斯基与文艺复兴时期的建筑和尼古拉与文艺复兴时期的雕塑有着同样的关系。瓦萨里曾经评论他说：“我们可以断言，上天将他派到人间就是为了给建筑赋予新的精神。”

② 以尼古拉·皮萨诺为首的意大利雕塑家中，以下特别值得注意：吉贝尔蒂（Ghiberti，1378—1455），其才华在被米开朗基罗称之为天堂之门的佛罗伦萨圣若望洗礼堂（Baptistery at Florence/Battistero di San Giovanni）的著名青铜大门上显露无遗；布鲁内莱斯基（1377—1444）、多纳泰罗（1386—1466）和米开朗基罗。

③ 本条目中的观点源自西蒙兹在其著作《意大利文艺复兴》（*Renaissance in Italy*）的第三卷《美术》（*The Fine Arts*）中所表达的观点。

因此，由于雕塑的情感表现力不足，使得能够全方位表现情感的绘画成为了意大利艺术家所选择的表达媒介。这一艺术独自即可描绘圣徒的兴高采烈、圣母玛利亚的迷人魅力、基督的无限激情，最后审判的无尽恐怖。

意大利文艺复兴绘画四杰：列奥纳多·达·芬奇（Leonardo da Vinci，1452—1519）①，代表作是画于米兰圣玛利亚修道院墙壁之上的《最后的晚餐》（Last Supper）；拉斐尔（Raphael，1483—1520），最受喜爱的艺术家，所绘制的圣母像（Madonnas）为世界瑰宝；米开朗基罗（Michelangelo，1475—1564）②，以绝妙的壁画而著称，代表作为罗马西斯廷教堂（Sistine Chapel）的《最后的审判》；提香（Titian，1477—1576）③，威尼斯画师，擅长肖像画，他将同时代的许多著名人物活灵活现地保存了下来。

达·芬奇

拉斐尔

米开朗基罗

提香

早期意大利画家的选材主要源于基督教，绘画作品代表了所有中世纪时期有关死亡、裁判、天堂和地狱的理念与想象，几乎覆盖了所有意大利教堂、宫殿和民房

① 列奥纳多·达·芬奇多才多艺，是真正意大利文艺复兴的宠儿，集画家、雕塑家、建筑师、诗人、音乐家和科学家于一身。

② 米开朗基罗既是画家，又是建筑师与雕塑家。他是唯一一位可以同古希腊的伟大雕塑家比肩的近代雕塑家。他迫使雕塑做出不习惯做的事情——使用绘画的情感语言，即他通过高超的技艺，为大理石注入了本必以绘画表达的思想与情感。

③ 如果继续列举意大利的著名画家，至少包括以下几位：契马布埃（约1240—1302）和乔托（1276—1337），为复兴的先驱；弗拉·安杰利科（Fra Angelico，1387—1455），科雷乔（Correggio，约1494—1534），丁托列托（Tintoretto，1518—1594），以及委罗内塞（约1530—1588），都为文艺复兴时期的代表。

的墙壁。西蒙兹一言以蔽之：他们通过绘画做了但丁通过诗歌所做的事情。

后期的艺术家受到了古典复兴更大的影响，将异教同基督教的主题与思想自由地结合，从而能够成为比其文艺复兴运动中的前辈更为真实的代表，更重要的是导致了异教和基督教文化的调和与融合。

299.意大利文艺复兴时期的异教信仰

意大利的古典复兴有着其通常展现的宗教和道德的一面，也有着反宗教和不道德的一面，尽管对此运动的介绍如此简要，但也不能忽略不谈。

首先，对异教徒诗人和哲学家的研究产生了教会中某个派系所预言的准确后果：人们在感情和思维方式上都成为了异教徒，进而对宗教信仰造成了伤害。

意大利社会的异教化始于13世纪将希腊–阿拉伯科学与思辨带到基督教欧洲的智识复兴。即使在彼特拉克的时代里，怀疑论便已在大学界广泛传播。对他来说，这个世界极度令人怀疑，以至于他几乎没有为夺走众多生命的可怕瘟疫所造成的人口减少而感到痛惜。接下来的一个世纪里，意大利人几乎已经完全被古典复兴所影响，宗教信仰的衰减变得更加明显，直到意大利学者和意大利社会几乎在任何真正意义上都不再信奉基督教。

新学识的复兴使得导致古典文明衰落的特有缺陷与罪恶也随之而来。意大利被注入的新影响所腐蚀，就像罗马在共和国衰落的日子里受到希腊骄奢淫逸的腐蚀一样。基督教的道德理念被古代异教徒的道德标准所取代；基督教的禁欲、节制和教规被人嘲笑，而古老的异教恶习却受到赞同并被接受。当时的许多文学甚至比古典颓废时期的文学有着更不道德的写作风格。

正是这种意大利社会的道德滑坡，为后期意大利所遭受的政治羞辱埋下了伏笔。

第三节　文艺复兴的总体影响

300.文艺复兴带来了新的人生观和世界观

文艺复兴作为思想与道德革命，对基督教的西方有着巨大而深远的影响，几乎可以将之同基督教的到来对古代世界的影响相提并论。它为中世纪世界流行的错误观念与理念带入了截然相反的人生观与世界观，就如当初基督教的第一位传教士为古代异教世界的观念、偏见和道德标准带去了完全相反的教义一样。新学识的确就是新的《福音书》（New Gospel）。如克莱顿主教所言：“其使命是为整个欧洲带来新文化。”

像基督教一样，文艺复兴为人们开启了另一个世界、另一种生存状态；因为对复兴中的人来说，这才是探索古代文明的真正意义。通过这一复兴，他们得以认识自己，认识了人的真实本性与尊严①：认识了尘世生活本身就值得生活，并不需要轻贱和牺牲今生及今生之快乐以换取在另一世界的永生；而且人可以在不危及灵魂安宁的情况下，思考、审慎以及满足求知欲。②

这些文艺复兴时期人们的发现大大地促进了人类的进步，一种注定会适时令宗教、政治、文学、艺术、科学、发明、工业等所有领域中的事物焕然一新的新精神激励着人类。③

301.文艺复兴修复了断裂的历史统一性

当基督教进入古希腊-罗马世界时，新宗教与古典文化，特别是其与希腊文化之间立刻不宣而战。教会迅速战胜了异教，拒绝了古代遗产。遗产中的某些元素实

---

① 在文艺复兴的启示下，人文主义者皮科·德拉·米兰多拉（Pico della Mirandola）写了一篇著名的论文，题为“人性的尊严与人类的伟大”（*The Dignity of Human Nature and the Greatness of Man*）。

② 在中世纪和近代之间的过渡时期里，人们的渴望与谜之恐惧很好地总结在了《浮士德博士的悲剧》（*Dr.Faustus*）里。西蒙兹说：“该传说告诉我们，在复兴前夕人们渴望什么，而转念想到过去的时候，又恐惧什么。古人快乐的秘密和力量的源泉吸引着他们；但他们相信，只有通过灵魂的自毁才能找回失落的宝藏。诱惑如此巨大，以至于浮士德付出了代价。在吸收这个时代的所有知识后，为了自己灵性感受的渴求能够得到满足，控制世界的能力得到加强，以及对活力的厌倦得以抚慰，他把自己出卖给了魔鬼。他第一次使用这种以高昂代价换取的力量是让盲人荷马为其歌唱。安菲翁（Amphion）与靡菲斯特（Mephistopheles）一同演奏着竖琴。依照他的命令，亚历山大及其军团死而复生；海伦许配给他做了新娘。因此，浮士德隐喻着中世纪时期对精神的无能渴望：在无力的知识与荒谬的教条主义限制范围内的强烈渴望、不安欲望与羁绊求知。”——Symonds，*The Revival of Learning*（《学术的复兴》，西蒙兹著），p.53（ed.1888）。

③ 另一部作品《近代史》中将详细讲述所有领域中的人类活动与成就，届时将追述由文艺复兴所开启的伟大时代的历史发展进程。

际上适合中世纪时期的人们，进而丰富发展了基督教新的文化；但是，却被整体抛弃与忽略。因此，历史发展的统一性被打断。

此时，通过文艺复兴的自由主义倾向和广博的热情使得基督教与古典文明之间得以和解，二者的特质与要素得以融合，断裂的历史统一性得以修复。古代和近代世界之间的断裂得以弥合，断枝再次植接在老树干上。

世界历史上断裂的统一性得以修复，中世纪时期被长期忽视的古代文化得以恢复，其重要意义再怎么高估也不为过；因为该文化保存的不仅是在人类能力鼎盛时期的所思所感的极致，而且是所有古代民族积累的宝贵的科学储备。此种恢复与借鉴对世界意味着什么，（辛辛那提大学）前任校长伍尔西（Wolsey）表示："古文明中所蕴含的永恒价值对于这个世界来说不可或缺，也永远不能或不愿或缺。这些被带入生命之流，并成为集所有时代的美与真于一身的文化发展的真正助力。"

302.文艺复兴改革了教育

人文复兴革新了教育。在中世纪时期，拉丁语已经在大部分地区退化成了粗俗的土语，而希腊语也被忘却，且亚里士多德的哲学也被曲解。至于柏拉图，中世纪的思想家几乎无人知晓。

此时，人文主义将纯粹的古典拉丁语重新带回这个世界，并重新找回希腊语，继而为文明修复了一度被拒绝的古代经典，包括为近代思想提供加速度与推动力的柏拉图哲学。

学校和大学都难免受到人文主义复兴的影响。希腊和拉丁语言与文学的大学教授职位此时不仅在新学识激励下的新大学，而且也在老大学设立起来。经院教学方法逐渐被所谓的古典教育制度取代，并一直主导各个学校和大学，直到现代科学研究的到来。尽管如此，它们在大多的学习体系中仍占据着突出的位置，许多教育家认为它过于突出以至于抱怨说希腊语和拉丁语占用了太多学生本应用来学习科学和近代语言与文学的时间。

303.文艺复兴促进了民族语言文学的发展

古典复兴赋予世界两大文学瑰宝。在赋予欧洲学者古代作家的杰作之时，除了许多新鲜材料外，还给了他们世界上迄今为止完美无瑕的文学品味与判断。修正中世纪的过度空想和创立正确的文学观念这两方面的影响可以清晰地从意大利、法兰西、西班牙、英格兰和德意志的本土文学中找到。

保持对古代典籍的重视，在中世纪晚期和近代早期许多作家优先使用拉丁语作为文学语言[①]，确实阻碍了欧洲人民民族语言文学的正常发展。在意大利，如但丁、彼特拉克和薄伽丘这样前途无量的作家在被忽视了近一个世纪后，他们的民族文学作品才开始焕发生机，这也是不争的事实；但在阿尔卑斯山北的欧洲地区，除了在德意志有段时间拉丁语几乎取代了本国语外，复兴的经典研究没有产生如意大利一样的灾难性影响；相反，除了上述提及的例外，人文主义丰富、净化并改善了欧洲伟大的文学。

304.文艺复兴催生了考古学和历史批判学

许多科学都在文艺复兴时期萌芽，考古学更是如此。对古代遗迹的新感情已经触动了文艺复兴时期人们的灵魂（详见第288条）。

罗马遗址自然成为意大利学者虔诚的好奇心与考古热情的首个对象。临近15世纪末，除了其他关于意大利古迹的著作外，弗拉维奥·比昂多（Flavio Biondo）写了考古学的第一本论著《复兴的罗马》（*Rome Restored*）[②]。从那时起至今日，人们对古代文明的遗址和遗迹的兴趣不断扩大与加深，不仅在古希腊–罗马的土地上，还在希伯来、亚述、埃及的领土上有了举世瞩目的发现，这些发现把人类的故事带回了遥远的过去，并赋予了历史一个全新的开端。

考古科学的真实性同样适用于历史批判科学。文艺复兴唤醒了质疑与批判的精神，这与中世纪的盲从精神截然不同——因其根本不问信息源或可信度，愿意接受任何生动的传说或奇妙的故事。正是这种质疑与批判的精神激励了彼特拉克对古典作家进行比较和批评，并只遵从他有理由信任的那位。

但历史批判学的真正创始人是洛伦佐·瓦拉（1407—1457）。他作为批评家

---

① 这一时期的某些绝佳作品是用拉丁语写成，例如伊拉斯谟的《对话集》（*Colloquies* by Erasmus）和莫尔的《乌托邦》（*Utopia* by More）。

② 早期也有一些关于罗马遗址的作品，有名的要数里恩佐（Rienzi）的《罗马城及其辉煌》（*Description of the City of Rome and its Splendor*），但都不具备比昂多的科学性。

的伟大成就便是在文献和历史层面上论证《君士坦丁御赐教产谕》[①]的非真实性（详见第135条）；还质疑李维（Livy）的权威性，证明了塞涅卡与使徒保罗（Apostle Paul）之间所谓书信的虚假性。

瓦拉的成就是开创了历史批判的时代。从此开始了对历史资料来源的批判性筛选与评估，使得数以千计曾经一度被认为无懈可击的历史材料成为了神话和传说，因而重建了东部、古代与中世纪的历史。

催生这两个学科的相同因素也缔造了真正的历史写作。正是在意大利文艺复兴的智识中心佛罗伦萨，出现了一批作家，其中以马基雅维利和圭恰迪尼为首[②]，不但因为他们的批判精神和理智的公正评价，还有其与中世纪呆板而又不加批判的编年史家截然相反的卓越风格，使其值得被视为第一批近代历史学家。

305.文艺复兴促进了宗教改革

人文主义运动穿过阿尔卑斯山，赋予了北方民族一种新的性格。而激起北方学者兴趣的与其说是希腊-罗马的往昔，还不如说是希伯来人的历史。以原版希伯来语和希腊语，以及当地方言印刷的《圣经》成为热心研究与全新阐释的主题。

因此，南方古典文学和艺术的复兴到了更为严肃且不那么敏感的北方则变成了原始基督教即希伯来-基督教历史伦理与宗教因素的复兴。人文主义者成为了改革者。“事实是”，西蒙兹说，“宗教改革是日耳曼的文艺复兴。”

人文主义特定的原则和性质让从南方传播到北方的复兴发生了不可避免的改变。首先，人文主义自由探索的原则一定与教会的权威原则相碰撞。正是人文主义中的这一倾向，最终引发了教廷的恐惧，并使其与早期大力推动的整个智识运动背道而驰。

其次，人文主义者在宗教方面拥有的自立精神，为即将到来的宗教改革中的个人主义埋下了伏笔。彼特拉克在写给弟弟的信中也习惯引用早期教父的话说：“至

---

① 这份文件之前也曾遭到过抨击，但一般来说，这样做的人并没有足够的古典学识以清楚地揭示其本质。然而，英格兰学者雷金纳德·皮科克主教（Reginald Pecock，约1390—1460）以扎实的知识和科学的调查方法对其发起了批评；但是皮科克却不像瓦拉那样有名，其批评的影响力不如后者。

② 尼科洛·马基雅维利（1469—1527）以极为清晰生动的风格写成了《佛罗伦萨史》（*History of Florence*）；弗兰齐斯科·圭恰迪尼（1482—1540）写了从1494年到1532年的《意大利史》（*History of Italy*）。

少在一段时期内，你应该更加相信自己的力量，不要担心使教父变得智慧的同样精神不会帮助你。”①这正是宗教革命的按语。

最后，人文主义中有一种反叛精神，不仅反抗中世纪的神学，还反抗整个中世纪的制度。人文主义，像原始的基督教，本身就拥有翻天覆地的革命力量。像赖希林、伊拉斯谟及其他北方的人文主义者，是16世纪伟大宗教改革的先驱。

① Robinson and Rolfe's *Petrarch: The First Modern Scholar and Man of Letters*（《彼特拉克：第一个近代学者文人》，罗宾森、罗尔夫著），p.401。

第十九章 民族国家的形成

306.导言

中世纪后期最重要的政治运动就是一些欧洲国家、小封建公国、半独立的城镇和自治城市，融合成为拥有强大中央政府的民族国家。这一运动伴随着，或者说是存在于，封建制度的瓦解、城镇自由的丧失与国王权力的增长。这是作为在欧洲事务中具有真正力量和理想的神权与君权衰落的对应产物。教皇和皇帝组建由基督教世界构成的单一社会的尝试失败了，欧洲此时正在依照新理想重建独立国家，或民族国家。

许多事情促成了民族和政府的统一，不同国家的运动有着不同的有利条件。然而，有一些国家的情况却与集权趋势相反，那么这些国家便进入了没有民族主义的近代社会。但在英格兰、法兰西和西班牙，情况似乎都趋于统一，并且到15世纪末，这些国家都建立了强大的君主专制制度。然而，即便那些没有出现国家政府的民族中，通过民族语言和文学的形成、共同感情和愿望的发展也取得了走向统一的进步，因此这些种族或民族显然只是在等待国民生活成熟期到来的幸福时刻。

君主制度的崛起和封建制度的衰亡，强大的中央集权政府取代了软弱无常且相互冲突的封建贵族或其他地方政权统治，都极大地有利于法律和良好秩序的建立，为近代的发展与文明铺平了道路。

在这些变化中，包括市民和贵族在内的所有阶级的政治自由确实都被颠覆了。但失去了自由权，却找到了民族性。而且相信人民可以赢回自由。这些坚定的市民：城市的商人、工匠、律师，在11世纪时，展现出其强大于领主的一面，不久之后，在自耕农的帮助下，也会证明自己比国王强大。欧洲应该不仅有序，而且自由。立宪制、代议制政府即将从君主专制之中崛起。

第一节 英格兰

307.总述

英格兰人的起源已如前述，并追溯了其在撒克逊人、丹麦人和诺曼人统治下的发展。此处将简述金雀花王朝（Plantagenet house）直系及旁系统治下的命运，一直讲述到1485年标志着英格兰近代史开端的都铎王朝（Tudors）。

金雀花王朝国王世系始于1154年玛蒂尔达王后和安茹的金雀花若弗鲁瓦（Geoffrey Plantagenet）之子亨利，止于1485年的理查三世。该王朝在其直系及兰开斯特与约克（Lancaster and York）两个旁系的统治下，持续了331年，历经14代君主。①

金雀花王朝的时代是英格兰历史上的多事之秋。正是在这些国王的统治下，英格兰宪法呈现出了现有的形式，这些宪章与法律被公认为英格兰自由的堡垒。而且，这一时期的战争在很大程度上都有着深远影响，因而使其成为令人难忘的时代。

这一时期主要的事件有坎特伯雷大主教托马斯·贝克特（Thomas Becket）的殉道、英格兰丧失其在法兰西的领地、同约翰王斗争产生的《大宪章》（Magna Charta）、下议院的形成、征服威尔士、苏格兰战争、百年战争和玫瑰战争。

---

① 金雀花王朝的名字源自于其家族早期成员所采用的独特徽章——金雀花（plante de genêt）。以下是其家族中的历代君主：

亨利二世（Henry II）	1154—1189	兰开斯特王朝（HOUSE OF LANCASTER）	
理查一世（Richard I）	1189—1199	亨利四世（Henry IV）	1399—1413
约翰王（John）	1199—1216	亨利五世（Henry V）	1413—1422
亨利三世（Henry III）	1216—1272	亨利六世（Henry VI）	1422—1461
爱德华一世（Edward I）	1272—1307	约克王朝（HOUSE OF YORK）	
爱德华二世（Edward II）	1307—1327	爱德华四世（Edward IV）	1461—1483
爱德华三世（Edward III）	1327—1377	爱德华五世（Edward V）	1483

（一）大主教殉道至苏格兰战争（1172—1328）[①]

308.托马斯·贝克特的殉道（1172）

金雀花王朝第一代君主统治时期令人印象最深刻的事件是一个悲剧：坎特伯雷大主教托马斯·贝克特谋杀案。这一事件具有重大的历史意义，因其产生于占据中世纪绝大部分历史的君权与神权之争。

托马斯·贝克特被刺

导致这场悲剧的原因如下：在亨利统治早期，托马斯任大法官，是其宠臣。托马斯在宫廷上给亨利留下了忠厚的错误印象，亨利认为如果托马斯当了大主教会更好地为他效劳，便任命其为坎特伯雷大主教。但托马斯就任后却在规劝君主时说："我警告你，如果这样的话，我们的友谊很快就会变成苦恨。"

预言不久就应验了。作为大主教，托马斯在涉及神职人员与民事权利之间关系的几件事情上同国王发生了冲突，最重要的一个问题涉及世俗法庭审判神职人员。

欧洲不同国家教会法庭管辖权均有扩张（详见第136条）。此时英格兰的宗教法庭通过征服者威廉的授权与自行篡夺，权势极大，以至过度限制了君权；而且神

① 此标题为译者所加。——译者注

职人员全部免受普通法庭的管辖。由于教会法庭不能判处比监禁更严厉的惩罚，因此常常发生神职人员犯下滔天大罪，乃至谋杀，都难以受到应有的处罚，甚至根本没有受到惩罚的事情。此外，据说这些法院的法官在处理自己体制内的被告之时过于宽大。

亨利下定决心，神职人员和世俗人员一样都纳入民事法庭管辖。为此，1164年他制定了所谓的《克拉伦登宪章》（Constitutions of Clarendon），是“上辈惯例、自由与尊严的可靠部分”，其中规定神职人员犯罪应交由国王的法官审判，如果这些法官认为有权审判的案件，没有国王的同意，不能从主教法庭上诉到教皇法庭。

托马斯犹豫再三后，还是发誓遵守宪章，但是他很快又反悔了，并寻求获得教皇对此誓约的解除。他认为这些法令剥夺了教会必要且不容置疑的权力与特权。

他的做法导致了他与国王之间长期而激烈的纷争。最后，亨利的耐心耗尽了，他的四位宫廷骑士将此解读为有意铲除托马斯。这些人在坎特伯雷大教堂找到了大主教，并在祭坛的台阶上将其谋杀。

当时的人们认为托马斯是殉道者，是为了维护教会的特权而牺牲，而其在大教堂的坟墓成了朝圣之地。300年后，诗人乔叟在朝圣者的陪伴之下踏上了前往此地的朝圣之旅，并为其著名的《坎特伯雷故事集》奠定了基础（详见第330条）。

托马斯被谋杀后，民众的态度迫使亨利放弃了执行《克拉伦登宪章》条款的想法。而且，他不得不通过在殉道者墓前接受坎特伯雷修道士的鞭挞来表达其对参与到这一罪行中的忏悔。他的屈辱令人回想起几乎整整100年前德意志皇帝亨利四世的屈辱，因此被视为英格兰的卡诺莎之辱。

309.英格兰丧失其在法兰西的领地（1202—1204）

1066年的黑斯廷斯战役后，诺曼底公爵威廉成为了英格兰国王。但他还拥有法兰西国王的封地，因此仍是他的封臣。除了某些短暂间隔外，这些欧洲大陆上的土地一直由英格兰国王威廉的诺曼继承者统治。此后，安茹伯爵亨利成为金雀花王朝的首位国王，大大地扩张了他在法兰西的领地。亨利掌控着法兰西西半部的领土，实际上这比他在英格兰的领地还大；但是，因为他是法兰西国王的封臣，所以，他理所当然地要效忠于法兰西国王。

一种强烈的嫉妒感在两位君主之间产生，很明显是无法避免的。法兰西国王曾经想找些借口剥夺其对手在法兰西的领地。1199年，当约翰王继狮心理查成为英格兰国王之后，机会终于来了。这位可恶的暴君坐上王位不久，普瓦图（Poitou）的封臣便指控他对当时的法兰西国王腓力二世·奥古斯都不敬。腓力召约翰出庭，在法兰西同僚面前澄清对他的指控。约翰拒绝出席，这样，约翰在法兰西的所有领地被宣布充公（1202）。腓力立刻入侵诺曼底。在随后的战斗中，约翰抓获了宣称对英格兰拥有继承权的侄子亚瑟。但亚瑟很快就失踪了，约翰理所当然地被指控谋杀了他。腓力又于此时命令约翰出庭，并澄清自己的新罪名，可约翰再次拒绝传唤。腓力内心对约翰极度反感，趁此机会又剥夺了他除阿基坦南部以外的所有法兰西领地。

约翰王

这些领地的损失是英格兰的一大收获，因为安茹的国王们已经推行了一项政策，如若取得成功，英格兰将成为欧洲大陆国家的附属国；此时危险解除了。正如弗里曼所言："英格兰一直是安茹的属国；但阿基坦此时却是英格兰的属地。"

310.《大宪章》（1215）

《大宪章》被认为是英格兰自由的神圣保障，是英格兰贵族与神职人员同约翰王角力的工具，其中对人民的古老权利和特权进行了明确界定和保障。

导致了这一重大事件的原因尽可能简洁地叙述如下：因诺曼征服而进入英格兰的外籍国王中，有些无视本地的风俗与制度，以专横独裁的方式进行统治。从约翰王所体现出的人物性格中不难得知，其在暴政和邪恶程度上远超历代国王。

约翰因填补英格兰教会的空职同教皇产生争执，导致自己被开除教籍，整个王国被停止教权，最终约翰为了表达效忠教皇，将英格兰作为封地献给了教廷，换取了与教会之间的和解（详见第228条）。

在成为教皇的封臣之后，约翰比以前更为傲慢。王国的贵族均因其对他们的多次侮辱和中伤而怒火中烧，此时在爱国人士坎特伯雷大主教斯蒂芬·兰顿（Stephen Langton）的建议和鼓励下奋起反抗。实际上，没有任何一个阶层支持国王。这场运动是国民的起义，对恢复具有悠久历史的自由起到了决定性的作用。暴君被迫屈服。约翰王在离泰晤士河畔的温莎（Windsor）不远的平坦草地兰尼米德（Runnymede）同贵族会谈，并在其将要接受的宪章上盖上了自己的印鉴。

《大宪章》以亨利一世所授予的早期宪章为基础，条款立即体现出了这一庄严文件的性质，以及人民借机表现出的不平，其重要条款如下：

第12条 除非得全民议事会之许可，否则王国之内不得征收免役税[①]与贡金。例外有三：即赎回本人身体之时、王长子受封骑士之时、王长女头婚出嫁之时，且以此为目的所收贡金数目应当合理；[②]……

第39条 除受同等地位之人或依照国之法律合法判决以外，不得对任何自由人采取扣留、监禁、剥夺财产、剥夺公权、放逐或以任何方式剥夺其地位等措施，也不能对其使用武力或派人对其使用武力。

第40条 不得向任何人出售、拒绝或拖延法定之权利或公正之判决。[③]

除了这些条款以外，还有一些条款废除了许多滥用的权力，并确认了城镇和不同阶层的自由人所具有的各种历史悠久的权利与特权。

贵族们对约翰的诚信没有信心，为确保其遵守宪章的规定，他们强迫他住进了伦敦塔，并任命24位贵族和伦敦市长为“王国自由的守护者”，如果国王违背自己的誓言，有权向国王宣战；如此小心翼翼地捍卫着英格兰自由的守护神——《大宪章》。

《大宪章》并未创造新的权力和特权，其要点仅仅是重申和确认已有的惯例与法律。约翰很快就违反了其中的规定，且其许多继任者也都对其置之不理；但是人民始终坚持把它作为自由的保证与守护，一次又一次地强迫暴君们重申和确认其条款，并庄严宣誓遵守所有的规定。

《大宪章》保障了全世界所有讲英语的民族继承宪法赋予的自由，其深远影响必定会一直被认为是热爱自由的人民从专制君主一方得到的最重要的让步。

311.下议院的源起（1265）

约翰的儿子兼继任者亨利三世统治时期（1216—1272），见证了英格兰宪政自由的第二个重要进程，就是下议院（House of Commons）的形成。当时的大议会（Great Council）由贵族和主教组成，又是君权的失当，导致了英格兰国民议会形式的巨大变化。正如利伯（Lieber）所言，自由往往都源于昏庸的国王，不过无须

---

① 免役税（scutage）是在个人兵役减免时需要支付的金钱。

② 约翰的继任者亨利三世也遵从本条款中关于税赋的规定，直到《大宪章》签署约100年后，只能通过议会向人民征税的大原则才得以完全建立。

③ Adams and Stephens，*Select Documents of English Constitutional History*（《英国宪政史文献选》，亚当斯、史蒂芬斯著）。

对其表达感谢。

亨利的残暴与其父相比，有过之而无不及。他违背了遵守《大宪章》规定的誓言，在王室中安置外籍宠臣，其专横统治激起所有阶层的愤怒。用一位同时代人的话来说，英格兰人“就像法老手下的以色列人一样”备受压迫。最后的结果是，贵族与人民一道发起了类似于约翰王统治时期的起义。

亨利三世

起义的领袖是率领第一次征讨阿里乌斯派的西蒙·德·蒙德福特的儿子西蒙伯爵（Earl Simon）。西蒙伯爵虽然是位外国人，但与亨利授予职位与头衔的诸多外国人大不相同。他同英格兰人一样，积极捍卫英格兰古老的法律与惯例。亨利承认他比害怕“世界上所有的电闪雷鸣”更害怕西蒙伯爵。

国王与自己人民之间的战争很快就打响了。1264年，在雷威斯战役（Battle of Lewes）中，国王的军队大败，亨利被俘。

西蒙伯爵此时所做之事，使其受到英格兰人民的永久感激。为了团结其所代表的各个阶层，他以国王的名义发布命令，召集除亨利国王追随者以外的贵族、主教和修道院院长到议会开会；同时发出类似的命令，指示不同郡县的行政司法长官“从其郡县体制内派遣两名骑士，再从其所辖的每个城镇或区市各派两名公民或市民”（详见第260条）。

虽然不同郡县的骑士发现出席国民大会非常烦琐，有几次派的是个人代表参加①，因此代表原则并非此时首次引入英格兰宪法，但这仍是首次无头衔的普通市民同贵族、主教、骑士一起参加国民大会，共商国是。②

1265年的这次会议，可以认定为下议院诞生的日子。参会人员的构成为骑士、市民和起初软弱而胆怯的普通群众代表，这一群体对上议院议员们大为敬畏，但却最终注定成长为不列颠议会（British Parliament）的掌权机构。

---

① 1254年，每个郡县有四位骑士作为代表参加大议会，而1261年是每个郡县三位骑士。

② 起初市民只能参与讨论税赋相关的问题，但逐渐开始获得讨论议会中所有事务的权力。议会下院的首次会议很有可能是同上议院议员一起在威斯敏斯特大厅（Westminster Hall）召开，只是他们单独计票。但很快，他们便在一个单独的房间里开会了。

爱德华一世

仅仅30年后的1295年，在爱德华一世统治时期，根据宪法定期召开会议，被称为“模范议会”（Model Parliament），因其成员构成而作为后期的议会典范。

312.征服威尔士（1272—1282）

罗马人从不列颠撤出700年后，威尔士的凯尔特部落依然在其山寨之中不断与撒克逊人、丹麦人和诺曼人这样的岛屿入侵者们斗争，被迫承认了一些撒克逊人和诺曼人国王的霸主地位。但他们是不安的封臣，经常不付贡金或拒绝效忠。

进入金雀花王朝之后，原有的斗争变得比以往任何时候都更加激烈。此时，正是威尔士的吟游诗人以激昂的爱国歌曲激发了人们进行坚定不移、英勇卓绝的斗争，以摆脱入侵者对其土地的控制，重获自由。歌曲的力量如行伍诗人提尔泰奥斯（Tyrtaeus）与斯巴达勇士（Spartan Warriors）故事的重演。凯尔特人爱国精神的将尽余烬被煽动出了燎原之势。在勇敢的首领斯诺顿勋爵（Lords of Snowdon）的带领下，所有的威尔士人都为摆脱英格兰国王的桎梏而努力。

当爱德华一世（1272—1307）登上英格兰的王位时，卢埃林三世（Llewellyn III）是威尔士诸首领中的霸主，拒绝效忠这位新国王。爱德华率领一支强大的军队向山寨发起进攻，很快就令反叛的诸侯投降。几年后（1282），威尔士的爱国者们再次武装起来，但是起义很快又被镇压了，卢埃林被杀。按照当时的野蛮习俗，他的头颅被悬于伦敦塔的门口示众。威尔士独立的最后余烬此时被扑灭了。[①]

有着坚固城墙又风景如画的城堡要塞，以康威（Conway）和卡那封（Carnarvon）尤为著名，爱德华建造或加固用以保卫被征服的土地，就像英格兰诺曼国王古老的瞭望塔一样，是近代威尔士旅行者最感兴趣的历史遗迹。

---

① 100多年后的1400年，民族英雄欧文·格伦道尔（Owen Glendower）领导了另一次起义，也被残酷镇压了。

爱德华对被征服的人民采取了安抚政策。然而，他似乎认为稍稍的口是心非一点也无伤大雅；因为根据传说他曾许诺给威尔士人民一位本地出生既不讲英语也不讲法语的君主，却将自己生于该次征战中的幼儿爱德华送入了威尔士卡那封城堡。不论传说是真是假，但几乎还是孩子的那位王子成为了威尔士的领主，封号“威尔士王子”（Prince of Wales）；从此以后，这一封号通常授予英格兰君主的长子。

卢埃林死后的两个世纪里，威尔士人都是英格兰不情不愿的臣民。后来发生了一件愉快的事情：威尔士的后裔继承了英格兰王位；因为都铎王朝的首任国王亨利·都铎（Henry Tudor），是威尔士骑士欧文·都铎的孙子。当古老的不列颠民族的君主再次在伦敦发号施令时，威尔士人从愠怒的臣民摇身一变成为了英格兰君权热情而忠诚的支持者。

313.苏格兰战争（1296—1328）

随着威尔士部落的降服，爱德华将注意力转向苏格兰；因为这位雄心勃勃的国王自其统治伊始便有此心愿：要将英格兰王室的权威覆盖整个不列颠岛。

从阿尔弗雷德国王的儿子爱德华时起，英格兰国王就断断续续地对苏格兰宣示宗主权。从诺曼国王、金雀花国王直到爱德华一世，都就英格兰的最高领主及苏格兰的附庸地位同苏格兰人争论不休。

此时，爱德华面前出现了一个机会可以让苏格兰完全认可其领主的权力。1285年，古凯尔特人的苏格兰首领世系没有了合法继任者。意欲填补空缺的人蜂拥而起，其中最主要的有隶属于苏格兰宫廷的罗伯特·布鲁斯（Robert Bruce）和约翰·巴利奥尔（John Balliol），均拥有尊贵的诺曼贵族血统。

爱德华被要求担任仲裁人，并决定谁来做国王。他同意仲裁，并在诺勒姆（Norham）会见了苏格兰的封建领主们；但在讨论此问题之前，他要求苏格兰贵族承认其最高领主的地位。鉴于此时爱德华的一支大军正从英格兰出发，苏格兰的首领们不得不承认其所宣称的主权，并效忠于这位最高领主。1292年，爱德华的特派员们决定支持巴利奥尔继位为苏格兰国王，此时他已经是被英格兰君主完全确认的封臣了。

巴利奥尔很快打破了他与爱德华之间的封建附庸关系，并寻求与法兰西国王结盟。在接下来的战争中，苏格兰被击败并于1296年作为被剥夺的封地再次回到爱德华手中。作为苏格兰王国走到了尽头的标志，爱德华把一块象征苏格兰王权的大石头运回了伦敦——这块石头被称为斯昆石（Stone of Scone），不知曾几何时，苏格兰的国王们便在这块石头上加冕，传说其为雅各（Jacob）在伯特利（Bethel）做枕头的那块石头[①]。斯昆石被带到威斯敏斯特教堂，并安放在一个庄严的宝座之下，时至今日，一直在英格兰国王的加冕典礼中使用。[②]

双方的统一并不长久。苏格兰人酷爱其古老的自由，而不愿安静地听命于其民族独立的破灭。在著名的亡命骑士威廉·华莱士爵士（Sir William Wallace）的启发和带领之下，所有的低地很快展开了坚决的反抗。这位爱国英雄主要从农民那里吸

爱德华三世入侵苏格兰

① 雅各（Jacob）是以色列十二支派的先祖。《圣经·创世记》中记载雅各为躲避其兄以扫（Esau）的怒气，前往哈兰（Haran），途径路斯（Luz）一地天色已暮，遂枕石而睡，梦见天梯，上帝重申了与其祖先的誓约，将其所卧之地赐予他和他的后人。雅各醒来便立所枕之石为柱，献祭于上帝，并命名此地为伯特利（Bethel），意为上帝之屋（House of God）。——译者注

② 据说关于这块石头曾有这样一个传说：

"命运不疏，无论此石现于何处，苏格兰人均应冕其王土。"当苏格兰的詹姆斯六世（James VI）成为英格兰的詹姆斯一世之时，这一预言应验了。"预言是否真的刻在了石头之上令人怀疑，尽管似乎有此暗示，而可能就刻在其下侧的明显凹槽里；但早在14世纪就已经被传播并相信的这一事实确认无疑。"——Dean Stanley, *Historical Memorials of Westminster Abbey*（《威斯敏斯特教堂的历史纪念物》，斯坦利教长著）。

收他的追随者。华莱士取得了一些成功[①]，但最终被叛徒出卖落入了爱德华的手中。1305年，华莱士以叛国罪被判处死刑，头颅戴着一顶桂冠，悬挂于伦敦桥上示众。华莱士具有爱国奉献、英雄业绩以及悲惨献身精神的传奇一生，很快将他推到了苏格兰民族英雄的高度并持续至今。

因华莱士倒下而减弱的斗争很快被几乎与其同样著名的英雄罗伯特·布鲁斯[②]再次掀起了。华莱士代表的是平民，而布鲁斯代表的是贵族。1314年，布鲁斯同爱德华二世[③]在斯特林桥附近打响了班诺克本战役（Battle of Bannockburn）。爱德华所带领的由一大批骑兵和步兵组成的军队几乎全军覆没。这是自哈罗德在黑斯廷斯那次令人难以忘怀的战败之后，降临在英格兰军队之上的最可怕灾难。

苏格兰的真正独立从班诺克本的伟大胜利就已经开始，但英格兰人又自负地打了14年的仗才承认其独立。最后，1328年，年轻的爱德华三世放弃了对苏格兰宣示主权，苏格兰的英雄布鲁斯成为国王，并开始同其他欧洲国家一样享有自主的权利。

爱德华未能最终征服苏格兰对英格兰人和苏格兰人所产生的影响，历史学家加德纳（Gardiner）评论如下："在道德上，两国都是最终的赢家。苏格兰人刚毅自立的性格明显要追溯到同强大邻国战斗的年代。所谓塞翁失马，焉知非福，任何国家都不能在不危害自身的情况下控制他国自由。"

苏格兰在班诺克本战役之后所获得的独立持续了近3个世纪，其中的大部分时间，这两位邻居都争吵不休。直到1603年，苏格兰的詹姆斯六世和平地成为英格兰和苏格兰共同的国王，称詹姆斯一世，缔造了斯图亚特王朝（Stuart Dynasty）。

（二）百年战争（1338—1453）

314.战争的起因

英格兰和法兰西之间漫长的消耗战被称为"百年战争"，是历史上最为重大的事件之一，对两国均产生了重大而深远的影响，使之在中世纪末期占据了突出位

---

① 在1297年的斯特林桥战役（Battle of Stirling）中取得了显著的胜利。

② 其为前面提及的罗伯特·布鲁斯之孙。

③ 1307年，爱德华一世在征讨苏格兰的途中去世。他是英格兰国王中最有能力且最受爱戴的国王之一。他改善了国家的法律，并在司法、行政方面取得了巨大而有益的改变，因而赢得了"英格兰的查士丁尼"的称号。

置。弗里曼把百年战争比作古希腊的伯罗奔尼撒战争（Peloponnesian War）[①]；而哈勒姆表示，自罗马帝国崩溃以后，欧洲国家没有哪场战争“如爱德华三世及其继任者对抗法兰西的战争那样令人如此难忘，无论战事的持续时间、作战对象、战争等级还是战争类型。”

英格兰同苏格兰的战争是此次战争的导火索之一。在这场斗争中，法兰西作为英格兰的老牌劲敌，一直在向苏格兰人提供援助和鼓励。当时英格兰在法兰西的属地成为双方持续争夺的焦点，因其表明英格兰国王应效忠于法兰西国王并尊其为最高领主；贸易方面的妒羡也是导致相互敌对的原因。

此外，卡佩王朝的最后一位直系国王查理四世去世，爱德华三世声称其母为美男子腓力[②]的女儿，因此他有权继承法兰西王位。他的主张被搁置，因为法兰西贵族们更青睐瓦卢瓦的腓力（Philip of Valois），并助其登上王位，成为了瓦卢瓦王朝的首位皇帝；尽管如此，战争开始后不久，爱德华就篡夺了法兰西的军队和国王头衔。

315.克雷西会战（1346）

百年战争中的第一场大战是著名的克雷西会战（Battle of Crecy）。爱德华率领主要由英格兰弓箭手组成的大军，长驱直入，攻城略地，直到在克雷西遭遇追击的法兰西军队才最终停下来，并在此大败法军。被誉为“法兰西骑士之花”的12000名骑士，加之数千步兵战死。

克雷西会战之所以重要，主要是因为封建制度和骑士制度遭到了致命一击。除此之外，还有以下几个原因：此役中，英格兰自耕农的表现优于法兰西的骑士。格林写道：“英格兰在班诺克本得到的教训，在克雷西会战中教给了全世界。整个中世纪的社会和政治结构都依赖于军事基础，而此基础被突然撤出。农民打垮了贵族；在无比艰难的战斗中，弓箭手是骑士无法匹敌的。从克雷西会战之后，封建制度慢慢地、稳稳地走向了坟墓。”此后，世界上的战役想要获胜，就不能再依靠手

① 伯罗奔尼撒战争（Peloponnesian War）是以古希腊雅典（Athens）为首的提洛同盟（Delian League）与以斯巴达（Sparta）为首的伯罗奔尼撒联盟（Peloponnesian League）之间进行的一场战争。历史学家常把这一战争划分为三个阶段，从公元前431年一直持续到公元前404年，期间几度停战，战争以雅典一方战败而告终。古希腊从此由盛转衰。——译者注

② 美男子腓力（Philip the Fair）即腓力四世（Philip IV），在位时间为1285年—1314年。——译者注

持战斧和长矛、身披铠甲的骑士，而是靠手持弓箭与火枪的普通步兵了。

克雷西会战

316.围攻加来（1346—1347）

爱德华在克雷西会战获胜后，掉转马头围攻英吉利海峡的重要港口加来（Calais），因其长期派出海盗船袭扰英格兰的商业。一年的围困之后，该城因粮绝而落入英格兰人手中。

占领加来对英格兰来说是极为重要的事件，因为这样一来，他们便控制了海峡的贸易，而且为其入侵大军提供了便捷的登陆地。法兰西居民被赶出城外，居之以英格兰移民。百年战争结束后的一个多世纪里，加来港依然由英格兰人控制，直到玛丽一世（Queen Mary）统治时期。

317.黑死病（1347—1349）

就在此时，被称为黑死病（Black Death）的可怕瘟疫降临欧洲。瘟疫经由地中海的贸易路线从东部传入欧洲，并在几年时间里从南方国家蔓延至整个大陆。拥挤的城镇不洁的卫生状况和贫穷阶层悲惨的生活方式，无疑大大地增强了它的致病性。

在许多地方，几乎所有的人都成为这场灾祸的受害者。在英格兰的布里斯托尔市（Bristol），一位编年史家写道："几乎整个城市都死去了。"一些村庄空无一人；许多修道院也几乎空置；人们看到空无一人的船只在地中海和波罗的海上飘荡。尸横遍野却无人收殓而腐于田间；牛羊无人看管而四处游荡。据估计，欧洲损失了1/3到1/2的人口。一位研究此次瘟疫的历史学家海克尔（Hecker）估计，遇难者总人数在2500万左右。这是人类遭受过的最可怕的灾难①。

黑死病惨状

此次欧洲人口史无前例的减少对其宗教、社会和经济都有着极为重要的影响（详见第320条）。

318.普瓦捷战役（1356）

可怕的灾祸使得争斗的国家暂时忘却了纷争，但欧洲大陆刚一有清新的空气拂过，他们就再次投入战争，旧的争斗又生出了新的渴望。

爱德华计划两路侵袭法兰西。他亲自率一队人马穿过已经荒废的北方省份，而以其身披铠甲的颜色而得名"黑太子"（Black Prince）的王长子率另一队人马掠夺繁荣富裕的南方土地。当黑太子率8000人马，装载战利品，准备打道回府时，归

① 在这一灾难可怕侵袭带来的恐惧和鼓动之下，宗教忏悔者们想用不同寻常的苦行转移对天堂的愤怒，他们列队行进，鞭挞周身，因而被称为自笞者（flagellants）。此种宗教狂热在德意志的表现最为突出。

途却被腓力国王的继任者约翰的5万法兰西大军阻截于普瓦捷。随之而来的战斗对法兰西来说就是第二次克雷西会战：英格兰弓箭手的弓箭给战场上的法兰西士兵带去了致命的恐慌，死伤数千。国王约翰二世及其子腓力被俘，但得益于黑太子的良好声望，二人在军帐中受到了贵宾般的待遇。

319.《布雷蒂尼和约》（1360）

约翰在英格兰被囚禁了3年，在此期间，法兰西再次被英格兰入侵，而国内的农民因不堪连年战乱的蹂躏与负累而陷入绝望，遂揭竿而起。最后，通过签订《布雷蒂尼和约》（Treaty of Brétigny），法兰西国王以巨额赎金换得自由，并承诺不再企图煽动苏格兰对抗英格兰。和约还规定，爱德华拥有阿基坦公国和其他一些省份，但并非作为法兰西国王赐予的封地，而是拥有全部的主权。作为约翰放弃煽动苏格兰许诺的回报，爱德华同意停止策划佛兰德人反抗法兰西的活动。

320.农民起义（1381）

《布雷蒂尼和约》签订之后半个世纪的大部分时间里，双方实际上处于停战状态。在此期间，英格兰历史上最重要的事件是农民起义（Peasants' Revolt）。

农民们的第一个怨愤来自他们同领主之间的关系。许多以前的农奴已经用抵偿金换取了他们所欠领主的个人劳役（详见第145条），因而摆脱了农奴制度的束缚。他们现在是等待雇佣的自由劳动者。黑死病引起的雇工费用上升导致领主们悔于先前同农奴所做的交易，因为此前所付的抵偿金此时已经无法支付农奴原应付出的劳役了。领主们企图通过立法来挽回先前所做的蚀本生意。他们通过议会制定了一项法律，被称为“1351年劳工法令”（Statute of Laborers 1351），规定任何无业的劳动者如若拒绝按瘟疫之前的费用接受雇佣属于轻罪。实施这项法令的尝试引起了许多不满和麻烦。

这项法令导致仍然在农奴制度中生活的人们生存环境更为艰苦，此为这一大阶层的第二个怨愤。起义军领袖的话语中流露出了控诉的重点：“他们凭什么奴役我们？难道我们不都是亚当和夏娃的后裔吗？那他们有什么理由做我们的主人，而我们自己却不是自己的主人呢？”

农民的第三个怨愤是为了满足征讨法兰西的开支开征了一项极重的人头税，无论贫富，都没有例外，这似乎是起义的直接原因。

起义于1381年猛烈爆发。英格兰全境的农民揭竿而起，成群结队地向伦敦进发。他们最著名的领袖是瓦特·泰勒（Wat Tyler）、杰克·斯特劳（Jack Straw）和约翰·鲍尔（John Ball），所提要求的本质就是废除英格兰的农奴制。

到处都是骚乱与暴力。修道院和封地庄园被洗劫，证明农民奴隶身份的契券被焚毁。

起义的结果几乎都一样，就是叛乱分子作鸟兽散，而其首领则被残酷地处死。

然而起义终究是成功的。因为担忧再次发生起义，加之愠怒的劳动者效率低下，在不情愿的情况下，加速了很早就已经开展的抵偿金赎买农奴的个人劳役。起义结束100年后，英格兰几乎已经找不到农奴。

废除农奴制是英格兰人民民族化的重要一步，它扫除了阶级之间的人为障碍，加速了英格兰社会的统一以及真正的英格兰民族的建立。

321.阿金库尔战役（1415）

英格兰在兰开斯特王朝的第二位君主亨利五世统治期间，法兰西却不幸地出现了一位疯子国王查理六世；法兰西在此情况下自然陷入混乱，亨利借机率大军入侵。因疾病损失了一大批追随者后，亨利带着主要由弓箭手组成的10000人马终于

阿金库尔战役

在阿金库尔（Agincourt）战场上同法兰西强大的5万封建军队遭遇[①]。法兰西经历了最羞耻的一次惨败，惨重的损失同克雷西会战一样，而其主要问题在于骑士制度。

5年后，《特鲁瓦条约》（Treaty of Troyes）签订，根据其条款，法兰西国王查理六世去世后，王位将交给英格兰国王。

322.圣女贞德（1429）

但是法兰西人民的爱国主义情怀并没有完全消减。很多人认为《特鲁瓦条约》的让步不仅软弱与可耻，而且对法兰西王太子（详见第341条，Dauphin）查理不公，因为他因此而被剥夺了王位继承权，所以拒绝履约。当可怜的疯子国王去世后，该条约的条款不能被充分执行，于是硝烟再起。

圣女贞德

被法兰西党派支持的本国王子，被拥戴为查理七世，他最终被逼上了绝境。该国的大部分地区都掌握在英格兰人手里，他们于1428年将重镇奥尔良（Orleans）围得水泄不通。

但这一切都是黎明前的黑暗，备受苦痛折磨的国家即将迎来美好的明天。一位不可思议的拯救者此时出现了，就是著名的圣女贞德（Joan of Arc）。这个年轻的乡下女孩，想象着自己国家所承受的不公与苦难，似乎看到了幻象并听到了声音，命令她担起拯救法兰西的重任。于是她遵守了上天的旨意。

热情而冲动的法兰西民族无比快速地回应她的呼吁，就如当年被十字军鼓动者的呼声所激发起来的一样。此时，宗教热情完成了爱国主义所不能完成的事情。

少女被一些人拒绝，但却被其大部分国人认作天国的信使，在这片国土上燃起了无人能敌的热情之火。她赋予了颓废的法兰西士兵以新的勇气，迫使英格兰解除了对奥尔良的围攻，因此功绩而被誉为“奥尔良少女”（Maid of Orleans），并迅速促成查理于1429年在兰斯（Rheims）加冕。不久之后，她落入了英格兰人的手里，被教会法官以巫术和异端审判，并被判处火刑。1431年，她在鲁昂（Rouen）殉难。

① 近代数据预计此次战役的双方军力为，英格兰6000至9000人，法兰西12000至36000人。——译者注

但圣女的精神已经注入了法兰西民族。此后，尽管战争仍然漫长，但却不断地向有利于法兰西的方向发展。英格兰人一点一点地被赶出了其所征服的土地，也被从其南方的加斯科尼（Gascon）赶了出来，直到最后只剩下了加来这一片立足之地。

因此，正是在君士坦丁堡被奥斯曼人攻陷的1453年，百年战争结束了。

323.百年战争对英格兰的影响

这场旷日持久的战争对英格兰造成的损害要小于对法兰西的损害，因为后者是交战双方的战场；因此，当其庄稼被践踏、村庄被军队洗劫和焚烧的时候，英格兰的田野城镇却未遭受战争的创伤。

英格兰让其失控的贵族走出国门也是不小的优势。这一不安因素被调动到国外，使得国内异常安定。然而，即便如此，战争岁月对英格兰人来说也是连年的焦虑、重负与苦难。

但此次战争长远而重要的影响就是议会下院势力的增强与民族精神的觉醒。维持旷日持久的战争所需的高额人力与财力使得英格兰国王比以往任何时候都更依赖人民的代表，因为政府开支款项需要他们根据国王权力滥用的改正或对他们特权的确认而小心翼翼地批准。因此，此次战争使得国会下院在英格兰政府中得以掌握实权。

此外，所有阶层都同样参战，因而平民和贵族都受此鼓舞并关注其结果，克雷西会战、普瓦捷战役和阿金库尔战役唤醒了民族自豪感，使得社会中的不同元素紧密地团结在一起。诺曼人和英格兰人为相同的事业而奋战，为相似的情感和悲悯而动容，被同一种爱国热情融合成了一个民族。标志着英格兰真正民族生活的开始。

（三）玫瑰战争（1455—1485）

324.导言

玫瑰战争是英格兰王室的两个敌对旁系约克家族和兰开斯特家族之间漫长而可耻的私斗。争斗以此为名是因为约克家族的徽章是一朵白玫瑰，而兰开斯特家族的徽章则是一朵红玫瑰。

325.立王者沃里克伯爵

在这一代人的动荡期间，最重要的人物就是伟大的沃里克伯爵（Earl of

Warwick）。起初他为约克家族效力，后来又转投兰开斯特家族，其权威影响为他赢得了“立王者”（King-maker）的称号。自从戈德温伯爵之后，贵族中貌似没有人再像他一样受人钦佩与爱戴了。据说有3万人生活在他各地的庄园里。当他在国内出行时，数百仆人随行，均着他的制服与徽章。

沃里克伯爵在巴内特战役（Battle of Barnet）中阵亡。他常被称为“最后的贵族”，也许可以恰当地视其为英格兰封建贵族最后一位杰出的代表，因为这场不幸的斗争几乎彻底毁灭了他所属的骄傲的贵族阶层。

326.玫瑰战争中的主要战役

三大战役可以作为此次战争的标志：第一次圣奥尔本斯战役（First Battle of St.Albans，1455）、陶顿战役（Battle of Towton Field，1461）和博斯沃思战役（Battle of Bosworth Field，1485）。第一个标志着斗争的开始，第二个是自黑斯廷斯战役之后英格兰最惨烈的战斗，第三个标志着战争的结束。在这场战役中，约克家族的最后一位国王理查三世[①]被里士满伯爵（Earl of Richmond）亨利·都铎斩于马下，并用理查头上掉落的王冠在战场上直接加冕并被拥立为国王亨利七世。就此开启了都铎王朝。

玫瑰战争

① 据说他就是为了获得王位而在伦敦塔内谋杀了他的两个侄子（1483）的理查。

327.玫瑰战争的影响

玫瑰战争的第一个重要结果是英格兰贵族阶级的覆灭。有一半贵族死于非命。那些幸存的也已破产，因其地产在斗争中已经荒芜或是被迫充公。没有一个大家族依然保留着昔日的财富与影响。玫瑰战争标志着英格兰封建制度的最终瓦解。

斗争的第二个结果衍生自第一个，就是贵族的覆灭给英格兰的自由带来了巨大威胁。迫使约翰王签署了《大宪章》以及约束他和他的继任者不会进行绝对的君主专制统治的主要力量来源于贵族。此时，曾经骄傲而强大的贵族毁灭了，而其充公的地产加强了国王的影响力和任免权，使得国王不再良性地畏惧于议会，因为下院仍然软弱怯懦，只能俯首听命，因此国王变得不可一世的压迫与专制，例如，未经议会同意而提高税收，并未经正当法律程序监禁和处决他人。在玫瑰战争之后的一百年中，英格兰政府是一个绝对而非有限的君主制度。总之，贵族阶层的覆灭建立了君主专制，直到17世纪人民发起革命推翻了斯图亚特王朝，才恢复了所失去的自由。

（四）英语语言文学的发展

328.语言

从诺曼征服到14世纪中叶，英格兰有三种语言在使用：诺曼法语（Norman French），一种完全不同于纯正巴黎法语（Parisian French）的方言，是征服者的语言与纯文学用语；撒克逊语，或古英语（Old English），是被征服人民的语言；而拉丁语则是法律条文、审判记录、教会礼拜和学术著作的语言。

近代英语（Modern English）是一种经过使用而损益与改进的古撒克逊语，并注入大量诺曼法语与少量拉丁语和其他语言的词汇而丰富起来。14世纪中叶的1362年，近代英语在法庭文书方面取代了诺曼法语[①]。此时，该语言分裂成了多种方言，而“国王英语”（King’s English）这一表达指代的就是国家文件和法庭文书中所使用的标准形式。

329.诺曼征服对英语文学的影响

黑斯廷斯战役打击了哈罗德国王及其英勇的领主们，使得英语文学的声音沉默了一个世纪之久。征服者的语言成为宫廷、贵族和神职人员用语；而被鄙视的英格

① Adams and Stephens，*Select Documents of English Constitutional History*（《英国宪政史文献选》，亚当斯、史蒂芬斯著），p.128。

兰人的语言就像他们自己一样，被从各个荣誉之地排挤出来。但是，几代人之后，被蹂躏的民族开始重申自己的权利。英格兰文学从默默无闻中崭露头角，用语有了某种改变，但毋庸置疑仍是同一种语言，重新开始了一度中断了的早晚读经课与诗歌。

330.乔叟（1340？—1400）

杰弗雷·乔叟的地位比其他任何早期英格兰作家都要高，居使用英语的民族的伟大诗人之首，或许才华仅次于莎士比亚（Shakespeare），且被虔诚地称为“英国诗歌之父”。

乔叟

乔叟处于中世纪和近代这两个时代之间。他不仅受到即将逝去时代的封建制度的影响，还受到新时代初现端倪的学识与自由的影响。由于他对这些不同的影响极为敏感，因而在写作中能够真实地反映周围事物，成为其所处时代的珍贵诠释。

乔叟最伟大也是最重要的作品是《坎特伯雷故事集》。诗人将自己描绘为去坎特伯雷大教堂的托马斯·贝克特墓朝圣的一行人中的一位（详见第308条）。32人分别代表了英格兰社会中产阶级的几乎各个职位与身份。其中有一位骑士、一位修女、一位修道士、一位商人、一位神职人员、一位卖赎罪券者、一位厨师、一位农夫、一位乡绅、几位富有的商人和其他各种人。

朝圣者认为“要是像石头一样不开口，那么路上就什么消遣也没有。”因此，为了缓解旅行的沉闷，安排好每人轮流给大家讲故事消遣，来回途中各两个。大约20个完成了的故事，加上一篇描述不同成员特征的序言，构成了这部作品。序言是作品中最有价值的部分。它就像一个画廊，忠实地展示了14世纪英国人的肖像。

通常，诗人神来之笔写下的一行文字，就能意外地展示出那个时代的风俗、观念或惯例。因此，乔叟展现出身披铠甲的“温文骑士”，“远征后刚乘船归来”，因此得知，骑士制度仍然存在；他讲述女修道院院长“谦和而纯真”，说“斯特拉特福”的法语，“巴黎的法语她从未听到”，因而了解到不列颠岛上的诺曼法语同法兰西首都使用的法语颇不相同；并进一步描述，她“手指不会蘸到调味汁里面”，并且“她的上唇总是擦得很干净，所以杯沿没一点油腻的唇印”；由此推断出当时的餐桌上还没使用刀叉，而且是一个杯子一桌子人轮流使用。另外，当诗人提到修道士时写道，“马厩中颇多骏马”及“他养着同鸟一样飞快的猎狗”；由此发现乔叟时代的神职人员也有狩猎的习惯；当他介绍“医生”时，说他“有星相学方面的根底”，便得知占星术仍然统治着医学学科；当他描述卖赎罪券者的行囊中“满是刚从罗马带来的赎罪券”[①]，可以想到这是赎罪券的时代。

331.威廉·兰格伦

和蔼的乔叟向人们展示了英格兰社会和生活中令人愉快、迷人的一面；同时期的另一位作家威廉·兰格伦（William Langland），在一首名为《农夫皮尔斯》（*Vision of Piers the Plowman*，1362）的诗中，却揭示了贫苦、压迫的世界。

这首诗同情饥饿、劳苦的农民，注定终日疲惫而绝望地生活，被高傲的贵族鄙视，被无耻的教士掠夺。与法兰西的长期战争已经使国家士气低落；黑死病毁了这些缺吃少穿、身居寒舍的穷人的收获。对既得利益阶层偶尔爆发出的愤怒便是山雨欲来风满楼，世俗世界中迸发为农民起义的怒火，在后来的宗教世界里转化为宗教改革的剧变。

332.约翰·威克里夫（1324—1384）和罗拉德派

这个时期首屈一指的改革者兼宗教作家是约翰·威克里夫（John Wycliffe），他被称为“宗教改革的晨星”。这位大胆的改革者首先抨击了教会的很多做法，之后又批评某些教义。他首次将足本《圣经》用英语翻译给英格兰人[②]。当时还没有印刷厂可以将译本印刷发行，而是以手抄本的形式广为流传与阅读。其影响巨大，且该版本《圣经》的面世可以视为英格兰宗教改革的开端。

威克里夫在有生之年未能逃过迫害，而且他的遗骨都不得安宁。敌人斥责他教唆农民反叛，这让许多人视其为危险的煽动者。在1415年康斯坦茨宗教会议上，像胡斯和耶罗米（Huss and Jerome，详见第367条）一样被判处火刑，宣称其教义为异端，命令将其尸体从坟墓中挖出焚烧。焚烧之后的骨灰扬在了旁边的斯威夫特（Swift）溪水中。用老教会作家托马斯·富勒（Thomas Fuller）的话说：“这条小溪将他的骨灰送入埃文河（Avon），埃文河流入塞文河（Severn），塞文河注入海峡（Narrow Seas），海峡汇入大洋；威克里夫的骨灰象征着他的教义，此时业已传遍世界各地。”

威克里夫的追随者被称为“罗拉德派”（Lollards），即“胡言乱语之人”，

---

① 本条目内引号中的内容是乔叟作品的原文，译文出处：《坎特伯雷故事集》，黄杲炘译，上海译文出版社，2007.7，pp. 4，6，7，8，16，26，29。——译者注

② 关于盎格鲁-撒克逊和威克里夫之前的《圣经》节本英译情况，详见第326页。

用以嘲笑他们。其宗教观点被认定为谬误或异端；当时的异端至少被当权者憎恨和惧怕。1401年，议会通过了一项法案被称为打击异教徒的火刑法令（*Statute for the Burning of Heretics*），使民事官员有权将教会法庭判决为异端之人“置于高台，火刑焚烧致死，以儆效尤”。

在该法颁布之前，英格兰的异教徒也有受火刑的先例，但此时议会首次通过特别法案规定以此形式惩治宗教异见之士，揭开了英格兰历史的悲惨一页。依此法规，许多人只是讲授或持有与教会不同的观点而被烧死在火刑柱上。

333.卡克斯顿和印刷机

威廉·卡克斯顿（William Caxton，1412—1491）在15世纪末将印刷术引入不列颠，极大地促进了16世纪里将英格兰改头换面的宗教改革。其印刷厂出版的第一部作品叫《国际象棋对局与招法》（*Game of Chess*，1474年）[①]。除了各种拉丁语和法语作品，他还印刷了乔叟的《坎特伯雷故事集》及当时以英语形式存在的几乎所有其他值得印制的东西。

社会各个阶层对卡克斯顿印刷厂所出书籍的购买和阅读欲望表明公众心智更加活跃，思维更为缜密。显然，充满智识和道德革命的新日子在阿尔弗雷德和威克里夫奋斗过的土地上正在到来。

第二节　法兰西

334.法兰西王国的开端

法兰西单独的历史可以从公元843年《凡尔登条约》三分查理大帝的帝国开始，由加洛林家族（详见第七章）行使王权。

---

① 1474年印刷出版的这本《国际象棋对局与招法》（*The Game and Playe of the Chesse*），曾一度被认为是英文的第一本印刷书籍，但现今普遍认为，拉乌尔弗尔（Raoul Lefèvre）所著的《特洛伊史回顾》（*Recuyell of the Historyes of Troye*）被卡克斯顿翻译成英文，并在1473或1474年印刷出版，早于文中所述《国际象棋对局与招法》，因此，《特洛伊史回顾》才是第一本印刷出版的英文书籍，该书现存18本。——译者注

在10世纪末的公元987年，卡佩家族得到了王位。卡佩王朝的直系统治持续到1328年，然后由旁系瓦卢瓦家族接掌权力，并持续到1589年波旁王朝的首位皇帝亨利四世登基。

此处，注意力应该转向中世纪时期最为著名的卡佩王朝诸王身上，简要地讲述他们的统治时期内最为重要的历史事件，尤其要强调逐渐巩固法兰西君主制度并增进人民民族感情的事件。

（一）卡佩王朝直系统治下的法兰西（987—1328）

335.总述

卡佩王朝得名于首位法兰西公爵（Duke of Francia）雨果·卡佩（Hugh Capet），共有14位直系国王，统治期达341年之久。①

雨果·卡佩

首位卡佩王朝的国王与自己的封臣诸公爵、伯爵没有太多的不同，不过是在名号上更尊贵一点而已；他的势力几乎不比那些效忠于他的领主大多少。

但通过没收、征服与联姻，一个又一个的封建领地被并入王室，直到最后，法兰西王国的大部分土地都由国王直接统治。在中世纪结束前，法兰西已经成

① 卡佩王朝诸王表（直系）：

雨果·卡佩（Hugh Capet）	987—996	路易八世（狮子王）（Louis VIII，the Lion）	1223—1226
罗贝尔二世（虔诚者）（Robert II，the Pious）	996—1031	路易九世（圣王）（Louis IX，the Sain）	1226—1270
亨利一世（Henry I）	1031—1060	腓力三世（勇敢者）（Philip III，the Bold）	1270—1285
腓力一世（Philip I）	1060—1108	腓力四世（美男子）（Philip IV，the Fair）	1285—1314
路易六世（胖子）（Louis VI，the Fat）	1108—1137	路易十世（吵架王）（Louis X，le Hutin）	1314—1316
路易七世（年轻人）（Louis VII，the Young）	1137—1180	腓力五世（高个子）（Philip V，the Tall）	1316—1322
腓力二世（奥古斯都）（Philip II，Augustus）	1180—1223	查理四世（美男子）（Charles IV，the Fair）	1322—1328

为欧洲最强固有力的王国之一了。以牺牲大封君和教会的势力为代价，各种各样的事件和形势共同打造了国王的权力。

然而这里应该指出的是，从公元987年雨果・卡佩获得王位到1314年美男子腓力四世去世，诸王均有子嗣可以继承王位，没有什么比这对加强君主制度更为有利的因素了。300多年里，王位都是父死子继，没有任何继任纠纷使得君主制度在权力与威望方面稳步增长。

从法兰西王国发展的角度看，卡佩王朝早期最重要的事件有：吞并了英格兰在法兰西的大部分领地、十字军东征、第三等级跻身国民大会、圣殿骑士制度的废除。

336.吞并英格兰在法兰西的领地

在英格兰发展进程的概述中，讲到早期的安茹国王在法兰西的广阔领地，也讲述了因约翰王的不当行为而失去了大部分的封地，而被他的封君法兰西国王腓力・奥古斯都所没收充公（详见第309条）。法兰西国王吞并了这些繁荣的大省，大大增强了自己的权势，从而轻而易举超过了任何大封臣。

337.法兰西与十字军东征

卡佩王朝的时代就是十字军东征的时代。搅动整个基督教世界的这些传奇远征，尤其吸引了富有激情与想象力的高卢民族。三位卡佩王朝的国王，路易七世、腓力・奥古斯都和路易九世，都是东征十字军的领袖。说法语的人在第一次十字军东征时占据主导地位，导致东部诸民族称所有的十字军为法兰克人，即便到了现在（20世纪初），所有东部的人不管见到哪国的欧洲人，都还称之为法兰克人。

十字军东征对法兰西君主制度的影响尤其需要注意。东征大大地削弱了封建贵族的势力和影响，并相应地加强了国王的权力与尊严，使得权力从贵族转移到了国王手中（详见第223条）。同时，十字军对阿比尔派的征战将这一异端几乎全部铲除，并最终将异教徒的庇护者图卢兹伯爵先前占有的富饶土地吞并。

338.第三等级跻身国民大会（1302）

卡佩王朝时期最重要的政治事件是在美男子腓力统治时期，城镇代表跻身于国民大会。

这一事件在法兰西历史上相当于英格兰议会下议院的创立（详见第311条）。

然而，两个大会的大众机构参与到公共事务管理中的背景情况却截然不同。在英格兰，是贵族在同专制国王的斗争中寻求人民的帮助；而在法兰西，则是国王在同教廷的纷争中召集市民协助。实际上，无论是贵族还是国王设法寻求平民百姓的帮助，都表明两国中产阶级政治地位的提升，并开始把持着手中的权力天平。

腓力与教皇之间掀起了关于法兰西教会的管理和收入的争斗。为了集全国各阶层之力支持自己，腓力于1302年召开了国民大会，并邀请市民或城镇居民代表参加。

该大会此前一直由贵族和神职人员两个阶层构成，此时增加了所谓的“第三等级”，此后大会便被称为三级会议或议会。第三等级在国民大会之外而不是之内日益壮大，其实表明了教会、贵族和君主的权力都在走下坡路，正如英格兰的神职人员、贵族和国王都屈服于下议院一样。

但在这两种情况中，存在着如下差异：英格兰权力的转移大部分是受制度与法律上逐渐且及时的改革的影响；而在法兰西，此种改革却久久无法开展，最终在威胁到国家存亡的混乱与恐怖中得以完成。

339.废除圣殿骑士制度（1307）

美男子腓力废除圣殿骑士制度在某种程度上相当于亨利八世在16世纪压制英格兰的修道院。

圣殿骑士团这一宗教军事组织的起源已在十字军东征部分讲述（详见第200条）。在圣战中的贡献使骑士团获得了教会的赠予和国王的嘉奖，因而获得了巨额的财富和罕有的特权。他们在欧洲的不同国家拥有估计9000到10000座庄园及城堡，绝大多数位于法兰西。但财富和权力的累积明显伴随着道德和虔诚的滑坡。在所有事件中，最不可思议的传闻说骑士团内部有一个邪恶而渎神的秘密仪式，而且传播甚广。其罪行被宣布为“惑古乱今”。

腓力决心借此良机铲除骑士团。毫无疑问，他被多种动机所驱使。首先，他不喜欢骑士团的隐秘角色，因其成员认为自己隶属于教皇而非法兰西国王，进而成为建立统一国家道路上的绊脚石。其次，他可能担心骑士团效仿条顿骑士团在法兰西建立一个独立的公国，因为他们在朗格多克的影响力很大。再次，对金钱的极度渴望导致他垂涎于骑士团的财富；毫无疑问，导致骑士团毁灭的原因不是其罪恶而是其财富。

打击突然而至。在预定好的1307年10月13日，整个王国的骑士团首领都被抓捕，其中很多人后来被以各种罪名处死，包括异端、叛教转信伊斯兰教以及唾弃十字架。

一些被告承认有罪，却是在宗教裁判所的酷刑之下屈打成招，称在他们的某些秘密仪式上的确有向十字架吐唾沫的行为，但解释说此举是象征性地“模仿和纪念三次否认基督的圣彼得”。但很明显，这一行为的象征意义已被淡忘，而有时表现的无礼而轻率。然而，对整个骑士团的指控是荒谬的，并且定罪的证据也是莫须有的。①

圣殿骑士团的这一重罪给腓力带来了巨额财富。除了其从骑士团借取的巨额债务不需偿还之外，他还获得了他们数额巨大的个人财产，以及他们在法兰西境内的所有庄园与房产——尽管这些地产后来又落入了善堂骑士团之手。因此，腓力得到的财富极大地增强了国王的权力和地位，就像英格兰的亨利八世没收了他所压制的修道院的财产一样；他成功地瓦解了这样一个强大的组织，激起了人们对王室的普遍敬畏与尊重。

（二）瓦卢瓦王朝统治下的法兰西（1328—1498）

340.总述

瓦卢瓦家族②是卡佩家族的一个旁支，1328年继承王位，统治时期包括了中世纪的剩余时间并延续至近代。

这个时期的法兰西历史关注的重点在于英格兰与法兰西之间被称为“百年战争”的持久争斗，它实际上持续了115年，占了中世纪瓦卢瓦王朝的大部分时期。百年战争的原因与事件已经讲述（详见第314-323条），此处只讨论战争对法兰西人民和王国的影响。

---

① 完全在腓力的影响下，首位阿维尼翁教皇克莱门特五世于1312年正式取缔了圣殿骑士团。

② 中世纪瓦卢瓦王朝国王的名字见下表：

腓力六世（Philip VI）	1328—1350
约翰（好人）（John，the Good）	1350—1364
查理五世（智者）（Charles V，the Wise）	1364—1380
查理六世（深受爱戴之人）（Charles VI，the Well-Beloved）	1380—1422
查理七世（胜利者）（Charles VII，the Victorious）	1422—1461
路易十一世（Louis XI）	1461—1483
查理八世（善人）（Charles VIII，the Affable）	1483—1498

341.百年战争对法兰西的影响

百年战争对法兰西的影响之一是克雷西战役、普瓦捷会战和阿金库尔战役的连续打击几乎使得法兰西封建贵族彻底屈服，到了土崩瓦解的边缘；贵族阶层的毁灭在很大程度上助长了国王的势力；最后，共同的爱国热情唤醒了民族感情，并将国内分裂的地区团结在了一起。

总体来讲，战争结束之时，法兰西的封建制度已经终结，而且很大程度上是由于这场战争，法兰西不仅成为了一个强大的君主国，也成为了一个伟大的民族国家。①

342.路易十一世与勃艮第的大胆查理

法兰西君主制的基础由不择手段的路易十一世（1461—1483）大大地巩固与加强，他在狡猾和欺骗方面就是完美的尤利西斯（Ulysses）②。他的座右铭是“不懂

查理十一世与大胆查理

① 在这段混乱的时期内，许多封地被国王非法占有，另一些被国王合理剥夺。国王还通过购买不属于国王的封地进一步扩大皇家领地。因此，1349年，维埃纳伯爵亨伯特二世（Humbert II，count of Vienne）将罗讷河下游的重要省份多菲内（Dauphine）以12万弗罗林金币的价格卖给了腓力六世。成交的条件之一就是法兰西国王的长子的名号应为多芬（Dauphin），此后便成为法兰西王储的称呼了。

② 罗马神话传说中的尤利西斯，即为希腊神话传说中的奥德修斯（Odysseus）。特洛伊战争中，奥德修斯献木马计，使得希腊军队里应外合，一举攻入特洛伊城，破解了十年困局。他英勇善战、足智多谋，但后来的作品经常将其描绘成一个虚伪、狡诈之人。——译者注

得翻云覆雨，便不懂得如何君临天下”。因其不知疲倦、铁石心肠地织就巧妙的策略之网，因而被称为“万能蜘蛛”（universal spider）。他将仍拥有权势的封建大领主一个接一个地消灭，并将其封地据为己有。

在所有被路易以此手段消灭的封建贵族中，最著名且强大的要属勃艮第公爵大胆查理（Charles the Bold）。查理努力地将许多小封建邦国及半独立的区和城市打造成为德意志与法兰西中间的一个王国。如果他的努力获得成功，那么就相当于复兴了从地中海直达北海的古洛泰尔尼亚王国（Lotharingian kingdom），即中法兰克王国。

查理的野心未能实现，似乎是历史上的不幸之一。形成这样的“中央王国”会成为法兰西和德意志之间的屏障，不止会极大地改变了欧洲的版图，而且还会改变了整个欧洲大陆的政治史。

查理的一些土地是应该效忠于法兰西国王的；其他领地则属于神圣罗马帝国。因此，他狡猾的邻居路易紧紧盯上了查理也就不难理解了。路易经常与查理争斗，并不断使用诡计对付他。

查理最终在1477年与瑞士的战斗中战死，此后，路易在权利模糊的情况下，占有了查理很大一部分领地。

通过转让和继承，路易还在南部为法兰西增加了普罗旺斯、鲁西荣（Roussillon）和塞尔达尼亚（Cerdagne）等重要领土，这使得法兰西可以获得濒临地中海的宽阔前沿并将比利牛斯山脉作为其南部边境线。

343.查理八世入侵意大利

路易十一世的儿子及继任者查理八世（1483—1498），是瓦卢瓦王朝的最后一位直系国王。通过与布列塔尼的安娜（Anne of Brittany）联姻，他将以前几乎是独立公国的一大片封地置于国王的直接领导之下。

因此，通过先王的持续努力以及自己的政治联姻等一系列有利举措，查理发现自己已经从一个封建联盟的霸主逐渐转变成为真正的王国君主了，王国四疆已经缓慢地拓至极限，并实质性地构成了近代法兰西的边界。

查理八世是一个富有传奇色彩的年轻人。他极度渴望作出杰出而勇武的创举而得到世人的关注，从而实现其以法兰西替代德意志成为世界帝国的伟大计划。在百年战争后期逐步组建起来的常备军随时待命，充实的国库与朝臣贵族的奉承激励着他的野心。

查理八世率军侵入佛罗伦萨

查理轻率地割让土地，换取了与之竞争且心怀嫉妒的阿拉贡王朝及奥地利王朝的默许，然后率领5万大军翻越阿尔卑斯山征讨意大利，企图以安茹王朝后裔的身份占领那不勒斯王国（详见第362条）。在占领那不勒斯之后，他计划领导一场从奥斯曼人手中夺回君士坦丁堡与耶路撒冷的圣战。

查理在意大利的行军近乎“畅通无阻”，于1495年初春胜利进入那不勒斯，并在此举行了庄严的仪式，自己加冕为“那不勒斯、西西里岛和耶路撒冷国王”。

与此同时，阿拉贡、威尼斯和其他大国的国王集结军队，前来讨伐他傲慢无礼的行为并阻止这位准皇帝兼十字军战士的狂妄野心。得知敌人的行动之后，查理推迟了他的东征计划，返回法兰西，仅在那不勒斯留下一小股军队驻守征服的土地。在意大利北部，他发现自己的退路已被3倍于己的联盟军队所阻断。然而，查理以损失大部分军队为代价获得了自称的胜利，然后带着残余的部队顺利地撤回了法兰西。他留在那不勒斯驻守的军队很快被驱逐，从而终结了查理建立统一法兰西帝国的梦想。

此举值得关注不仅是因为其标志着法兰西开始对意大利发起了一系列非凡却又灾难性的战斗，而且也预示着此后法兰西的历代君主外交政策的强势与好斗特征。更值得关注的是查理的军队不再是封建附庸，而大部分由雇佣军构成，证明了此时封建制度下的军事组织实际上已经走到了尽头。

（三）法语的形成与法兰西文学的开端

344.语言

古拉丁语与日耳曼入侵者的语言接触之后，给高卢带来了两种截然不同的方言，实际上，将这两种方言视为不同的语言并不为过。这两种方言，一种是在法兰西南部及其与西班牙和意大利毗邻地区使用的欧西坦语（Langue d' Oc），或普罗旺斯语；另一种是在法兰西北部地区使用的奥依语（Langue d' Oil），或标准法语（French proper）。①

南方方言轻柔悦耳，注定首先衰变，但却也首先发展了自己的文学；可当北方悍然对南方的阿里乌斯派发动激烈的圣战时，南方各省的语言、文学和异端宗教被一扫而空。当受迫害的信仰被驱赶到偏僻之地时，这一古老的方言也被排挤出宫廷，只能在山野村夫之中保有一席之地。

曾被广泛使用的普罗旺斯语在现存语言中的作用就像不列颠岛上凯尔特语同盎格鲁–撒克逊语冲突中的作用一样。

345.南方的吟游诗人

大约在12世纪初，当普罗旺斯语已经定型并在某种程度上的变得精炼之时，法兰西文学首次以南方吟游诗人的诗歌形式出现了②。需要注意的是，受到每一个地中海文明影响的阿尔比派异端的家园，也是吟游诗人的文学家园。异教徒的保护者图卢兹伯爵也是诗人们的赞助人，而正是残酷的宗教迫害，使得异教信仰和吟游诗人的诗歌一同被连根拔起。

吟游诗人的绝大多数作品为情歌和讽刺诗。南方不计其数的吟游诗人中，有一些的名声已经远播至整个基督教世界。狮心王理查创作的一些诗歌至今仍在流传。但最伟大的普罗旺斯诗人或许应属伯特兰德·德·波恩（Bertrand de Born），他既歌颂战争也歌颂爱情，其诗行狂热而刚烈，燃起了激情也挑起了争端。因为他激起的不和与分裂，但丁在《神曲》中描绘他在地狱中经受折磨，被迫用自己的双手拿着自己的头颅。

---

① Langue d' Oc（欧西坦语）和Langue d' Oil（奥依语）这两个术语源自其各自使用“是”这个词时的差异，在南部语言中为“oc”，而北部为“oil”。

② Troubadours（行吟诗人）源自普罗旺斯语“trobar”，意为去发现、去创造。北方的诗人被称为Trouveurs（行吟诗人），源自法语trouver，与trobar同意。

吟游诗人的诗句唱遍每一片土地，几乎激发了所有欧洲人的早期诗歌。

346.北方的吟游诗人

北方的吟游诗人用奥依语或古法语（Old French）进行创作。在12和13世纪里大放异彩。正如南方的诗歌有图卢兹伯爵这样的赞助人，北方的诗歌也同样有诺曼底公爵这样的鼓励者。

然而，南北方的诗歌之间仍存在着巨大差异。南方诗人的诗歌几乎都是抒情歌曲，而北方诗人的诗歌主要是史诗或叙事诗，被称为传奇。后者赞美伟大君主和骑士的侠义事迹和爱情故事，展现了当时荷马史诗般的生动与壮丽。这些作品大都集中刻画三个人物：查理大帝、亚瑟王和亚历山大大帝，从而形成了特定的查理曼、亚瑟王和亚历山大组歌。

这些史诗故事不仅歌颂英雄们的战争和爱情故事，还讲述其附庸骑士及后裔的侠义事迹。因此，在激动人心的第一组歌《罗兰之歌》中歌颂了查理大帝的勇将罗兰的事迹，他手持圣剑杜兰德尔（Durandal）一击劈开比利牛斯山，魔角一吹地动山摇[①]；在传奇的第二组歌《圆桌骑士》（*Knights of the Round Table*）中，讲述了令人尊敬的亚瑟王及其骑士们的侠义事迹；而在第三组歌《特洛伊史》（*History of the Taking of Troy*）和《亚历山大传奇》（*Romance of Alexander*）中，古希腊及中世纪的英雄与著名人物出现了最为有趣而巧妙的混合。这些史诗代表了西欧文明的三要素：日耳曼、凯尔特和古希腊–罗马，而正是十字军东征带来了东部地区新鲜的故事和传奇（详见第222条）。

过度渲染、荒诞不经、语言粗糙是这些传奇文学的特征，表明产生和赞美这些文学原始且不加鉴别的时代特性。在仍同野蛮的本能与冲动斗争的时代，文学尽管有着诸多瑕疵，然而这些法兰西传奇对欧洲文学的兴起却是极大的鼓舞与助益，而且其影响仍在继续。因此，英格兰的文学作品中，不仅乔叟、斯宾塞（Spenser）和所有早期不列颠诗人都从这些欧洲大陆诗歌中获得灵感，而且后来丁尼生（Tennyson）的《国王叙事诗》（*Idyls of the King*）也表明了古吟游诗人的亚瑟王

---

① 杜兰德尔（Durandal/Durendal）相传为欧洲三大圣剑之一，由隐身铁匠韦兰（Wayland the Smith）所铸，为史上首位圣骑士（Paladin）罗兰的佩剑。相传另外两把圣剑分别为查理大帝的佩剑咎瓦尤斯（Joyeuse）和丹麦王子奥吉尔（Ogier the Dane）的佩剑卡提那（Curtana），均出自《罗兰之歌》。魔角即为罗兰的号角奥利凡特（Olifant），为另一圣物。——译者注

组歌所具有的想象力。

除了吟游诗人宏大的叙事诗之外，北方文学还产生了无数的讽喻诗和故事诗或寓言，其中包括一些三四万行似乎无穷尽的长诗。其产生的方式同那个时代建造大教堂的方式基本一致，就是一代又一代诗人的续写。最受欢迎的讽喻诗是《玫瑰传奇》（*Roman de la Rose*），体现出了其他中世纪诗歌中未曾有过的平民思想与情感。最著名的故事诗是《列那狐传奇》（*Roman de Renart*）或《列那狐》（*Reynard the Fox*），其中很大一部分是在讽刺修道士与骑士。这预示着骑士制度和隐修制度精神的衰败。

347.傅华萨的《闻见录》

法兰西文学上首个真正的著名散文家是傅华萨（Froissart，约1337—1410），栩栩如生的叙事风格和技巧为其赢得了“法兰西的希罗多德”（French Herodotus）的称号。他出生于百年战争开始不久，因此亲身经历了这场漫长的战争，认识了其中的各个角色，使其成为这一动荡时代的编年史家。在他留给世人的引人入胜的编年史《闻见录》（Chronicles）中，栩栩如生地刻画了该时期法兰西和英格兰的著名人物，以及当时的历史事件、风俗与礼仪。

像希罗多德一样，傅华萨也是一个大旅行家，四处游走，为他的历史搜集材料——这些材料主要涉及1326年到1400年间法兰西和英格兰的事务，旁及所有基督教世界及其他地区事务。他跟所有人交谈，上至国王，下至农夫，并在晚上写下白天的谈话。他从20岁时起收集材料，并表示这“比其他任何事情都更令他快乐”，本书为其生命之作。

这本独特的《闻见录》有着其成书时代的附加价值。这是一个过渡时期——封建主义在迅速逝去，而骑士制度则开始感受到新时代摧枯拉朽的气息，就如森林在凋落之前才能换上最为斑斓的装扮一样，骑士制度也是在其灭亡之前才展示出了前所未有的灿烂辉煌。在爱德华三世和黑太子时代，骑士制度闪耀出了最耀眼的华彩与荣光。而这正是傅华萨这位稀世天才所描画的时代。①

---

① 在傅华萨之前，白话历史写作领域最值得称道的是维尔阿杜安（Villehardouin，约1160—1213），所著编年史名为《征服君士坦丁堡》（*The Conquest of Constantinople*），是法兰西散文的最早样本；儒安维尔（Joinville，1224—1319），写下了有趣的《圣路易传》（*Life of St. Louis*）。傅华萨之后的一个世纪里，菲利普·德·科米纳（Philippe de Commines，约1447—1511）的《回忆录》（*Memoirs*），除了记录当时详尽的历史之外，还难得地洞察了狡猾的路易十一世的生平与性格。

第三节　西班牙

348.西班牙的开端

8世纪时，萨拉森人横扫西班牙，半岛西北角的阿斯图里亚斯（Asturias）和坎塔布里亚（Cantabria）的山脉为坚决抵抗穆斯林统治的基督教领袖提供了避难所。这些勇敢而坚强的战士不仅成功地保卫了自己位于山区的避难所，还逐步逼退入侵者，收复了部分先前失去的乡村与城镇。

查理大帝极大地促进了收复失地的工作，并将萨拉森人赶出了西班牙的整个东北地区，南压至埃布罗河（Ebro），并将收复的地区设置为帝国的一个行省，定名为西班牙边区（Spanish March）。

11世纪初，几个基督教小国在被收复或一直被控制的地区建立起来，其中应特别注意卡斯蒂利亚和阿拉贡，因其在后来的历史上发挥了重要的作用。卡斯蒂利亚（Castile）起初只是用来防御摩尔人的“一串城堡”（a line of castles），这也是其名字的由来。

（一）共主联盟时期[①]

349.卡斯蒂利亚和阿拉贡联盟（1479）

几个世纪以来，这些小国的君主不断与穆斯林邻邦作战；但是，由于各自之间的纠纷，他们无法完全联合起来收复失地。但1469年，阿拉贡君主费迪南和卡斯蒂利亚女君主伊莎贝拉的联姻为1479年两国实现真正联盟铺平了道路，自11世纪以来两国都极大地扩大了自己的版图且合并为一个王国。通过这一幸福的联盟结束了两个敌对公国之间的争端，此时他们可以团结一致、共同努力，实现基督教君主无论如何争斗也从未放弃的主张——把摩尔人驱逐出伊比利亚半岛。

---

① 此标题为译者所加。——译者注

350.征服格拉纳达（1492）

当卡斯蒂利亚和阿拉贡联盟奠定了西班牙君主政体的基础时，通过自8世纪起基督教首领的不断推进，伊斯兰的领地已经逐渐缩减至西班牙南部一个很小的区域。此处，摩尔人建立起了一个强大而巩固的国家，称为格拉纳达王国（Kingdom of Granada）。

征服格拉纳达

格拉纳达地区土地肥沃，通过摩尔人的工艺与技术，这里已经成为西班牙最文明、最富裕的地区了。在其国土内，除拥有近25万人口强大富有的都城格拉纳达外，还有70座高墙防卫的市镇。所有这些城市，尤其是首都，都被以精湛的摩尔建筑典范掩映得华丽多姿，许多富人的宅邸都装饰得富丽堂皇。

当费迪南和伊莎贝拉解决了他们本国的事务，便开始着手征服格拉纳达，并渴望通过消减摩尔人在半岛上最后的势力范围来巩固自己的统治。

摩尔人奋不顾身地保卫自己的小国家。斗争持续了10年，一座一座的城池落入基督教骑士之手。最后，格拉纳达面对7万大军，只能缴械投降。1492年，十字架取代了格拉纳达城墙与塔楼之上的新月。摩尔人，或西班牙所称的摩里斯科人（Moriscos），在烦琐的限制下被允许留在国内，而所谓的“驱逐事件”则是发生在此后。

格拉纳达被征服，在15世纪后半期的标志性事件中有着重要地位。陷落标志着伊斯兰教在西班牙半岛将近800年统治的结束，因而削弱了东欧的穆斯林势力，并抵制了其在夺取基督教世界的君士坦丁堡之后的西进。征服格拉纳达使得西班牙跻身于欧洲强国之列，并赋予了其军队守卫其地位、影响及尊严的良好声望，即便在其走向衰落之后仍是如此。

351.摩尔人的统治与摩尔战争对西班牙人性格的影响

西班牙基督徒对阿拉伯摩尔人发动的长期战争给国民的性格留下了深刻的印记。首先，战争为骑士奉献与传奇冒险提供了机会，提振了骑士精神，这在近代西班牙人的情感和举止中依然显而易见。其次，战争使宗教成为一种爱国情怀，从而激起了宗教狂热，助长了狭隘思想。

但促进狂热宗教精神发展的并不单是基督教徒与伊斯兰教徒之间长期进行的战争，还有在穆斯林统治下的和平时期里顽固的埃米尔和哈里发对基督教徒的迫害。用历史学家马丁·休谟（Martin Hume）的话说：“基督教徒……以偏执还偏执；这两个群体之间起初拥有着情感共鸣，后来却逐渐发展成了强烈的互恶，并将一直存续到统治终结。”因此，西班牙人被赋予了令人遗憾的偏执与易怒的民族性格，使其与其他西欧国家分离开来，并为其后来在欧洲及新大陆的历史提供了解释。

举例来说，西班牙人民的这种毫不妥协的宗教狂热，毫无疑问帮助西班牙奠定了建立宗教裁判所这一残酷法庭的基础。

352.君权的加强

费迪南和伊莎贝拉统治时期极为重要的事情就是剥夺了贵族的特权而加强了君权。欧洲各国中没有一个国家像西班牙一样拥有如此强大的封建势力，也没有任何国家遭受了其贪婪好斗性格的折磨。

为了免受贵族的控制，同时对抗封建制度拙劣的司法管辖所致混乱而滋生的强盗，城镇建立了一个被称为神圣兄弟会（Holy Brotherhood）的联盟，与德意志的汉萨同盟有几分相似。

费迪南通过联合这些城镇对抗贵族，迫使他们放弃了某些不公正的特权，从而大大削弱了贵族势力。很大程度上是出于个人喜好，费迪南软弱的祖先将土地任意授予宠信，并为传统贵族等级之外的人加官晋爵，斐迪南通过设立宫廷法令，剥夺了那些土地和职位，进一步削弱几个大封建家族的势力。

通过这些举措和其他方法，费迪南大大地加强了君权，提升了公众对君王之位的尊重。

353.宗教裁判所

以发现与惩治异端为目的的西班牙宗教裁判所（Inquisition）或宗教法庭（Holy Office）的建立，成为费迪南和伊莎贝拉辉煌统治投下的另一个阴影。

政府出于政治和宗教目的，而将宗教裁判所变成了最惊人的暴政工具。它早期的主要受害者是犹太人。伴随着宗教法庭的庄严宣判产生了被称为会审判决仪式（Auto-da-fé）或信仰判决（Act of Faith）的公开仪式。仪式在某个教堂或广场举行，那些判处死刑的人将于次日在城墙之外被处以火刑，尤其是因为这一最终处决，“会审判决仪式”一词才开始被广泛应用。

宗教裁判所

宗教裁判所确保了西班牙宗教信仰的统一，但只通过压制思想自由的方式，便削弱了西班牙人民的力量与活力。任何充满希望和活力的事物都难逃枯萎与凋零或被逐的命运。1492年犹太人被驱逐出境，据估计有二三十万人被迫背井离乡到其他国家寻求庇护。

因此，费迪南和伊莎贝拉为提高国民生活做了很多事情的同时，其令人遗憾的宗教热情却正种下箭毒木[①]，这注定令新生国家日益增长的力量蒙上阴影和遭受毒害。然而，伊莎贝拉女王坚信自己是上帝忠诚的奴仆，说："出于对圣子与圣母之爱，我才造成了极大的痛苦。我减削了城镇与地区、行省与王国的人口。"

354.委任哥伦布（1492）

费迪南和伊莎贝拉统治期间，对西班牙乃至人类文明都具有重大意义的另一个事件，就是发现美洲大陆。正是格拉纳达陷落的那一年，哥伦布开始了首次远洋探险。

伊莎贝拉精力充沛，亲临战场，积极参与指挥作战，正是率军驻扎在格拉纳达城外时，与哥伦布一起策划了远洋大计。格拉纳达陷落数天后，她委以哥伦布此任，幸而为西班牙的王冠之上增添了新大陆这颗明珠[②]。

355.费迪南和伊莎贝拉的离世

伊莎贝拉女王于1504年去世，费迪南于1516年随她而去，此后西班牙的王位传给了他们的孙子查理，称为查理五世皇帝，进而开启了西班牙的近代史。[③]

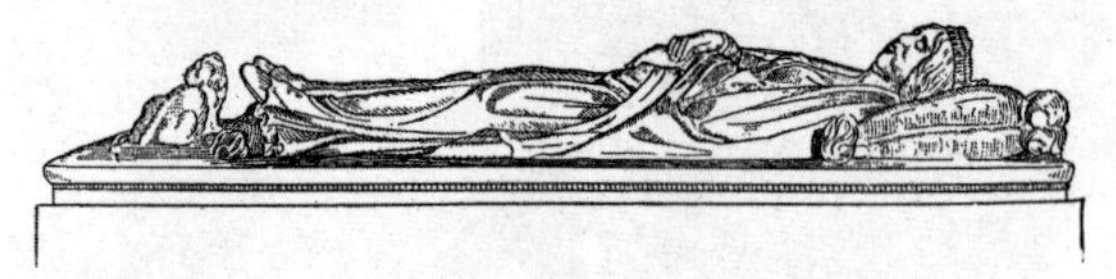

伊莎贝拉女王的仰卧雕像

---

① 箭毒木（upas tree）即为见血封喉（Antiaris toxicaria），是一种剧毒植物，其乳白色的汁液含有剧毒，人畜伤口一旦接触，即刻导致心脏停搏，血管封闭，血液凝固，从而窒息死亡。对此，西双版纳民间有"七上八下九倒地"的说法，也就是说，中毒后如遇上坡走七步、下坡则八步、平地则九步后，即倒地死亡。此处比喻种下恶果。——译者注

② 哥伦布（Christopher Columbus，约1451—1506）所发现的新大陆（New World）即为美洲，但哥伦布至死都以为自己到达了东方的印度。后经探险家阿美利哥·维斯普西（Amerigo Vespucci，1454—1512）考察确定并非亚洲东端，后马丁·瓦尔德塞弥勒（Martin Waldseemüller，约1470—1520）在出版的地图中首次将此地以阿美利哥之名命名为阿美利加洲（America）。因哥伦布的探险为西班牙资助，所以从北美到加勒比再到南美，起初都是西班牙的殖民地。——译者注

③ 葡萄牙在十字军时期已经初见端倪（详见第215条），未能成为半岛君主制度的一部分，但仍然是一个独立的公国。12世纪升格为王国。其历史的主要事件是葡萄牙航海者在15世纪发现了非洲西海岸。这一切的精神支持都来源于著名的航海家亨利王子（Prince Henry the Navigator，1394—1460）。这些远洋探险将会在下一本书《近代史》的开篇中讲述。

（二）西班牙语言及文学的开端

356.语言

卡斯蒂利亚和阿拉贡联盟之后，前者的语言成为西班牙的官方语言。在费迪南和伊莎贝拉统治期间，该语言逐渐取代国内的众多方言，最后成为国家语言，就如在法兰西奥依语脱颖而出成为标准法语一样。通过16世纪的征服与殖民，卡斯蒂利亚语（Castilian）①成为了仅次于英语的世界语言。

357.《熙德之歌》

卡斯蒂利亚语或西班牙语文学始于12世纪的《熙德之歌》（*Cid*）②，这是中古时期最为著名的文学作品之一。这一伟大国民诗歌的灵感来自西班牙的基督教徒同伊斯兰教摩尔人之间的长期斗争。史诗的主人公是鲁伊·迪亚兹（Ruy Diaz），人称“熙德”，是11世纪后期基督教与卡斯蒂利亚王室抗击萨拉森人的斗士。小说家将慷慨、爱国、勇敢、诚实、荣誉和忠诚等各个骑士品格集于其一身，通过漫长的过程理想化而来，而真正的熙德是一个完全不同的人物③。

《熙德之歌》激发了西班牙的爱国主义情操和民族精神，被比作《荷马史诗》对古希腊城邦之间建立兄弟情谊的影响，但事实上这是互为因果的关系；西班牙情怀创造了理想，然后将之塑造成了典范。

第四节　德意志

358.德意志王国的开端

德意志作为独立王国起源于约9世纪中叶查理大帝帝国的分裂（详见第102

---

① 卡斯蒂利亚语（Castilian/castellano）通常作为西班牙语的统称。有时也指中世纪时期使用的古西班牙语，即为近代西班牙语的前身。——译者注

② 意思可能是“大人”（lord）。

③ 主人公熙德的原型为卡斯蒂利亚贵族、瓦伦西亚（Valencia）的征服者、西班牙民族英雄罗德里戈·迪亚兹·德·维瓦尔（Rodrigo Díaz de Vivar，1043–1099）。——译者注

条）。此处关注的莱茵河以东被称为东法兰克王国，与莱茵河以西被称为西法兰克王国的地区相区别。

东法兰克王国由几个部落组成：萨克森人、士瓦本人（Suabians）、图林根人（Thuringians）、巴伐利亚人，以及东法兰克人，后者是当时的主要人口，因而整个王国以此得名。所有这些民族在种族、语言、习俗和社交活动方面都联系紧密，似乎随时准备融为一个团结而坚定的民族国家；但不幸的是，将这些部落或群体分割开来的因素比将之团结起来的因素更为强大，因此在查理大帝之后的1000多年里，它们只能以极为松散的联盟形式存在，各个成员不断寻求霸权或同邻邦陷入私战。

（一）宗教改革前的神圣罗马帝国时期[①]

359.匈牙利王国的建立

查理大帝的后人一直统治东法兰克王国到公元911年。这一时期，德意志正苦恼于北方斯堪的纳维亚海盗的袭扰，忧心于东部跟阿提拉的匈奴人同族的凶猛图兰人——马扎尔人（Magyars），或匈牙利人（Hungarians）。这一非雅利安种族（Non-Aryan People）在此阶段成功地占据了他们称之为匈牙利（Hungary）的地区，并为建立一个强大的王国奠定了基础，最终成为近代奥匈帝国的重要组成部分。

360.奥托大帝复兴帝国（962）；复兴对德意志的影响

德意志的奥托一世（936—973）效仿查理大帝意图复兴帝国（详见第104条）。

奥托大帝

① 此标题为译者所加。——译者注

奥托意欲建立的世界帝国是一个宏大的计划，但查理大帝当初尝试的失败证明这一理想完全不切实际。然而，德意志国王对这一幻想的追求却导致了最可悲的后果。德意志的统治者追求太多，结果却落得两手空空；想要成为大帝国的皇帝，却未能护住德意志的王冠。当他们忙于外部事务的时候，国内的事务却被忽视，德意志的封建王公们乘机增强势力，获得了实际上的独立。

因此，当英格兰、法兰西和西班牙的国王逐渐巩固政权，并在封建制度的废墟之上打造中央集权的强大君主制度时，德意志的原有君主们却允许王国分裂成无数个半独立的小国，而各个统治者却因野心与妒忌将德意志的统一往后推迟了好几百年。

如果只是皇帝因其对国力的错误导向而造成德意志的损失与灾难，情况也不会达到如此可悲的程度；但意大利的美丽田野千百年来都是帝国军队的驻扎地，使得整个亚平宁半岛都卷入了归尔甫派（Guelphs）和吉伯林派（Ghibellines）的争端，导致意大利的民族化进程也被推迟了好几百年。

德意志因其国王的野心所致的所有损失中只有一个积极的补偿，就是意大利文明的天赋通过皇帝与半岛之间的联系传入了德意志。

361.德意志王国和神圣罗马帝国

此处再述一下德意志王国（German kingdom）与神圣罗马帝国的关系会更为妥当。“帝国”在1032年勃艮第加入之后，包括三个王国：德意志王国、意大利王国和勃艮第王国。但是，随着时间的推移，意大利退出了，随后勃艮第也退出了，因此，帝国除了德意志之外别无他国。这样一来，德意志王国和所谓的“神圣罗马帝国”就拥有了地理位置上完全一致的疆域。因此，忘掉二者的区别以及名字的混用是很自然的事情，在某种程度上，德意志王国应该被称为德意志帝国。“正是德意志联邦（German Confederation）继承了帝国的版图与称号。”

362.霍亨斯陶芬诸皇帝统治下的德意志（1138—1254）

霍亨斯陶芬家族或士瓦本家族统治时期，经历了皇帝与教皇之间漫长而激烈的对抗。

最著名的霍亨斯陶芬家族的皇帝就是人们所熟知的腓特烈·巴巴罗萨。腓特烈赋予了德意志一个有效而强大的政府，并且在德意志人民的感情中赢得了一定的地位，因此被视为德意志民族情感的代表。其他的皇帝与教皇论争时，总有很多的德意志子民加入罗马教廷对抗自己的最高统治者；但德意志的所有阶层都团结在敬爱的腓特烈周围。当其死讯从东部传来，国民都拒绝相信他们的“骑士皇帝”已经死去。随着时间的流逝，一个传说流传开来：在某座山顶有座他的城堡，他便睡在城堡下的洞穴中，当乌鸦停止在山上盘旋时，他便会现身，使德意志成为一个团结而强大的民族国家。

腓特烈·巴巴罗萨

腓特烈·巴巴罗萨之后，其子亨利六世（1190—1197）继位，并通过联姻获得了西西里王国①的声索主权。他的时间和资源几乎都花在让这个遥远的小国臣服于他的领导上了。通过引领皇帝忽视德意志本国子民及权益，南方王国证明了自己是士瓦本家族的致命嫁妆。

在霍亨斯陶芬家族的统治结束时，德意志分裂成了200到300个实际上独立的小国，它们的君主或城镇利用皇帝长期外出征战，或处理与教皇和意大利城镇之间的难题时，将自己发展得几乎完全独立于国王的统治。其实已经没有真正意义上的德意志王国或神圣罗马帝国了，皇室头衔和皇帝称谓都成了虚名。

这是骄傲的霍亨斯陶芬家族令人遗憾的野心与错误政策的可悲后果。霍亨斯陶芬家族的君主都是能力超群的统治者，其中的一些非常强大且胸襟开阔，如果能够致力于处理德意志事务，而不被帝国的幻觉迷惑，定会使自己成为欧洲最强大的统治者。毫无疑问，他们本来可以实现不那么辉煌但却脚踏实地的雄心，使德意志的

---

① 诺曼冒险家在11世纪后半叶奠定了西西里王国的基础（详见第162条），因为它包含了那不勒斯和西西里岛，因此它有时被称为那不勒斯王国，或那不勒斯与西西里王国（Kingdom of Naples and Sicily），或者两西西里王国（Kingdom of the Two Sicilies）。诺曼国王世系结束于1189年。霍亨斯陶芬家族执掌王国至1265年，当其最后一位不幸的合法继任者康拉丁（Conradin）被法兰西国王路易九世的兄弟安茹的查理一世斩首之后，教皇将该地赐予了后者（1268）。查理的暴虐统治激起了岛上居民的反抗，导致了1282年被称为“西西里晚祷”（Sicilian Vespers）的大屠杀。所有遭人憎恨的法兰西人要么被杀死，要么被驱逐出岛。安茹家族保有那不勒斯，但西西里岛在这个时候划归阿拉贡国王统治（1283）。这些革命将包括西班牙、法兰西和德意志在内的国家拖入了无休止的纷争与战乱的泥潭。

王位在家族内部传承，而获得超越哈布斯堡家族（House of Hapsburg）的权势与荣耀。

363.大教堂的建设

霍亨斯陶芬的时代就是十字军东征的时代，也就是宗教信仰的时代。除了圣战以外，时代精神最显著的表现便蕴含在当时的神圣建筑之中。对教堂建设的热情，尽管在12和13世纪最为真诚与强烈，但早在11世纪就已经初现端倪。一位修道士编年史家在11世纪初写道："似乎人间起身抛掉旧长袍，换上了教堂白色的衣装。"

最先采用的是以圆拱和穹顶为特征的罗马式建筑风格；但在12世纪即将结束时，此风格被以尖角的门拱、细长的尖顶和丰富的装饰为特征的哥特式建筑所取代。

中世纪的教堂像十字军东征一样，是信心和热情的产物，让所有阶层焕发生机。许多建筑是一代又一代人同心协力、辛苦劳作的结果。建设费用通过各种方式筹集：富有修道院的慷慨捐赠；市议会投票支持的固定拨款；国王给予的专项拨款，或免除建造教堂的城镇和省份的税收；而垂死之人的遗赠，人们以劳役或物品形式的自由赠予，如涓涓细流注入捐赠之中。

没有任何比中世纪哥特大教堂更为昂贵的宗教精神追求了。建筑的一砖一瓦都融入了建筑师的信念与希望。这是一个祈祷，用砖石构建的神圣愿望。

这种热情普遍存在，但在任何地方都没有在德意志更为高贵与持久的表达。德意志大教堂中最著名的要数始建于11世纪的斯特拉斯堡大教堂（Strasburg）和始建于1248年的科隆大教堂（Cologne），但后者直到1880年才完工，为世界上最宏伟的哥特式建筑之一。

364.七大选帝侯；大空位时代（1254—1273）

为了更好地理解德意志历史上大空位时代（Interregnum）的事务，此处需要简单讲述一下选帝侯（Electors）。

10世纪初，德意志加洛林的王朝世系终结，贵族们获得了选定继任者的权力，因此，德意志成为了选举封建君主制度。随着时间的推移，几位主要的贵族篡夺了选择国王的权力，成了选帝侯。在霍亨斯陶芬时代结束时，共有七位获得这一特权，其中四位来自世俗，三位来自教会。这个选举团体真正掌控着德意志的

选举亨利七世皇帝的七大选帝侯

命运。①

此时有必要了解德意志最为羞耻的王位买卖事件：选帝侯像古罗马的禁卫军一样把王位拿来出售。有两个出价方，而且都是外国人，一位是英格兰国王亨利三世的兄弟康沃尔的理查（Richard of Cornwall），另一位是卡斯蒂利亚国王阿方索（Alphonso）。两位候选人都用大笔金钱贿赂选帝侯，因此，在一位选帝侯为二人各投一票的情况下，两人双双当选。虽然阿方索急于得到这一头衔，但他从始至终都未踏足德意志半步，而理查也只是满足于偶尔到访。

当然，名义上的国王或当选皇帝，在德意志或帝国的附属国都没有任何实权。该时期在德意志历史上被称为大空位时代。全国陷入一片混乱，王公变成了自己国家里的专制君主，而小贵族则变成了掠夺商旅的强盗。

365.城镇与帝国自由城市

君权衰落到了令人嗤之以鼻的地步，几乎所有的管理职能都处于停滞状态。城镇通过贸易扩张，在人口、财富以及随之而来的重要性方面得以大大提升，为了保护自己免受王公贵族的暴力与压迫，有必要组成联盟并将防卫的权力掌握在自己的手中。正是这一混乱时期，前述的汉萨同盟在实力和影响力上迅速增长。大约与此同时，最终拥有70多个成员城镇的莱茵同盟（Rhenish League）也得以建立。

这些城镇被分为两类，分别为“从属”（mediate）和“直属”（immediate）。前者依附于某个君主或领主，而君主或领主反过来又依附于皇帝；后者是皇帝的直系封臣，所以单纯依附于皇帝。在直属城镇，皇帝会派出特派员作为代表，但在13

---

① 选帝侯的主张自然而然引起其他德意志机构成员的争议。为了一劳永逸，卢森堡皇帝查理四世（1347—1378），首先实行定期会议制度，以其金玺发布诏书称为“金玺诏书”（Golden Bull），确定七位选帝侯，其中三位来自教会，四位来自世俗，并开始实施，还明确界定了选举团的地位和特权。该诏书作为德意志宪法的基本法条一直持续到1806年帝国瓦解。它大大提高了七大选帝侯的地位和权力，同时相应地削弱了君权。

世纪，许多直属城镇获得皇帝的支持免派特派员，从而成为了所谓的帝国自由城市。他们当然依然承认皇帝的宗主权，但被允许因地制宜地管理自身事务，从而实际上成了自治政体，有点像意大利的城市共和国。

这些城镇摆脱帝国监管一两个世纪后，获得了定期会议即国家立法机关的代表权。这是它们地位提高的必然结果，就像13世纪英格兰城镇影响力的提升使得其代表进入议会一样。这些帝国自由城市的代表组成了国民议会所谓的“第三议团”（Third College）①。

366.瑞士共和国的崛起

14、15世纪期间，德意志历史上最值得注意的事件是，瑞士与哈布斯堡家族或奥地利家族（Austrian family）君主之间的斗争；胡斯（Hussites）宗教运动；哈布斯堡家族势力的逐渐增强。

中世纪的德意志帝国境内有一个国家，现在被称为瑞士。热爱自由的人们同帝国自由城市一样，名义上服从于皇帝，但无法忍受各个封建领主宣称对其拥有主权。

宣称或实际拥有不同行政区主权的是哈布斯堡的伯爵们②。他们想将这些山地人完全掌控在其直接的领导之下，导致乌里（Uri）、施维茨（Schwyz）和下瓦尔登（Unterwalden）三个所谓的森林州（Forest Cantons）于1291年组成了一个防御同盟，被称为“永久同盟”（Everlasting Compact）。这个同盟奠定了现在最典型、最令人瞩目的联邦国家之一瑞士联邦（Swiss Confederation）的基础。

勇敢的山地人同哈布斯堡家族之间的斗争持久而难忘。这场斗争的历史为英雄的勇敢与献身精神所渲染，成为振奋人心的瑞士爱国主义故事，读起来就像《伊利亚特》一样。但是，近代历史评论将故事的大部分浓缩成了散文。因此，英雄爱国者威廉·退尔（William Tell）反抗专制统治者格斯勒（Gessler）的故事已成传说，但其事实的核心就是反抗。

在14世纪早期，奥地利家族的利奥波德（Leopold）进犯各州，但在著名的莫

---

① 第三议团（Third College）即由帝国城市代表组成的帝国议会政团，另外两个分别是由选帝侯组成的选帝侯议团（Electoral College）和由神职人员及贵族组成的贵族议团（Princes' College）。——译者注

② 瑞士的哈布斯堡城堡是其家族所谓的摇篮。1273年，哈布斯堡家族的鲁道夫伯爵（Count Rudolph）被选为皇帝。不久之后，他将奥地利作为自己家族的封地收归国有，因此，家族获得了奥地利家族这一新头衔。

森帕赫战役

尔加滕战役（Morgarten，1315）中被勇敢的瑞士人击败。此后不久，便又有5个州加入联盟，其中包括卢塞恩（Lucerne）、苏黎世（Zurich）和伯尔尼（Berne）。

70年后的1386年，利奥波德的后人率军攻打山地，但在森帕赫战役（Sempach）中遭到惨败。在此役中，出现了另一位爱国主义的传奇人物温克里德的阿诺德（Arnold of Winkelried），他将奥地利军队的长矛尽可能多地揽入怀中，直至刺入胸膛，并将这些长矛拖倒在地，以此打破了长矛阵的阵型，嘴里呼喊道：“同伴们，我来为你们开路。”①

当中世纪结束之时的1499年，哈布斯堡皇帝马克西米利安（Maximilian）在与联盟的战斗中失利，双方签订条约结束战争时，实际上已经建立了独立的瑞士联邦，并确立了它在欧洲国家中的地位。但直到1648年签订《威斯特伐利亚和约》（Peace of Westphalia），瑞士才正式脱离帝国。

瑞士人长期为自由而战的一个影响是培养了对军旅生活的热爱，后来因国内缺

① 森帕赫战役不久后的1388年，此时被称为联邦（Eidgenossen/Confederates）的瑞士在奈福尔斯（Näfels）赢得了对奥地利家族的另一场胜利，为联盟日益提升的地位奠定了坚实基础。

少战争的相关职业，瑞士战士便受雇于不同的欧洲君主；因此，虽然他们受训于自由的学校，但这些强健的山地人却成为最著名的雇佣军，转而支持专制主义。

367.胡斯派

约15世纪初，通过英格兰和德意志大学之间的交流，英格兰改革家威克里夫的学说开始在波西米亚（Bohemia）传播。这个新教派的领袖是布拉格大学教授约翰·胡斯（John Huss）。他的教义遭到康斯坦斯宗教会议的谴责，而胡斯本人则交由世俗政权处罚，于1415年被判处火刑[①]。次年，另一位改革家布拉格的哲罗姆（Jerome）也同样被烧死。

胡斯被烧死之后，剿灭其追随者的圣战马上开始。随之而来的便是15年残酷而悲凉的战争，并以胡斯派中激进分子的全部覆灭而告终，而其中温和的改革者则签订了条约保证其信仰自由。

368.神圣罗马帝国皇位被奥地利家族世袭（1438）

1438年，奥地利大公阿尔布雷希特（Albert/Albrecht）被选帝侯们推上了神圣罗马帝国的皇位，标志着德意志历史的新纪元。此后直到1806年拿破仑解散帝国，皇帝位几乎都是由哈布斯堡家族世袭，虽然都经过正式的选举程序，但所选之人都是哈布斯堡家族的后裔。[②]

369.马克西米利安一世的统治

中世纪时期最伟大的哈布斯堡家族的皇帝是马克西米利安一世（1493—1519）。他执政期间最值得注意的事件是为宪政改革所做的努力，这些改革使得德意志获得了内部和平，并同法兰西、英格兰及西班牙一样达到了相当程度上的国家统一。

马克西米利安一世

① 最令人发指的就是胡斯在定罪之前对他的监禁和严刑逼供；因为这完全违反了皇帝西吉斯孟（Sigismund）授予他的安全证，而他正是依此证来参加宗教会议的。

② 只有一个例外：洛林家族弗朗茨一世（Francis I of Lorraine，1747—1765），作为哈布斯堡女王玛丽娅·特蕾莎（Maria Theresa）的丈夫被选为皇帝。

当时德意志的情况同美国建立初期《邦联条例》（Articles of Confederation）约束下建立的同盟极为相似：没有有效的中央行政机关，没有帝国赋税体系，也没有帝国军队。如果没有这些，皇帝的权力当然只能是名义上的。税收由议会投票决定，但税收并不交给他们。建立军队也要议会批准，但各邦不能拥有自己的军队。

人们认识到加强统一的必要性，而达到这一目标的途径之一是就是赋予皇帝更大的权力。但选帝侯与王公们完全贪图狭隘的自我利益，不会放弃任何特权与地位。皇帝的一位朋友绝望地说：“期待王公们的帮助，无异于在荆棘丛中找葡萄。”

在1495年召开的沃尔姆斯会议上，确实发布了永久和平宣言，严禁任何王公和城镇发动私战。国家之间的任何争端都应提交帝国法院（Imperial Chamber），其裁决由帝国全力支持。该法庭令人想到联邦政府制度中的最高法院。但这次改革运动无果而终。地方利益集团太过强大，真正的民族感情太过缺乏。

马克西米利安在如此艰难的情况下，尽管有着雄心勃勃的宏伟计划，但却水尽山穷，难以为继。在外，帝国四面楚歌，连失领地；在内，土匪横行，抢劫成风。皇帝可怜的话语：“人间之于我了无生趣；呜呼哀哉，德意志这片土地！”生动地揭示了中世纪结束时他的“祖国”所处的绝境。

（二）德意志文学的开端

370.《尼伯龙根之歌》

这是霍亨斯陶芬统治时期德意志产生的首个民族文学作品。《尼伯龙根之歌》是中世纪伟大的德语史诗，成诗于1200年左右，由某位荷马式的天才根据六七世纪的德意志古老传说与诗歌改写而成。故事的主人公是齐格飞（Siegfried），日耳曼传说和歌曲中的阿喀琉斯（Achilles）。民族大迁徙时期的阿提拉、狄奥多里克以及其他战士的名字和事迹融合在此诗中。

这个伟大的民族史诗传奇可以与萨克森祖先的《贝奥武夫》（详见第35条）相媲美。该诗粗糙而野蛮，诗中充满了激烈的战斗与可怕的屠戮，反映出史诗取材的原始歌谣所处时代的粗犷；但其中也体现出了忠诚和英勇这样的封建美德，同时也能看出基督教与骑士制度所产生的柔化影响的痕迹。

371.吟游诗人

同样是在霍亨斯陶芬统治时期，12、13世纪歌颂爱情的吟游诗人开始活跃起来。最杰出的吟游诗人是瓦尔特·弗格尔瓦伊德（Walter of the Vogelweide，1170—1227），他最让人受益的隽语：“妻子是女人最美丽的称呼，比贵妇更为荣耀。”这些吟游歌手的大多数情歌都优雅、殷勤、纯真，因而趋向于柔化德意志民族的举止，振奋其精神。

与吟游诗人的这些抒情诗密切相关的是一种称为宫廷叙事诗的骑士传奇。其中一些作品采用了古典主题，但为其打下最好基础的是凯尔特–法兰西的《圣杯传奇》（*Holy Grail*）及《亚瑟王和圆桌骑士》（*Knights of King Arthur's Round Table*）。骑士传奇的代表作是沃尔夫拉姆·冯·埃申巴赫（Wolfram von Eschenbach，卒于约1220年）的《帕西法尔》（*Parzival/Parsifal*），叙事诗的主人公骑士帕西法尔是中世纪的浮士德。该诗的道德和精神教义是：只有通过谦卑、纯洁和人道，灵魂才能达到最完美的境界。

在中世纪即将结束时，人文主义研究引起了德意志学者的兴趣。结果是，在此后的300 里，德意志学者和作家最好的文学作品大部分是用拉丁文完成的，母语被年轻人或后来的人文主义者认为缺乏品味，只适合下等的作品，因此民族文学的发展受到了极大的阻碍。

第五节　俄罗斯

372.俄罗斯的开端

约9世纪中叶，瑞典冒险家留里克成为定居在诺夫哥罗德附近芬兰湾海岸的一些斯拉夫和芬兰部落的首领，奠定了注定要成为欧洲强国之一的基础（详见第111条）。该国名为罗斯（Russia），源自斯堪的纳维亚定居者的名字“Ros”。

几代人之后，这些北欧入侵者被彻底斯拉夫化了，完全认同了被其统治民族的语言、习俗、品味与情感。留里克的后裔的权力逐渐扩张到其邻近部落，直到几乎所有的西北斯拉夫人都纳入了他的统治之下。

373.蒙古人入侵

11世纪结束前，罗斯的统一几乎完全被摧毁。君主政体成了嫉妒而好战的小国组成的松散联邦，基辅的君主只是名义上的国王和封建领主。这种状态为13世纪降临到罗斯的巨大灾难铺平了道路。

这一不幸指的就是鞑靼部落的成吉思汗及其继任者侵略并征服了这个国家（详见第238和239条）。蛮族征服者在这片不幸的土地上实施了令人发指的暴行，罗斯的君主被奴役了250年，被迫效忠进贡。这段时期几乎是罗斯历史的空白。这一不幸使得斯拉夫人的民族化进程推迟了几百年。正是这种不幸，后来也降临到了希腊和东南欧的其他民族身上。

374.莫斯科大公国的兴起；罗斯人从蒙古人手中解放出来

在鞑靼人统治期间，以莫斯科为中心及都城的莫斯科公国（Muscovy）逐渐开疆拓土，直到成为所有斯拉夫国家的领头羊。1470年，莫斯科君主吞并了大诺夫哥罗德（Novgorod the Mighty），此时的新罗斯国家已经强大到可以摆脱鞑靼人的奴役了。

伊凡大帝

莫斯科公国正是在伊凡大帝（Ivan the Great，1462—1505）的领导下经过一场恶战，成功地摆脱了可恶的鞑靼人的统治，让自己的国家开始具备稳固君主制的特点。

伊凡是首位获得“全俄罗斯的沙皇与独裁者”（Tzar and Autocrat of all the Russias）称号的人。他改进了法律，并致力于将欧洲国家更先进的文明引入本国。通过他与拜占庭的末代皇帝君士坦丁·帕里奥洛加斯（Palaeologus）的侄女结婚，俄罗斯与希腊的文化和学术建立了联系。在某种意义上，莫斯科几乎成为了意大利的城市，在15世纪因奥斯曼势力推进而背井离乡、流亡在外的希腊学者提供了避难所。

因此，在中世纪末期，俄罗斯已经成为一个真正的强国；但因其被敌对国家封锁，所以很难在欧洲事务中产生什么影响——因为在它与里海、黑海之间的是鞑靼人；在它与波罗的海之间的是瑞典人和其他民族；在它与德意志之间是立陶宛人和波兰人。

第六节　意大利

375.民族政府缺失

意大利与除德意志外迄今讲述的所有国家形成了鲜明的对比，直到中世纪末，都没有形成统一的民族政府。原因多种多样，但最主要的是教皇与皇帝之间令人遗憾的对抗使得意大利分裂为归尔甫派和吉伯林派两大敌对阵营。

然而，中世纪时期确有爱国精神影响半岛上不同的城市和国家形成某种政治联盟。其中最值得关注的要数爱国英雄里恩佐在14世纪发起的运动，该运动使得爱国的星星之火得以发展成为燎原之势，燃起了每一位意大利人心中国家统一的激情。①

376.罗马保民官里恩佐（1347）

在14世纪的绝大部分时间里，教廷都设在阿尔卑斯山以外的阿维尼翁。在整个“巴比伦之囚”期间，失去了自然监护人的罗马陷入了极大的混乱之中。以奥西尼（Orsini）家族和科隆纳（Colonna）家族为首的贵族之间的苦斗使得城市街头经常动荡不安。都城各处都被他们的防御堡垒所占据，古代遗迹被改造成为军事据点，中世纪封建贵族对这些文物古迹造成的伤害要比蛮族入侵者严重得多。

在此次混乱中，从底层人民中出现了一位拯救者柯拉·迪·里恩佐（Nicola di Rienzi）。通过长期研习古罗马自由与光辉的记载和遗迹，他满腔热忱勾画出宏伟的蓝图，不仅要将都城从混乱无序的不幸中拯救出来，还要恢复其原有的中心地

---

① 两个世纪之前的1143年，著名的阿伯拉尔的弟子布雷西亚的阿诺德（Arnold of Brescia）领导了罗马的一次革命，被认为是里恩佐发起运动的前兆。然而，12世纪革命缺乏后一场革命所特有的民族爱国主义；在中世纪时期以十足的活力来表达自己的民族情感仍为时尚早。阿诺德的目标是：（1）剥夺神职人员的所有财产和所有世俗权力；（2）剥夺教皇的世俗权力，使罗马成为一个自治区，仅服从于皇帝的宗主权；（3）恢复罗马作为帝国中心的原有地位，成为世界的主人。运动以失败而告终；1155年，阿诺德被火刑烧死，骨灰抛入台伯河，这样一来，人们就不能收集起来作为圣物了。

里恩佐

位，使之成为世界的主人。

具有极高的禀赋和雄辩的口才，里恩佐轻而易举就鼓动人们起义反抗贵族的统治或者说是暴政，并成功成为了罗马新政府的首脑，头衔为“保民官”（Tribune）。他的职权几乎毫无限制，得以迫使贵族屈服，并在很短的时间里给都城及其周边国家带来了一次最美妙的变革。秩序与安全取代了混乱与暴力，罗马共和国的美好时光似乎突然恢复，罗马民众也热情无限。这场非凡的革命引起了整个意大利以及半岛以外世界的注意。

先前计划取得的成功鼓舞了里恩佐，他开始实施以罗马为首都，将意大利所有的公国和自治区统一成共和国的措施。他向整个意大利派出使节，到君主的宫廷，到自治区的议会，劝说他们共创意大利的统一与自由。

其他意大利的爱国者也拥有同里恩佐一样的伟大梦想，其中就有这位平民保民官的朋友兼鼓励者诗人彼特拉克，“希望加入到光辉事业中并能青史留名”。吉本说：“如果激情能够倾听理智，如果私利可以让步于公益，那么意大利共和国的最高法庭和联盟就可以摒弃内部纷争，封锁阿尔卑斯山共御北方蛮族了。”

但意大利统一的时机未到。不仅有敌对派系和阶层的野心和私欲对民族运动造成的阻碍，还有平民爱国者自身性格所造成的巨大困难。里恩佐被证明是一位不称职的领袖。他完全被自己的平步青云与惊人成功冲昏了头脑，很快便表现出了最令人难以置信的虚荣与弱点。里恩佐为自己加冕了七顶王冠，象征着圣灵赐予的七件礼物，名号为“罗马拯救者，意大利保卫者，人类、自由、和平与正义之友，令人敬畏的保民官”（Deliverer of Rome；Defender of Italy；Friend of Mankind，and of Liberty，Peace，and Justice；Tribune August）。

保民官过分的愚蠢行为很快就有了报应：人们不再支持他；教皇以反叛者与异教徒的罪名而开除了他的教籍；贵族们群起而攻之。里恩佐弃职逃亡。隐匿6年后，里恩佐与教会达成和解，教皇以元老的头衔把他送回罗马担任自己的代理人；但执政几个月后，他在一次突发的人民起义中被杀（1354）。

因此，英雄里恩佐和诗人彼特拉克的梦想均化为乌有。几个世纪的分裂，可耻地屈从于法兰西、西班牙和奥地利等外国君主的战争与苦难之后，罗马却仍未成为自由、有序、团结的意大利的中心。

377.五大国

意大利的统一成为泡影，但中世纪后期见证了中北部地区无数小国合并成了大国。到15世纪中期，半岛的大部分地区被分为五个所谓的“大国”（Great States）：米兰公国[①]，北方的威尼斯和佛罗伦萨两个名义上的共和国，意大利中部的教会国和南部的古那不勒斯王国。

这些国家的形成及其所建立起来的某种权力平衡平息了城镇之间的野蛮纷争，最终给意大利带来了几十年的相对和平时期（1447—1492）。

但是这些大国跟小国一样，也是彼此嫉妒，且也正是因为他们不能协同作战，使得法兰西国王查理八世可以长驱直入，从半岛的一端打到另一端（详见第343条）。因此，意大利再一次向北方“蛮族”敞开了大门，这就是外国奴役半岛的开端；之后的3个多世纪里，意大利注定只是一个“地理名词”而已。

378.文艺复兴

尽管在此期间为创造共同的理想与情感做了很多事情，但直到中世纪结束时，意大利也没有建立起民族政府，可这却是唯一能够达到政治统一的方法。

在意大利，文学艺术承担了其他国家里战争的角色，激发了民族自豪感与民族精神。文艺复兴的启发和成就使得意大利人认清了自我，为创造民族和国家共同的自豪感作出了巨大贡献；因此，这种灿烂的文学与艺术热情是国家发展进程中的第一步，它将引导意大利人民在时机成熟之时走向共同的政治生活。

此处，关于意大利文艺复兴时期的文学，必须讲到马基雅维利的《君主论》（*The Prince*）。在这本杰出的著作中，作者满怀爱国深情，指出了在现有的混乱、物质与精神条件下，意大利如何能够像英格兰、法兰西或西班牙一样建立起一个强大的国家。

意大利的救世主兼新国家的缔造者必须是一位强大的专制君主，在作者心目中，佛罗伦萨美第奇家族正是这一人选。建立大业的过程中不应有任何道德顾虑，要准备使用一切手段，不管多么残忍、不公、邪恶，都要不达目的决不罢休。在君

---

① 米兰在强大的维斯康蒂家族（Visconti）手中。家族最后一位统治者于1447年离世，1450年弗朗切斯科·斯福尔扎（Francesco Sforza）继掌权力，并成为著名的斯福尔扎家族的创始人。

主建立了统一的意大利之后，那么他必须代表人民正义施政。

马基雅维利指导王公们依此方式在中世纪破败的制度上建立起一个国家，事实上正是此时意大利的独裁者们建立各自公国的方式；但是，他应该认真地告诫任何一位以无德之道治国且很快反对他和他的教义的人，特别是在北方，猛烈的抗议与谴责仍未平息。然而，马基雅维利有足够的追随者，因此，该作品对16、17世纪的政治道德有着巨大而邪恶的影响。虽然有些夸大，但维拉里（Villari）说：“毫无疑问，《君主论》比任何世界上的其他书籍都对真实生活产生了更为直接的作用力，并且在中世纪欧洲的解放中起到了不可估量的作用。”

379.萨沃纳罗拉

佛罗伦萨修道士兼改革家季罗拉莫·萨沃纳罗拉（Girolamo Savonarola，1452—1498），是中世纪末期意大利最值得关注的人物。

萨沃纳罗拉

萨沃纳罗拉曾是希伯来先知兼罗马监察官，在以利亚（Elijah）时代之后，世上再未出现过一位如此正义的传道者。他谴责美第奇家族是佛罗伦萨的奴役者与腐蚀者；大声疾呼，反对罗马臭名昭著的波吉亚家族（Borgias）的罪孽；为抵制文艺复兴时期的异教趋势而斗争；愤慨地谴责修道士的肆意挥霍；预言因教会的堕落、时代的异端与邪恶，意大利的佛罗伦萨以及全世界都会受到神的惩罚。

他强有力的布道警醒了佛罗伦萨的良知。在萨沃纳罗拉建议下，妇女们将自己的服饰和其他美丽的艺术品拿出来，堆在佛罗伦萨的街头，像对待废品一样付之一炬；他甚至还敦促佛罗伦萨建立神权政体，尊基督为国王。但最后，敌人采取行动打垮了这位改革者，将他判处死刑，绞死焚烧，骨灰撒入阿尔诺河。

萨沃纳罗拉可以被认为是15纪的最后一位中世纪改革先驱；然而，他却不是新教的先驱，因而不能被看作是与路德同样意义的改革者。萨沃纳罗拉坚定地站在天主教的立场上，赞同教皇神权天授。他的改革是在对抗文艺复兴时期的异教与不端倾向，并发动了对人文主义者及其异教研究的战争，宣称在信仰方面，一位老妪都比柏拉图更聪明。他以同样的方式反对艺术复兴，对清教徒的他来说，恢复异教过去厚颜无耻的低下道德与恶劣品质似乎极为危险。

第七节　北方诸国

380.卡尔马联盟（1397）

9、10世纪斯堪的纳维亚人的大迁徙，使北方人口中的一些最优秀的元素消耗殆尽。因此，这些国家并未发挥它们在中世纪历史上本应发挥的重要作用。而各国最高统治者与贵族之间不断的纷争也是导致自身虚弱的另一个原因。

1397年，挪威、丹麦和瑞典三个王国成立卡尔马联盟（Union of Calmar），团结在有“北方的塞米勒米斯”（the Semiramis of the North）①之称的丹麦女王玛格丽特（Margaret of Denmark）的领导之下。他们签订了一项条约，规定每个国家都应保持自己的体制并制定自己的法律。尽管同盟国对这个联盟寄予了厚望，但条约却经常不被遵守，结果只带来了嫉妒、敌对与战争。

因此，北欧诸国在中世纪后期的历史上乏善可陈；但在近代初期，可以看到作为独立君主国的瑞典发展迅速，并在欧洲事务中发挥了重要作用。

① 塞米勒米斯（Semiramis），传说中的亚述女王，据说重建了古巴比伦城（Babylon）。其历史原型是新亚述帝国（Neo-Assyrian Empire）国王沙姆希-阿达德五世（Shamshi-Adad V）之妻萨穆-拉玛特（Shammuramat）。——译者注

参考文献

第一章　日耳曼人大迁徙

引文及其出处[①]：

The Letters of Cassiodorus（trans.by Thomas Hodgkin）（《卡西奥多鲁斯的信》，托马斯·霍奇金译）。参阅bk.i，Letters 24 and 35；bk.ii，Letters 32 and 34；bk.iii，Letters 17，19，29，31，and 43；bk.xi，Letters 12 and 13；bk.xii，Letter 20。这些信件在展示古代到中世纪之间这一过渡时期的总体情况方面具有极高的价值。霍奇金在他伟大的作品中还提供了大量该时期的可引文献。

The Anglo-Saxon Chronicle（Bohn）（《盎格鲁-撒克逊编年史》）。参考公元455年—872年间的条目。

Boethius，*Consolation of Philosophy*（Bohn）（《哲学的慰藉》，波伊提乌著）。霍奇金说："任何一个花几个小时去研读曾享誉世界的充满中世纪欧洲贵族智慧的《哲学的慰藉》之人，都会有所感悟。"

Colby's *Selections from the Sources of English History*（《英格兰史料选编》，科尔比

---

① 各章的参考文献，都分两部分列出：引文及其出处（Sources and Source Material）；辅助性资料（Secondary or Modern Works）。但却并未遵守参考文献的相应格式，而是两部分各成一段，进行了作品的罗列与推荐。原文所列文献大多只有英文版本，为了方便读者阅读，本部分的翻译遵循以下原则：（1）将各部分按照作者与作品进行了分段，但并未参照规定格式改动原文。（2）保留作者、作品、译者的英文原文，并在其后加括号注明译文，译文均采用通用名称，无中文固定译法的，给出参考译名。（3）出版信息、卷数、页码、援引位置则直接保留英文，便于读者查询。（4）其他说明文字，均只保留译文。（5）对同一参考文献原文前后名称不统一的，统一采用文献全名。——译者注

编），摘录5，“The Coming of the English to Britain”（不列颠岛上英格兰人的起源），摘自Baeda’s *Historia Ecclesiastica Gentis Anglorum*（《英吉利教会史》，比德著）。

Lee’s *Source-Book of English History*（《英格兰史料集》，李著），chap.iv。

Studies in European History（University of Nebraska）（《欧洲史研究》，内布拉斯加州立大学），vol.ii，No.2，“Teutonic Barbarians”（日耳曼蛮族）。

辅助性资料：

Hodgkin（T.），*Italy and her Invaders*（《意大利及其入侵者》，霍奇金著），8 vols。前四卷已修订再版。霍奇金被认为是大迁徙阶段的权威，写作风格极具吸引力。参阅vol. iii，bk.iv，chap.xii，pp.517-572，“Boethius and Symmachus”（波伊提乌和西玛库斯）。By the same author，*Theodoric the Goth*（Heroes of the Nations）（《狄奥多里克国王》，作者同上）。

Gummere（F.B.），*Germanic Origins*（《日耳曼起源》，噶米尔著）。日耳曼早期文化的权威且富有趣味之作。

Sheppard（J.G.），*The Fall of Rome and the Rise of the New Nationalities*（《罗马帝国的衰亡与新民族的崛起》，谢泼德著）。所选章节。

Gibbon（E.），*The Decline and Fall of the Roman Empire*（《罗马帝国衰亡史》，吉本著），chaps.xxxviii and xxxix。

Church（R.W.），*The Beginning of the Middle Ages*（Epoch Series）（《中世纪的开端》，切奇著），chaps.i-v。

Emerton（E.），*An Introduction to the Study of the Middle Ages*（《中世纪研究概况》，埃默顿著），chaps.vi and vii。

Green（J.R.），*The Making of England*（《英格兰的形成》，格林著），and the same author’s *Short History of the English People*（new ed.，1899）（《英国人民简史》，作者同上），chap.i。

Church（A.J.），*Early Britain*（Story of the Nations）（《早期不列颠》，丘奇著），chaps.x-xvii，pp.92-184。

Oman（C.），*The Dark Ages*（《黑暗时代》，奥曼著），chaps.i，ii，iv，vii，viii，x，and xi。

Kitchin（G.W.），*History of France*（4th ed.，1898）（《法兰西史》，基钦著），vol. i，pp.1-181。

Kingsley（C.），*The Roman and the Teuton*（《罗马人与日耳曼人》，金斯利著）。本书一定会激起年轻读者的兴趣，但该书与客观历史不同，是一本主观性较强的史书。

第二章 蛮族的皈依

引文及其出处：

Bede，*Ecclesiastical History*（Bohn）（《英吉利教会史》，比德著）。见文内注释。bk.i，chaps.xxiii-xxv；bk.ii，chaps.i and xiii；bk.iii，chaps.iii and xxv。

Beowulf（trans.by Garnett）（《贝奥武夫》，加内特译）。见文内注释。

Colby's *Selections*（《英格兰史料选编》，科尔比编），摘录 6，"Saint Augustine，the Missionary"（传教士圣奥古斯丁），选自Bede's *Hisioria Ecclesiastica*（《英吉利教会史》，比德著）。

Translations and Reprints（Univ.of Penn.）（《翻译与转载》，宾夕法尼亚大学），vol.ii，No.7，Life of Saint Columban（圣高隆庞的一生）。记录一位爱尔兰修道士的生平，兼具趣味性与启发性。这本传记的题目曾被叫作《小高隆庞》以便区分第30条中提到的爱奥那的圣科伦巴（Saint Columban）。

Mason's *The Mission of Augustine*（《奥古斯丁的传教活动》，梅森著）。包含这一具体主题的所有材料，并有英文译本。部分关于圣徒生活的附加材料可以在Kingsley's *The Hermits*（《隐士》，金斯利著）一书中找到。

辅助性资料：

Milman（H.H.），*History of Latin Christianity*（《拉丁基督教史》，米尔曼著），vol.i，bk.iii，chap.ii，"Conversion of the Teutonic Races"（日耳曼民族的皈依）。

Maclear（G.F.），*The Celts*（《凯尔特人》，麦克利尔著）。

Merivale（C.），*The Continental Teutons*（《欧洲大陆的日耳曼人》，梅里韦尔著）。上述两部均属"西部皈依"（Conversion of the West）书系。

Zimmer（H.），*The Irish Element in Mediaeval Culture*（《中世纪文化中的爱尔兰元素》，齐默尔著）。被认为是中世纪文明时期由爱尔兰修道士所著的权威且富有趣味之作。

Alzog（J.），*Manual of Universal Church History*（Catholic，from the German）（《普世教会史手册》，阿尔佐格著），vol.ii，pp.1-252。

Stanley（A.P.），*Christian Institutions*（《基督教制度》，斯坦利著）。展现出异教对基督教的仪式、惯例及各种制度的影响。

Schaff（P.），*History of the Christian Church*（《基督教会史》，沙夫著），vol.iv，chap.ii，pp.17-142，"The Conversion of the Northern and Western Barbarians"（北方与西部蛮族的皈依）。极好。

Kingsley（C.），*The Hermits*（《隐士》，金斯利著）。诺里库姆的使徒塞维里努斯（Saint Severinus，the apostle of Noricum）的传记具有特殊的历史价值。

Lingard（J.），*The Antiquities of the Anglo-Saxon Church*（《盎格鲁-撒克逊教会的古制》，林加德著）。天主教方面首屈一指的著作。

第三章　隐修制度

引文及其出处：

Henderson's *Select Historical Documents of the Middle Ages*（《中世纪历史文献选读》，亨德森著），pp.274-314，"The Rule of Saint Benedict"（圣本笃会规）。

European History Studies（Univ.of Nebraska）（《欧洲史研究》，内布拉斯加大学），vol.ii，No.6，"Monasticism"（隐修制度）。

Nicene and Post-Nicene Fathers（Second Series）（《尼西亚前期与尼西亚后期教父选集》），vol.iv，for "Life of Saint Antony"，by Athanasius（"圣安东尼传"，圣亚他那修著）；vol.vi，for "Life of Paulus" and "Life of Saint Hilarion"，by Saint Jerome（"保卢斯传"、"圣伊拉里传"，圣杰罗姆著）；vol.xi，for the "Institutes" and the "Conferences" of Cassian（"修道制度"、"演说集"，格西安著），and the "Life of Saint Martin" and the "Dialogues" of Sulpicius Severus（"圣马丁传"、"语录"，赛弗雷著）。"修道制度"、"演说集"和"语录"极大地赞美了最著名的隐士和修道士的美德，同时教导读者尊重修道院的习俗与制度。在本书同一书系中会发现同时代教会历史学家苏格拉底（Socrates）、索佐门（Sozomen）、西奥多（Theodoret）和伊维力亚（Evagrius）的著作。这些早期教父的著作阐释了早期的隐修制度，如同矿产资源一样取之不尽，用之不竭。

Kingsley's *The Hermits*（《隐士》，金斯利著）其中有很多有价值的素材。可在其中找到直译版的圣亚他那修所著"圣安东尼传"。

辅助性资料：

Montalembert（Count de），*The Monks of the West from Saint Benedict to Saint Bernard*（《西部修道士：从圣本笃到圣伯纳德》，蒙塔朗贝尔著），7 vols。炙热的隐修制度颂词。

Lecky（W.E.H.），*History of European Morals from Augustus to Charlemagne*（《从奥古斯都到查理曼大帝的欧洲伦理史》，勒基著），vol.ii，chap.iv。描绘出了历史的跌宕起伏。

Maitland（S.R.），*The Dark Ages*（3d ed.，London，1853）（《黑暗时代》，梅特兰著），Essay No.10，on monasticism in general（总论隐修制度）；and No.24，on the monastic scriptoria（修道院的缮写室）。

Wishart（A.W.），*A Short History of Monks and Monasteries*（《修道士与修道院简史》，魏沙特著）。关于隐修制度的起源、理想与影响的最佳英文简录。

Putnam（G.H.），*Books and their Makers during the Middle Ages*（《中世纪的图书及其制造商》，普特南著），vol.i。讲述了作为抄写员与书稿彩饰者的修道士。

Kingsley（C.），*The Hermits*（various editions）（《隐士》，金斯利著）。很有趣味性。

Schaff（P.），*History of the Christian Church*（5th ed.）（《基督教会史》，沙夫著），chap.iv，pp.147-233，“The Rise and Progress of Monasticism”（隐修制度的兴起与发展）。精湛的描写。

Jessopp（A.），*The Coming of the Friars*（《托钵修会的缘起》，杰索普著），chap. iii，“Daily Life in a Mediaeval Monastery”（中世纪修道院的日常生活）。

Cutts（E.L.），*Scenes and Characters of the Middle Ages*（New York，1885）（《中世纪的事件与人物》，卡茨著），pp.93-156，“Hermits and Recluses”（隐士及遁世者）。

Butler（A.），*Lives of the Saints*（《圣徒传》，巴特勒著）（full title，*The Lives of the Fathers，Martyrs，and Other Principal Saints*）（全名：《教父、殉道者及其他主要圣徒传记》），2 vols.，London，1833。本书是原著12卷本的再版。巴特勒卒于1773年，其著作为大量文献的汇编，供借鉴与参考。

第四章　拉丁民族与日耳曼民族的融合

引文及其出处：

Henderson’s *Select Historical Documents of the Middle Ages*（《中世纪历史文献选读》，亨德森著），pp.176-189，“The Salic Law”（萨利克法），pp.314-319，“‘Formulae

Liturgicae' in use at Ordeals"（神裁法中"礼拜仪式"的使用）。

Lee's *Source-Book of English History*（《英格兰史料集》，李著），chap.v，"Anglo-Saxon Laws"（盎格鲁-撒克逊法律）。

Translations and Reprints（Univ.of Penn.）（《翻译与转载》，宾夕法尼亚大学），vol. iv，No.4，"Ordeals"（神裁法）等。

辅助性资料：

Emerton（E.），*Introduction to the Middle Ages*（《中世纪导论》，埃默顿著），chap. viii，"Germanic Ideas of Law"（日耳曼的法律思想）。

Lea（H.C.），*Superstition and Force：Essays on the Wager of Law，the Wager of Battle，the Ordeal and Torture*（4th ed.，1892）（《迷信与暴力：历史中的宣誓、决斗、神判与酷刑》，李著）。对于学习原始文化的学生非常宝贵。

Guizot（F.P.G.），*History of Civilization in France*（《法国文明史》，基佐著），vol.i，lects. viii-xi。本书构成了该作者阿尔普顿版（the Appleton edition）"欧洲文明史"（"History of Civilization in Europe"）的vols.ii-iv，是3 vols的"法国文明史"（"History of Civilization in France"）中的1 vol。

Hallam（H.），*View of the State of Europe during the Middle Ages*（revised ed.；various issues）（《中世纪欧洲的国家观念》，哈勒姆著），chap.ix，第一部分。尽管本书首版发行于1818年，但仍具价值。

Sohm（R.），*The Institutes of Roman Law*（trans.by James C.Leddie：2d ed.，1901）（《罗马法原理》，梭姆著，詹姆斯·莱迪译），sect.1，"The Reception of the Roman Law in Germany"（德意志对罗马法的接受），sect.23-28，"The Subsequent Fate of Roman Law"（罗马法未来的命运）。

Hadley（J.），*Introduction to Roman Law*（《罗马法概论》，哈德利著），lect.ii，"The Roman Law since Justinian"（查士丁尼时代以来的罗马法）。

第五章　东罗马帝国

引文及其出处：

The Institutes of Justinian（《查士丁尼法学总论》）。本书有很多英文译本，莫伊尔

（Moyle）所译应为最佳。

辅助性资料：

Gibbon（E.），*The Decline and Fall of the Roman Empire*（Bury's ed.recommended）（《罗马帝国衰亡史》，吉本著），chaps.xl-xliv，叙述查士丁尼统治时期（the reign of Justinian）；Chap.xliv，讲述罗马法律体系（Roman jurisprudence）。

Oman（C.），*The Story of the Byzantine Empire*（Story of the Nations）（《拜占庭帝国的故事》，奥曼著），chaps.iv-xi；and，by the same author，*The Dark Ages*（《黑暗时代》，作者同上），chaps.iii，v，vi，ix，and xii。

Hodgkin（T.），*Italy and her Invaders*（《意大利及其入侵者》，霍奇金著），vol.iv，"The Imperial Restoration"（帝国复兴）。

Rawlinson（Geo.），*The Seventh Great Oriental Monarchy*（《第七个伟大的东方君主国》，罗林森著），chap.xxiv。

Ency.Brit.（《不列颠百科全书》），查阅詹姆斯·布莱斯（James Bryce）编纂的查士丁尼（Justinian）条目。

Bury（J.B.），*History of the Later Roman Empire*（《晚期罗马帝国史》，伯利著），2 vols。上乘的学术著作。

Harrison（F.），*Byzantine History in the Early Middle Ages*（《中世纪早期的拜占庭历史》，哈里森著）。一篇精彩的演讲，是总结了本领域最新研究成果的非凡讲稿。

Finlay（G.），*History of Greece*（ed.by Tozer）（《希腊史》，芬利著，托泽编），vol.i，"Greece under the Romans"（罗马人统治下的希腊）。

第六章　穆罕默德与萨拉森人

引文及其出处：

*The Koran.*The translation by Palmer（《古兰经》，帕尔默译）。"东方圣书"（Sacred Books of the East）系列为佳译，但市面已难以买到；罗德威尔（Rodwell）带格律的韵律版英译传递出原著中某种文学价值观念。此版本将章节按照时间顺序排列也具有很大的价值。《古兰经》就像基督教的《圣经》一样，是了解伊斯兰教的主要来源。

The Speeches and Table-Talk of the Prophet Mohammed（chosen and translated by Stanley

Lane-Poole）（《先知穆罕默德的演讲及席间谈话》，斯坦利·莱恩-普尔译）。

The Bible，Ezekiel（《圣经》之《以西结书》），chap.xxvii；有对阿拉伯人极感兴趣的东部贸易和商路的鲜明描述。

The Arabian Nights Entertainments（translated by Edward Forster；revised ed.，New York，1895）（《天方夜谭》，爱德华·福斯特译）。展现了东方的气息与魅力。

European History Studies（Univ.of Nebraska）（《欧洲史研究》，内布拉斯加大学），vol.ii，No.3，"Selections from the Koran"（《古兰经》文选）。

辅助性资料：

Muir（W.），*The Corân: Its Composition and Teachings*（《古兰经：文本与教义》）；*The Life of Mohammed*（《穆罕默德生平》），4 vols.（3d ed.in 1 vol.）；*Annals of the Early Caliphate*（《早期哈里发编年史》）；*The Rise and Decline of Islam*（《伊斯兰兴衰史》），均为缪尔著。这些作品均基于原始材料，但却以一种不友好且冷漠的态度写成。

Smith（R.B.），*Mohammed and Mohammedanism*（《穆罕默德和伊斯兰教》，史密斯著）。写作风格引人入胜，并附有简要的参考文献。

Deutsch（E.），*Literary Remains*（《遗著》，多伊奇著）。书中包含一篇题为"伊斯兰教"（Islam）的重要文章。本文曾在上面所列史密斯的作品附录中出现。

Sprenger（A.），*The Life of Mohammed*（Allahabad，1851）（《穆罕默德传》，施普伦格著）。

Irving（W.），*Mahomet and his Successors*（numerous editions）（《穆罕默德及其继承者》，欧文著）。

Gibbon（E.），*The Decline and Fall of the Roman Empire*（《罗马帝国衰亡史》，吉本著），chaps.l-lii。仍有价值。

Carlyle（T.），*Heroes and Hero-Worship*（《论英雄和英雄崇拜》，卡莱尔著）lect.ii，"The Hero as Prophet"（先知英雄）。振奋人心的文章。

Stanley（A.P.），*Lectures on the History of the Eastern Church*（《东方教会史演讲集》，斯坦利著）。阅读题为"Mohammedanism in its Relations to the Eastern Church"（伊斯兰教与其东方教会的关系）的演讲。

Schaff（P.），*History of the Christian Church*（《基督教会史》，沙夫著），vol.iv，chap.iii，pp.143-202，"Mohammedanism in its Relations to Christianity"（伊斯兰教与基督教的关系）。

Freeman（E.A.），*History and Conquests of the Saracens*（2d ed.，London，1876）（《萨拉森人的历史与征服》，弗里曼著）。大师概叙之作。

Gilman（A.），*The Saracens from the Earliest Times to the Fall of Bagdad*（Story of the Nations）（《萨拉森人：从最早期到巴格达陷落》，吉尔曼著）。“民族故事”（Story of the Nations）主题下共有200多本书，其中一些极为重要的作品附有简短的赏析。

Syed Ameer Ali，*The Spirit of Islam：or the Life and Teachings of Mohammed*（2d ed.，London，1896）（《伊斯兰教之精神：穆罕默德生平与学说》，阿里著）。一位穆斯林法学家之作，作者坚持认为，正如基督教徒为基督教所坚持的那样，伊斯兰教应该通过其精神，而非通过其信仰者的实践来判断。Also the same author’s *Short History of the Saracens*（《萨拉森人简史》，作者同上）。

Poole（S.L.），*Studies in a Mosque*（《清真寺研究》，普尔著）。

Smith（H.P.），*The Bible in Islam*（《伊斯兰教的圣经》，史密斯著），chap.x，“Church and State”（教会与国家）；讲述穆罕默德在麦地那的境况。

Encyc.Brit.（《不列颠百科全书》）。查阅“Mohammedanism”（伊斯兰教）条目下由Wellhausen（威尔豪森）、Noldeke（内尔德克）和Guyard（基亚）编著的文章，有特殊的价值。

Milman（H.H.），*History of Latin Christianity*（《拉丁基督教史》，米尔曼著），vol. ii，bk.iv，chaps.i and ii。

第七章　查理大帝与西部帝国复兴

引文及其出处：

Eginhard（Einhard），*Life of the Emperor Karl the Great*，translation by William Glaister recommended（《查理大帝传》，艾因哈德著，威廉·格莱斯特译）。艾因哈德是查理的密友兼秘书。霍奇金说：“几乎我们对查理大帝所有的真实、生动的认知均源自艾因哈德，而且……《查理大帝传》（*Vita Caroli*）是中世纪早期最珍贵的遗产之一。”

Henderson’s *Select Historical Documents of the Middle Ages*（《中世纪历史文献选读》，亨德森著），pp.189-201，“Capitulary of Charlemagne，issued in the year 802.”（公元802年颁布的《查理大帝法令集》）。

Translations and Reprints（Univ.of Penn.）（《翻译与转载》，宾夕法尼亚大学），vol.

vi，No.5，“Selections from the Laws of Charles the Great”（查理大帝法令集）。

辅助性资料：

Hodgkin（T.），*Charles the Great*（Foreign Statesmen）（《查理大帝》，霍奇金著）。最好的英文短篇传记。

Mombert（J.I.），*A History of Charles the Great*（《查理大帝史》，姆伯特著）。

Bryce（J.），*The Holy Roman Empire*（《神圣罗马帝国》，布莱斯著），chaps.iv，v，and xxi。清晰地表述了帝国复兴的重大意义。

Emerton（E.），*Introduction to the Middle Ages*（《中世纪导论》，埃默顿著），chaps. xii-xiv。

Oman（C.），*The Dark Ages*（《黑暗时代》，奥曼著），chaps.xx-xxii。

Guizot（F.P.G.），*History of Civilization in France*（《法国文明史》，基佐著），vol.i，lect.xx（see remarks，page 72）。

Sergeant（L.），*The Franks*（Story of the Nations）（《法兰克人》，萨金特著），chaps.xvi-xxii。极好的描述，对查理的事迹进行了心平气和又恰到好处的评价。

West（A.F.），*Alcuin and the Rise of the Christian Schools*（Great Educators）（《阿尔昆与基督教学校的兴起》，韦斯特著）。

Mullinger（J.B.），*The Schools of Charles the Great*（《查理大帝的学校》，穆林杰著）。上述两书讲述了查理大帝所创办的学校对中世纪精神生活产生的影响。

Freeman（E.A.），*The Chief Periods of European History*（《欧洲历史的主要时期》，弗里曼著），lects.iii and iv。

Adams（G.B.），*Civilization during the Middle Ages*（《中世纪文明史》，亚当斯著），chap.vii。

Davis（H.W.C.），*Charlemagne*（Heroes of the Nations）（《查理曼大帝》，戴维斯著）。

第八章　北欧人：维京人的到来

引文及其出处：

The Heimskringla，or The Chronicle of the Kings of Norway（trans.from the Icelandic of

Snorro Sturleson by Samuel Laing）（《海姆斯克林拉》或《北欧传奇挪威王列传》，斯诺里·斯图鲁松著，塞缪尔·拉英译），3 vols.；London，1844。在斯图鲁松（详见第110条）对本书的介绍中说："本书记载了一些古老的故事；我从智者那里听来，是关于北方国家首领的故事……虽然我们不能确定其中是否有道听途说，但是我们确信古老智者们一定认为它们就是真的。"这些故事价值非凡，用基尔里（Keary）的话讲：因为他们是"最后一个清晰的日耳曼异教之音"。

The Story of Burnt Njal（trans.by George W.Dasent）（《尼奥尔萨迦》，乔治·韦伯·达森特译）。冰岛传奇；一本时代与风俗之书。

The Anglo-Saxon Chronicle（Bohn）（《盎格鲁-撒克逊编年史》）。查阅公元787年—1042年间的条目。

Colby's *Selections from the Sources of English History*（《英格兰史料选编》，科尔比著），Nos.8，9，and 10。

Kendall's *Source-Book of English History*（《英国史资料集》，肯德尔著），chap ii，"England and the Danes"（英格兰与丹麦人）。

Asser，*Annals of the Reign of Alfred the Great*（《阿尔弗雷德大帝统治时期编年史》，阿塞尔著）；in "Six Old English Chronicles"（Bohn）（"六部古英格兰编年史"书系）。

Old South Leaflets（《古代南方小册子》），No.112，"King Alfred's Description of Europe"（阿尔弗雷德国王论述欧洲）。

Gregory the Great，*The Book of Pastoral Rule*（《论神职人员的职责》，教皇格里高利一世著）（Nicene and Post-Nicene Fathers，Second Series，vol.xii）（尼西亚前期与尼西亚后期教父选集）。

辅助性资料：

Keary（C.F.），*The Vikings in Western Christendom*（A.D.789—888）（《西部基督教世界的维京人》，基尔里著）。一部令人兴趣盎然的学术著作。作者将维京人的侵袭描述为"基督教与北方异教之间的漫长斗争的……一个阶段"。

Pauli（R.），*The Life of Alfred the Great*（Bohn）（《阿尔弗雷德大帝传》，保利著）。一部杰作，伟大国王的最佳传记。

Green（J.R.），*The Conquest of England*（《征服英格兰》，格林著）；除chaps.x and xi以外的各章。

Wheaton（H.），*History of the Northmen*（Philadelphia，1831）（《北欧人的历史》，

惠顿著）。一本纯粹的学术小书。

Du Chaillu（P.B.），*The Viking Age*（《维京时代》，迪谢吕著），2 vols。反映出古代北欧人的生活理想、风俗习惯，主要采用长篇故事的形式讲述。

Hughes（T.），*Alfred the Great*（《阿尔弗雷德大帝》，休斯著）。极为有趣。

Oman（C.），*The Dark Ages*（《黑暗时代》，奥曼著），chap.xxiv。

Boyesen（H.H.），*The Story of Norway*（Story of the Nations）（《挪威故事》，伯以森著）。开头几章。

Lingard（J.），*History of England*（《英国史》，林加德著），vol.i。阿尔弗雷德逝世的千年庆典建立了"阿尔弗雷德图书馆"。

在最近出版的书中，应该注意以下几本：

Macfadyen（D.），*Alfred, the West Saxon*（Saintly Lives）（《西撒克逊人阿尔弗雷德》，麦克菲迪恩著）。

Bowker（A.），*Alfred the Great*（《阿尔弗雷德大帝》，鲍克著）。不同作家创作的若干篇文章构成了这本绝妙的文集。

Draper（W.H.），*Alfred the Great: A Sketch and Seven Studies*（《阿尔弗雷德大帝：一篇简介和七篇论文》，德雷珀著）。

第九章　神权的崛起

引文及其出处：

Henderson's *Select Historical Documents of the Middle Ages*（《中世纪历史文献选读》，亨德森著），pp.319-329，"The Donation of Constantine"（《君士坦丁御赐教产谕》）。

辅助性资料：

Hatch（E.），*The Organization of the Early Christian Church*（《早期基督教会的组织》，哈奇著）。关于新宗教方面最佳的作品。

Fisher（G.P.），*History of the Christian Church*（《基督教会史》，费舍尔著）。前几章，简洁、公正、博学。

Hurst（J.F.），*History of the Christian Church*（《基督教会史》，赫斯特著），vol.i。查阅目录。

Schaff（P.），*History of the Christian Church*（《基督教会史》，沙夫著）（5th ed., New York，1899），vol.iii，chap.v，“The Hierarchy and Polity of the Church”（教会的等级制度与政治形态）。

Alzog（J.），*Manual of Universal Church History*（from the German）（《普世教会史手册》，阿尔佐格著），vol.ii，pp.481-510。杰出学者提出的关于此主题的天主教观点。

Milman（H.H.），*History of Latin Christianity*（《拉丁基督教史》，米尔曼著）。vols.i and ii中所选章节。

Emerton（E.），*An Introduction to the Study of the Middle Ages*（《中世纪研究概况》，埃默顿著），chap.ix，“The Rise of the Christian Church”（基督教会的兴起）。

Adams（G.B.），*Civilization during the Middle Ages*（《中世纪文明史》，亚当斯著），chap.vi，“The Formation of the Papacy”（教宗的形成）

Cardinal Gibbons，*The Faith of Our Fathers*（《教父的信仰》，红衣主教吉本斯著），chap.ix，“The Primacy of Peter”（彼得至高的地位），chap.x，“The Supremacy of the Popes”（教皇至上）。用简单、权威的语言陈述了此方面的天主教观点。

Lea（H.C.），*Studies in Church History*（《教会史研究》，李著）。一系列学术性和趣味性的文章。这部作品的前几章涉及“世俗权力的崛起”（The Rise of the Temporal Power）和“神职人员的特权”（Benefit of Clergy）。

Bowden（J.W.），*The Life and Pontificate of Gregory the Seventh*（《格里高利七世的生平与教职》，鲍登著），vol.i，chap.i。概述了主教贵族向教皇君主制的转变。

Stille（C.J.），*Studies in Mediaeval History*（《中世纪史研究》，斯蒂尔著），chap. ix，“The Papacy to the Reign of Charlemagne”（查理大帝统治时期的教皇）。

Bury（J.B.），*History of the Later Roman Empire*（《晚期罗马帝国史》，伯利著），vol.ii。查阅目录。

Von Dollinger（J.J.I.），*Fables respecting the Popes of the Middle Ages*（from the German）（《中世纪教皇传说》，冯·多林格著）。关于《君士坦丁御赐教产谕》的最重要英文研究著作。

“教会时代史”（Epochs of Church History）书系：

Carr（A.），*The Church and the Roman Empire*（《教会与罗马帝国》，卡尔著），chap.xxiv，“Leo I and the Church of Rome”（利奥一世和罗马教会）。

Tozer（H.F.），*The Church and the Eastern Empire*（《教会和东部帝国》，托泽著），chap.vi，“The Iconoclastic Controversy”（毁坏圣像运动之争）。

第十章　封建制度与骑士制度

引文及其出处：

Translations and Reprints（Univ.of Penn.）（《翻译与转载》，宾夕法尼亚大学），vol.iii，No.5，“English Manorial Documents”（英格兰采邑的文献），and vol.iv，No.3，“Documents Illustrative of Feudalism”（封建制度的说明文献）。

辅助性资料：

Guizot（F.P.G.），*History of Civilization in Europe*（edited，with critical and supplementary notes，by George Wells Knight：New York，1896）（《欧洲文明史》，基佐著，乔治·奈特评注），lect.iv，“The Feudal System”（封建制度）。Also the same author’s *History of Civilization in France*（trans.by William Hazlitt）（《法国文明史》，作者同上，威廉·哈兹里特译），vols.ii and iii，lects.i-xi（Second Course）。基佐的讲义呈现出一种格外清晰且有趣的封建主义。然而，在某些方面他们已经被后期的研究成果所取代。

Emerton（E.），*Introduction to the Middle Ages*（《中世纪导论》，埃默顿著），chap.xv；and the same author’s *Mediaeval Europe*（《中世纪的欧洲》，作者同上），chap.xiv and the first part of chap.xv。这些章节应该结合基佐的讲义来阅读。

Adams（G.B.），*Civilization during the Middle Ages*（《中世纪文明史》，亚当斯著），chap.ix，“The Feudal System”（封建制度）。

Kitchin（G.W.），*History of France*（《法兰西史》，基钦著），vol.i，bk.iii，chap.iv，“Of Feudalism and Chivalry”（封建制度与骑士制度）。

Hallam（H.），*The Middle Ages*（《中世纪》，哈勒姆著），chap.ii，“The Feudal System，especially in France”（法兰西的封建制度）。必须与后期的权威著作结合阅读。

Seebohm（F.），*The English Village Community*（《英国的村社》，西伯姆著）。这是涉及本主题最重要的一部英文作品。作者在带有奴隶的罗马庄园探寻英格兰庄园的起源，从而使英格兰的历史追溯到了奴役时代，而非始于自由时代。

Maitland（F.W.），*Domesday Book and Beyond*（《末日审判簿及其前史》，梅特兰著）。一本供高年级学生阅读的书籍。梅特兰反对西伯姆先生在庄园奴隶起源上的观点，认为，一般而言，撒克逊时代早期的村庄不是凯尔特人或罗马奴隶或隶农群体，而是纯粹的德意志自由人群体。

Cheyney（E.P.），*An Introduction to the Industrial and Social History of England*（《英格

兰产业和社会史导读》，切尼著），chap.ii，“Rural Life and Organization.”（乡村生活及组织）。

Ashley（W.J.），*An Introduction to English Economic History and Theory*（“The Middle Ages”）（《英国经济史和经济理论导论》，阿什利著），chap.i，“The Manor and Village Community”（庄园与村社）。

Vinogradoff（P.），*Villainage in England: Essays in English Mediaeval History*（《英格兰的农奴制》，维诺格拉多夫著）。

Oman（C.），*The Dark Ages*（《黑暗时代》，奥曼著）。最后的第511-514页极具建设性。Also by the same author，*A History of the Art of War*（“The Middle Ages ”）（《中世纪战争艺术史》，作者同上），books iii and v特别推荐。奥曼早期的一部涵盖15世纪的著作《中世纪的战争艺术》（*The Art of War in the Middle Ages*），至今未被后期出版的史书系列收入。

Cutts（E.L.），*Scenes and Characters of the Middle Ages*（《中世纪的事件与人物》，卡茨著）（New York，1885），pp.311-460，“Knights of the Middle Ages”（中世纪骑士）。

James（G.P.R.），*History of Chivalry*（《骑士制度史》，詹姆斯著）。

Mills（C.），*The History of Chivalry*（《骑士制度史》，米尔斯著）。

第十一章　诺曼人

引文及其出处：

Ordericus Vitalis，*Ecclesiastical History of England and Normandy*（Bohn）（《英格兰与诺曼底教会史》，奥德里克斯·维塔利斯著）。奥德里克斯是诺曼征服之后一代的编年史家，生于英格兰，但一生都在诺曼底做修道士。作者称其作品的目的是要“展现当代事件最真实的一面”。然而，事实上，他又追溯到“万物之源”，即基督的诞生。他的作品数量巨大，译文足有四大卷，事实充足但却编排不当，好在英文版可以通过索引方便地查阅。

The Bayeux Tapestry（Reproduced in autotype plates with historic notes by Frank Rede Fowke，London，1875）（《贝叶挂毯》，复制品由弗兰克·瑞德·福克注）。这是一条200英尺长，19英寸宽的亚麻帆布，上面绣有七十二幅彩图，呈现了诺曼征服英格兰的情节。作品在其所描述的事件发生后不久便告完成，并以其所保存的法兰西大教堂命名。其重要意义在于承载了该时代的生活、风俗、服饰、武器与盔甲。

Lee’s *Source-Book of English History*（《英格兰史料集》，李著），pp.111-129。

Kendall’s *Source-Book of English History*（《英国史资料集》，肯德尔著），chap.iii，“Norman England”（诺曼英格兰）。

辅助性资料：

Freeman（E.A.），*The Norman Conquest*（《诺曼征服史》，弗里曼著）。这是一本156页的小书，并将关于诺曼征服的早期六卷本以“旧事新述”的方式呈现。弗里曼致力于研究这一主题。Also by the same author，*William the Conqueror*（Twelve English Statesmen）（《征服者威廉》，作者同上）。

Johnson（A.H.），*The Normans in Europe*（Epoch Series）（《欧洲的诺曼人》，约翰逊著）。

Creasy（E.S.），*The Fifteen Decisive Battles of the World*（《改变世界历史的十五大战役》，克雷西著），chap.vii，“The Battle of Hastings，A.D.1066.”（黑斯廷斯战役）。

Green（J.R.），*The Conquest of England*（《征服英格兰》，格林著），chap.x。

Gibbon（E.），*The Decline and Fall of the Roman Empire*（《罗马帝国衰亡史》，吉本著），chap.lvi。

Jewett（S.O.），*The Story of the Normans*（Story of the Nations）（《诺曼人的故事》，朱厄特著），chap.vii，“The Normans in Italy”（意大利的诺曼人）。

Thomson（R.），*An Historical Essay on Magna Charta*（《大宪章史论》，汤姆森著）（London，1829），pp.339-368。关于诺曼国王森林法令的最有趣、最有益的评论。

Traill（H.D.），*Social England*（《英格兰社会》，特雷尔著），vol.i，chap.iii.

Palgrave（F.），*History of Normandy and of England*（《诺曼底与英国史》，帕尔格雷夫著），4 vols。供“特别学生”（Special Student）使用。

Maitland（F.W.），*Domesday Book and Beyond*（《末日审判薄及其前史》，梅特兰著）。本书的前三分之一是对《末日审判书》之内容的学术研究与解读。

第十二章　神权与君权

引文及其出处：

Dante，*De Monarchia*（trans.by F.J.Church）（《论世界帝国》，但丁著，丘奇译）。

其构成了丘奇所著“但丁”一文的附录（麦克米伦，1878）。但丁的论点如下：首先，他表明需要一位至高无上的世俗统治者；第二，他证明了有史以来罗马帝国即是“上帝的意志”；第三，他认为君主或皇帝的权力直接来自于上帝，而非来自于教皇。这是一部对中世纪的理想及理性最有益的作品。

Henderson's *Select Historical Documents of the Middle Ages*（《中世纪历史文献选读》，亨德森著），pp.351-409，“Decrees concerning Papal Elections and Documents relating to the Controversy over Investiture”（教皇选举的教令及授职仪式争议的相关文件）。

辅助性资料：

Bryce（J.），*The Holy Roman Empire*（《神圣罗马帝国》，布莱斯著）。本书已成为经典。

Bowden（J.W.），*The Life and Pontificate of Gregory the Seventh*（《格里高利七世的生平与教职》，鲍登著）。

Lea（H.C.），*Sacerdotal Celibacy in the Christian Church*（2d.ed.，Boston，1884）（《基督教会神职人员独身制度》，李著）。一部极有学术价值的作品。第十四章主要讲述格里高利的改革。

Adams（G.B.），*Civilization during the Middle Ages*（《中世纪文明史》，亚当斯著），chap.x，“The Empire and the Papacy”（君权与神权）。

Alzog（J.），*Manual of Universal Church History*（《普世教会史手册》，阿尔佐格著），vol.ii，pp.253-336 and 481-510。

Storrs（R.S.），*Bernard of Clairvaux*（《克莱尔沃的圣伯纳德》，斯托尔斯著），lect. ii。给出了格里高利的作品应该研究的观点。

Tout（T.F.），*The Empire and the Papacy*（《君权与神权（欧洲史时期）》（Periods of European History）.

Stephens（W.R.W.），*Hildebrand and His Times*（Epochs of Church History）（《希尔德布兰德及其时代》，史蒂芬斯著）。

Milman（H.H.），*History of Latin Christianity*（《拉丁基督教史》，米尔曼著），vol. ii，bk.vii，chaps.i-iii。

Allen（J.H.），*Christian History in its Three Great Periods*（《三大时期的基督教史》，艾伦著），vol.ii，chap.i，“The Ecclesiastical System”（教会制度）；and chap.ii，“The Work of Hildebrand”（希尔德布兰德的著作）。

Vincent（M.R.），*The Age of Hildebrand*（Ten Epochs of Church History）（《希尔德布兰德时代》，文森特著）。前几个章节。

Fisher（H.），*The Mediaeval Empire*（《中世纪的帝国》，费舍尔著），vol.i，chap. xii。

第十三章　十字军东征

引文及其出处：

Chronicles of the Crusades（Bohn）（《十字军东征编年史》）。本卷包含了关于十字军东征的三个编年史的译本。第一个编年史的作者是德维兹的理查德（Richard of Devizes），第二个编年史的作者是杰弗里·德·文索夫（Geoffrey de Vinsauf）。这两个译本都详述了第三次十字军东征中的理查一世。杰弗里的编年史比较有价值，因为编年史家就如身临其境一样地描绘场景。第三个编年的作者是若因维利（Joinville），他陪同圣路易远征了埃及和巴勒斯坦。

Archer's *Crusade of Richard I*（English History by Contemporary Writers）（《理查一世的十字军东征》，阿切尔著）。

Translations and Reprints（Univ.of Penn.）（《翻译与转载》，宾夕法尼亚大学），vol.i，No.2，"Urban and the Crusaders"（城市与十字军战士）and No.4，"Letters of the Crusaders"（十字军战士的书信）；also vol.iii，No.1，"The Fourth Crusade"（第四次十字军东征）。

Henderson's *Select Historical Documents of the Middle Ages*（《中世纪历史文献选读》，亨德森著），p.208，"Decree of the Emperor Henry IV concerning a Truce of God（1085）"（亨利四世皇帝关于神命休战的法令）。

The Book of Ser Marco Polo，2 vols.，translated and edited by Henry Yule（2d.ed.，London，1875）（《马可·波罗之书》，亨利·裕尔编译）。这些独一无二的旅行记录和观察表明了十字军东征如何扩大了欧洲世界的地理视野，特别是"打开了东方世界的大门"。Also by the same editor，*Cathay and the way thither*（《东域纪程录丛》，编者同上）。

辅助性资料：

关于十字军东征的近代作品很多，以下是英语版本中最好的作品。

Sybel（H.von），*The History and Literature of the Crusades*（trans.from the German）（《十字军东征的历史与文学》，西贝尔著）。供成年读者阅读。

Burr（G.L.），*The Year 1000 and the Antecedents of the Crusades*（in Am.Hist.Rev.for April，1901，vol.vi，No.3）（《公元1000年和十字军东征的前情》，布尔著，《美国历史评论》载）。展现出“千年恐怖”（millennial terror）传说的非历史特征 。

Archer（T.A.） and Kingsford（C.L.），*The Crusades*（Story of the Nations）（《十字军东征》，阿切尔、金斯福德著）。主要讲述耶路撒冷拉丁王国的建立和命运。细心的读者将纠正第14页的“决定性的公元1000年”（fateful year 1000）这一错误。

Cox（G.W.），*The Crusades*（Epochs series）（《十字军东征》，柯克斯著）。

Emerton（E.），*Mediaeval Europe*（《中世纪欧洲》，埃默顿著），chap.xi，“The Crusades”（十字军东征）。

Adams（G.B.），*Civilization during the Middle Ages*《中世纪文明史》，亚当斯著），chap.xi，“The Crusades”（十字军东征）。

Michaud（J.F.），*History of the Crusades*（from the French）（《十字军史》，米肖著），3 vols。非常有趣，但因对十字军东征的新研究使得其中部分内容难以令人信服。

Pears（E.），*The Fall of Constantinople*（《君士坦丁堡的陷落》，皮尔斯著）。对第四次十字军东征的最佳记述。

Gray（G.Z.），*The Children's Crusade*（new ed.，Boston，1900）《儿童十字军东征》，格雷著）。一本能够激起年轻读者兴趣的书。

Mombert（J.I.），*A Short History of the Crusades*（《十字军东征简史》，姆伯特著）。不如其所著的《查理大帝》（Charles the Great）。

Oman（C.），*The Art of War in the Middle Ages*（《中世纪的战争艺术》，奥曼著）。Also the same author's *Byzantine Empire*（Story of the Nations）（《拜占庭帝国》，作者同上），chaps.xxi and xxii。尤其关于第四次十字军东征的部分，有益补充了阿切尔（Archer）作品的不足。

Guizot（F.G.P.），*History of Civilization in Europe*（ed.by George Wells Knight）（《欧洲文明史》，基佐著，乔治·奈特评注），lect.viii。书中简要叙述了十字军东征的原因和结果。

Perry（F.），*Saint Louis*（Heroes of the Nations）（《圣路易》，佩里著）。

Kitchin（G.W.），*History of France*（《法兰西史》，基钦著），vol.i，bk.iii，chap.iii，pp.216-240。极好，尤其是对十字军运动的影响所作的评论。

Storrs（R.S.），*Bernard of Clairvaux*（《克莱尔沃的圣伯纳德》，斯托尔斯著）。第二次十字军传教士的宏大传记，显示了当时宗教运动的深度与力度。

Morison（J.C.），*The Life and Times of Saint Bernard*（《圣伯纳德的生平及其时代》，莫里森著），bk.iv，chaps.ii “The Second Crusade preached by Saint Bernard”（圣伯纳德布道的第二次十字军东征）；chaps.iii “The Second Crusade”（第二次十字军东征）。

Lecky（W.E.H.），*History of European Morals from Augustus to Charlemagne*（《从奥古斯都到查理曼大帝的欧洲伦理史》，勒基著），vol.ii，pp.248-254。讲述教会中尚武精神的发展。

Tout（T.F.），*The Empire and the Papacy*（《君权与神权》，陶特著），chap.viii。精辟的总结。

Gibbon（E.），*The Decline and Fall of the Roman Empire*（《罗马帝国衰亡史》，吉本著），chaps.lviii-lxi。

Cutts（E.L.），*Scenes and Characters of the Middle Ages*（New York，1885）（《中世纪的事件与人物》，卡茨著），pp.157-194，“The Pilgrims of the Middle Ages”（中世纪的朝圣者）。

Lane-Poole（S.），*Saladin，and the Fall of the Kingdom of Jerusalem*（Heroes of the Nations）（《萨拉丁及耶路撒冷王国的灭亡》，莱恩-普尔著）。

Finlay（G.），*History of Greece*（Oxford，1877；ed.by H.F.Tozer）（《希腊史》，芬利著，托泽编），vol.iii，pp.219-280，“The Fall of the Byzantine Empire”（拜占庭帝国的没落）；vol.iv，pp.132-173，“Dukes of Athens”（雅典公国）。

第十四章　神权巅峰及其世俗权力的衰落

引文及其出处：

Henderson's *Select Historical Documents of the Middle Ages*（《中世纪历史文献选读》，亨德森著），pp.410-430，其中包含各种说明腓特烈·巴巴罗萨统治时期神权与君权关系的文献：p.430，“John's Concession of England to the Pope”（英格兰约翰王对教皇的妥协）；p.432，“The Bull ‘Clericis Laicos’”（教皇诏书《教士不纳俗税》）；p.435，“The Bull ‘Unam Sanctam’”（教皇诏书《至一至圣》）；and p.437，“The Law ‘Licet Juris’ of the Frankfort Diet of 1338”（1338年法兰克福会议的训谕法令）。

Translations and Reprints（Univ.of Penn.）（《翻译与转载》，宾夕法尼亚大学），vol. iii，No.6：documents and extracts under § iii，“Church and State and § iv，“The Council of Constance and its Antecedents”（康斯坦茨会议及其前因）。

Dante，*De Monarchia*（see above，p.212）（《论世界帝国》，但丁著）and *Divina Commedia*（《神曲》，但丁著）。

辅助性资料：

Bryce（J.），*The Holy Roman Empire*（《神圣罗马帝国》，布莱斯著），chap.xi，“The Emperors in Italy：Frederick Barbarossa”（神圣罗马帝国皇帝在意大利：红胡子腓特烈）and chap.xiii，“Fall of the Hohenstaufen”（霍亨斯陶芬家族的衰落）。

Pastor（L.），*The History of the Popes*，vol.i（Catholic；from the German）（《教皇史》，帕斯托尔著）.

Adams（G.B.），*Civilization during the Middle Ages*（《中世纪文明史》，亚当斯著），chap.x，“The Empire and the Papacy ”（君权与神权）的最后部分，and chap.xvi，“The Papacy in the New Age”（新时代的教皇）。

Alzog（J.），*Manual of Universal Church History*（《普世教会史手册》，阿尔佐格著），vol.ii，pp.573-586，讲述英诺森三世（Innocent III）及其同欧洲君主之间的关系；and pp.614-630，讲述教皇波尼法爵八世（Boniface VIII）与美男子腓力（Philip the Fair）。

Balzani（U.），*The Popes and the Hohenstaufen*（Epochs of Church History）（《教皇与霍亨斯陶芬家族》，巴尔扎尼著）。

Fisher（G.P.），*History of the Christian Church*（《基督教会史》，费舍尔著），pp.240-264。

Tout（T.F.），*The Empire and the Papacy*（Periods of European History）（《君权与神权》，陶特著），chaps.xi，xiv，xvi，and xxi。

Kington（T.L.），*History of Frederick the Second，Emperor of the Romans*（《神圣罗马帝国皇帝腓特烈二世传》，金顿著），2 vols。

Freeman’s *Historical Essays*（First Series）（《历史文论》，弗里曼著），“Frederick II”（腓特烈二世）。

Renan（E.），*New Studies in Religious History*（New York，1887）（《宗教史新研究》，勒南著），pp.305-329；讲述圣方济各（Francis of Assisi）的一篇极有启示的文章。

Jessopp（A.），*The Coming of the Friars*（《托钵修会的缘起》，杰索普著）。

Lea（H.C.），*History of the Inquisition of the Middle Ages*（《中世纪宗教裁判所的历史》，李著），vol.i，chap.vi，“The Mendicant Orders”（托钵修会）。

Creighton（M.），*History of the Papacy*（《教皇史》，克雷顿著），vol.i，“The Great Schism；The Council of Constance”（大分裂；康斯坦茨会议）。

Wylie（J.H.），*The Council of Constance to the Death of John Hus*（《康斯坦茨会议到约翰·胡斯之死》，怀利著）。

第十五章　蒙古人与奥斯曼人

引文及其出处：

The Life of Jenghis Khan（trans.from the Chinese by Robert K.Douglas：London，1877）（《成吉思汗传》，罗伯特·道格拉斯译）。此书包括三个主要讲述成吉思汗在中国征服历程的记载，将中文版译为英文并合为一辑。

The Journey of William of Rubruck to the Eastern Parts of the World，1233-55（trans.by William W.Rockhill；printed for the Hakluyt Society：London，1900）（《卢布鲁克的东方行记》，威廉·柔克义译）。卢布鲁克的威廉，常被称为卢布鲁克（Rubruquis），是一位方济各会修士，被法兰西国王圣路易作为秘密使节派往蒙古都城哈拉和林（Caracarum/Karakorum）拜见蒙哥汗（Mangu Khan/Möngke Khan）。他对蒙古帝国内部历史进行了非凡的叙述，重要性仅次于马可·波罗。

The Book of Ser Marco Polo（see p. 255）（《马可·波罗之书》），马可波罗在位于汗八里（近代北京）的蒙古皇庭居住了17年。他目睹了蒙古皇庭的鼎盛时期，并将其所见所闻进行了生动的描述，使得欧洲对远东有了更进一步的了解，其著作以准确与公正一直备受赞誉。

Narrative of the Embassy of Ruy Gonzalez de Clavijo to the Court of Timour at Saniarcand，A.D.1403-1406（trans.by Clements R.Markham；issued by the Hakluyt Society：London，1859）（《帖木儿时代之自卡提斯至撒马尔罕游记》，克莱门茨·马卡姆译）。这一珍贵记载的作者被时任卡斯蒂利亚-莱昂（Castile and Leon）国王的亨利三世派出传教。

Institutes，Political and Military，written originally in the Mogul Language by the Great Timour（trans.into English from a Persian version by Major Davy：London，1783）。（《政治和军事制度》，帖木儿大帝著，戴维译）。该作品的真实性受到了许多东方学者的质疑。

然而，它却是一部杰作，且不应被学生们忽视。《制度》一书（所谓的）作者表达了本书的目的："立法为治我土，理法为范他人。"关于其管理，帖木儿说："以宽容、坚韧及策略治国理政，无论敌友我均谦恭。"鉴于这部作品产生的环境，其不失为理想之作，不同凡响。

The Mulfuzat Timury, or Autobiographical Memoirs of the Moghul Emperor Timur（trans. from a Persian version by Major Charles Stewart: London, 1830）（《帖木儿自传》或《蒙古帝国皇帝帖木儿自传体回忆录》，查尔斯·斯图瓦特译）。该书的真实性也值得怀疑。

Elliott's *The History of India as told by its own Historians*（《印度史》，埃利奥特著），vol.iii，pp.389-477。本书源自《帖木儿自传》的参考文献，由印度历史学家讲述印度历史。

Cathay and the way thither（Hakluyt Society publications）（《东域纪程录丛》，亨利·裕尔编译），2 vols。包含许多中世纪时期元朝与宋朝的关系，同时记录了许多其他事件。

辅助性资料：

Howorth（H.H.），*History of the Mongols from the Ninth to the Nineteenth Century*（《9世纪到19世纪的蒙古史》，霍渥斯著），4 vols。涉及该主题最好、最全面的作品。

Creasy（E.S.），*History of the Ottoman Turks*（various editions）（《奥斯曼帝国史》，克雷西著），chaps.i-vi。

Finlay（G.），*History of Greece*（ed.by Tozer）（《希腊史》，芬利著，托泽编），vol.iii，bk.iv，chap.ii。

Gibbon（E.），*The Decline and Fall of the Roman Empire*（《罗马帝国衰亡史》，吉本著），chaps.lxiv-lxviii。

Mijatovich（C.），*Constantine, the Last Emperor of the Greeks; or the Conquest of Constantinople by the Turks*（A.D.1453）（《希腊末代皇帝君士坦丁》；或《突厥人征服君士坦丁堡》，米亚托维奇著）。涉及本题材的最佳英文著作。

Poole（S.L.），*The Story of Turkey*（Story of the Nations）（《土耳其的故事》，普尔著），chaps.i-vii。

Oman（C.），*The Story of the Byzantine Empire*（Story of the Nations）（《拜占庭帝国的故事》，奥曼著），chaps.xxv and xxvi。论述了奥斯曼突厥人的兴盛与君士坦丁堡的衰落。

Freeman（E.A.），*The Ottoman Power in Europe*（《欧洲的奥斯曼帝国》，弗里曼著），chaps.i-iv。

第十六章　城镇的发展

引文及其出处：

Lee's *Source-Book of English History*（《英格兰史料集》，李著），“Charter of the City of London（from Henry I）”（亨利一世《伦敦城市特许状》）。

Colby's *Selections from the Sources of English History*（《英格兰史料选编》，科尔比著），p.70，“A Town Charter”（城市特许状）。

Translations and Reprints（Univ.of Penn.）（《翻译与转载》，宾夕法尼亚大学），vol. ii，No.1，“English Towns and Gilds”（英格兰的城镇与行会）。

European History Studies（Univ.of Nebraska）（《欧洲史研究》，内布拉斯加大学），vol.ii，Nos.8 and 9，“The Rise of Cities”（城镇崛起）and“The Trades of Paris”（巴黎的贸易）。

Toulmin Smith's *English Gilds：the Original Ordinances of more than one hundred Early English Gilds*（《英格兰行会：百余英格兰早期行会的原始条例》，图尔敏·史密斯著）。该书中的绝大部分是用近代英语写成，许多译自法语和拉丁语，另外一些用中古英语写成。

Machiavelli（N.），*The History of Florence*（trans.from the Italian；ed.by Henry Morley）（《佛罗伦萨史》，马基雅维利著，亨利·莫利编）。本书为历史文学的经典著述之一，在某种程度上属于同代叙事——马基雅维利生于1469年，将历史写到了1492年。

辅助性资料：

Guizot（F.P.G.），*History of Civilization in Europe*（《欧洲文明史》，基佐著），lect. vii，“Rise of the Free Cities”（自由城市的崛起）。

Green（Mrs.J.R.），*Town Life in the Fifteenth Century*（《15世纪的城镇生活》，格林著），2 vols。

Gross（C.），*The Gild Merchant*（《商人行会》，格罗斯著），2 vols。该主题的最权威之作。布伦塔诺（Brentano）的文章在诸多方面都是误导。

Ashley（W.J.），*An Introduction to English Economic History and Theory*（《英国经济史与经济理论》，阿什利著），vol.i，chap.ii，“Merchant and Craft Gilds”（商人和手工业行会）；vol.ii，chaps.i，“Supremacy of the Towns”（城镇霸权），chaps.ii，“Crafts”（手工业）。Also the same author's *The Beginnings of Town Life in the Middle Ages*（《中世纪城镇生活的开端》，作者同上）。

Zimmern（H.），*The Hansa Towns*（Story of the Nations）（《汉萨城镇》，齐默恩著）。

Symonds（J.A.），*Age of the Despots*（new ed.，London，1897）（《暴君的时代》，西蒙兹（J.A.）著），chaps.iii and iv。本书是作者对其所处意大利文艺复兴时期的介绍。

Hazlitt（W.C.），*The Venetian Republic*（revised ed.，London，1900）（《威尼斯共和国》，哈兹里特著），2 vols。英文中的权威之作。

Weil（A.），*Venice*（Story of the Nations）（《威尼斯》，韦尔著），chaps.i-xii。

Duffy（B.），*The Tuscan Republics*（Florence，Siena，Pisa，and Lucca）with Genoa（Story of the Nations）（《托斯卡纳共和国（佛罗伦萨、锡耶纳、比萨、卢卡）与热那亚》，达菲著）。

Emerton（E.），*Mediaeval Europe*，chap.xv（last part）（《中世纪欧洲》埃默顿著）。

Adams（G.B.），*Civilization during the Middle Ages*（《中世纪文明史》，亚当斯著），chap.xii，“The Growth of Commerce and its Results”（商业的发展及其影响）。

Cheyney（E.P.），*An Introduction to the Industrial and Social History of England*（《英格兰产业和社会史导读》，切尼著），chap.iii，“Town Life and Organization”（城镇生活和组织）；and chap.iv，“Mediaeval Trade and Commerce”（中世纪的商业与贸易）。

Cunningham（W.），*Growth of English Industry and Commerce*（second ed.，1890—92）（《英格兰工商业的成长》，坎宁安著），vol.i；*Western Civilization in its Economic Aspects*（Mediaeval and Modern Times）（《西方文明的经济面貌》，bk.iv，选定部分。

Villari（P.），*The Two First Centuries of Florentine History*（trans.by Linda Villari；New York，1901）（《佛罗伦萨历史的两个第一世纪》，维拉里著，琳达·维拉里译），2 vols。本书系意大利最著名的历史学家之一的作品。

Mrs.Oliphant，*Makers of Venice*（《威尼斯的缔造者》，奥利芬特夫人著）。

在“中世纪城镇”（Mediaeval Towns）书系中有关于佛罗伦萨、纽伦堡、布鲁日等的独本，其中一些章节值得关注。

第十七章　大学与经院学者

引文及其出处：

Translations and Reprints（Univ.of Penn.）（《翻译与转载》，宾夕法尼亚大学），vol.ii，No.3，“The Mediaeval Student”（中世纪的学生）。其中包括“学生的特权”

（Privileges of the Students）、“学习的课程”（The Courses of Study）、“对错误的非难”（Condemnation of Errors）、“学生的生活”（Life of the Students）等有价值的材料。

Henderson' s *Select Historical Documents of the Middle Ages*（《中世纪历史文献选读》，亨德森著），pp.262-266，“The Foundation of the University of Heidelberg，A.D.1386”（海德堡大学基金会）。

Dante，*Divina Commedia*（trans.by Longfellow）（《神曲》，但丁著，朗费罗译）。这首中世纪的诗歌中体现出了许多经院哲学的精神、形式与内涵，因为，亚里士多德之后，经院学者艾尔伯图斯·麦格努斯（Albertus Magnus）和托马斯·阿奎纳（Thomas Aquinas）在哲学与科学方面都是但丁的老师。在《天堂》（*Paradiso*）第七章中有令人赞叹的推理与阐述，此处比阿特丽斯（Beatrice）讲述了“道成肉身，灵魂不朽和身体复活”。

辅助性资料：

Rashdall（H.），*The Universities of Europe in the Middle Ages*（《中世纪的欧洲大学》，拉斯达尔著），2 vols。

Laurie（S.S.），*The Rise and Early Constitution of Universities*（International Education Series）（《大学的兴起及其早期架构》，劳里著）。

Compayre（G.），*Abelard，and the Origin and Early History of Universities*（The Great Educators）（《阿伯拉尔及大学的起源与早期历史，孔佩雷著）。

Jessopp（A.），*The Coming of the Friars*（《托钵修会的缘起》，杰索普著），chap. vi，“The Building up of a University”（大学的建立）。

Poole（R.L.），*Illustrations of the History of Mediaeval Thought*（《中世纪思想史阐释》，普尔著）。

Church（R.W.），*Saint Anselm*（《圣安瑟伦》，丘奇著）。

Allen（J.H.），*Christian History in its Three Great Periods*（《三大时期的基督教史》，艾伦著），chap.viii，“Scholastic Theology”（经院哲学）。

Ueberweg（F.），*History of Philosophy*（from the German）（《哲学史》，宇伯威格著），vol.i，pp.355-467。

Townsend（W.J.），*The Great Schoolmen of the Middle Ages*（《中世纪时期伟大的经院学者》，汤森著）。

Vaughan（R.B.），*The Life and Labours of S.Thomas of Aquin*，2 vols（《圣托马斯·阿

奎纳的生平与功绩》，沃恩著）。简编版于1875年出版，能够让大众读者体会书中的精髓。

Hampden（R.D.），*The Life of Thomas Aquinas: A Dissertation on the Scholastic Philosophy of the Middle Ages*（1848）（《托马斯·阿奎纳传：中世纪经院哲学的专题论文》，汉普登著）。非常适合初级班学习的小册子。

Trench（R.C.），*Lectures on Mediaeval Church History*（《中世纪教会史讲稿》，特伦奇著），lects.xiv and xviii。

Hurst（J.F.），*History of the Christian Church*（《基督教会史》，赫斯特著），vol.i，pp.867-888。

Milman（H.H.），*History of Latin Christianity*（《拉丁基督教史》，米尔曼著），vol. iv，bk.viii，chap.v；vol.viii，bk.xiv，chap.iii。

Alzog（J.），*Manual of Universal Church History*（from the German）（《普世教会史手册》，阿尔佐格著），vol.ii，pp.728-784。

Fisher（G.P.），*History of the Christian Church*（《基督教会史》，费舍尔著），pp.208-226。

Stille（C.J.），*Studies in Mediaeval History*（《中世纪史研究》，斯蒂尔著），chap. xiii，" Scholastic Philosophy--The Schoolmen--Universities"（经院哲学——经院学者——大学）。

Morison（J.C.），*The Life and Times of Saint Bernard*（《圣伯纳德的生平及其时代》，莫里森著）。

Storrs（R.S.），*Bernard of Clairvaux*（《克莱尔沃的圣伯纳德》，斯托尔斯著）。上述两部著作中均能找到伯纳德与阿伯拉尔论战的明显记述。

"教会时代史"（Epochs of Church History）书系：

Mullinger（J.B.），*A History of the University of Cambridge*（《剑桥大学史》，穆林杰著），chaps.i-iii；

Brodrick（G.C.），*A History of the University of Oxford*（《牛津大学史》，布罗德里克著），chaps.i-vi。

Whewell（W.），*History of the Inductive Sciences*（《归纳科学史》，休厄尔著），2 vols。讲述罗杰·培根与中世纪科学。

Encyc.Brit.（《不列颠百科全书》）。查阅"Universities"（大学）和"Scholasticism"（经院哲学）条目下经院哲学和哲学史的内容。

第十八章　文艺复兴

引文及其出处：

Robinson and Rolfe' s *Petrarch: The First Modern Scholar and Man of Letters*（《彼特拉克：第一个近代学者文人》，罗宾森、罗尔夫著）。本书包括一系列彼特拉克"与薄伽丘和其他朋友之间的往来信函，旨在阐述文艺复兴的开端"。学生们可以阅读这本宜人之书，开始逐步了解本主题。这些信函翻译质量上乘，作者简介与注释也都充实且具有学术价值

Whitcomb' s *Source-book of the Italian Renaissance*（《意大利文艺复兴史料集》，惠特科姆著），Part I。极好的一本小书，是上一本书很好的补充读物。所引部分审慎地摘录了文艺复兴时期14意大利作家的作品。选材面广，首篇选自但丁的著作，最后一篇为切利尼（Cellini）的自传。

Colby' s *Selections from the Sources of English History*（《英格兰史料选编》，科尔比著），Extract 52，"The Revival of Learning in England"（英格兰学识的复兴）。

Dante，*Divina Commedia*（trans.by Longfellow）（《神曲》，但丁著，朗费罗译）。

Machiavelli，The Prince（ed.by Morley）（《君主论》，马基雅维利著，莫利译）。本书反映了意大利文艺复兴时期的政治道德。

Benvenuto Cellini，*Memoirs*，Roscoe' s version，（《切利尼自传》，本韦努托·切利尼著，罗斯科译）。已有更新译本，但因新版更忠实于原文，再现出对异教的忠诚，所以不推荐年轻读者阅读。切利尼是意大利复兴中不同阶段的体现，其性格是放荡不羁的波希米亚艺术家与孤注一掷的恶棍的最奇妙结合。西蒙兹评价该自传时如是说："书页之中，文艺复兴时期的这位天才变得有血有肉，倾身向我们述说。"

Vasari（Giorgio），*Lives of Seventy of the most Eminent Painters，Sculptors，and Architects，4 vols.*（translated by Mrs.Foster，edited and annotated in the light of recent discoveries by E.H.and E.W.Blashfield and A.A.Hopkins）（《七十位著名画家、雕塑家、建筑师传》，乔治欧·瓦萨里著，福斯特女士译，E.H.布拉什菲尔德、E.W.布拉什菲尔德、A.A.霍普金斯编注）。书中选取了瓦萨里作品中最精彩、最重要的传记。瓦萨里（1511—1574）是一位艺术家，也是意大利文艺复兴时期的杰出大师。本书首版于1550年，叙事动人，是文艺复兴艺术史的伟大资料库；当然，本书应结合近期的批判与研究阅读。

The Book of The Courtier，from the Italian of Count Baldassare Castiglione： done into English by Sir Thomas Hoby，anno 1561. With an Introduction by Walter Raleigh（The Tudor Translations，London，1900）（《侍臣论》，巴尔达萨雷·卡斯蒂利奥奈著，托马斯·霍比译，沃尔特·罗利评）。本书是意大利文艺复兴时期最重要和最具特色的作品之一，揭示

了复兴中道德的良好一面，就像马基雅维利在《君主论》中揭示出复兴中道德的败坏一面。本书树立了一种如骑士制度（详见第159条）一样的理想，但该理想结合了骑士的素养与美德和古典的素养与美德，从而产生了完美的骑士学者。本书被翻译成多种主要欧洲语言，对世界各地的生活和风俗产生了巨大的影响，尤其是英格兰，并促成了伊丽莎白时代的一些贵族品格。森茨伯里教授（Professor Saintsbury）说："毋庸置疑，英格兰文艺复兴时期标准的绅士菲利普·锡德尼爵士（Sir Philip Sidney）手中便有《侍臣论》一书，且书中理想一直为其秉承。"

辅助性资料：

文艺复兴时期的文献非常广泛；此处推荐数本读物。

Symonds（J. A.），*The Renaissance in Italy*，7 vols.（new ed.，1897—1898）（《意大利文艺复兴》，西蒙兹著）。本书是英文版中关于意大利文艺复兴的最广博的历史。有艾尔弗雷德·皮尔森（Alfred Pearson）编辑的单卷节本可供阅读。

Burckhardt（J.），*The Civilization of the Renaissance in Italy*（trans.from the German）（《意大利文艺复兴时期的文化》，布克哈特著）。可能是本主题中最有启发性的著作。

Villari（P.），*Life and Times of Niccolo Machiavelli*（trans.by Linda Villari）（《马基雅维利的生平和时代》，维拉里著，琳达·维拉里译），vol.i。

Mrs.Oliphant，*Makers of Florence and Makers of Venice*（《佛罗伦萨的缔造者》和《威尼斯的缔造者》，奥利芬特夫人著）。

Field（L.F.），*An Introduction to the Study of the Renaissance*（《文艺复兴研究导论》，菲尔德著）。

Adams（G.B.），*Civilization during the Middle Ages*（《中世纪文明史》，亚当斯著），chap.xv，"The Renaissance"（文艺复兴）。

Lodge（R.），*The Close of the Middle Ages*（Periods of European History）（《中世纪的终结》，洛吉著），chap.xxii，"The Renaissance in Italy"（意大利文艺复兴）。

Pater（W.），*The Renaissance：Studies in Art and Poetry*（《文艺复兴：艺术与诗的研究》，佩特著）。

Putnam（G.H.），*Books and their Makers During the Middle Ages*（《中世纪的图书及其制造者》，普特南著），vol.i，pt.ii，"The Earlier Printed Books"（早期的印刷书）。

Saintsbury（G.），*The Earlier Renaissance*（Periods of European Literature）（《早期的文艺复兴》，森茨伯里著），chap.i，"The Harvest-Time of Humanism"（人文主义的收获时期）。

Van Dyke（P.），*The Age of the Renaissance*（The Epochs of Church History）（《文艺复兴时代》，范岱克著）。从教会历史学家的角度来考察复兴时期的运动与事件。

Grimm（H.），*The Life of Michael Angelo*，2 vols.（trans.from the German）（《米开朗基罗传》，格里姆著）。

Ewart（K.D.），*Cosimo de' Medici*（Foreign Statesmen）（《科西莫·德·美第奇》，埃瓦特著）。

Roscoe（W.），*The Life of Lorenzo de' Medici*（《洛伦佐·德·美第奇传》，罗斯科（W.）著）。多个版本可读。

Armstrong（E.），*Lorenzo de' Medici and Florence in the Fifteenth Century*（Heroes of the Nations）（《15世纪的洛伦佐·德·美第奇与佛罗伦萨》，阿姆斯特朗著）。本书比上一本书更易获得，可以满足普通学生的需求。

Mrs.Oliphant，*Dante*（《但丁》，奥利芬特夫人著）。

Reeve（H.），*Petrarch*（《彼特拉克》，里夫著）。这两本书为"外国经典读物"（Foreign Classics for English Readers）系列的佳作。

Paget，Violet（Vernon Lee，pseud.），*Euphorion：being Studies of the Antique and the Medieval in the Renaissance*（《欧福良：中世纪文艺复兴和古典研究》，维奥莱特·佩吉特［笔名弗农·李］著），2 vols。一部独具洞察力的作品。

Encyc. Brit.（《不列颠百科全书》）。查阅"Renaissance"（文艺复兴）条目下由西蒙兹编著的文章，极为简洁并具启发性。

第十九章　民族国家的形成

引文及其出处：

John Froissart，*Chronicles of England，France，Spain，and the Adjoining Countries*（《西欧编年史通鉴》，傅华萨著）。该书两部英译本分别为伯纳斯勋爵（Lord Bemers）和托马斯·琼斯（Thomas Johnes）所翻译。推荐琼斯译本因其更适合普通学生，伯纳斯勋爵用16世纪英文翻译的版本会有阅读障碍。

Monstrelet's *Chronicles，also translated by Johnes*（《编年史》，蒙斯特雷著，琼斯译）。本书为傅华萨作品的延续，一直记录到1516年。

Commines's *Memoirs*（Bohn）（《回忆录》，科米纳著）。从1464年记述到1498年。

Henderson's *Select Historical Documents of the Middle Ages*（《中世纪历史文献选读》，

亨德森著），pp.1-168。

Old South Leaflets（《古代南方小册子》），No.5，“Magna Charta”（《大宪章》）。

Kendall’s *Source-Book of English History*（《英国史资料集》，肯德尔著），chap.v，“The Struggle for Constitutional Liberty”（为宪法自由的斗争）；chap.vi，“The Hundred Years’ War”（百年战争）；chap.vii，“The Wars of the Roses”（玫瑰战争）。

Gee and Hardy’s *Documents Illustrative of English Church History*（《关于英国教会史的文献》，吉、哈迪著），and Adams and Stephens’s Select Documents of English Constitutional History（《英国宪政史文献选》，亚当斯、史蒂芬斯著）。这几卷本分别包含了英格兰特定历史时期的大量极具价值的原始资料。

Lee’s *Source-Book of English History*（《英格兰史料集》，李著），chaps.viii-xiii。

Colby’s *Selections from the Sources of English History*（《英格兰史料选编》，科尔比著），Extracts 22-52。

由赫顿（W.H.Hutton）主编的“当代作家英国史”（English History by Contemporary Writers）书系可读下列书籍：《坎特伯雷的圣托马斯》（S.Thomas of Canterbury）、《亨利三世的暴政》（*The Misrule of Henry III*）、《西蒙·德·蒙德福特及其功绩》（*Simon de Montfort and his Cause*）、《爱德华三世和他的战争》（*Edward III and his Wars*）。这几卷本由编年史、政府文件、回忆录、信函及其他同代作品汇编而成。

Translations and Reprints（Univ.of Penn.）（《翻译与转载》，宾夕法尼亚大学），vol. ii，No.5，“England in the Time of Wycliffe”（威克里夫时代的英格兰）。

E.Powell and G.M.Trevelyan’s *Documents illustrating the Peasants’ Rising and the Lollards*（《农民起义与罗拉德派》，鲍威尔、特里维廉著）。

Langland’s *Vision of Piers Plowman*（《农夫皮尔斯》，兰格伦著）；Chaucer’s *Canterbury Tales*（《坎特伯雷故事集》，乔叟著）的“总引”（Prologue）。在研究14世纪的英格兰社会时，学生不应忽视上述两部作品。

Hall’s *Chronicle and The Paston Letters*（《编年史》和《帕斯顿信札》，霍尔著）。提供了15世纪英格兰历史的丰富材料。

辅助性资料：

（1）一般性作品。

Freeman（E.A.），*Historical Geography of Europe*（《近代欧洲历史地理》，弗里曼著），2 vols.（vol.ii consists of maps）。有助于追溯各个国家不断变化的疆域。

Guizot（F.P.G.），*History of Civilization in Europe*（《欧洲文明史》，基佐（F.P.G.）

著），lects.ix and xi；and *History of Civilization in France*（《法国文明史》，基佐著），the“second course”of lectures（第二讲）。

Wilson（W.），*The State*（《国家》，威尔逊著）。有价值的章节论述主要国家政治制度的发展。

Jenks（E.），*Law and Politics in the Middle Ages*（《中世纪的法律与政治》，甄克斯著）。本书从君权与神权之外的角度看待和研究中世纪史。作者坚称“国家和宗族之间的争斗真是中世纪内部政治的关键”。法律学生会发现这部作品很有建设性。

Dunning（W.A.），*A History of Political Theories*（《政治学说史》，邓宁著），chaps. x and xi。

Lodge（R.），*The Close of the Middle Ages*（Periods of European History）（《中世纪的终结：1273年—1494年》，洛吉著）。

Adams（G.B.），*The Growth of the French Nation*（《法兰西民族的成长》，亚当斯著），chaps.vi-x；and *Civilization during the Middle Ages*（《中世纪文明史》，亚当斯著），chap.xiii，“The Formation of France”（法兰西的形成），chap.xiv，“England and the Other States”（英格兰及其他国家）。

（2）国家历史。

“国家故事”（Story of the Nations）书系中涉及诸多欧洲国家的书籍供阅读。

Green（J.R.），*Ecclesiastical History of the English People*（《英国人民宗教史》，格林著），parts of vols.i and ii。

Lingard（J.），*History of England*（5th ed.）（《英国史》，林加德著）。天主教记载的正史。

Kitchin（G.W.），*History of France*（《法兰西史》，基钦著），vol.i。

Henderson（E.F.），*History of Germany in the Middle Ages*（《中世纪德意志史》，亨德森著）。关于中世纪德意志最好的单卷本史书；also the same author's *A Short History of Germany*（《德意志简史》，作者同上），vol.i。

Hassall（A.），*The French People*（《法兰西民族》，哈索尔著），chaps.iv-ix；

Hume（M.A.S.），*The Spanish People*（《西班牙民族》，休谟著）。上述两本属“伟大民族”（The Great Peoples Series）书系。

Burke（U.R.），*A History of Spain from the Earliest Times to the Death of Ferdinand the Catholic*（2d ed.，1900）（《西班牙史：从远古时期到费迪南之死》，伯克著），2 vols。

Gardiner's，Coman and Kendall's，Montgomery's，and Terry's *History of England*（《英格兰史》，加德纳著；科曼、肯德尔著；蒙哥马利著；特里著）；Duruy's *History of France*（with a continuation by J.Franklin Jameson）（《法兰西史》，杜卢伊著，富兰克林·詹姆森续）。是优秀的单卷本教科书。

（3）专题著作。

在“近代史时期”（Epochs of Modern History）和“民族英雄”（Heroes of the Nations）书系中，有不同卷本涵盖政治和传记主题供阅读。

Milman（H.H.），*History of Latin Christianity*（《拉丁基督教史》，米尔曼著），vol. iv，bk.viii，chap.viii。精彩地叙述了亨利二世和坎特伯雷大主教托马斯之间的争斗。

Freeman（E.A.），*Historical Essays*（First Series）（《历史文论》弗里曼著）。有一篇名为“坎特伯雷大主教圣托马斯及其传记”（Saint Thomas of Canterbury and his Biographers）的评论。

“英格兰十二政要”（Twelve English Statesmen）书系：

Green（Mrs.J.R.），*Henry the Second*（《亨利二世》，格林著）；

Tout（F.F.），*Edward the First*（《爱德华一世》，陶特著）。

“外国政要”（Foreign Statesmen）书系：

Hutton（W.H.），*Philip Augustus*（《腓力·奥古斯都》，赫顿著）。

Lowell（F C.），*Joan of Arc*（《圣女贞德》，洛厄尔著）。

Trevelyan（G.M.），*England in the Age of Wycliffe*（3d ed.）（《威克里夫时代的英格兰》，特里维廉著）。对农民起义进行了详细记述。

Poole（R.L.），*Wycliffe and Movements for Reform*（Epochs of Church History）（《威克里夫与改革运动》，普尔著）。

Gasquet（F.A.），*The Great Pestilence*（《大瘟疫》，加斯奎特著）。

Jessopp（A.），*The Coming of the Friars and Other Historic Essays*（《托钵修会的缘起及其他》，杰索普著），chaps.iv and v，“The Black Death in East Anglia”（东安格利亚的黑死病）。

Cheyney（E.P.），*An Introduction to the Industrial and Social History of England*（《英格兰产业和社会史导读》，切尼著），chap.v，“The Black Death and the Peasants' Rebellion”（黑死病与农民起义）。

关于英格兰宪法主题的作品，可以查阅斯塔布（Stubbs）、塔斯维尔-朗米德（Taswell-Langmead）、梅西（Macy）和泰勒（Taylor）的书籍。

Traill（H.D.），*Social England*（《英格兰社会》，特雷尔著），vol.ii。

Smith（J.H.），*The Troubadours at Home*（《国内的吟游诗人》，史密斯著），2 vols。本主题最佳的英文作品。

Janssen（J.），*History of the German People at the* Close of the Middle Ages（trans.from the German），（《中世纪末德意志民族史》，詹森著），4 vols。

Villari（P.），*Life and Times of Girolamo Savonarola*（trans.by Linda Villari）（《季罗拉莫·萨沃纳罗拉的生平与时代》，维拉里著，琳达·维拉里译），2 vols。

Mrs.Oliphant，*The Makers of Florence*（《佛罗伦萨的缔造者》，奥利芬特夫人著）。

Lea（H.C.），*A History of the Inquisition in the Middle Ages*（《中世纪宗教裁判所的历史》，李著），3 vols。

Kirk（J.F.），*History of Charles the Bold，Duke of Burgundy*（《勃艮第公爵大胆查理的历史》，柯克著），3 vols。一本杰出的著作。

Prescott（W.H.），*History of the Reign of Ferdinand and Isabella*（《费迪南和伊莎贝拉统治史》，普雷斯科特著）。

Irving（W.），*The Conquest of Granada*（《征服格拉纳达》，欧文著）。本书有多个版本。

Kenyon（F.G.），*Our Bible and the Ancient Manuscripts*（3d ed.，London，1898）（《我们的圣经和远古手稿》，凯尼恩著）。关于威克里夫之前的《圣经》英译节本，学生可以阅读本书。对于威克里夫时代所使用的盎格鲁-撒克逊译本的《福音书》（Gospels），凯尼恩曾这样说："旧版盎格鲁-撒克逊译本的《福音书》已不再使用，因为其语言逐渐过时，变得晦涩难懂；又没有新的译本可以取而代之。只有《诗篇》（Psalms）借口翻译忠实依然尚存。《圣经》的其他部分只以诗释的形式，或由神职人员口授而为平民所知。"（p.197）

对于认为在威克里夫之前就有《圣经》英译足本的说法，凯尼恩表示："有时认为在他之前便有英译足本《圣经》的观点并无足够证据。主要观点存于托马斯·莫尔爵士（Sir Thomas More）在同首版英译《新约》译者丁道尔（Tyndale）争论时，表示他见过比威克里夫更早的英文《圣经》，但并无迹象表明该译本的存在。极有可能是莫尔没有意识到威克里夫的译本出了两版，误认为日期早些的版本是更早的译本了。"（p.198）

最近，著名的天主教学者加斯奎特主教（Father Gasquet）将此争论推向了一个全新的阶段，他认为《圣经》并非威克里夫一人所译，而是这位改革家及其追随者合译而成。参阅其著作《古英文圣经及其他》（*The Old English Bible and Other Essays*）。加斯奎特坚持认为：如果威克里夫在其他学者的帮助下，即便曾翻译过《圣经》，也已荡然无存，而其与追随者名下的译本，实为宗教改革之前，英格兰天主教教会主教们所译的官方版本。当然，加斯奎特的结论仍未得到其他学者的普遍认可。

译后记

译完此书，仰首长啸，啸天地之悠悠，掩卷低泣，泣人世之茫茫。

天地悠悠间沧海桑田，转瞬千年，世事变迁，王朝兴衰更迭，版图此消彼长。所谓的真理战胜了所谓的邪恶，所谓的邪恶又反扑所谓的真理，所有国家都认为自己是普世国家，所有宗教都认为自己是普世宗教。为了所谓的正义和自由的战争连绵不绝，成王败寇的丛林法则经久适用，历史在看似轮回的进程中不断重塑自我，激励和促进着文明的发展与进步。

人世茫茫中生死欲念，百载难延，前赴后继，欲求青史留名，史册毁著增删。以为后世的名义屠戮今生之人，今生之人又欲赎前世之罪，多少王侯将相欲扬名立万，到头来却是一将成名万骨枯，各国的土地上埋着多少人的忠骨。以他人之命运换己人之权力，真是兴百姓苦，亡百姓苦，最苦天下苍生。野蛮人以武力征服文明人之后再反过来被文明人用文化征服，在这种征服与被征服的过程中，蛮夷与残暴似乎已经远去，文明与雅致貌似俯首皆是。但唯有时间不为所动，不多给这个世界一分，也不少给这个世界一秒。

翻译过程中，就如穿越了欧洲中世纪，目睹了征服与被征服、奴役与被奴役、皈依与被皈依、统治与被统治、进步与被进步、毁灭与被毁灭、同化与被同化的种种过程。历代王朝粉墨登场、交相辉映，如《左传》所言，“其兴也勃焉，其亡也忽焉”；重要人物各领风骚、竞逐雄豪。凡此种种，皆有人著书立说、载其入史，唯有名不见经传的百姓，在滚滚的历史长河中，无声无息、默默无闻。伴着一生啼哭来到人世，再带着满目疮痍悄然逝去。带来了什么，带走了什么，无人所知，也无人想知。活着就是王道，所以说，人间虽是地狱，但我们却努力把它活成了天堂的模样。

因此，历史是什么，著史者何人，为何要读史。这些都是需要深入思考与解答的问题。现正值中华民族伟大复兴的历史时刻，除了科技高速发现，资本不断累积之外，文化的复兴其实更为关键，但在实用主义盛行的今天，文化复兴的呼声却若游丝。幸而文化自信被及时提出，因为科技决定你能跑多快，资本决定你能爬多高，但人文却决定你能走多远。然而文化自信不是夜郎自大，文化自信的前提是从公民到国家都有文化底蕴，之后才能谈自信。

“史，记事者也”，这是许慎《说文解字》中的说法，把事情记录下来便成了史，那历史就是历代的事情，但每天有那么多事情发生，史书写到汗牛充栋也没有可能记录完整，那么，不完整的历史是否能够还原真相。官方著史谓之正史，他人著史谓之野史，口耳相传谓之传说，经历了同一件事情也会讲出不一样的故事，或多或少都有演绎的成分，那么，演绎过的历史是否能够令人信服。魏徵在给唐太宗的谏言中说：“以古为鉴，可知兴替。”古镜可照今日之事，却又有诸多人士以今之标准批判古事，极尽挞伐之能，忘记了此身此时此地应为何事，那么，逞口舌的历史是否能够回归正轨。

其实，在这里试图探讨这几个问题是极为愚蠢的做法，但还是要写出来，目的无非是为了引起更多的思考，希望能有更多对事物本真的探究，可以客观理性地分析事物，敢于不畏强权仗义执言，得以保持对公正的极致追求，有了高度才能不下作，有了厚重才能沉下心来热爱生活，如此，也就善莫大焉了。

马克·吐温曾经说过：“历史不会重演，但却总是押韵。”不同的人物、不同的情形，却演出着相似的剧情，不知道是该悲还是该喜。在历史大潮的冲刷下，即便是再勇敢的弄潮儿也得逐浪而行，分久必合的历史现象能否延续，合久必分的历史规律能否打破，考验的可能就不止是智慧了。

回到这本《中世纪史》的翻译上来，翻译必提严又陵先生的译事三难，我译此书却也有三难：一是本书为百年之前出版，有些词汇使用的是古意，而且还有诸多的人名、地名使用了拉丁语等非英语拼法，均需逐一求证，导致单词难查；二是行文方式与现在使用的稍有差异，诸多长句少有句读，导致句子难懂；三是一个句子中的插入语等补充成分相对较多，多重修饰颇为常见，导致意思难翻。佐证上述的例子不胜枚举，翻译难度超乎想象，只好终日拆句破字求原文之意，绞尽脑汁思译文之辞，这是语言方面。而在文化方面，本书所述的中世纪历史洋洋洒洒近千年，涵盖了不同时代的方方面面，例如不同宗教属灵中的称谓、派系、经文等术语，各种政治体系里的国号、等级、法令等专名，诸多参考文献内的名称、作者、概要等资料。凡此种种，不一而足，尽管时间有限、内容庞杂，但我还是尽量通过各种渠道查证核实，除了线上百科之外，也查阅参考了包括何炳松先生的《中古欧洲史》等中文专著，以及有关欧洲中世纪历史的部分译著。抱着不能误人子弟和不能辱没师门的态度，三易文稿，过程中还有很多无法言表的艰辛与认真，所做的一切只有一个目的，就是为了翻译出来的文本恰当、易读、有内涵。尽管如此，出于自身能力及知识所限，译文中一定还存在着不足甚至纰漏，还望广大读者以及各界同仁批评指正、不吝赐教。

译著得以完成，首先要感谢家人的理解与支持，特别是夫人冯佳娜，除了做好后勤以保障我有足够的时间和良好的环境开展翻译工作外，还经常在词汇选取、译文调整等专业方面给出意见，并作为首位读者校读了书稿。另外还要真诚地感谢张坤编辑对文稿的审校，细致入微的修正更是令人感动不已，为这本译著增色不少。同时，感谢我的师长们和名家典著，开启了我的智识之门，让我不断成长。

人生短短数十载，但其实每人都是一部历史。回想翻译、校正本书的过程，可谓夜以继日，伏案而无心看窗外风景，但我的面前却繁花似锦。

王小忠